新时代北外文库

外语教学
与跨文化研究

Foreign Language Education
and Intercultural Studies

孙有中　著

人民出版社

　　孙有中　北京外国语大学党委常委、副校长，教授、博士生导师。入选国家"万人计划""哲学社会科学领军人才""新世纪百千万人才工程"国家级人选、中宣部"文化名家暨'四个一批'人才"，享受政府特殊津贴。从事外语教育研究、跨文化研究、美国研究。

　　著作：《美国精神的象征：杜威社会思想研究》《解码中国形象：〈纽约时报〉和〈泰晤士报〉中国报道比较（1993—2002）》；合著：《细说美利坚》《现代美国大众文化》《美国文化产业》《核心价值观国际比较研究》《跨文化能力研究》等；主编：*Transcultural Connections: Australia and China*、*Asian Research on English for Specific Purposes*、*Transcultural Encounters in Knowledge Production and Consumption*、*Intercultural Mass Communication*、《中国治国理政思想的国际传播研究》《G20峰会跨文化传播研究》《G20国家传播环境研究》《全球本土化视角下的跨文化研究》《跨文化研究新视野》《跨文化研究前沿》《英语教育与人文教育》《文化研究读解系列》《跨文化传播丛书》《英语教育与思辨能力培养论丛》《西方思想经典导读》《大学思辨英语教程》系列以及《新未来大学英语》系列等；译著：《杜威全集：晚期著作第五卷》《媒介伦理》《新旧个人主义——杜威文选》。在国内外期刊和报刊发表论文100多篇。

　　主要学术兼职：教育部外国语言文学类专业教学指导委员会主任，中国英汉语比较研究会英语教学研究分会会长，中国翻译协会常务副会长兼跨文化交流研究委员会会长，中华美国学会副会长。担任《国际论坛》主编，以及《跨文化研究论丛》《澳大利亚研究》《澳大利亚蓝皮书》和《中国ESP研究》等辑刊主编。

　　主持国家社科基金重大项目、国家社科基金重点项目、教育部重大专项课题、教育部教育科学规划重点项目、欧盟Asia Link项目等多类课题。荣获首届全国优秀教材二等奖、国家级一流本科课程、北京市高等教育教学成果一等奖、二等奖，教育部"十二五"普通高等教育本科国家级规划教材、北京市优质本科教材，美国传播学学会颁发的伦理学研究奖Clifford G.Christians Ethics Research Award。

内 容 提 要
EXECUTIVE SUMMARY

　　本书系"新时代北外文库"中的一本，精选了孙有中教授近年来公开发表的主要学术成果，涵盖外语教育研究、跨文化研究、美国研究等领域。作者在上述领域耕耘多年，积累深厚，视野开阔，学术成果富有原创性和引领性，反映了新世纪以来我国相关领域的研究进展和发展趋势，对促进相关领域的学术创新具有重要价值，可供高等院校教育管理者、相关专业研究人员和师生参考。

出版说明

2021年是中国共产党成立100周年,也是北京外国语大学建校80周年。作为中国共产党创办的第一所外国语高等学校,北外紧密结合国家战略发展需要,秉承"外、特、精、通"的办学理念和"兼容并蓄、博学笃行"的校训精神,培养了一大批外交、翻译、教育、经贸、新闻、法律、金融等涉外高素质人才,也涌现了一批学术名家与精品力作。王佐良、许国璋、纳忠等学术大师,为学人所熟知,奠定了北外的学术传统。他们的经典作品被收录到2011年北外70年校庆期间出版的《北外学者选集》,代表了北外自建校以来在外国语言文学研究领域的杰出成果。

进入21世纪尤其是新时代以来,北外主动响应国家号召,加大非通用语建设力度,现获批开设101种外国语言,致力于复合型人才培养,优化学科布局,逐步形成了以外国语言文学学科为主体,多学科协调发展的格局。植根在外国语言文学的肥沃土地上,徜徉在开放多元的学术氛围里,一大批北外学者追随先辈脚步,着眼中外比较,潜心学术研究,在国家语言政策、经济社会发展、中华文化传播、国别区域研究等领域颇有建树。这些思想观点往往以论文散见于期刊,而汇编为文集,整理成文库,更能相得益彰,蔚为大观,既便于研读查考,又利于学术传承。"新时代北外文库"之编纂,其意正在于此,冀切磋琢磨,交锋碰撞,助力培育北外学派,形成新时代北外发展的新气象。

"新时代北外文库"共收录32本,每本选编一位北外教授的论文,均系进入21世纪以来在重要刊物上发表的高质量学术论文。既展现北外学者在外国文学、外国语言学及应用语言学、翻译学、比较文学与跨文化研究、国别与区域研究等外国语言文学研究最新进展,也涵盖北外学者在政治学、经济学、教育学、新闻传播学、法学、哲学等领域发挥外语优势，开展比较研究的创新成果。希望能为校内外、国内外的同行和师生提供学术借鉴。

北京外国语大学将以此次文库出版为新的起点，进一步贯彻落实习近平新时代中国特色社会主义思想和党中央关于教育的重要部署，秉承传统，追求卓越，精益求精，促进学校平稳较快发展，致力于培养国家急需，富有社会责任感、创新精神和实践能力，具有中国情怀、国际视野、思辨能力和跨文化能力的复合型、复语型、高层次国际化人才，加快中国特色、世界一流外国语大学的建设步伐。

谨以此书，
献给中国共产党成立 100 周年。
献给北京外国语大学建校 80 周年。

文库编委会
庚子年秋于北外

目　录

跨文化研究

美国研究

自　序

适逢八十周年校庆，学校计划推出北外学者的学术文库，这无疑是对学校八十诞辰的一份令人期待的厚礼。文库编委会向全校教授征稿，我起初是决定放弃的。文章千古事，自己虽然学海作舟一晃已大半辈子，发表的文字也洋洋可观，虽然提笔作文必上下求索，殚精竭虑，但不敢说有多少真知灼见，如果把这些文字汇集起来，深恐愧对后学，贻笑大方。况且，我深以为出版个人文集应该是耄耋之年的事情，到那时天凉秋好，披沙拣金，把自己一路探险揽胜所获编撰成册，奉献于学术共同体，以告慰自己夜以继日孜孜不倦的求学人生。

但终究被文库编委会的同仁说服，挑选自己近年来发表的主要论著结集出版，权当作是个人学术生涯的一个小结，敝帚自珍吧。

英国哲学家伯林曾借用古希腊寓言把学者区分为狐狸型和刺猬型。狐狸型学者自由探索，见多识广，而刺猬型学者心无旁骛，自成一家。回顾自己的求学之路，从英美文学到世界文化史，再从实用主义哲学到跨文化传播，直到外语教育，我的研究兴趣一路扩展，大体属于狐狸性情，以至于我发现很难把自己在不同时期发表的论文进行简单归类。为方便读者阅读，本文集划分了三个比较宽泛的板块，包括外语教学研究、跨文化研究、美国研究。更早时期发表或不能归入此三个类别的论著暂未收入。

反思自己的"狐狸型"学术生涯，有欣喜，也有遗憾。欣喜的是，不拘于学科边界的学术探索使我养成了跨学科思维，常以问题为导向，擅入他人学术领地，参与不同学术圈的对话，这使我有机会接触更多领域的新知，更容易提出新问题，更有可能做出新发现。

　　遗憾的是,吾生也有涯而知也无涯,在当下知识爆炸的时代,想成为任何领域的专家都需要聚精会神,皓首穷经。因此,我如果以"狐狸型"学者自居,那更多的是一种自我安慰罢了。

　　子曰:"我非生而知之者,好古,敏以求知者也。"对我自己实事求是的描述恐怕应该是:我非专家学者,好学,敏以求之者也。

　　好在虽已年过半百,想象自己卸下行政工作之后,来日尚多,或有望躲进深山,餐风饮露,披星戴月,成一家之言,得至简之道。

　　是为序,是为志。

孙有中

2020 年仲夏于魏公村

外语教学研究

思辨英语教学原则[①]

一、引言

什么是思辨英语教学？要回答这个问题，我们不妨把它与交际语言教学（Communicative Language Teaching）对照起来看。Richards 和 Rodgers 指出，"与其把交际语言教学视为一种方法，不如视其为一种理念。它指的是一整套原则，这些原则反映了一种交际的语言观和语言学习观，可用于支持形式多样的课堂操作程序"。[②] 同理，思辨英语教学与其说是一种具体的教学方法，不如说是一种教学理念，它基于对语言本质和语言学习规律的新认识，包含了高校英语专业技能课程教学改革乃至大学英语"提高""发展"阶段教学创新所应遵循的一系列原则。

思辨英语教学赞同这样一种语言观和语言学习观："语言应作为高阶思维能力的手段。在语言教学中，这意味着学生并不是为语言而学习语言，而是旨在发展他们的思维能力，并在超越语言课堂的情形中运用思维能力。"[③]换言之，语言不仅是人际交流的媒介，更是认识世界、探索新知和解决问题的工具。因此，英语教学，尤其是高等教育阶段的英语教学，不仅应培养学生运用

① 本文系国家社科基金重点项目《高等学校外语类专业本科教学质量国家标准》阐释与应用研究"（18AYY011）的阶段性成果。

② Richards J, Rodgers T, *Approaches and Methods in Language Teaching*, Cambridge：CUP，2014, p.105, p.107.

③ Richards J, Rodgers T, *Approaches and Methods in Language Teaching*, Cambridge：CUP，2014, p.105, p.107.

英语进行人际沟通的能力,更应培养他们使用英语获取知识、分析问题、解决问题、创新创业的能力。

思辨英语教学还建立在对语言能力与思辨能力关系的新认识上。迄今为止,在外语教学或二语习得研究领域,语言能力一般在人际交际层面被界定,或者由语法能力、语篇能力、社会语言能力和策略能力构成①,或者由语言组织能力和语用能力构成②,或者包括语言层面(即语法)、话语层面(即文本)、语用层面(即策略)、社会语言层面和社会文化层面。③ 在语言交际能力层面,上述理解大同小异,均有其合理性。但在高级语言能力或 Cummins 所说的"认知/学术语言能力"(cognitive/academic language proficiency)层面④⑤,上述语言能力定义的局限性就显而易见了。

在语言学习的高级阶段,我们需要把思辨能力纳入语言能力的内涵中。高级语言能力建立在人际交际语言能力之上,进而包含思辨能力,即对输入信息(口头或书面)的阐释、分析和评价能力,以及基于间接获取或直接获取的信息进行推理和解释的能力。在此意义上,语言能力包含思辨能力;没有思辨能力的语言能力是贫乏的语言能力,既无法理解也无法产出意义丰富、逻辑严谨的文本/话语。基于此,思辨英语教学理念主张:通过思辨性听说读写活动,使英语学习与思辨学习融为一体,同步提高英语能力和思辨能力。

近年来,随着思辨英语教学理念在高校英语教师中的普及,英语界对融合培养语言能力和思辨能力的必要性与可行性形成了日益广泛的共识。思辨能力已作为核心能力之一写入《高等学校外国语言文学类专业教学质量国家标准》(以下简称《国标》);《大学英语教学指南》已把"学术英语"纳入课程设

---

① Canale M,"From Communicative Competence to Communicative Language Pedagogy",Richards J,Schmidt R(eds.),*Language and Communication*,London:Longman,1983,pp.2-27.

② Bachman L,*Fundamental Considerations in Language Testing*,Oxford:OUP,1990.

③ Littlewood W,"Communicative language teaching:An expanding concept for a changing world",Hinkel E(ed.),*Handbook of Research in Second Language Teaching and Learning*:*Volume II*,New York:Routledge,2011,pp.541-557.

④ Cummins J,The Cross-lingual Dimensions of Language Proficiency:Implications for Bilingual Education and The Optimal Age Issue,*TESOL Quarterly*,14,1980,pp.175-187.

⑤ Cummins J,"BICS and CALP:Empirical and theoretical status of the distinction",Street B,Hornberger N(eds.),*Encyclopedia of Language and Education*,2nd ed,2008.

置,这势必凸显培养思辨能力在大学英语教学"提高"及"发展"阶段的重要性。当前的问题是知行脱节;当务之急是探索思辨英语教学的有效课堂操作方法,使之化入全体教师的日常教学实践。本文提出思辨英语教学八项基本原则,以期为新时代英语课堂教学方法创新和人才培养质量提升探索前进方向和可行路径,使英语教学更好地服务于创新型、复合型、国际化、高层次外语人才的培养。

二、思辨英语教学原则:TERRIFIC

思辨英语教学原则包括:对标(Target)、评价(Evaluate)、操练(Routinize)、反思(Reflect)、探究(Inquire)、实现(Fulfill)、融合(Integrate)、内容(Content)。这八项原则对应的八个英文概念的首字母拼接起来正好构成一个英文单词——TERRIFIC。下面将逐一系统阐释 TERRIFIC 各项原则的核心理念和操作要领。

原则一　对标:将思辨能力培养纳入教学目标

思辨英语教学并不反对夯实听说读写基本功,但主张在英语教学中旗帜鲜明地培养思辨能力,通过思辨学习语言,通过语言学习思辨,同步提高语言能力和思辨能力。[①] 根据《国标》的界定,思辨能力由思辨品质和认知技能两个维度构成。思辨品质包括:勤学好问、相信理性、尊重事实、谨慎判断、公正评价、敏于探究、持之以恒地追求真理。认知技能包括:能对证据、概念、方法、标准、背景等要素进行阐述、分析、评价、推理与解释;能自觉反思和调节自己的思维过程。思辨英语教学应将培养上述品质和技能贯穿语言教学的全过程。

具体而言,教师应在每一门课程的教学大纲中明确思辨能力教学目标,并将其落实到各单元的教学目标中。这同时也意味着英语教材应把思辨能力培养目标落到实处。例如,《大学思辨英语教程》听说读写各系列的每一分册每

---

① 孙有中:《人文英语教育论》,《外语教学与研究》2017 年第 6 期。

一单元都明确标示了思辨能力教学目标。① 该套教材的《精读 1:语言与文化》第 9 单元的思辨能力教学目标描述如下:

(1)Evaluate the strengths and weaknesses of anecdotes as evidence

(2)Evaluate the impact of globalization on language

(3)Generate evidence by conducting an interview

教师不仅应为自己树立明确的思辨能力、认知技能与思辨品质教学目标,并设计相应的语言教学活动加以训练,而且要让学生准确理解并在课堂学习过程中自觉关注这些思辨能力要素。课堂教学是有目的、有组织的学习活动,只有师生对学习活动的目标达成明确共识,这些目标才有可能实现。

思辨能力的培养不可能一蹴而就,也不可能偶尔为之就大功告成,即便开设专门的思维训练课程,也无法一劳永逸地完成思辨能力培养任务。教师只有把思辨能力培养的具体目标在各门课程的教学目标中牢牢确立下来,并据此设计和实施具体的教学活动,点点滴滴,持之以恒,学生的思辨能力才能如春起之苗,不见其增,日有所长,最终春色满园。

原则二 评价:将思辨标准纳入评价体系

评价在教学活动中发挥着关键导向作用。教学改革如果不对评价体系本身进行改革,则很难达到预期目标。首先,为推进思辨英语教学改革,学校教学管理部门应对现行的教学评价标准进行改革,把课堂教学的思辨维度纳入教学评价体系。除传统的教学指标外,旨在实施思辨英语教学的教学评价体系应关注教学是否把思辨能力培养纳入教学目标,是否设计有效的任务或活动促进思辨能力与语言能力的融合发展,是否重视对学生思辨品质的培养,是否发挥了教师的思辨示范作用,等等。将上述思辨指标纳入英语课堂教学的评价体系,显然有利于引导教师在语言教学中重视思辨能力培养,也将促使学生重视在语言学习过程中提高思辨能力。

其次,教师应运用思辨标准对学生的课堂表现和作业进行评价,并将思辨内容纳入课程的期末考试。Paul 和 Elder 提出了由"思维标准""思维元素"

---

① 孙有中:《精读 1:语言与文化》,外语教学与研究出版社 2015 年版;孙有中:《口语 1:文化之桥》,外语教学与研究出版社 2015 年版。

和"思维品质"构成的思辨能力理论模型,认为思辨能力培养就是反复运用"思维标准"去检验"思维元素",最终养成"思维品质"。① 该理论模型如图 1 所示,可为教师评价学生的口笔头作业提供参考。

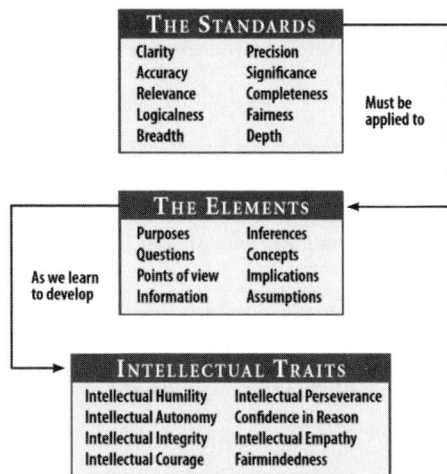

图 1 思辨能力理论模型②

以写作为例,同伴评估是一项经常被教师采用的活动。如果教师只是要求学生交换作文相互评估,学生只能凭感觉对同伴的作文提出修改意见,这项活动的思辨教学潜力就无法得到充分释放。根据"评价"原则,教师应首先提供包含思辨维度的作文评价标准让学生学习并掌握,然后要求大家运用这个标准进行同伴评估。以议论文写作为例,教师可以首先提供类似如下问题清单的思辨维度评价标准:

A checklist for analyzing an argument:

A.What is the author's claim or thesis? Ask yourself:

a.What claim is being asserted?

b.What assumptions are being made—and are they acceptable?

---

① Paul R,Elder L,*Critical Thinking Competency Standards*,Beijing:Foreign Language Teaching and Research Press,2016,p.60.

② Paul R,Elder L,*Critical Thinking Competency Standards*,Beijing:Foreign Language Teaching and Research Press,2016,p.60.

c. Are important terms satisfactorily defined?

B. What support(evidence)is offered on behalf of the claim? Ask yourself：

a. Are the examples relevant, and are they convincing?

b. Are the statistics(if any) relevant, accurate, and complete? Do they allow only the interpretation that is offered in the argument?

c. If authorities are cited, are they indeed authorities on this topic, and can they be regarded as impartial?

d. Is the logic—deductive or inductive—valid?

e. If there is an appeal to emotion—for instance, if satire is used to ridicule the opposing view—is this appeal acceptable?

C. Does the writer seem to you to be fair? Ask yourself：

a. Are counterarguments adequately considered?

b. Is there any evidence of dishonesty or of a discreditable attempt to manipulate the reader?

c. How does the writer establish the image of himself or herself that we sense in the essay? What is the writer's tone, and is it appropriate?

学生都理解了这个标准后，教师再安排同伴评估活动，形式可多样。如：

A. Reviewing the criteria

B. Taking turns reading papers aloud slowly in small groups

C. Discussing

D. Constructive recommendations

如果教师日复一日地把思辨标准融入到听说读写各门课程中并据此评价学生的课堂和课程学习表现，而且要求学生运用思辨标准评价自己也评价同学的学习表现，那么这些思辨标准就会内化为学生的思维习惯，最终外化为思辨能力。值得一提的是，这里强调用思辨标准评价学生的学习，并不是主张单独对学生的思辨能力进行评测，而是要求把思辨标准融入到听说读写课程的语言能力测评之中，这样做不仅可能，而且必要。

原则三　操练：针对高阶思维进行常规化操练

思辨能力不是天生的禀赋，也不是偶尔表现的行为，而是经过反复训练养成的良好思维习惯。既然游泳、网球、驾驶等身体技能都需经过专业训练才能熟练掌握,那么,比这些活动复杂无数倍的大脑思辨(包括若干认知技能和思辨品质)就更需要经过长期反复训练才能内化为思维习惯。

哈佛大学学者 Ritchhart 等人经过大量教学实践,总结了一系列思辨教学程序性或常规化活动,比如"思—讨—享"(Think-Pair-Share,最早于 1981 年由马里兰大学的 Frank Lyman 提出)就是一项有利于培养推理和解释能力的常规活动,它包括四个步骤:(1)教师向全班提出一个具有思辨性和挑战性的问题;(2)全班学生独立思考答案;(3)学生与一位同伴结成对子进行讨论;(4)学生在全班分享自己与同伴的观点。①

从思辨能力培养的角度看,这样的教学活动为什么有效呢? 首先,教师提出的问题具有思辨性和挑战性,不太容易找到现成答案。其次,给学生提供思考的时间,使独立探索成为可能。最后,让学生有机会基于独立思考进行讨论、比较和分享。思辨的要义是既要"思"又要"辨",不仅要自己独立思考,还要倾听和了解他人的思想,从不同视角审视同一个问题,鉴别所有相关证据,警惕问题的复杂性。显然,这样一项简单的程序性活动不仅有利于培养口语能力,也有利于促进学生多项认知技能和思辨品质的发展。如果教师经常在课堂上采用这一有步骤的活动,学生的思辨能力便会与日俱增。

Ritchhart 等人还提出了其他值得推荐的课堂常规活动:(1)运用证据进行阐释(What Makes You Say That?);(2)促进深度探索(Think-Puzzle-Explore);(3)多视角看问题(Circle of Viewpoints);(4)对认识过程进行反思(I Used to Think…Now I Think…);(5)赏析艺术作品(See-Think-Wonder);(6)审视多种主张(Compass Points)。这些活动虽然不是专门为外语教学设计的,但同样适合在外语听说读写课堂中进行创造性应用。理解了"操练"这一基本原则,教师就能充分发挥自己的想象力去创造无限多样的课堂思辨活动。

原则四　反思:通过反思培养元认知能力和自我调节思维的能力

反思既可理解为思辨能力的构成要素,即元认知能力和自我调节思维的

---

① Ritchhart R, Church M, Morrison K, *Making Thinking Visible: How to Promote Engagement, Understanding, and Independence for All Learners*, San Francisco, CA.: Jossey-Bass, A Wiley Imprint, 2011.

能力,也可作为培养思辨能力的一项基本教学原则,用以指导教学实践。何谓反思? 根据"德尔菲专家共识"的定义,反思是:"对自己推理过程的检验,不仅核查推理的结果,而且核查是否正确使用了认知技巧;对自己的观点和理由从元认知角度进行客观的、深入的自我评价;判断自己的思考在多大程度上受到知识欠缺或成见、偏见、情感或任何其他因素的影响,从而使自己的客观性或理性受到局限;反思自己的动机、价值、态度或利益,确定自己在做出分析、阐释、评价、推理和表达时努力做到无偏见、公正、缜密、客观、尊重事实、讲道理、冷静。"[1]我们每个人都有自己的思维习惯和思维缺陷,反思的目的是发现自己的认知特点,形成高度的思维自觉,避免掉入思维陷阱。

在课堂教学过程中,教师在学生小组解决了一个问题之后可安排简短讨论,要求各小组反思自己分析和解决问题的过程,小组成员分享自己的元思维,揭示自己的动机,说明自己解决问题的策略及其适宜性,描述自己的思维图谱以便将来更好地监控自己的思维过程,等等。根据反思原则,教师可在每节课的适当环节安排反思活动,每学完一个单元后要求学生写反思日志,运用档案袋评价方法要求学生记录自己的思辨能力发展过程,反思自己的思维特点与不足,思考改进思维的方法,等等。Howes 的实证研究表明,定期写反思日志可以有效提高学生的思辨能力。[2]

反思原则也适合教师。思辨型教师的一个典型特点就是善于反思,在课堂上引导学生反思其学习过程,在课外则反思自己的教学设计是否有效促进了学生语言能力与思辨能力的融合发展,及时总结经验教训,不断调整和改进教学。

原则五 探究:创造自由探究的机会

思辨英语教学提倡探究式学习。在探究型课堂,教师的职责不是简单地向学生提供既定事实或指出获取知识的便捷通道,而是作为探究的向导或助

---

① Facione P:"Critical thinking:A statement of expert consensus for purposes of educational assessment and instruction", *Research findings and recommendations*, 1990, p.199. [2019-02-06] https://files.eric.ed.gov/fulltext/ED315423.pdf.

② Howes L:"Critical thinking in criminology:Critical reflections on learning and teaching", *Teaching in Higher Education*,2017,Vol.22,pp.891-907.

手,与学生一起界定要研究的问题,同他们一道运用恰当的研究方法,收集资料和数据,拷问旧知,发现新知。探究型英语课堂是一个学习共同体,要求教师首先成为思辨型教师。正如 Paul 等人所描绘的,"思辨型教师不是布道者,而是发问者。教师要学会提出问题,探索意义,寻求理由和证据,促进深入思考,避免讨论陷入混乱,鼓励倾听,引导有效的比较与对照,提示矛盾与不一致,解释影响和后果。思辨型教师应认识到,教育的首要目标是教会学生怎样学习"。①

在探究型英语课堂上,教师可运用"对话式教学"(dialogic teaching)引导学生理解和评价课文;学生在形式多样的合作活动中进行"探索式交谈"(exploratory talk)②。有研究表明,合作学习可发展学生的思辨能力③。为确保对话和探索的有效进行,教师应为学生的合作学习提供有效的指导,包括:设计有效的活动,使讨论和合作推理成为可能;提供活动所需的语言资源并示范如何进行有效的探索式交谈或"集体思考"(think together),为学生的探究式学习搭建必要的脚手架。在信息技术不断深度融入教育教学过程的时代,教师还可利用在线小组讨论促进学生思辨能力的发展。④

同样重要的是,教师应为小组讨论建立规则,如:我们分享观点,相互倾听;我们每次一人发言;我们尊重彼此的观点;我们以理服人;如果我们不同意对方的观点,就主动要求对方说明理由;我们最终努力寻求共识。⑤ 课堂思辨文化的形成将有利于思辨英语教学的展开。

有必要指出的是,探究型教学以问题为导向,其顺利进行的前提是教师和学生都掌握了苏格拉底式提问技巧。Paul 和 Elder 总结了 7 类典型的苏格拉

① Paul R,A Binker,Martin D,et al,*Critical Thinking Handbook:High School*,Santa Rosa,CA.:The Center for Critical Thinking and Moral Critique,1989,p.19.

② Mercer N,K Littleton,*Dialogue and the Development of Children's Thinking*,New York:Routledge,2007,p.118.

③ Richards J,T Rodgers,*Approaches and Methods in Language Teaching*,Cambridge:CUP,2014.

④ Yang Y T C:"A Catalyst for Teaching Critical Thinking in a Large University Class in Taiwan:Asynchronous Online Discussions with the Facilitation of Teaching Assistants",*Educational Technology Research and Development*,2008,Vol.56,pp.241-264.

⑤ Mercer N,K Littleton,*Dialogue and the Development of Children's Thinking*,New York:Routledge,2007,p.106.

底式提问方式,具有重要参考价值:

(1)要求做出说明(Questions for clarification)

a.What do you mean by____?

b.What is your main point?

c.How does____relate to____?

d.Could you put it another way?

e.What do you think is the main issue here?

f.Let me see if I understand you:you mean or____?

g.Jane,could you summarize in your own words what Richard has said?

h.Richard,is that what you meant?

i.Could you give me an example?

j.Would this be an example:____?

k.Could you explain that further?

(2)要求阐明问题和议题(Questions about the initial question or issue)

a.How can we find out?

b.What does this question assume?

c.Would____put the question differently?

d.Can we break this question down at all?

e.Does this question lead to other questions or issues?

(3)拷问假设(Questions that probe assumptions)

a.What are you assuming?

b.What could we assume instead?

c.You seem to be assuming____.Do I understand you correctly?

d.How would you justify taking this for granted?

e.Is this always the case? Why do you think the assumption holds here?

(4)拷问原因和证据(Questions that probe reasons and evidence)

a.What would be an example?

b.Could you explain your reasons to us?

c.Are those reasons adequate?

d.Do you have any evidence for that?

e.How could we find out if that is true?

（5）拷问起因或缘由（Questions that probe origin or source）

a.Where did you get this idea?

b.Have you been influenced by anyone? The media? Your peers?

c.What caused you to feel this way?

（6）拷问影响与后果（Questions that probe implications and consequences）

a.What are you implying by that?

b.What effect would that have?

c.What is an alternative?

d.If this is the case, then what else must be true?

（7）探索不同观点或视角（Questions about viewpoints or perspectives）

a.How would other groups of people respond? Why?

b.How could you answer the objection that____would make?

c.Can anyone see this another way?

d.What would someone who disagrees say?①②

敢于质疑和善于提问是思辨能力的重要表现,也是培养思辨能力的有效策略。贯穿听说读写活动的英语课堂为苏格拉底式对话教学提供了天然的平台;只要教师循循善诱,探究式英语教学一定能促进语言能力与思辨能力同步发展。

原则六　实现:促进学生的自我实现和全人发展

在实际教学活动和现实生活中,思辨能力有可能被片面理解为唇枪舌剑、压倒辩论对手并最终赢得辩论的能力。事实上,在英语国家语境中,critical thinking 这个概念也容易引起此类误解,正如中文的"批判性思维"。思辨英语教学如果仅专注于辩论技巧的训练,学生的确有可能走上智商发达、情商低

---

①　Paul R,Elder L,*Critical Thinking Competency Standards*,Beijing:Foreign Language Teaching and Research Press,2016.

②　Paul R,Elder L,*The Art of Socratic Questioning*,Beijing:Foreign Language Teaching and Research Press,2016.

下的畸形发展道路。有些学生甚至会变得以自我为中心，对他人和社会百般挑剔，不能全面、系统、历史和辩证地看问题，不能换位思考，不能求同存异，不能和而不同，最终成为与社会格格不入的愤世嫉俗者。其实，所有这些心理倾向都与思辨的本意背道而驰。因此，思辨英语教学不仅应关注认知技能的训练，而且应高度重视良好思维品质和积极心理倾向的养成。

思辨英语教学还应引导和鼓励学生向着马斯洛人本主义心理学所描述的"自我实现"（self-actualization or self-fulfillment）的人格境界发展。根据马斯洛的研究，一个"自我实现的人"敏于判断现实的真伪，能够坦然接受自我、他人与自然，保持纯朴和天真的性情，善于发现和解决问题，乐于独处，自主自立，总是用新鲜的眼光欣赏生活和世界，拥有与世界交融的巅峰时刻，寻求与全人类的团结与和谐，拥有良好的人际关系，具有民主和谦虚的态度，善于区别目的与手段及是非善恶，具有幽默感，拥有创造力，抵制文化同化，等等。①

简言之，思辨英语教学不应局限于让学生掌握一系列认知技巧，其最终目标应该是促进学生个性的发展和潜能的实现，培养孔子所谓"知者不惑，仁者不忧，勇者不惧"的圆满人格，实现个人与自我、他人、社会和自然的和谐相处。

原则七　融合：融合培养语言能力和思辨能力

思辨英语教学并不主张英语教学仅仅聚焦于思辨能力培养，当然也反对英语教学仅仅聚焦于语言学习。这两种教学路径都会让英语教学误入歧途，既不能真正提高思辨能力，还会阻碍语言能力的发展。思辨学习与语言学习应融为一体，相互促进，相得益彰。

需要特别澄清的一个误解是：思辨英语教学不重视语言能力的培养。刚好相反，思辨英语教学不仅不忽视语言学习，反而对语言学习设定了更高的标准，要求在高阶思维层面对语言学习材料进行分析性解读或批判性话语分析。② 针对语言知识的学习，思辨英语教学主张让学生通过分析语言现象发

---

① Maslow A，*Motivation and Personality*，2nd ed，New York：Harper & Row，1970.

② Carroll R，*Becoming a Critical Thinker：A Guide for the New Millennium*（2nd edition），Boston：Pearson Learning Solutions，2004；Hashemi M，Ghanizadeh A："Critical discourse analysis and critical thinking：An Experimental Study in an EFL Context"，*System*，2012，Vol.40，pp.37−47.

现语言使用的规则①,通过大量运用语言完成任务、解决问题的语言实践活动,最终提高语言使用的流利度和准确度。

与此同时,思辨英语教学倡导语言学习理论中的社会建构论或社会文化论。语言不仅是思维的工具,而且是通过社会互动得以发展的一种能力。因此,语言学习应该是一个"意义构建"的协作活动过程②。在此过程中,语言学习随着学习者语言能力的提高由显性逐步过渡到隐性,通过使用语言进行思辨活动而达到语言能力与思辨能力同步发展的目标。

在此意义上,思辨英语教学并不是某一种具体的"教学法",而是一种主张把思辨能力培养融入语言能力培养的外语教学理念。为实现此目标,思辨英语教学可兼容多种教学法或流派,如"任务型语言教学"(task‐based language teaching)和"合作型语言学习"(cooperative language learning)。前者主张课堂教学应"让学习者使用目的语从事理解、信息处理、创作或互动活动,主要关注意义而不是形式"③,后者主张把语言教学变成小组学习活动,在形式多样的有组织的小组活动中,"学习基于小组中学习者之间展开的社会性建构的信息交流,在此过程中每一位学习者对自己的学习负责,同时被鼓励去增进他人的学习"④。可以说,任何促进师生和生生思辨性语言互动的教学法,都有利于实现学生语言能力与思辨能力的融合发展;在这一过程中,"语言提供共同思考和协同创造知识与理解的工具"⑤,而工具本身也得到不断地磨砺和提升。

为消除部分教师对语言能力与思辨能力融合发展可能性的疑虑,这里提供《大学思辨英语教程》系列《口语1:文化之桥》第10单元的一个活动例子:

Internet friendships vs.face‐to‐face friendships

---

① Koshi A:"Holistic grammar through Socratic questioning",*Foreign Language Annals*,1996,Vol.29,pp.403‐414.

② Brown H,*Principles of Language Learning and Teaching*,6th edition,New York:Pearson Education,2014,p.91.

③ Nunan D,*Designing Tasks for the Communicative Classroom*.Cambridge:CUP,1989,p.10.

④ Olsen R,Kagan S:"About cooperative learning",Kessler C,*Cooperative Language Learning:A Teacher's Resource Book*,New York:Prentice Hall,1992,p.8.

⑤ Mercer N,*Words and Minds*,London:Routledge,2000,p.15.

1. Read the article below and summarize the major points made by each person regarding the advantages and disadvantages of virtual friends.

Striking up Internet friendships: Is it safe or not?

……

2. With a show of hands, find out who in your class are for virtual friendship and who are against. Then work in groups of four, with each group either supporting or opposing virtual friendship. Share your summary of points for your side in the article in Step 1 and brainstorm for more arguments. Write them down. The group then discusses and decides on three strong arguments for your side.

For Virtual Friendship   Against Virtual Friendship?

Argument 1: _____   Argument 1: _____

Argument 2: _____   Argument 2: _____

Argument 3: _____   Argument 3: _____

Argument 4: _____   Argument 4: _____

Argument 5: _____   Argument 5: _____

3. Group representatives take turns to present the arguments on behalf of the group in front of the class, and the rest of the class take notes of the arguments.

4. The class then discusses and concludes what is a fair-minded view of virtual friends.[①]

为了完成此项活动,学生必须利用此前通过独立阅读课文输入的语言资源;无论是组内讨论,还是小组报告,抑或是全班通过讨论形成共识,学生都必须使用英语,由此获得大量真实的口语交际互动机会。与此同时,该项活动不是为纯粹学习语言而设计的机械口语训练,它要求学生通过讨论确立论点,并提供多方面的理由加以支撑,评价正方和反方观点,最终做出合理判断。这样一项典型的任务型小组合作学习的"意义构建"活动,显然不仅可以有效促进语言能力发展,而且可以深度训练思辨能力。

_____

① 孙有中:《口语1:文化之桥》,外语教学与研究出版社 2015 年版。

原则八　内容：采用富有认知挑战性的语言材料

外语教学离不开语言材料。思辨英语教学必然要求语言材料的思辨性，其思辨性至少体现在四个方面：（1）话题的相关性。思辨性语言材料应与学生的专业学习和现实生活具有相关性，这样才能激发他们的思辨兴趣。（2）文体的多样性。思辨性语言材料必须兼顾多种类型的文体，为学生提供开展思辨活动所需的丰富多彩的话语范式和语用资源。（3）知识的学术性。思辨性语言材料不应停留在日常经验和百科知识层面，而应从人文社会科学领域发掘雅俗共赏的经典篇章，或者将学科视角、学术概念以及最新学术发现有机引入日常话题的深度探索，让学生在语言学习的过程中接受人文通识教育，了解学科思维的范式和方法，提高理论素养。（4）思想的启发性。思辨性语言材料通常是有立场、有观点、有争议的文章，关注有意义的真实问题，引导进一步探索，为思辨性教学活动提供鲜活的素材。

思辨英语教学为什么要采用富有认知挑战性的语言材料呢？一个不言而喻的理由就是，在语言学习中，输入的思辨性在很大程度上决定输出的思辨性。一方面，语言材料的输入为学生提供了输出的参照标准；语言输入材料的思想高度将在很大程度上决定输出语言的思想高度。另一方面，输入材料直接构成了学生产出文本的思辨性语言原料；原料的思辨性语言含量将在很大程度上决定输出文本的思辨性语言含量。在此意义上，思辨英语教学支持内容依托教学法（content - based instruction）和内容与语言融合学习教学法（content and language integrated learning），因为两者都强调为语言学习提供有"内容"的输入。

三、结语

作为一种教学理念，思辨英语教学强调思辨能力对于语言能力的重要性，同时也强调语言能力对于思辨能力的重要性。缺少思辨能力，语言能力不过是花拳绣腿，不堪一击；缺少语言能力，思辨能力不过是折翼之鹰，无法展翅高飞。从终极意义上看，高级语言能力即高级思辨能力，高级思辨能力即高级语言能力,两者相互依存,相得益彰。

本文讨论了思辨英语教学的 TERRIFIC 原则:对标、评价、操练、反思、探究、实现、融合、内容。此八项原则的排列顺序不应被机械理解,某项原则可能应用于教学的多个环节,教师在教学过程中可灵活掌握。这些原则有助于启发教师设计课堂教学活动,创新英语教学的各个环节,促进学生语言能力与思辨能力的融合发展,最终从根本上提高外语类专业乃至大学英语人才的培养质量。

最后值得特别强调的是,在思辨英语教学的全过程中,教师必须坚持立德树人的根本教育方针,引导学生树立正确的世界观、人生观和价值观,培养国际视野和家国情怀,成为全球化时代我国参与国际竞争和全球治理的思辨型、创新型、高层次外语语种专业人才和复合型外语人才。

(本文原载《外语教学与研究》2019 年第 6 期)

落实《国标》要求，大力提高外国语言文学类专业人才培养能力[①]

一、引言

高等学校外国语言文学类本科专业（以下简称"外语类专业"）的人才培养能力如何？对于这个问题，很难简单回答。从社会需求和就业角度看，非通用语种的毕业生总体上依然供不应求，阿拉伯语、俄语、法语、西班牙语、德语、日语等主要语种专业的就业表现也相当出色。与此形成对照，英语类专业（包括英语、商务英语、翻译）的形象似乎不那么光鲜，英语圈内不少学者对英语类专业的看法尤其悲观，"危机"的呼声不绝于耳。

其实，如果仅从就业表现来看，外语类专业的整体表现在高校众多专业中并不差，即便是英语类专业也并不属于很多人想象中垫底的"红牌"专业。麦可思研究院发布的《2018 年中国本科生就业报告（就业蓝皮书）》显示，在参与调查的 29 个专业大类中，外国语言文学类本科专业就业率排名第 12 位。具体就业率为：2017 届 90.2%，2016 届 90.8%，2015 届 92%。在 2017 届本科生毕业半年后就业量最大的前 50 个专业中，外语类专业中就业量最大的专业包括：商务英语，就业率 91.8%，排名第 28 位；英语，就业率 91.5%，排名第 33 位；日语，就业率 91.0%，排名第 36 位。从收入角度看，外语类专业 2017 届本

① 本文为国家社会科学基金重点项目《高等学校外国语言文学类专业本科教学质量国家标准》阐释与应用研究"（编号：18AYY011）的阶段性成果。

科生与 2016 届相比,薪资增长率达到 9.5%,在全国本科月收入增长最快的 10 个专业中排名第 9 位。①

当然,就业表现只是评价专业质量的维度之一,既不可轻视,也不可夸大。全面地看,外语类本科专业和高校其他类本科专业一样面临着诸多严峻挑战,如教育理念落后、培养模式同质化、课程设置随意、教学内容陈旧、教学方法多为满堂灌、教学管理粗放、质量保障机制不健全、教师数量和资质不达标,等等。正如教育部部长陈宝生所指出的:要清醒认识到,进入新时代,党和国家事业发展对高等教育的需要,对科学知识和优秀人才的需要,比以往任何时候都更为迫切;人民群众对接受高质量高等教育的渴望越来越强烈,需求越来越多样,要求也越来越高;与党和国家事业发展需求及人民群众的迫切期待相比,高等教育的整体水平和人才培养能力还有不小的差距,高等教育的国际影响力与当前我国的国际地位和综合国力还不相称,与世界高等教育强国前列还有相当距离。要清醒认识到,当前我国高等教育正处于从大众化后期进入普及化阶段的时间节点上,高等教育的地位作用、发展阶段、类型结构、舞台坐标正在发生着深刻的历史性变化,我们在教育观念、体制机制、评价标准、技术方法等方面还没有完全适应时代的新变化。要清醒认识到,实现高等教育内涵式发展,建设高等教育强国,必须牢牢抓住全面提升人才培养能力这个核心点,加快建设高水平本科教育,引领带动形成更高水平人才培养体系。②

站在建设高等教育强国的战略高度,我们对外语类专业的前途应怀有深切的危机感和高度的使命感。本文将依据《高等学校外国语言文学类专业本科教学质量国家标准》(以下简称《国标》),分别阐述全面提高人才培养能力、振兴发展外语类专业的 7 点举措。

---

① 麦可思研究院:《2018 年中国大学生就业报告(就业蓝皮书)》,社会科学文献出版社 2018 年版。

② 《全面把握新时代要求全面振兴本科教育(教育部陈宝生部长在 2018—2022 年教育部高等学校教学指导委员会成立会议上的讲话)》,2018 年 11 月 11 日,http://www.sohu.com/a/277242712_799749。

二、提高外国语言文学类专业人才培养能力的主要举措

（一）优化培养方案

培养方案是一个专业点教育教学活动的根本规范，是实现人才培养目标的路线图。要提高人才培养质量，必须首先优化培养方案。

审视全国高校外语类专业点的培养方案，我们不难发现三个共性问题。一是同质化倾向。各专业点的培养目标、课程设置、培养模式等看上去一个面孔，很少体现所在学校的类型、办学定位、生源层次、市场需求等方面的差异性。二是缺乏内在逻辑。具体表现为培养目标、培养规格、课程设置和培养模式等要素之间的脱节甚至矛盾。三是脱离教学实际。培养方案制定后，形同虚设，在实际的教育教学活动中得不到严格执行。

为此，各专业点在动手修订培养方案前，有必要确定基本的指导思想。

其一，瞄准实际需求，明确办学定位。高等教育培养人才，最终旨在满足经济社会发展的需要，同时满足学生全面发展的需要。检验各专业点培养方案合理性的最终依据，是看它是否能够满足这两个根本需要。因此，各专业点在修订培养方案前必须进行大量扎实的需求调查，分析国家和地方经济社会发展对本专业点毕业生的需求动向，了解本专业点毕业生适应人才市场竞争的情况，掌握本专业点在校生和毕业生对现行培养方案的体验和意见。在此基础上，各专业点可以集中全体教师，并邀请校内外相关专家参与，经过充分的讨论和论证，明确自己的办学定位。从根本上看，明确办学定位就是要弄清楚本专业点所培养人才应具备的竞争优势，这种竞争优势可以表现为应用型人才取向还是学术型人才取向，复合型人才取向还是专业型人才取向，地方性人才取向还是全国性人才取向，高层次人才取向还是中低层次人才取向，等等。

其二，坚持专业本色，彰显本校特色。外语类专业的本色就是外语类专业共有的基本特性，这些基本特性在《国标》中通过"培养规格"得以确定：

素质要求

外语类专业学生应具有正确的世界观、人生观和价值观,良好的道德品质,中国情怀和国际视野,社会责任感,人文与科学素养,合作精神,创新精神以及学科基本素养。

知识要求

外语类专业学生应掌握外国语言知识、外国文学知识、区域与国别知识,熟悉中国语言文化知识,了解相关专业知识以及人文社会科学与自然科学基础知识,形成跨学科知识结构,体现专业特色。

能力要求

外语类专业学生应具备外语运用能力、文学赏析能力、跨文化能力、思辨能力,以及一定的研究能力、创新能力、信息技术应用能力、自主学习能力和实践能力。①

外语类专业的本色在课程设置中是通过"专业核心课程"来保障的,这些课程已在《国标》中确定。外语类专业点的学校特色在此共同的专业本色基础上进一步扩展或提升,主要通过课程设置中的"培养方向课程"、辅修/双学位机制、"实践教学环节"以及本校的"通识教育课程"等路径实现。

其三,贯彻培养目标,夯实内在逻辑。培养目标规定人才培养的根本追求;为确保目标的实现,培养方案必须将它分解为人才的培养规格(素质、知识、能力),后者实际上是落实培养目标的具体指标。进一步,培养规格应该在课程设置中具体体现,通过各门课程的学习得以实现。当然,培养目标的最终实现必须落实到人才培养的各个环节。总之,培养方案各部分之间应建立内在的逻辑关系,形成相互衔接和支持的整体,确保人才培养的所有要素共同促成培养目标的实现。

各专业点培养方案的修订还应特别探索如下几个方面的改革创新:(1)如何将"立德树人"贯穿人才培养全过程,坚定"四个自信",培养家国情怀,扩大国际视野。(2)如何建立或完善学分制/辅修制/双学位制,促进复合型人才培养和学生个性化、多元化发展。(3)如何加强应用型人才培养,更好地满

---

① 教育部:《普通高等学校本科专业类教学质量国家标准》,高等教育出版社2018年版。

足经济社会发展需要。（4）如何构建协同育人机制，提高毕业生的社会和行业适应能力（特别是商务英语、翻译、师范教育等就业方向定位明确的专业）。（5）如何搭建促进拔尖创新人才快速成长的培养机制。（6）如何深化国际合作，实现中外高校学生互换、学分互认、学位互授联授。

（二）夯实专业课程

根据《国标》的要求，外语类专业课程体系包括通识教育课程、专业核心课程和培养方向课程。通常所说的专业课程指的就是专业核心课程和培养方向课程。《国标》列举了各专业的核心课程，培养方向课程留给各高校自行设置。专业课程是一个专业的立足之本，体现了一个专业相对于其他专业的特色，是培养学生专业素质、专业知识和专业能力的根本依托。

专业核心课程在课程体系中居于核心位置，为本专业学生提供最根本的知识和能力，为培养方向课程的学习奠定坚实基础，要求所有学生必修。《国标》所规定的每个专业的核心课程大体包括外语技能课程系列、语言概论、文学概论、对象国概况、跨文化交际和研究方法与学术写作等课程类别。

《国标》所列举的各专业核心课程如果仅从课程名称看，与传统的课程设置并没有实质区别。需要强调的是，每一门核心课程都要为《国标》所规定的"素质要求""知识要求"和"能力要求"做出实质性贡献。这就要求对传统的语言技能课程进行实质性改革，把学科性人文知识、国别与区域知识、思辨能力、跨文化能力、一定的研究能力等多种教学目标落到实处，同时大力加强核心课程中知识课程的理论深度与学科属性。

培养方向课程具有两种基本功能，一是为学生提供某一方向比较系统和深入的专业训练，二是体现人才培养的特色，为学生的就业和进一步深造做准备。各高校外语类专业应根据自身的办学定位和特色优势办学资源，设计相应的课程模块，模块通常由8—10门课程构成，规定必修和选修的学分要求，给学生提供一定的选择自由。英语专业的培养方向主要包括：语言研究、文学研究、文化研究、翻译理论与实践、英语教育、法律英语、财经/商务英语，等等。其他语种专业由于师资队伍薄弱和学生语言能力的局限性，通常无法设置多个独立的培养方向，应大力建设富有特色的少而精的专业知识课程。

培养方向课程是体现分类卓越和多元发展理念的关键平台,各高校外语类专业应充分利用这一机制,创新课程设置,使人才培养更好地满足国家和地方经济社会发展的多样性需求。此外,课程设置绝不只是课程名称的排列组合,其根本目的是要通过课程学习建构合理的知识结构,培养《国标》所规定的素质、知识和能力。因此,各专业点在设置课程时要把每一门课程的目标和内容与《国标》的"培养规格"进行对照,确保每一门专业课程服务于人才培养整体目标。

(三) 突出能力培养

一般而言,我国高等教育存在过分重视知识传授、轻视能力培养的倾向。外语类专业的问题是既在很大程度上忽略了为学生建构合理的知识结构,也过分狭隘地把能力培养局限于语言"基本功"操练。这势必限制外语类专业学生进一步发展的空间,削弱他们适应社会变化和终身发展的能力。在新一轮教育教学改革中,外语类专业一方面要下大力气充实专业知识课程,为学生搭建外国语言文学学科特有的知识体系;另一方面,应完整理解外语类专业学生必备的各项关键能力。

《国标》列举了外语类专业学生应具备的 9 种能力。其中如下 5 种能力(前 4 种能力的描述引自《国标》附录,第 5 种能力"一定的研究能力"为笔者定义)尤为重要:

1. 外语运用能力

能理解外语口语和书面语传递的信息、观点、情感;能使用外语口语和书面语有效传递信息,表达思想、情感,再现生活经验,并能注意语言表达的得体性和准确性;能借助语言工具书和相关资源进行笔译工作,并能完成一般的口译任务;能有效使用策略提高交际效果;能运用语言知识和基本研究方法对语言现象进行分析和解释。

2. 文学赏析能力

能理解外语文学作品的主要内容和主题思想;能欣赏不同体裁文学作品的特点、风格和语言艺术;能对文学作品进行评论。

3. 跨文化能力

尊重世界文化多样性,具有跨文化同理心和批判性文化意识;掌握基本的跨文化研究理论知识和分析方法,理解中外文化的基本特点和异同;能对不同文化现象、文本和制品进行阐释和评价;能有效和恰当地进行跨文化沟通;能帮助不同文化背景的人士进行有效的跨文化沟通。

4. 思辨能力

勤学好问,相信理性,尊重事实,谨慎判断,公正评价,敏于探究,持之以恒地追求真理;能对证据、概念、方法、标准、背景等要素进行阐述、分析、评价、推理与解释;能自觉反思和调节自己的思维过程。

5. 一定的研究能力

能发现本专业领域有意义的研究问题,能检索和综述相关文献,能通过基本的质性或量化方法获取相关数据,能运用本专业相关理论和方法对数据进行分析并展开论述,能撰写基本符合学术规范的小论文。[1]

上述能力一方面应通过相关课程进行培养,如语言技能系列课程、文学类和文化类系列课程、研究方法课程等;另一方面,应将这些能力融入所有课程中加以培养。在新一轮教学改革中,外语类专业应以能力培养为导向,把能力培养目标的达成度作为评价专业建设成效的关键指标,创新人才培养模式与教学方法,从根本上实现从“教得好”向“学得好”转变。

(四) 推动课堂革命

当下,“课堂革命”在教育部的倡导下已成为高等教育界广为流行的热词,其目的是要在全国范围内推动课堂教学方式方法改革与创新,全面提高教学质量和效果。教育部即将推出一流课程(“金课”)“双万计划”,旨在打造1万门国家级和1万门省级一流线上线下精品课程。这一重大举措将在全国高校掀起一流课程或“金课”建设热潮,引导各高校把更多资源投入到人才培养之中,促使高校工作重心回归本科。

与此同时,教材是课堂教学的重要依托。没有优质教材的建设、推广和使

---

① 教育部:《普通高等学校本科专业类教学质量国家标准》,高等教育出版社 2018 年版。

用,真正的课堂革命也不可能实现。为此,教育部启动了国家教材建设重点研究基地建设工作,旨在搭建凝聚各学科、各方面专业力量共同研究课程教材建设的平台,构建灵活、开放、有效的创新研究机制,实现课程和教材建设研究的专业化、专门化、专项化,发挥重要的研究、指导和服务功能,整体提升课程和教材建设的支撑能力,成为专门研究课程和教材的专业智库。①

自上而下的"课堂革命"正大张旗鼓地展开;但从根本上说,课堂教学改革也是一场"静悄悄的革命"。"静悄悄的革命是一个个教室里萌生出来的,是植根于下层的民主主义的、以学校和社会为基地进行的革命,是支持每个学生的多元化个性的革命,是促进教师的自主性和创造性的革命。""这场革命要求根本性的结构性的变化。仅此而言,它就绝非是一场一蹴而就的革命。因为教育实践是一种文化,而文化变革越是缓慢,才越能得到确实的成果。"②

作为一场"静悄悄的革命",课堂教学改革首先是教师教育教学观念的逐步转变,以及由此带来的日常教学行为的逐步转变。为此,学校和院系的教学管理者应积极创造必要条件,支持教师组成学习共同体,通过教学观摩、课例研究、同课异构等丰富多彩的教学研讨活动,分享教学经验,促进教学反思和创新,最终实现"课堂革命"。为了尽快形成教师重视教学、潜心教学、研究教学和创新教学的大学文化,各级教育管理者还应进一步改革教师评价体系,更加重视教师职务晋升中的教学考核,加大力度支持教学研究立项、教学成果奖励和形式多样的教师发展活动。

令人鼓舞的是,教育部已经出台了大力支持教师发展、鼓励教师潜心教学的有力举措:

加强对教师育人能力和实践能力的评价与考核。加强教育教学业绩考核,在教师专业技术职务晋升中施行本科教学工作考评一票否决制。加大对教学业绩突出教师的奖励力度,在专业技术职务评聘、绩效考核和津贴分配中把教学质量和科研水平作为同等重要的依据,对主要从事教学的工作人员,提

---

① 教育部:《关于组织申报国家教材建设重点研究基地的通知》,2018年9月26日,http://www.moe.gov.cn/srcsite/A26/s8001/201810/t20181010_351004.html。

② [日]佐藤学:《静悄悄的革命》,长春出版社2003年版。

高基础性绩效工资额度，保证合理的工资水平。①

随着上述政策的逐步落实，我国高校将迎来一个广大教师队伍积极探索教学规律、追求卓越教学的良好局面。

（五）探索智能教学

外语类专业是最早利用教育技术，如老式磁带录音机、收录机、电视机、电教室等设备进行教学的专业之一。进入 21 世纪，信息技术的突飞猛进为外语教学的创新发展提供了新的机遇。教育部印发了《教育信息化 2.0 行动计划》，倡导："大力推进智能教育，开展以学习者为中心的智能化教学支持环境建设，推动人工智能在教学、管理等方面的全流程应用，利用智能技术加快推动人才培养模式、教学方法改革，探索泛在、灵活、智能的教育教学新环境建设与应用模式。"②吴岩指出："信息技术与教育教学的深度融合，要从形式的改变转变为方法的变革，要从技术辅助手段转变为交织交融，要从简单结合物理变化转变为发生化学反应。这就是说，把线上线下教育的深度融合变成一种真正的教学理念、教学方法、教学技术、教学方式、教学模式的变革，这是真正的革命性变化。"③

在此背景下，全国外语类专业开始积极探索如何将现代信息技术融入教育教学全过程。有些学校在慕课建设方面进行了大胆探索；有些学校开始建设翻转课堂；有些学校在探索混合式教学的可行路径。总体而言，现代信息技术与外语教学的深度融合还处于初级阶段。有待解决的问题还有很多，例如，大多数外语教师还没有认识到智能化外语教学的重要性，缺乏智能化教育素养，需要转变观念并掌握新技术；现有的教改尝试主要表现为技术与外语教学的机械结合，教学效果并不明显。

智能教学的改革方向是现代信息技术与外语教学的"深度融合"。这需

---

① 教育部：《关于加快建设高水平本科教育全面提高人才培养能力的意见》，2018 年 9 月 17 日，http://www.moe.gov.cn/srcsite/A08/s7056/201810/t20181017_351887.html。

② 教育部：《教育信息化 2.0 行动计划》，2018 年 4 月 13 日，http://www.moe.gov.cn/srcsite/A16/s3342/201804/t20180425_334188.html。

③ 吴岩：《一流本科 一流专业 一流人才》，《中国大学教学》2017 年第 11 期。

要教师深入探索现代信息技术特别是智能技术对外语教学带来的各种可能性,例如,已有高校开始探索利用虚拟技术创造逼真的现场情境来提高演讲、口译课程的教学效果;还有高校利用最新的网络通信技术搭建跨越国界的同步课堂,共享优质课程资源,促进跨文化教育。与此同时我们也要尊重外语学习的客观规律,对技术的局限性保持警惕。现有研究表明,线上线下相结合的混合式教学模式具有无限的创造空间,可以提高学生的学习满意度和教学效率①,外语界应以"主动应变、积极求变"的姿态积极应对现代信息技术对外语教学带来的新挑战。

(六) 促进教师发展

教师是提高人才培养能力的关键要素。正是在这一关键要素上,外语类专业存在比较严重的短板。例如,大量的专业点生师比极不合理,教师不堪教学重负;师资学历和职称结构达不到基本要求,无法完整开设合格的专业课程;教师的语言能力、教学能力、科研能力等严重不足,教学质量得不到基本保障。

要全面提高外语类专业人才培养能力,必须首先提高教师的专业素养。《国标》对外语类专业教师提出的基本要求如下:

——具有外国语言文学类学科或相关学科研究生学历;

——具有丰厚的专业知识,熟悉外语教学与学习的理论和方法,对教育学、心理学等相关学科知识有一定了解;

——具有扎实的外语基本功、教学设计与实施能力、课堂组织与管理能力、现代教育技术和教学手段的应用能力,以及教学反思和改革能力;

——具有明确的学术研究方向和研究能力。

对照上述要求,当前外语类专业面临十分紧迫的教师发展任务。《国标》强调:"学校应制定科学的教师发展规划与制度,通过学历教育、在岗培养、国内外进修与学术交流、行业实践等方式,使教师不断更新教育理念,优化知识

---

① Garrison D R,N D Vaughan:"Institutional Change and Leadership Associated with Blended Learning Innovation:Two Case Studies", *Internet & Higher Education*,2013,No.4.

3.因材施教,根据教学目标和内容选择合适的教学方法,重视启发式、讨论式和参与式教学方法的使用,促进学生的全面发展和个性发展;

4.合理使用现代教育技术,注重教学效果。

再次是毕业论文标准。《国标》对此有明确规定:

毕业论文旨在培养和检验学生综合运用所学理论知识研究并解决问题的能力和创新能力。毕业论文选题应符合专业培养目标和培养规格,写作应符合学术规范,可采用学术论文、翻译作品、实践报告、调研报告和案例分析等多种形式。除翻译作品外,一般应使用所学外语撰写。各专业应制定毕业论文选题、开题、写作、指导和答辩等相关规定,明确指导教师职责、毕业论文写作过程和质量规范,指导过程应以适当形式记录。

这里值得强调的是,毕业论文的宗旨是培养和检验学生解决问题的能力和创新能力。外语类专业应把毕业论文的写作理解为培养学生研究能力和学术写作能力的一个过程,而不只是要求学生提交一件终极作品。因此,应加强对毕业论文指导过程的管理,确保写作过程成为本科学习阶段一个不可或缺的进一步提高综合能力的关键环节。

在建立一系列教学质量标准的基础上,外语院系应进一步加强内部质量管理。这方面最常用,可能也是最有效的举措是在院系或学校内部进行的课堂教学评价。目前的课堂教学评价多属于奖惩性评价,由教务部门负责执行,多采用学生填写问卷的形式,评价结果用于教师的年度考评和职称晋升。这种评价虽然不可替代,但其局限性日益凸显。外语院系应更加重视多元性、发展性评价,让评价主体多元化(教务部门、教研室、教学督导专家、同行教师、学生、主讲教师),评价对象多元化(教师课堂教学表现、作业批改与反馈、课外答疑与辅导、考试结果、教书育人、团队合作),使评价结果用于帮助教师反思和改进教学,实现教师发展的最终目的。

教学质量的终极保障应是质量保障体系的建立。《国标》要求各外语院系建立健全3个机制:

1.教学过程质量监控机制要求

应建立教学过程质量监控机制。各教学环节有明确的质量要求,定期进行课程设置和教学质量评价。

振兴发展外国语言文学类本科专业：
成就、挑战与对策*

一、新时代高等教育的基本形势

历经改革开放 40 年的蓬勃发展,我国高等教育迎来了从教育大国迈向教育强国的新时代。认清当前中国高等教育的整体形势,有助于判断高等外语教育的历史方位,推动高校外国语言文学类本科专业(以下简称"外语类专业")振兴发展。

第一,中国高等教育规模跃居全球领先地位。改革开放以来,高等教育快速全面扩张。2017 年,全国各类高校共计 2631 所,在校生总人数 3779 万,45%左右的毛入学率已经超过全球中高收入国家平均水平。吴岩对中国高等教育的当前形势作出一个基本判断:(1)中国高等教育发展整体上达到世界中上水平,开始进入世界高等教育发展第一方阵;(2)中国高等教育开始与世界高等教育的理念、标准等最新发展潮流同频共振;(3)中国高等教育与世界高等教育从整体上来说是追赶与超越、借鉴与自主、跟跑与领跑交织交融。①

第二,教育强国战略吹响进军号角。党的十九大吹响了建设教育强国的号角:"建设教育强国是中华民族伟大复兴的基础工程,必须把教育事业放在优先位置,深化教育改革,加快教育现代化,办好人民满意的教育。"在 2018 年全国教育大会上,习近平总书记进一步强调指出:"我们要抓住机遇、超前布

　　* 本文系国家社会科学基金重点项目《高等学校外语类专业本科教学质量国家标准》阐释与应用研究(编号:18AYY011)的阶段性成果。
　　① 吴岩:《一流本科 一流专业 一流人才》,《中国大学教学》2017 年第 11 期。

局,以更高远的历史站位、更宽广的国际视野、更深邃的战略眼光,对加快推进教育现代化、建设教育强国作出总体部署和战略设计,坚持把优先发展教育事业作为推动党和国家各项事业发展的重要先手棋。"

第三,高等教育进入全面提高人才培养能力新阶段。2018 年 10 月教育部颁布的《关于加快建设高水平本科教育全面提高人才培养能力的意见》(以下简称《意见》)提出,高等学校必须"牢牢抓住全面提高人才培养能力这个核心点,把本科教育放在人才培养的核心地位、教育教学的基础地位、新时代教育发展的前沿地位,振兴本科教育,形成高水平人才培养体系,奋力开创高等教育新局面"。简言之,振兴本科教育、全面提高人才培养能力,这将是下一阶段中国高等教育攻坚克难的重要主题。

二、外语类专业取得的成就和面临的挑战

(一) 外语类专业取得的成就

我国外语类专业的命运与国家政治经济发展息息相关。自 20 世纪 70 年代末我国走上改革开放道路,外语类专业不断蓬勃发展,取得了巨大成就。从外语类专业自身发展来看,全国高校开设的外语语种数量稳步增加,从 1966 年的 41 种增加到 2018 年的 98 种;各语种专业点的数量也迅速增长,英语专业扩展为包含英语、商务英语、翻译专业的英语类专业。与此同时,外语类专业的人才培养体系逐步健全。自 1981 年国务院批准 5 个英语语言文学博士点和 23 个英语语言文学硕士点以来,本科生、硕士生、博士生培养的规模和质量都不断提升,2018 年外国语言文学一级学科博士点已经达到 49 个。[①]

外语类专业的发展壮大为国家经济社会发展培养了大批不同类型、不同层次的外语人才,包括服务推进改革开放的外交外事人才、介绍宣传中国的对外传播人才、连接国内外市场的商贸人才、提高高校学生国际化能力的公共外语

---

① 戴炜栋:《高校外语专业教育 40 年:回顾与展望》,《当代外语研究》2018 年第 4 期。

教师、基础教育阶段的外语教师、各行各业的翻译人才等。可以说,没有全国高校外语类专业培养的浩浩荡荡的外语人才,中国就不可能顺利打开对外开放的大门,也不可能在竞争激烈的全球化时代迅速崛起,并大踏步走近世界舞台的中央。

(二) 外语类专业面临的挑战

必须承认,外语类专业的发展存在很多问题。第一,外语类专业点规模过大。这主要表现为英语类专业迅猛扩张。据不完全统计,目前英语专业点为737 个,商务英语专业点 367 个,翻译专业点 272 个。英语类专业已经成为国内高校最大的本科专业,大量毕业生涌进容量有限且随经济形势波动的就业市场,必然会带来就业问题,进而对专业的生源产生不利影响。

外语类专业的就业问题有其结构性特点:非英语类外语专业的就业状况总体更好;英语类专业之间的就业率存在差异;学校排名和所处地域也会对就业率产生影响。学界和社会在从就业率角度评价外语类专业人才培养质量时,应该充分考虑到所有这些因素,并且应把外语类专业与其他类专业进行横向比较。外语类专业确实应该高度重视就业率下滑问题,但其严重程度往往被部分学者和媒体夸大。[1]

第二,专业同质化比较严重。外语类专业的同质化问题主要表现为:办学定位模糊不清;培养目标整齐划一;课程设置和培养模式趋同;应用型专业和学术型专业混同。英语类专业因翻译专业和商务英语专业的派生,同质化程度有所减轻,但很多翻译专业和商务英语专业有名不副实之嫌,与英语专业的区别并不明显。其他外语类专业,比如西班牙语、日语和非通用语专业也普遍存在同质化问题[2][3][4]。外语类专业的同质化培养必然会加剧同一专业毕业

---

[1] 麦可思研究院:《2018 年中国大学生就业报告(就业蓝皮书)》,社会科学文献出版社2018 年版。

[2] 郑书九、刘元祺、王萌萌:《全国高等院校西班牙语专业本科课程研究:现状与改革》,《外语教学与研究》2011 年第 4 期。

[3] 周媛:《我国高校日语教育同质化的发展及存在的问题》,《课程教育研究》2014 年第34 期。

[4] 丁超:《对我国高校外语非通用语种类专业建设现状的观察分析》,《中国外语教育》2017 年第 4 期。

生的就业压力，不利于各专业更好地满足国家和地方经济社会发展对外语类专业人才的需求。

第三，培养能力不足。一个专业的人才培养能力由诸多要素构成，主要包括教育教学理念、培养模式、课程设置、师资队伍、教学管理和办学条件。专业培养能力不足问题在外语类专业中具有普遍性，在近年来迅速增设的非通用语专业中尤为突出。① 外语类专业培养能力的要素中，师资队伍的问题可能最为明显，比如大量的专业点生师比极不合理，师资学历和职称结构达不到基本要求，教师的语言能力、教学能力、专业训练、科研能力等严重不足。所有相关问题都严重制约着高校外语类专业人才培养质量的整体提升。

外语类专业的培养能力不足还突出表现为毕业生"小才拥挤、大才难觅"的现象。改革开放以来，外语类专业满足了国家对外开放较低层次的外语人才需求。但是，随着中外政治经济交往和文化交流不断深化，国家急需大批不仅具有扎实的外语基本功，而且真正理解对象国政治经济现状和历史文化传统，具有良好人文素养、思辨能力、跨文化能力和研究能力的国际化、高层次应用型和研究型外语类专业人才，而外语类专业却难以充分满足这样的"大才"需求。究其深层原因，查明建认为英语专业的问题在于学科观念模糊、专业意识淡漠、偏离专业本位，混淆了英语与英语专业、英语学习与英语专业学习，致使专业受到严重误解，专业学习中充斥着工具化和功利化观念。② 英语专业的问题在整个外语类专业中具有一定普遍性。

我们必须正视外语类专业面临的严峻挑战，但又不能妄自菲薄、妄自否定。困扰外语类专业的种种问题是过去 40 年来外语类专业高歌猛进的必然结果，在很大程度上是当下中国高等教育的普遍性问题，也正是新时代中国高等教育提升人才培养能力需要着力解决的问题。

---

① 丁超:《对我国高校外语非通用语种类专业建设现状的观察分析》，《中国外语教育》2017 年第 4 期。

② 查明建:《英语专业的困境与出路》，《当代外语研究》2018 年第 6 期。

三、振兴发展外语类专业的对策

（一）优化外语类专业点布局

当前外语类专业特别是英语类专业的主要问题既是"产品不合格"问题，也有"产能过剩"问题。随着高等教育从外延式扩张转向内涵式发展，经济领域的"供给侧"问题在外语类专业改革发展中也日益显现，需要引起重视。

外语类专业的"供给侧"改革可主要通过教育部即将推行的"三级专业认证"来实施。该项计划以《普通高等学校本科专业类教学质量国家标准》为依据，对全国高校各专业类本科点实行三个等级的评估，即"保合格、上水平、追卓越"。"保合格"评估不用专家进校，完全基于数据分析，评判专业点是否达到基本办学条件；"上水平"评估也没有进校考察环节，是在数据基础上请相关专家定性分析专业点是否符合国家战略和地方发展需求，人才培养方案、课程体系、教学方法等专业建设内容是否合适；"追卓越"评估则要安排专家进校考察，作出高水平、国际等效的实质认定。①

教育部有关部门正在研制"三级专业认证"的实施细则。笔者建议，"合格"或"兜底"层级的评估应该非常严格地依据标准实施，确保各专业点提供的数据真实可靠。如果数据分析显示专业点达不到基本要求，为慎重起见，可安排专家进校核查。对于最终评估为不合格的专业点，要限期整改，或关停并转。对于"卓越"或"一流专业"认证，相关专业点也应审慎对待，确保为全国高校同类专业点树立学习榜样，指明前进方向。在教育部周密部署和启动"三级专业认证"之后，外语类专业应以此为有力抓手，优化专业点布局，推动专业的改革发展。

---

① 范海林：《将推三级专业认证振兴本科》，2018 年 11 月 30 日，http://news.sciencenet.cn/htmlnews/2018/12/420591.shtm。

（二）促进外语类专业多元发展

中国高等教育正进入普及化阶段。普及化阶段的高等教育以"多样化"为典型特征，这意味着"不同类型的学校都可以成为国家队，在人才培养方面尤其如此"。① 对于全国高校 1000 多个外语类专业点而言，多元化是生存发展的必由之路。

当前关于英语专业如何走出困境，外语界可谓百家争鸣。有的学者主张人文取向②，有的主张复合或"外语+"取向③，有的主张应用取向④，有的主张学术取向。⑤ 其实，每一种主张都不无道理，但是没有一种主张完全适合全国高校每一个英语专业点，因为各专业点的办学传统、定位、条件等各有不同。这就决定了英语专业的办学必须超越同质化模式，走多元发展道路。

《外国语言文学类教学质量国家标准》（以下简称《国标》）规定："外语类专业是我国高等学校人文与社会科学学科的重要组成部分，学科基础包括外国语言、外国文学和区域与国别研究，具有跨学科特点。"根据这一定位，所有外语类专业点必须健全语言、文学、区域与国别研究三个板块的核心课程，满足所属学科的基本要求。在共同的学科基础之上，不同高校的外语类专业点可有不同的特色定位。有的专业点可以侧重语言研究或文学研究，重视思辨能力和研究能力培养，为学生深造学习和长远发展提供深厚的人文基础和学科知识体系；有的专业点可以定位为师范教育，为基础教育培养外语师资；有的专业点可以采取"外语+"跨学科模式，培养外语精湛、具有人文素养和相关专业（如新闻学、外交学、国际政治、法学等）知识体系与能力的复合型人才；有的专业点可以将外语教育、人文教育、国别与区域研究融为一体，培养通晓国际规则、善于跨文化沟通、具有国别与区域研究知识体系与相关能力的拔尖

---

① 吴岩：《一流本科 一流专业 一流人才》，《中国大学教学》2017 年第 11 期。

② 蒋洪新：《关于新时代英语教育的几点思考》，《外语教学》2018 年第 2 期。

③ 姜锋：《外语类高校需创新人才培养模式》，《人民日报》2018 年 1 月 4 日。

④ 王立非、崔璨：《论外语专业人才培养向外语产业人才培养的转变》，《语言教育》2018 年第 3 期。

⑤ 曲卫国、陈流芳：《治疗英语本科专业"毛病"急需厘清的问题》，《当代外语研究》2018 年第 6 期。

创新人才。商务英语专业和翻译专业则应在应用型人才培养方面深耕细作。

（三）加强非通用语人才培养

新时代的中国作为全球第二大经济体，作为多边主义和全球化的倡导者，已经成为全球治理的参与者和领导者之一。随着中国迅速崛起和中华民族伟大复兴事业稳步推进，中国与超级大国美国的竞争日益激烈，与发达国家阵营的关系正经历结构性调整，与周边国家的关系更加微妙，与发展中国家的关系也面临着传承创新的挑战。一言以蔽之，进入大国外交时代的中国需与世界各国进行全方位互动，需在国际政治的各个领域开展更加复杂和艰巨的斗争，需要积极促进文明互鉴，构建人类命运共同体。这就要求高校外语类专业培养更多掌握各国语言特别是非通用语言，通晓各国政治、经济、历史、文化的外交外事应用型和研究型人才。

在国际经贸领域，我国"一带一路"倡议得到了全球积极的响应。中国政府秉持和平合作、开放包容、互学互鉴、互利共赢的理念，全方位推进务实合作，打造政治互信、经济融合、文化包容的利益、责任和命运共同体。迄今为止，已有130多个国家和国际组织同中国签署"一带一路"合作文件，联合国安理会决议呼吁国际社会通过"一带一路"建设加强区域经济合作。"一带一路"倡议在全球范围的落地扩展把中国的改革开放推进到新的历史阶段，也为外语类专业特别是非通用语专业的发展创造了第二个黄金时代。根据王铭玉的统计，"一带一路"沿线国家的官方语言近60种，加上区域内的少数民族语言后语言总数多达200种左右。[①] 非通用语专业无论在语种数量还是人才培养质量上，都严重滞后于国家"一带一路"倡议对外语人才的需求。当务之急，应加强顶层规划，鼓励高校"合理有序、错位互补"地尽快开设齐全"一带一路"沿线国家官方语言及关键少数民族语言，同时大力加强非通用语师资队伍建设，完善人才培养模式与课程设置，促使高校非通用语专业教育迈上新台阶。

（四）全面提高人才培养能力

全面提高人才培养能力是新时代中国高等教育改革攻坚、建设高等教育

---

① 王铭玉：《"一带一路"建设与语言战略构建》，《中国外语教育》2017 年第 1 期。

强国的"核心点"。教育部颁布的《意见》全面阐述了振兴本科教育的基本原则:(1)坚持立德树人,德育为先;(2)坚持学生中心,全面发展;(3)坚持服务需求,成效导向;(4)坚持完善机制,持续改进;(5)坚持分类指导,特色发展。由此可见,提高人才培养能力是一个系统工程,需要运用整体思维,采取综合、协同、持续的措施推进教育教学改革。振兴本科教育的基本原则为外语类专业诊断存在的问题、全面提高人才培养能力提供了系统思考的坐标。

第一,坚持立德树人。外语类专业应着力加强课程思政和课程德育两方面的课程改革,把立德树人贯穿人才培养的全过程。外语类专业的教学内容大量涉及中外社会制度、价值观、宗教信仰、生活方式等层面,因而如何通过课程教学有效塑造学生的政治思想和道德品质,显得尤为重要和迫切。

第二,坚持学生中心。外语类专业应注重提高教学质量,从"教得好"向"学得好"转变。教学活动应围绕学生的积极学习展开;教学过程应成为师生合作探究和建构知识的过程;教学目标应超越语言技能训练,致力于培养学生的学科思维、思辨能力、研究能力和创新能力。坚持学生中心还要求外语类专业应避免以就业为唯一目标的功利主义办学导向,重视人文通识教育和个性化发展,培养学生的自主学习和终身学习能力,促进学生德智体美劳全面发展。

第三,坚持服务需求。外语类专业应主动适应时代变化,定期研判国家和地方经济社会发展对人才培养提出的新需求,并根据专业特色和优势积极调整办学定位,不断完善培养模式与课程设置,适时更新教学内容,改进教学方式方法。当然,作为人文学科,外语类专业应避免服务经济社会需求的功能被狭义理解,进而被降格为职业外语培训;应根据经济社会发展对外语类专业人才素质、知识、能力的多样化和多层次需求,充分发掘专业的学科资源和潜力,加强专业的"学科性"①,培养具有独特专业竞争优势的外语类专业人才。

第四,坚持完善机制。人才培养质量的持续改进机制是人才培养质量的牢固保障,主要包括专业动态调整机制、质量评价保障机制,尤其是招生、培养

---

① 曲卫国、陈流芳:《治疗英语本科专业"毛病"急需厘清的问题》,《当代外语研究》2018年第6期。

与就业联动机制。外语类专业和高校许多其他专业一样,尚未建立系统的持续改进机制,导致培养方案与教学内容不能根据经济社会需求、毕业生与用人单位反馈得到及时修订,教学评估结果不能及时用于教学改进,教师课外答疑解惑普遍缺失等。外语类专业下一阶段的改革发展应侧重将"质量文化"建设内化为全体师生的共同价值追求和自觉行为,形成以提高人才培养能力为核心的质量文化。

第五,坚持分类指导。关于外语类专业的多元化特色发展,上文已有讨论,此不赘述。外语界需要继续探索的问题是:外语类专业相较于高校其他类专业应该坚守的专业"本色"是什么?外语类各专业点如何彰显各自鲜明的"特色"?外语类专业如何平衡"本色"和"特色"的关系?外语类专业"有必要也有可能在追求多元性的同时并不丧失统一性,而在追求统一性的同时也不牺牲多元性"。①

最后有必要强调的是,教师始终是高校提高人才培养能力的关键要素。相较于高校其他类专业,外语类专业在师资队伍建设方面显然面临更大的挑战。按照《国标》对生师比的要求,外语类专业的教师数量仍然存在比较严重的短缺。同样迫切的问题是外语类专业教师的博士学位比例和高级职称比例明显不高,拥有专业知识和学科训练背景的教师比例严重不足。师资队伍的数量和素质问题已经成为外语类专业提高人才培养质量亟待突破的瓶颈。

全面提高人才培养能力,最终必须依靠一大批教研相长、教研双优的学者型优秀教师。正如教育部高教司前司长张大良所指出的:"要把高水平教学与科研作为青年教师专业素养考核的基本要求,增强教师的科研活力和教学定力,促进教师开展研究型教学,应用好新形态教材,改进教学方式方法,提高教学质量。"②为此,外语类专业广大教师应该重新认识教师身份与发展定位,全面提高涵盖职业道德、教学能力、研究能力和学科知识的教育教学本领,成为真正意义上的"外语类专业教师"。在理论层面,外语界应超越从国外移植

---

① 孙有中:《英语教育十大关系——英语专业教学质量国家标准的基本原则初探》,《中国外语教育》2014年第1期。

② 张大良:《着力提高人才培养能力 全面振兴本科教育》,2018年10月25日,http://edu.people.com.cn/n1/2018/1026/c367001-30365545.html。

的外语教师能力框架体系，探索外语类专业教师的研究能力构成与发展路径、学科知识结构更新完善，构建适应我国高校外语类专业教师发展的能力框架。在实践层面，外语类专业应该突破"外语教师"的传统身份定位，创新教师发展的内容与形式，重构教师学科知识，提升教师研究能力。在教学能力培养方面，外语类专业要引导教师更新教育教学理念，积极探索语言与学科知识融合教学、跨文化外语教学、思辨外语教学的新路径和新方法。[①]

四、结语

新时代的中国正为实现中华民族的伟大复兴而努力奋斗，并以前所未有的广度、高度、深度参与和引领全球治理。国家经济社会发展从未像今天这样迫切需要和依靠数以千万计国际化、高层次外语类专业人才，以及全体公民的国际素养。外语类专业应把握高等教育的发展形势，认清自身的成就与挑战，多途径、全方位推动专业振兴发展。我们有理由相信，在外语界同仁的不懈努力下，外语类专业必将拥有更加美好的明天。

（本文原载《外语界》2019 年第 1 期）

---

① 孙有中、张虹、张莲：《〈国标〉视野下外语类专业教师能力框架》，《中国外语》2018 年第 2 期。

《国标》视野下外语类专业教师能力框架*

2017 年 9 月 24 日，中共中央办公厅、国务院办公厅印发《关于深化教育体制机制改革的意见》（以下简称《意见》）。《意见》指出："党和国家高度重视教育工作，坚持把教育摆在优先发展的战略位置。要健全促进高等教育内涵发展的体制机制。强调要创新人才培养机制。高等学校要把人才培养作为中心工作，全面提高人才培养能力。……统筹推进世界一流大学和一流学科建设。"师资队伍是人才培养的决定因素；培养高质量人才，必须有高水平的师资。2018 年 1 月 30 日，教育部颁布了《高等学校外语类专业本科教学质量国家标准》（以下简称《国标》），全国高校外语类专业新一轮教学改革已悄然展开。教师是课堂教学的组织者，也是教学改革的实施者；没有教师对教学改革的积极响应、准确理解和身体力行，任何教学改革都将无果而终。①

如果说教师是实现一切教育目的的根本依靠，是当前我国高校"双一流"建设的根本保障，那么，教师能力的发展则是根本之根本。高校外语类专业承载着为国家培养各类创新型、复合型外语专门人才和国际化高端人才的重要使命，任务艰巨而紧迫。虽然师资队伍整体素质与过去相比已有相当大的提高，但由于历史原因，我国高校外语类专业教师数量和质量堪忧。一个特别突出的问题就是，从全国范围外语类专业教师的总体情况看，大多数教师只能归为"外语（语言）教师"，而达不到"外语类专业教师"的要求，教师"能力赤字"

---

* 本文是教育部人文社科基地重大项目"中国外语教育理论与实践创新研究"（16JJD74002）子课题"我国高校英语专业国际化高端人才培养模式研究"的阶段性研究成果。

① 孙有中、文秋芳、王立非：《准确理解〈国标〉精神，积极促进教师发展——"〈国标〉指导下的英语类专业教师发展"笔谈》，《外语界》2016 年第 6 期。

问题严重。相当一部分教师对职业的理解和定位是从事语言教学的外语教师,而不是作为高等教育一个独立学科的外语类专业的专业教师。简言之,无论是教师自身还是从事教师发展的研究者,都对外语类专业教师这一特殊群体(不同于大学英语教师,也不同于中小学或培训机构的外语教师)的身份定位出现了比较严重的偏差,最终有可能误导外语类专业教师发展的方向。①②

为此,我们必须通过建立教师能力框架重新认识和界定外语类专业教师身份,为外语类专业教师发展设定基本目标和评价依据。本文将参照《国标》对人才培养目标和培养规格的定义及其对外语类专业教师素质与发展提出的要求,在全面考察国内外学术界对外语教师能力界定的基础上,提出我国高校外语类专业教师能力框架,并据此对当前高校外语类专业教师发展和教师研究提出建议。

一、《国标》对外语类专业本科人才培养目标与规格的定义

人才培养目标是教师从事教育和教学活动的根本指南。《国标》规定:"外语类专业旨在培养具有良好的综合素质、扎实的外语基本功和专业知识与能力,掌握相关专业知识,适应我国对外交流、国家与地方经济社会发展、各类涉外行业、外语教育与学术研究需要的各外语语种专业人才和复合型外语人才。"长期以来,外语类专业高度重视外语基本功训练,这无疑是必要的。但外语类专业人才培养目标如果仅囿于外语基本功训练,那就自动降格为语言培训,也就难以培养出《国标》规定的人才。为此,《国标》强调外语类专业要在夯实外语基本功的基础上培养学生的"专业知识与能力"。这就意味着,外语类专业教师自身应首先超越外语语言教师的定位,拥有"专业知识"(即学科知识)和专业能力(即教学能力和研究能力)。

---

① 戴炜栋:《立足国情,科学规划,推动我国外语教育的可持续发展》,《外语界》2009 年第5 期。

② 钟美荪、孙有中:《以人才培养为中心,全面推进外语类专业教学改革与发展——第五届高等学校外国语言文学类专业教学指导委员会工作思路》,《外语界》2014 年第 1 期。

　　培养规格是根据人才培养目标所确定的特定专业的毕业生在素质、知识与能力三方面应达到的具体标准。在素质方面,《国标》规定:"外语类专业学生应具有正确的世界观、人生观和价值观,良好的道德品质,中国情怀与国际视野,社会责任感,人文与科学素养,合作精神,创新精神以及学科基本素养。"在此,被纳入核心素质的"中国情怀与国际视野"显然是为了响应经济全球化时代全面崛起的中国对外语类专业人才的跨文化能力所提出的更高要求;"学科基本素养"则再次提示了面向未来的外语类专业人才应超越外语语言学习,接受比较系统的学科训练。

　　在知识方面,《国标》规定:"外语类专业学生应掌握外国语言知识、外国文学知识、区域与国别知识,熟悉中国语言文化知识,了解相关专业知识以及人文社会科学与自然科学基础知识,形成跨学科知识结构,体现专业特色。"与外语界对外语教育内涵的传统理解相比,《国标》对外语类专业学生的知识广度和深度提出了更高标准,要求他们在掌握传统语言知识和外国文学知识的基础上,更加深入和系统地了解对象国和中国自身的历史与现状,形成具有特色的跨学科知识结构。这无疑对外语类专业教师的学科知识提出了更高要求。

　　在能力方面,《国标》规定:"外语类专业学生应具备外语运用能力、文学赏析能力、跨文化能力、思辨能力、一定的研究能力、创新能力、信息技术应用能力、自主学习能力和实践能力。"注重能力培养是教育部对各学科制定《国标》提出的一项重要原则。除"外语运用能力"以外,《国标》明确强调外语类专业应致力于培养学生的文学赏析能力、跨文化能力、思辨能力、一定的研究能力和创新能力。这些能力的培养只有贯穿外语类专业的每一门课程和培养模式的各个环节,才能保证各项能力培养目标的实现。这就对外语类专业教师能力提出了更高要求。外语类专业教师的"能力赤字"问题第一次如此严峻地摆在了我们面前。

二、《国标》对外语类专业教师素质与发展的要求

　　以上从人才培养达成目标和规格角度解析了《国标》对外语类专业教师

提出的新挑战。事实上,《国标》直接对外语类专业教师素质和教师发展提出了明确要求,规定专业教师应满足以下5项要求:

(1)符合《中华人民共和国教师法》和《中华人民共和国高等教育法》规定的资格和条件,履行相关义务;(2)具有外国语言文学类学科或相关学科研究生学历;(3)具有厚实的专业知识,熟悉外语教学与学习的理论和方法,对教育学、心理学等相关学科知识有一定了解;(4)具有扎实的外语基本功、教学设计与实施能力、课堂组织与管理能力、现代教育技术和教学手段的应用能力,以及教学反思和改革能力;(5)具有明确的学术研究方向和研究能力。

其中,第(3)、(5)两项值得特别强调,即"具有厚实的专业知识"和"具有明确的学术研究方向和研究能力"。也就是说,外语类专业教师如果仅具有外语能力和外语教学能力,而不具有相关学科的专业知识和研究能力,就不能算是一名合格的教师。

关于教师专业发展,《国标》从学校和教师自身两方面提出明确要求。从学校层面来说,"学校应制定科学的教师发展规划与制度,通过学历教育、在岗培养、国内外进修与学术交流、行业实践等方式,使教师不断更新教育理念,优化知识结构,提高专业理论水平与教学和研究能力"。这一规定要求学校应针对教师发展进行顶层设计,自上而下地为教师发展创造条件,提供全方位支持,其目的是要促进教师在专业知识、教学能力和研究能力三方面实现全面发展。

教师发展不仅是学校对教师的要求,更重要的是教师自身的责任和义务。① 因此,从教师个人层面而言,《国标》要求:"教师应树立终身发展的观念,制定切实可行的发展计划,不断提高教学水平和研究能力。"可见,合格的外语类专业教师应自下而上地自主、持续发展,不仅应精于教学,而且应善于研究,做到教研相长。

---

① Bowen T: "Continuous Professional Development", *The Onestop Magazine*, 2004. [2005-07-26] https://www.onestopenglish.com/News/Magazine/Archive/continuous.htm.

三、教师研究领域对外语教师能力的基本理解

当今时代,国际政治权力结构正经历前所未有的裂变,国际经济全球化与反全球化浪潮相互博弈,国际社会人口大流动加剧了各类社会问题的跨国交织,世界多元文化在冲突中进一步融合。这种种历史性变迁对各国高等教育特别是以培养国际化人才为己任的外语教育提出了新挑战。外语类专业教师应发展哪些能力才能适应时代需要,这已成为全球外语教师研究领域普遍关注的问题。

(一) 国外研究综述

为了提高外语教师专业化水平,提升外语教育质量,自20世纪80年代以来,很多发达国家如美国、英国、法国、加拿大、澳大利亚、日本等国都将外语教育和外语教师发展列为国家语言政策规划的重要内容。各国在大力推进教师教育工作的同时,高度重视外语教师能力建设,陆续设立教师教育认证机构,相继颁布教师从业资格标准或相应的纲领性文件,研制了一系列教师能力标准与评估指标体系。本节将重点评述美国、欧洲、澳大利亚的教师能力研究。

1. 美国

美国国家教师教育认证委员会(National Council for Accreditation of Teacher Education,简称 NCATE)于2008年颁布《教师培养机构认证专业标准》(Professional Standards for the Accreditation of Teacher Preparation Institutions)。这一《标准》中有一项专门针对英语作为第二语言(English as a second language,简称 ESL)的教师。《标准》包括5个领域:专业素养、语言、文化、教学和评估。其中,"专业素养"是核心,"语言"和"文化"是基础,"教学"和"评估"是应用。一方面,"专业素养"是其余4个领域交汇融合的结果;另一方面,"专业素养"统辖其余4个领域,说明优秀的语言教师无论在任何一个领域都应该向着提升自身"专业素养"的方向努力。2002年,美国外语教学委员会(American Council on the Teaching of Foreign Languages,简称 ACTFL)和美

国教师培养认证委员会(Council for the Accreditation of Educator Preparation,简称 CAEP)共同制定《外语教师职前培养标准》(ACTFL/CAEP Program Standards for the Preparation of Foreign Language Teachers),州际新教师评估与支持联盟(Interstate New Teacher Assessment and Support Consortium,简称 IN-TASC)制定《新手外语教师入职认证标准》(Model Standards for Licensing Beginning Foreign Language Teachers:A Resource for State Dialogue),国家专业教学标准委员会(National Board for Professional Teaching Standards,简称 NBPTS)2001 年制定《儿童青少年世界语言(非英语)教师标准》(World Languages other than English:Standards:For Teachers of Students Ages 3-18+)。三个机构分别于 2013 年、2011 年和 2015 年公布了以上标准的修订版。以上三个标准分别针对中小学和幼儿园职前外语教师、新入职三年的外语教师以及优秀外语教师的能力提升,基本能力包括学生知识、语言知识、文化知识、语言习得知识、课程开发与教学设计能力、评估能力、反思能力、职业道德等方面。在此基础上,美国幼儿园与中小学外语教师专业发展框架基本形成。

2. 欧洲

欧盟委员会(European Commission)于 2004 年发布《欧洲外语教师教育纲要》(European Profile for Language Teacher Education—A Frame of Reference),从外语教师的基本要求、知识、技能及价值观等方面,为欧洲各国中小学和成人外语教师职前以及在职教育政策制定者和外语教师教育工作者提供指导性纲要,是欧盟外语教师专业发展的重要参考依据。欧盟委员会于 2013 年进一步将教师专业能力界定为三方面:(1)对教育政策环境、制度和机构的知识与理解;(2)团队工作的意向与技能;(3)合作与建立工作关系网。

英国从 20 世纪 80 年代开始致力于教师专业标准的制定与完善。1983年,英国教育与科学部发布《教学质量》(Teaching Quality)白皮书,其中提到,只有国务大臣具有授予教师专业认可的法定权力。进入 21 世纪后,英国对教师标准的修订更加频繁,相继签发一系列教师资格标准。尤为值得一提的是剑桥大学考试委员会(University of Cambridge Local Examinations Syndicate,简称 UCLES)发布的一系列英语教学和教师标准,包括《剑桥英语教学框架——总结》《基于教学框架的教师发展》《剑桥英语教学框架——框架因素》《剑桥英语教学框架——能力表述》《在职教师发展框架》等。其中,《剑桥英语教学框架——能力表述》围绕学习与学习者,教学、学习和评价,语言能力,语言知识和语言意识,专业发展和价值观这5个方面将教师分成4个等级:基础等级(Foundation)、发展等级(Developing)、熟练等级(Proficient)和专家等级(Expert),并对每个等级要求做了细致描述。

3. 澳大利亚

澳大利亚的教育质量在国际上走在前列,主要归功于高素质的教师和学校领导者。澳大利亚教学和学校领导力机构(Australian Institute for Teaching and School Leadership,简称 AITSL)于2012年8月颁布《澳大利亚教师业绩和发展框架》(Australian Teacher Performance and Development Framework),其目的是在澳大利亚学校内创建一种业绩和发展文化。此框架关注学生的学习参与和幸福感,要求教师对有效教学有清晰理解,强调学校领导者在教师业绩和专业发展中的作用;指出学校需要根据自己的具体环境和历史灵活运作;教师业绩和专业发展需要与学校整体发展规划相协调。虽然该《框架》不是针对外语教师,但其所关注的要素同样适用于外语教师。2005年,澳大利亚现代语言教师协会联合会(Australian Federation of Modern Language Teachers Associations,简称 AFMLTA)颁布《优秀语言与文化教师专业标准》(Professional Standards for accomplished Teaching of Languages and Culture),并于2012年发布修订版《杰出语言与文化教师专业标准》(Professional Standards for Lead Teachers of Languages and Culture),修订版《标准》包括教育理论实践、语言和文化、语言教学法、伦理责任、专业人际关系、国际视野、语言教育倡导、个人特质8个方面。

以上标准大都针对中小学外语教师,基本上将外语教师能力归为专业知识、专业技能和专业素质三方面。其中,专业知识包括语言知识、语言能力、文化知识和教学知识等;专业技能包括评估能力、开发教学资源能力和教研结合能力等;专业素质主要以可持续在职专业发展、教学反思为重点。上述标准尽管在西方产生的背景和应用的对象与中国高校外语类专业的情形大相径庭,其局限性显而易见,然而,经由西方应用语言学领域的权威学者传播到中国后,其对国内高校外语类专业教师发展研究的理论与实践所造成的影响不应低估。

（二）国内研究综述

笔者于 2017 年 9 月在中国知网（CNKI）核心期刊和 CSSCI 期刊以"外语（英语）教师（专业）能力"或"外语（英语）教师（专业）素质/素养"为主题进行搜索，共搜到 164 篇相关文章。囿于篇幅，为紧扣本文主题，本部分将简述 21 世纪以来国内学术界对高校外语教师能力的相关研究。吴一安提出优秀外语教师专业素质框架包括：外语学科教学能力、外语教师职业观与职业道德、外语教学观、外语教师学习与发展观。① 文秋芳、常小玲提出高校外语教师能力应包括：师德风范、教学能力、研究能力、管理能力和教育技术能力。② 仲伟合、王巍巍认为英语类专业教师应具有 7 种能力：教学设计与实施能力、教学策略能力、现代教育技术应用能力、教学反思和改革能力、教研科研能力、实践能力和评估测试能力。③ 王立非、葛海玲认为商务英语教师专业能力包括：语言能力、教学能力、专业知识和实践能力。④ 周凌、张绍杰提出合格的英语教师应具有三大核心素质：道德素质、专业素质和职业素质。⑤

笔者用 CiteSpace 对这 164 篇文章进行分析，通过自动抽取文献中的关键词或名词短语产生聚类标识，归结研究聚焦点。每一个聚类可以被认为是一个联系相对紧密的独立研究领域。基于聚类分析方法，我们绘制出教师能力/素质领域知识图谱（见图 1）。图中每个节点代表一个关键词，节点由一圈圈年轮构成，半径越大，表明其被使用频次越高，节点间的连线表示共现关系，粗细表明共现强弱。

从图 1 可以看出，1997—2017 年 20 年间国内外语教师能力领域权威期刊中关键词有比较明显的自然聚类，164 篇文献中最大的聚类是"英语教师"，

① 吴一安：《优秀外语教师专业素质探究》，《外语教学与研究》2005 年第 3 期。
② 文秋芳、常小玲：《为高校外语教师举办大型强化专题研修班的理论与实践》，《外语与外语教学》2012 年第 1 期。
③ 仲伟合、王巍巍：《"国家标准"背景下我国英语类专业教师能力构成与发展体系建设》，《外语界》2016 年第 6 期。
④ 王立非、葛海玲：《论"国家标准"指导下的商务英语教师专业能力发展》，《外语界》2016 年第 6 期。
⑤ 周凌、张绍杰：《质量目标导向下的高校英语教师素质建构》，《外语教学》2016 年第 6 期。

接下来依次为"教师素质""素质""专业素质""英语教师素质""大学英语教师""英语教学"和"外语教师"。聚类中没有出现"外语类专业教师""教师能力"或"教师专业能力"这样的概念,这说明对这三个领域的研究尚不多见。

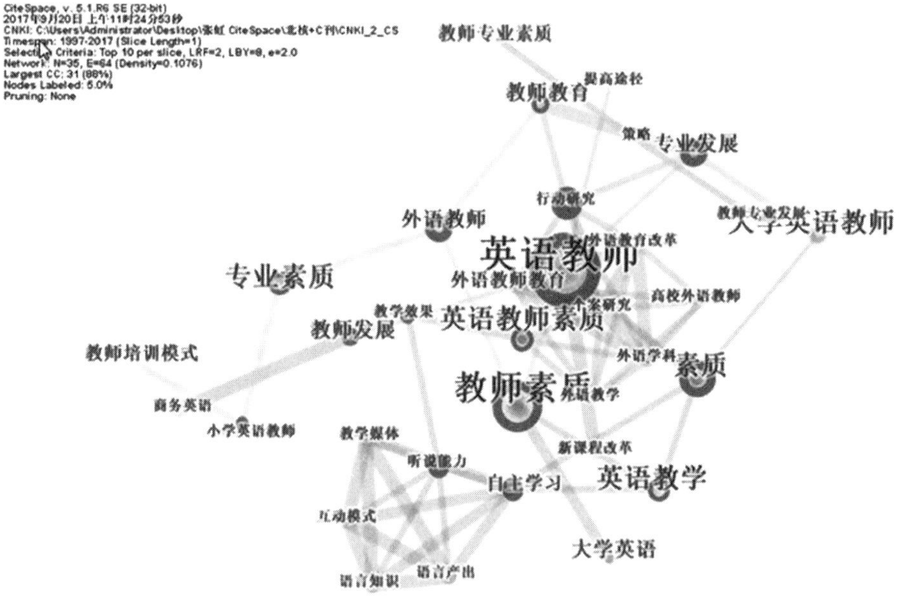

图 1　国内外语教师能力领域权威期刊关键词知识图谱(1997—2017 年)

我们又通过 PowerGREP 这一文件处理与搜索工具软件对这 164 篇文献进行检索后发现(见图 2 和图 3),出现最多的研究群体是"英语教师"(140篇),很少涵盖其他语种教师,其中更多聚焦于大学/高校英语教师(62 篇)。以"外语教师"为研究群体的文章有 37 篇,但即使用到"外语教师"这一概念,也多指英语教师。用到"英语类专业教师"这一概念的文章总共 3 篇①②③,没有文献提到"外语类专业教师"这一概念。在主题方面,出现最多的主题是

———————

① 孙有中、文秋芳、王立非:《准确理解〈国标〉精神,积极促进教师发展——"〈国标〉指导下的英语类专业教师发展"笔谈》,《外语界》2016 年第 6 期。

② 仲伟合、王巍巍:《"国家标准"背景下我国英语类专业教师能力构成与发展体系建设》,《外语界》2016 年第 6 期。

③ 王立非、葛海玲:《论"国家标准"指导下的商务英语教师专业能力发展》,《外语》2016年第 6 期。

"教师素质"（82篇），其次是"教师专业素质"（30篇），提到"教师能力"和"教师专业能力"的分别为10篇和6篇。

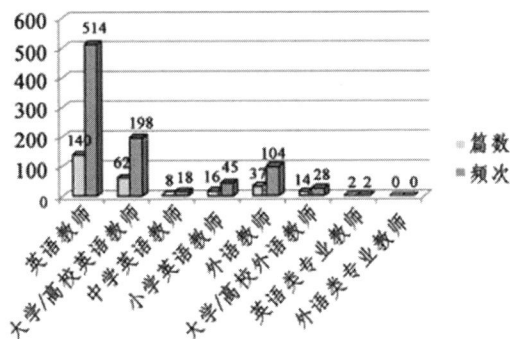

图2 "教师群体"研究情况

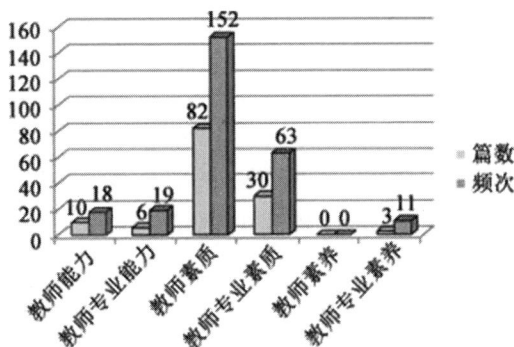

图3 研究"主题"使用情况

通过以上对国内外教师能力/标准/素质领域的文献综述发现：（1）国外教师能力框架主要针对基础教育阶段和通用英语教学层次的外语教师；聚焦专业知识、专业技能、专业素质三方面，但国外研究领域中的"专业知识"主要指关于语言的知识，如语言知识、语言能力、文化知识、教学知识等。（2）国内学者普遍关注英语教师这一群体，没有关注到英语以外的其他语种教师。（3）国内研究开始关注英语类专业教师的"学科知识""研究能力"和商务英语教师的"专业知识"，在不同的文章中会零散提到个别概念。综上所述，目前急需提出一个统一的能涵盖所有语种教师能力的上位概念——高校外语类专业教师能力框架。

四、《国标》视野下高校外语类专业教师能力框架

基于对《国标》的深入解读和有关教师能力的国内外文献研究,本文提出高校外语类专业教师能力框架(见图4):

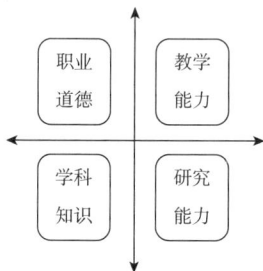

图4　高校外语类专业教师能力框架

必须首先明确的一点是,当我们讨论在高校外语类专业从事教学的教师群体时,"外语教师"这个概念已经过时。我们认为,应该用"外语类专业教师"取而代之。这并不是一个咬文嚼字的学究游戏,而是要重新界定在高校外语类专业从事教学的这个特殊的教师群体。他们不是纯粹的语言教师,不是外语培训机构的培训师,也不仅仅是自身外语出色并熟练掌握外语教学方法的外语教学专家,更不是以从事外语教学为职业的所谓"外国专家";他们是拥有外语类专业学科背景的高校专业教师。

在此意义上,外语类专业教师能力应涵盖4个方面,即职业道德、教学能力、研究能力和学科知识。其中,职业道德是对教师(包括高校外语类专业教师)的普遍要求,倡导教师在职业生涯中"德高为范",做"有理想信念""有道德情操""有仁爱之心"的教师。这一维度必不可少,从学理层面讲,教学不是一个简单的技术工作,同时承载着伦理道德责任。① 从国家需要来看,加强师

① Buzzelli C, Johnston B, *The Moral Dimensions of Teaching : Language , Power , and Culture in Classroom Interaction* , New York : Routledge , 2002 ; Hansen D T , *Exploring the Moral Heart of Teaching : Towards a Teacher's Creed* , New York : Teachers College , 2001 ; Mann S : "The language teacher's development" , *Language Teaching* , 2005 , pp.38 , 103–118.

德师风建设是创新教师管理制度的长效机制,应把教师职业理想、职业道德教育融入培养、培训和管理全过程。①

教学能力是教师为实现教育教学目标顺利实施教学的能力。外语类专业教师的教学能力应包括外语教学能力,其构成要素包括关于学习、学习者、语言、二语习得、文化和教学环境等方面的知识,教师自身的语言能力以及课程设计、实施与评价的能力和外语教育技术运用能力等。但是,面向未来,外语类专业教师仅有外语教学能力是远远不够的。更为重要和紧迫的是,他们还必须具有语言与学科内容融合式教学能力、跨文化外语教学能力、思辨外语教学能力等。外语类专业教师应善于将"技能课程知识化"和"知识课程技能化",在语言技能和专业知识课程的教学中同步提高学生的语言能力、跨文化能力、思辨能力、人文素养和学科素养。②

研究能力包括专业研究能力与教学研究能力。前者指对外语类专业某一学科领域的专门研究,如语料库语言学研究、莎士比亚研究、翻译能力研究、美国研究、跨文化交际研究等;后者指结合教学实践进行的研究,这里有必要特别提倡外语教学理论与实践、外语教材编写、工具书编纂、精品课程建设等直接服务于人才培养的实践性教学研究。总体看来,我国高校外语类专业教师普遍需要大力提高研究能力,这不仅是教师职业发展的需要,而且关系到外语类专业创新型人才培养的成败。

学科知识是高校教师的基本素养。外语类专业教师的学科知识构成外语类专业教师的学科背景,主要涉及外国语言学、外国文学、翻译学、国别与区域研究、跨文化研究、国际商务研究等领域。当前,我国高校外语类专业还存在一大批没有学科背景和研究方向的纯语言教师,他们的职业发展遇到瓶颈,同时也严重制约了外语类专业高层次国际化人才的培养。

---

① 中共中央办公厅、国务院办公厅:《关于深化教育体制机制改革的意见》,http://news.xinhuanet.com/2017-09/24/c_1121715834.htm。

② 胡文仲、孙有中:《突出学科特点,加强人文教育——试论当前英语专业教学改革》,《外语教学与研究》2006年第5期。

五、结论与建议

本文在学术界首次提出"外语类专业教师能力框架"这一概念,旨在为外语类专业教师发展设定基本目标和评价依据,为本领域的学术研究开辟新视野。外语类专业教师不等同于外语教师。学术界应超越从国外移植的外语教师能力框架体系,探索外语类专业教师的研究能力构成与发展路径以及学科知识结构的搭建,在理论上构建适应我国高校外国语言文学学科发展的外语类专业教师能力框架。在实践层面,高校外语类专业应在新的教师能力框架下重新认识外语类专业教师的身份与发展定位,创新教师发展的形式与内容,着力提高教师学科知识与研究能力。在教学能力提升方面,外语类专业要引导教师更新教育教学理念,积极探索语言与学科知识融合教学、跨文化外语教学和思辨外语教学的新路径和新方法。

(本文原载《中国外语》2018 年第 2 期)

人文英语教育论[*]

人文英语教育论(Liberal English Education,简称 LEE)试图提出一种新的英语教学范式,其基本内涵是:在高校英语专业技能课程教学中,通过语言与知识的融合式学习,构建合作探究学习共同体,同步提高语言能力、思辨能力、跨文化能力和人文素养。基于这一理念,本文集中阐述一套指导英语专业基础阶段技能课程教学改革的基本原则,而不是直接用于课堂教学的具体教学操作方法。教学方法是反映和实现教学原则的具体手段,而教学原则是教师选择或创新教学方法的指导思想。下文分别讨论人文英语教育论的三个基本原则:(1)语言课程(指英语专业基础阶段语言技能课程;下同)应与人文英语教育紧密结合;(2)语言能力(指英语专业英语语言能力;下同)包含思辨能力和跨文化能力;(3)语言教学(指英语专业语言技能课程的课堂教学;下同)是一个合作参与的社会文化建构过程。

一、语言课程应与人文英语教育紧密结合

(一) 英语专业应通过英语进行人文教育和跨文化教育

要理解英语专业语言技能课程的基本属性,有必要首先厘清英语专业的基本属性。长期以来,社会公众乃至外语界自身往往把英语专业视为工具性

＊　本文为教育部人文社科重点研究基地重大项目"中国外语教育理论与实践创新研究"(16JJD740002)子课题"我国高校英语专业国际化高端人才培养模式研究"的阶段性成果。

专业,等同于听说读写译的训练。这一观点受到越来越多的挑战。胡文仲、孙有中曾提出,"我国英语专业应该回归人文学科本位,致力于重点培养人文通识型或通用型英语人才,在条件具备的情况下兼顾复合型人才的培养"。① 经过多年讨论,英语专业的人文学科属性这一定位已成为外语界的基本共识②,并已写入《高等学校外语类专业本科教学质量国家标准》:外语类专业是全国高等学校人文社会科学学科的重要组成部分,学科基础包括外国语言学、外国文学、翻译学、国别与区域研究、比较文学与跨文化研究,具有跨学科特点;外语类专业可与其他相关专业结合,形成复合型专业或方向,以适应社会发展的需要。本文在上述意义上使用"人文教育"这一概念。

英语专业不仅具有跨学科人文属性,而且具有跨文化属性。英语专业以培养国际化人才为己任,此类人才必须不仅具有国际视野,而且具有文化自信,能够汇通中外文化,促进跨文化理解与文明互鉴。正如 Liddicoat 等人指出的,"跨文化语言学习意味着在母语文化和目标语文化之间,以及自我和他者之间,开发第三空间。……语言学习的理想状态不是一个被同化的过程,而是一个探索的过程"。③ 在此意义上,英语教育就是跨文化教育,它不是要培养同化于英语语言文化的人才,而是要培养英语(兼顾作为世界通用语的英语)语言文化与中国语言文化之间的桥梁型人才,这样的跨文化人才具有国际视野与中国情怀,具有"批判性文化意识"(critical cultural awareness)④,能够理性地审视本国文化与外国文化的优点与缺点,并有效进行跨文化沟通⑤。可见,如果我们把英语教育理解为跨文化教育,在中国与世界全方位交流合作的全球化时代,英语专业培养的人才可以说适逢其时,大有可为。

---

① 胡文仲、孙有中:《突出学科特点,加强人文教育——试论当前英语专业教学改革》,《外语教学与研究》2006 年第 5 期。

② 蒋洪新:《人文教育与高校英语专业建设》,《中国外语》2010 年第 3 期。

③ Liddicoat A,Crozet C,Lo Bianco J:"Striving for the third place:*Consequences and implications*",Lo Bianco J,Liddicoat A,Crozet C(eds.):"Striving for the Third Place:*Intercultural Competence Through Language Education*",Melbourne:Language Australia,1999,pp.181-187.

④ Byram M:"Language awareness and(critical)cultural awareness-relationships,comparisons and contrasts",*Language Awareness*,2012,Vol.21,pp.1-2,5-13.

⑤ Byram M,*Teaching and Assessing Intercultural Communicative Competence*,Shanghai:Shanghai Foreign Language Education Press,2014.

（二）语言课程应服务于人文英语教育

语言课程是人文英语教育的必要组成部分,而不是为它做准备的培训课程。到目前为止,绝大多数高校英语专业本科的课程设置在很大程度上保留了 2000 年颁布的《高等学校英语专业英语教学大纲》①规定的基本结构。英语专业课程分为英语专业技能课程、英语专业知识课程和相关专业知识课程三种类型,课程学时分配分别为 65%、15%、20%。这样的课程设置结构一目了然,语言技能课程所占学时高达近 70%,严重挤压了学生的专业知识和相关专业知识学习。

这近 70% 的语言技能课程均是传统的听说读写译等纯语言技能训练,教学内容不涉及有一定系统性和学科性的知识。以阅读或精读课程为例,每学期的教学都围绕一本单薄的教材展开,每册教材由 10 多篇短小的课文构成,这些课文如果说也有知识内容的话,那通常是百科的、零星的和浅显的内容。这样的课程是一般语言培训课程,类似于英语国家高校为语言能力不足的留学生开设的语言预科课程,与基于专业知识和能力培养的学科教育无多大关系。不难理解,一个高校本科专业如果把 70% 左右的课时都变成了语言培训,这个专业也就失去了作为大学学科教育的合法性。

为了确保高校英语专业的高等教育属性,我们必须对语言技能课程进行全面改革,使之在培养学生语言能力的同时肩负起提高人文通识、思辨能力和跨文化能力的重任。这就意味着语言技能课程必须与人文教育紧密结合。

作为英语教育有机组成部分的语言课程的"内容"应体现英语专业的人文属性,应尽可能采用人文社会学科领域的经典篇章,涵盖文学、历史、哲学、社会学、跨文化研究、国别区域研究等多学科领域,注重探讨人文领域的永恒话题,以及与当代中国社会文化发展和构建人类命运共同体息息相关的核心主题。在教学方法上,语言课程则应在继承我国高校对语言基本功进行精细训练的优良传统的基础上,推陈出新,探索促进语言能力与思辨能力和跨文化

---

① 教育部:《高等学校英语专业英语教学大纲》,上海外语教育出版社、外语教学与研究出版社 2000 年版。

能力融合发展的新理念和新方法。这便意味着,英语专业可以通过英语实现人文通识教育目标,而这一点将构成全球化时代英语专业相对于其他专业的重要竞争优势。

(三) 语言课程应从通用交际英语走向学术英语

英语专业基础阶段(前两年)传统的语言技能课程所训练的语言,总体上属于交际英语。进入 21 世纪以来,在外语界影响深远的《高等学校英语专业英语教学大纲》说得很清楚:基础阶段的主要教学任务是传授英语基础知识,对学生进行全面的、严格的基本技能训练,培养学生实际运用语言的能力、良好的学风和正确的学习方法,为进入高年级打下扎实的专业基础……应将 4 年的教学过程视为一个整体,自始至终注意打好英语语言基本功。[①] 长期以来,我国高校英语专业绝大部分课时和资源正是在交际英语层次一以贯之地打基本功。

交际层面的语言基本功当然是英语专业学生必须具备的能力。但基础阶段语言课程的教学目标如果完全定位在这个层面,就既不能满足学生在中学英语的基础上进一步学习高级英语的需要,更不能为高年级学术性专业知识课程的学习乃至出国交流提供学术英语和学术素养的必要准备。束定芳在谈到大学英语教学改革时指出,"如果说中学英语教学是帮助学生获得初步听说读写的能力,那么大学英语教学应该让学生更多接触真实的英语交际场景,特别是学术交流场景,逐步培养学生真正使用英语进行学术交流的能力,并过渡到培养通过英语获得专业知识、从事跨文化交际及国际学术交流的能力"。[②] 如果大学英语都要向学术英语升级的话,英语专业的语言技能课程就更不能停留在交际英语层面了。

Kasper 等人指出,"二语习得的学习者要在英语的学术环境里取得成功,就必须不仅掌握功能英语,而且掌握学术英语,能够使用英语获取、理解、表达

---

① 教育部:《高等学校英语专业英语教学大纲》,上海外语教育出版社、外语教学与研究出版社 2000 年版。

② 束定芳:《对接新目标,创建新体系,适应新需求——写在"新目标大学英语系列教材"出版之际》,《外语界》2016 年第 2 期。

并批判性地分析不同领域之内和之间的概念关系"。他还强调,学术体系的不同层级需要学生具备语言能力、认知能力和协调能力,"这就要求大学里的二语习得者不仅能熟练使用英语进行交流,而且能使用英语获取、处理并转换知识。为了使学生具备所需要的能力,我们可以设计和实施二语习得教学来促进学生的语言能力发展,使他们熟悉学术话语的要求与规范,并鼓励学生运用思辨能力和高阶认知能力"。① 在大学英语向学术英语升级、英语专业全面推进学科建设以及中国当下经济与社会发展向外语人才提出更高要求的背景下,英语专业基础阶段的语言课程也需从交际英语向学术英语转型。

二、语言能力包含思辨能力和跨文化能力

(一)现有语言能力的定义有一定局限性

什么是语言能力? 这似乎是一个很简单的概念,但却难以界定。自Chomsky 基于语言学理论将语言能力(linguistic competence)界定为"语言使用者所掌握的潜在规则系统"②以来,这一定义受到语言学家普遍关注,也引起质疑。Hymes 认为 Chomsky 对语言能力的理解没有考虑到社会文化因素和语言的交际属性。基于此,Hyme 从社会语言学视角提出交际能力(communi-cative competence)这一概念,强调语言既要合乎语法,又要在特定的文化氛围和情境中具备得体性和实践性。③ 后者逐步取代了"语言能力"概念,成为二语习得研究的核心话题。根据 Brown 的分析,"交际能力"有三种定义最具代表性,大体属于三个不同时期。④ 20 世纪 80 年代,Canale、Swain 和 Canale 发

---

① Kasper L,Babbitt M,Mlynarczyk R,et al,*Content-based College ESL Instruction*.Mahwah,N. J.;Lawrence Erlbaum,2000.

② Chomsky N, *Aspects of the Theory of Syntax*,Cambridge,MA.;The MIT Press,1965.

③ Hymes D, "*On communicative competence*",Pride J, Holmes J. *Sociolinguistics*. Harmondsworth;Penguin,1972,pp.269-293.

④ Brown H,*Principles of Language Learning and Teaching*(6th edition),New York;Pearson Education,2014.

展了交际能力说,归纳出语法能力、语篇能力、社会语言能力和策略能力四个维度。①② 90 年代,Bachman 提出"语言交际能力理论框架",将语言能力概括为语言组织能力和语用能力,前者涉及语法能力和语篇能力;后者涉及以言行事能力和社会语言能力。③ 进入 21 世纪,Littlewood 在前人研究的基础上区分了语言交际能力的五个层面,包括语言层面(即语法)、话语层面(即文本)、语用层面(即策略)、社会语言层面和社会文化层面。④

上述定义使用的概念不尽相同,但它们所描述的语言能力大体都属于基本的语言交际能力,没有足够重视学术语境中语言与思辨的关系,也未深究高层次跨文化场景中外语能力的丰富文化内涵。

(二) 思辨能力和跨文化能力是高阶外语能力的关键要素

基本语言能力仅限于表情达意,满足人们日常交往之需。Cummins 区别了"基本人际语言技能"(Basic Interpersonal Communicative Skills,简称 BICS)和"认知/学术语言能力"(Cognitive/Academic Language Proficiency, 简称 CALP),前者把语言作为交谈和交际的手段,后者把语言作为学习、表达和分析不同学科信息的工具。⑤⑥ Cummins 认为,认知学术语言能力不可能从日常交谈中获得,必须通过基于任务和体验的学习,与语境、任务和文本进行互动,

① Canale M,Swain M:"Theoretical Bases of Communicative Approaches to Second Language Teaching and Testing",*Applied Linguistics*,1980,Vol.1,pp.1-47.

② Canale M:"From Communicative Competence to Communicative Language Pedagogy",Richards J,Schmidt R,*Language and Communication*,London:Longman,1983,pp.2-27.

③ Bachman L,*Fundamental Considerations in Language Testing*,Oxford:OUP,1990.

④ Littlewood W:"Communicative Language Teaching:An Expanding Concept for a Changing World",Hinkel E,*Handbook of Research in Second Language Teaching and Learning:Volume II*,New York:Routledge,2011,pp.541-557.

⑤ Cummins J. Cognitive/Academic Language Proficiency, Linguistic Interdependence, the Optimal Age Question and Some Other Matters,*Working Papers on Bilingualism* 19,1979,pp.197-205;Cummins J,"The Cross-lingual Dimensions of Language Proficiency:Implications for Bilingual Education and the Optimal Age Issue",*TESOL Quarterly* 14,1980,pp.175-187.

⑥ Cummins J,"BICS and CALP:Empirical and theoretical status of the distinction",Street B,Hornberger N,*Encyclopedia of Language and Education*,*Volume 2:Literacy.2nd ed*, New York:Springer Science + Business Media LLC,2008,pp.71-83.

处理跨学科的复杂内容。① 这里的"认知/学术语言能力"可理解为包含思辨能力的高阶语言能力,不仅包括学术语境所需要的语法、话语、语用等方面的知识,而且包括理解和生产学术文本所需要的阐述、分析、评价、推理、解释、反思等高阶思维能力。

基于美国哲学学会组织跨学科专家组研究发布的"德尔菲报告"(Delphi Report)提出的"专家共识",孙有中归纳指出,"在情感态度层面,思辨能力指:勤学好问,相信理性,尊重事实,谨慎判断,公正评价,敏于探究,持之以恒地追求真理。在认知技能层面,思辨能力指:能对证据、概念、方法、标准、背景等要素进行阐述、分析、评价、推理与解释;能自觉反思和调节自己的思维过程"。② 高阶语言能力显然应该包括上述思辨能力。参考 Cummins 对语言能力的两级结构划分,本文提出"跨文化思辨英语能力"模型,如图 1 所示:

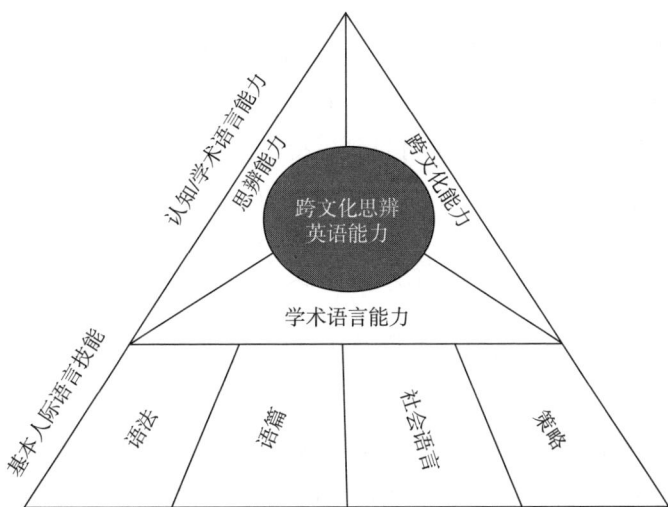

图1 "跨文化思辨英语能力"模型

除思辨能力以外,高阶语言能力还需要有跨文化能力的支撑。可以说,语

---

① Cummins J , "BICS and CALP:Empirical and theoretical status of the distinction" , Street B , Hornberger N , *Encyclopedia of Language and Education* , *Volume* 2:*Literacy.2nd ed* , New York:Springer Science + Business Media LLC , 2008 , pp.71-83.

② 孙有中:《外语教育与思辨能力培养》,《中国外语》2015 年第 2 期。

言能力有三个境界,第一个境界是"言之无误",这是语法层面的准确;第二个境界是"言之有理",这是在逻辑论证层面雄辩有力;第三个境界是"言之有礼",也就是能够跨越文化屏障进行得体有效的沟通。Harumi 指出,语言教学需要得到跨文化理念指引,其目的不是要把一整套外国的、居于垄断地位的社会语用规范强加给学生,而是要培养学习者体验和观察世界的不同方式,提高他们在跨文化交流中的自我和他者意识,并理解文化如何建构于语言之中,如何围绕语言建构,以及如何通过语言建构。① 如果没有对语言与文化复杂关系的深度理解,学习者就不可能真正掌握一门外语,并运用外语进行有效的跨文化日常沟通、商务洽谈、学术对话,进而到达文明互鉴的最高境界。

高校英语教育背景下的跨文化能力可以定义为:"尊重世界文化多样性,具有跨文化同理心和批判性文化意识;掌握基本的跨文化研究理论知识和分析方法,理解中外文化的基本特点和异同;能对不同文化现象、文本和制品进行阐释和评价;能有效和恰当地进行跨文化沟通;能帮助不同文化背景的人士进行有效的跨文化沟通。"②在全球化与文化多元化交织发展的时代,英语专业学生只有具备了跨文化能力,才能说掌握了高阶外语能力。简而言之,只有具备了跨文化思辨能力的语言能力才是真正有效的高阶外语能力。

(三) 语言能力、思辨能力与跨文化能力相互促进,同步提高

传统的外语教学围绕语言本身展开,通过对听说读写译的专门训练来提高语言能力。王佐良先生很早就对这种狭隘的外语教学理念提出批评:"语言之有魅力,风格之值得研究,主要是因为后面有一个大的精神世界:但这两者又必须艺术地融合在一起,因此语言表达力同思想洞察力又是互相促进的。"③刘勰在《文心雕龙·论说》中指出:"理形于言,叙理成论。"这一观点已把思想与语言的关系说得非常透彻,即:道理通过语言来表达,把道理陈述出来就成为论。没有道理的语言堆积,不能称其为论辩;不同步训练学生思辨能

① Harumi I, *A New Framework of Culture Teaching for Teaching English as a Global Language*, RELC Journal,2002,Vol.33,pp.36–57.

② 孙有中:《外语教育与跨文化能力培养》,《中国外语》2016 年第 3 期。

③ 王佐良:《风格和风格的背后》,外语教学与研究出版社 2016 年版,第 271—272 页。

力的语言训练就不可能真正提高学生的语言能力。

从上述视角思考英语专业技能课程的教学目标不难发现,精读教学的目标不能停留在扩大词汇量、掌握句型和修辞技巧、提高阅读速度和理解课文表层信息的层面,而应进一步包括 Kasper 等人强调的"学会讨论、提问和评价不同的观点与论述;学会跨学科或跨文本地思考问题;学会综合不同来源信息,权衡不同证据的重要性和相关性;学会批驳文中的观点;学会提出和辩护新观点"。① 写作教学的目标不只是学习遣词造句,掌握不同的文体特征,能够清晰表达自己的想法,而且要学会通过一定的研究方法获取可靠证据,学会准确表述经过自己研究和推理得出的结论,运用证据、概念、方法、标准为自己的推理进行辩护。口语教学的目标不只是学会情景交际的惯用法和句型,讲一口标准流利的英语,而且应学会针对不同听众就复杂的政治、经济、社会与文化问题进行深入的演讲和有力的辩论。即便是看似简单的听力课,其教学目标也要超越准确获取听力材料中的信息,进而对所听到的观点、事实和推理进行分析和评价。只有把语言教学和思辨教学融为一体,外语教学才能真正有效提高学生的语言能力。

要提高学生的语言能力,还必须同步培养他们的跨文化能力,让语言教学与跨文化教学融为一体。许国璋先生曾说过:"我教学生从来不以教会几句英语或教会一种本事为目标,而是教会怎样做人。英语教育是用英语来学习文化,认识世界,培养心智,而不是英语教学。②"王佐良先生也认为"通过文化来学习语言,语言也会学得更好"。③ 外语界两位老前辈对英语教育中文化教学的重要性的认识令我们敬佩。今天我们提倡跨文化外语教学,应有更深远的考量,这里所说的文化不应该局限于对象国文化,而应该同时包括本国文化,而且对世界多元文化也应适当涉及。跨文化外语教学根本上是要在本土文化和外国文化或者说自我与他者之间创造一个"第三空间",在这个空间

① Kasper L,Babbitt M,Mlynarczyk R,et al,*"Content-based College ESL Instruction"*,Mahwah,N.J.:Lawrence Erlbaum,2000.

② 许国璋:《通过文化学习语言》,《英语学习》编辑部,外语教学与研究出版社 2002 年版,第 3—4 页。

③ 王佐良等主编:《欧洲文化入门》,外语教学与研究出版社 1992 年版,第 1 页。

里,学生不是被迫同化于外语的社会语言规范,而是在老师的带领下进行开放的跨文化探索,在自我与他者之间开展积极的跨文化对话,进而建构或重构自己的文化身份。① 这也意味着,从跨文化视角进行外语教学就是对学习者进行"赋权"(empowerment),因为学习者不再把语言当作一套客观的语言符号来被动吸收,而是以语言为工具或媒介主动开展丰富多彩的社会文化建构活动。

此外,对于跨文化外语教学来说,最重要的不是具体的文化知识学习,而是培养批判性文化意识。正如笔者曾经指出的:"外语类专业学生所进行的大量的听说读写训练以及专业知识课程均可以提升为对跨文化现象、文本和制品进行的阐释和评价,其目的不仅是要求学生掌握语言'基本功'或语言、文学与文化知识,而且应要求他们对外国文化现象、文本和制品以及本国文化现象、文本和制品从中外比较的视角进行深入阐释,探索其背后隐藏的文化原因,并进行批判性审视,进而提高跨文化思辨能力。外语教育本质上就是跨文化教育。"②当外语教学最终升级为运用所习得的语言从不同文化视角对形式多样的文本进行阐释、分析、评价和再创造之时,外语学习者语言能力、思辨能力和跨文化能力的发展便可达到并驾齐驱的美妙境界。

三、语言教学是一个合作参与的社会文化建构过程

(一) 语言学习是自我的参与和建构

20 世纪初以来的外语学习观首先受到结构主义语言学和行为心理学的影响,强调语言的客观结构特征以及针对典型句型的反复机械训练,以达到条件反射式的熟练。传统的听说法就是这一潮流的代表。20 世纪 50 年代兴起

---

① Liddicoat A,C Crozet,J Lo Bianco,"Striving for the third place:Consequences and implications",Lo Bianco J,Liddicoat A,Crozet C,*Striving for the Third Place:Intercultural Competence Through Language Education*,Melbourne:Language Australia,1999,p.181.

② 孙有中:《外语教育与跨文化能力培养》,《中国外语》2016 年第 3 期。

的转换生成语言学和日后的认知心理学不约而同地关注人脑内部组织与功能的心理原则,而不是可观测的外部语言特征。认知心理学把学习视为对信息"有意义的储存和提取",或是对意义或知识进行获取、组织、记忆乃至遗忘的过程。该学习观在语言学习中的应用导致了二语习得研究中对语言习得与遗忘规律的关注,以及对语言与大脑神经系统关系的探索。①

维果斯基的社会文化理论对上述语言学习理论提出挑战。他认为,人脑并不直接与他人和周围的世界发生关系,而是通过文化提供给我们的工具或符号来与社会环境进行互动。② 换言之,人类大脑的一般学习或语言学习并不是在大脑的封闭状态下进行,而是在社会文化环境中通过社会文化提供给我们的工具或符号来实现的。

维果斯基据此提出了"最近发展区"概念,指一个人能够独立完成的任务与在他人或文化制品支持下能够完成的任务之间的差距。③ 维果斯基的原创贡献在于他发现人脑的学习从来不是完全依靠自己独立完成的,而是借助于他人的帮助或者已有的文化工具或符号(特别是语言)来实现的,也就是说,学习是一个社会文化建构过程。在这个建构过程中,学习者不仅能提高语言能力,而且可以提高思辨能力和跨文化能力。因此,Pavlenko 和 Lantolf 主张,语言研究的关注点不应是语言结构、个体大脑以及知识的内化,而应是语言在具体场景中的使用,以及学习者与他人的互动。④

值得指出的是,二语习得的社会文化理论并非要彻底抛弃对语言学习的认知研究,而是要从社会文化视角拓展传统二语习得研究的视野。

---

① Brown H, *Principles of Language Learning and Teaching* (6th edition) , New York : Pearson Education, 2014 , p.11 , p.83.

② Lantolf J. (ed.) , *Sociocultural Theory and Second Language Learning* , Oxford : OUP , 2005 , p.8 , p.17.

③ Lantolf J. (ed.) , *Sociocultural Theory and Second Language Learning* , Oxford : OUP , 2005 , p.8 , p.17.

④ Pavlenko A, J Lantolf, "Second Language Learning as Participation and the (re) Construction of Selves", Lantolf J, *Sociocultural Theory and Second Language Learning* , Oxford : OUP , 2000 , pp. 155–177.

（二）语言课堂应该是一个合作探究的学习共同体

依据二语习得的社会文化理论,笔者认为,语言课堂应该是一个合作探究的学习共同体,旨在实现人文英语教育的多维目标。也就是说,语言课堂应超越语言学习本身,把语言学习变成人文教育的过程,在此过程中促进语言能力、思辨能力和跨文化能力的同步发展。

关于社会文化理论在外语课堂中的运用,张莲、孙有中在总结学术界现有研究成果的基础上描述了一个用于指导外语教学的模型。外语课堂可被理解为一个"认知活动系统",该系统由主体、客体、共同体、中介、分工和规则等6个要素组成。主体指参与学习活动的学习者;客体是主体操作的对象,即主体在活动中面对的学习内容或必须完成的学习任务,最终被主体转化为特定的认知结果(如语言能力和思辨能力协同发展);共同体指由教师和学习同伴构成的学习小组;中介指完成活动任务需要借助的物质和心理工具,如语言、课本、电脑等;分工指共同体成员之间的任务和角色分配;规则指规约学习活动的条文、标准或合同。①

有效的外语课堂说到底应该是这样一个学习共同体:学习者在教师的指导下运用外语作为工具积极参与学习活动,合作探究学科知识和语言知识,在丰富多彩的交互活动中不断提高语言能力、思辨能力和跨文化能力。

那么,在这个学习共同体中,教师应该担任什么角色呢? Paul 等人指出,"思辨型教师不是布道者,而是发问者。教师要学会提出问题,探索意义,寻求理由和证据,促进深入思考,避免讨论陷入混乱,鼓励倾听,引导有效的比较与对照,提示矛盾与不一致,解释影响和后果。思辨型教师应认识到,教育的首要目标是要教会学生怎样学习"。② 英语专业技能课教师也应该是这样的思辨型教师。

---

① 张莲、孙有中:《基于社会文化理论视角的英语专业写作课程改革实践》,《外语界》2014年第5期。

② Paul R,Binker A,Martin D,et al,*Critical Thinking Handbook:High School*,Santa Rosa,CA.:The Center for Critical Thinking and Moral Critique,1989,p.19.

（三）语言教学应以思辨为中心

20世纪,新的外语教学方法层出不穷。Kumaravadivelu 把教学法概括为三类:以语言为中心的教学法(language-centered methods)、以学习者为中心的教学法(learner-centered methods)和以学习为中心的教学法(learning centered methods)。①以语言为中心的教学法(如听说法)关注语言形式或语言特征,认为语言学习是一个线性的、累积的过程,可以通过系统的有计划的训练最终学会使用。以学习者为中心的教学法(如交际法)主要关注学习者的需要和语言使用的情景,在教学中设计以意义为中心的活动,不仅关注语言结构,而且关注语言功能,旨在循序渐进地培养学生的交际能力。以学习为中心的教学法(如自然法)关注语言学习的认知过程,让学习者参与开放的交互活动,通过完成以解决问题为目标的任务,最终习得语言和语用知识/能力。根据 Kumaravadivelu 的观察,前两类方法是"有意的"(intentional)语言习得,第三类方法则是"无意的"(incidental)语言习得。②

根据 Kumaravadivelu 的分析,上述三类外语教学方法在时间上依次出现,先后替代,如今进入"后方法"(postmethod)时代。"后方法"理论的基本假设是没有一种方法是普遍适用的。因此,外语教学在方法论上应始终考虑"特殊性"(particularity)、"实用性"(practicality)和"可能性"(possibility);外语教师应根据自身特点、学生状况以及教学的具体条件等选择和创新最有效的教学方法。③"后方法"理论对教学法迷信的批评不乏真知灼见。

在此意义上,人文英语教育论不排斥任何具体的教学方法,主张教师应自主选择和创新教学方法。最终,在高校英语专业语言技能课教学中,衡量任何教学方法有效性的标准是该方法能否有效促进语言能力、思辨能力、跨文化能力和人文素养的融合发展。从本质上看,人文英语教育论提倡"以思辨为中

---

① Kumaravadivelu B, *Understanding Language Teaching:From Method to Postmethod*,London: Lawrence Erlbaum,2006.

② Kumaravadivelu B,*Understanding Language Teaching:From Method to Postmethod*,London: Lawrence Erlbaum,2006,pp.90-92,pp.170-176.

③ Kumaravadivelu B,*Understanding Language Teaching:From Method to Postmethod*,London: Lawrence Erlbaum,2006,pp.170-176.

心的教学"。这不是一套简单的操作程序,而是教师在选择或设计教学方法时应依循的一些基本原则,例如:(1)创造尽可能多的使用语言的机会;(2)增加师生之间和学生之间的互动与合作探究机会;(3)针对高阶思维设计具有"信息差""意见差"和"推理差"的活动任务①;(4)提供跨文化比较与反思的机会;(5)探索和解决真实问题;(6)引导自主学习;等等。

以思辨为中心的语言教学必然要求学习内容对学生的认知形成足够挑战,因此提倡"内容与语言融合式学习",即通过语言学习知识,并通过知识学习语言,在使用语言完成特定知识学习任务的过程中不断提高语言能力。这一教学路径与以内容为依托的语言教学法(content-based instruction)理念基本一致,即"把语言作为学习内容的媒介,把内容作为学习语言的资源"②,让学习者"即学即用"(learn as you use and use as you learn)③,使用语言去探索新知。正如 Beardsmore 和 Kohls 所指出的,内容与语言融合式学习是对语言教育中存在的一个严重问题的回应,即当学生在学习知识时,他们自然能领会到为习得和使用第二乃至第三语言所付出努力的直接相关性。④ 这便克服了传统语言课堂中投入大量时间,而语言能力提高缓慢且常常令人失望这一学习动力不足的问题。

以思辨为中心的语言教学反对为学习语言而学习语言或以语言为中心的传统外语教学法。Anderson 等人在 Bloom 的研究基础上提出了 6 级认知能力模型:识记、理解、应用、分析、评价、创造。⑤ 反思英语专业技能课程的传统教学模式,我们不难发现其大量的听说读写等技能训练往往在"识记"和"理解"

---

① Prabhu N,*Second Language Pedagogy*,Oxford:OUP,1987.

② Stoller F,W Grabe:"The Six-T's Approach to Content-based Instruction",Snow M,Brinton M(eds.),*The Content-based Classroom:Perspectives on Integrating Language and Content*,New York:Longman.1997,p.78.

③ Marsh D,*CLIL/EMILE European Dimension:Actions,Trends and Foresight Potential*,Brussels:European Commission,2002,p.66.

④ Beardsmore H,Kohls J:"Immediate pertinence in the acquisition of multilingual proficiency:The European schools",*The Canadian Modern Language Review* 44,1988,pp.240-260.

⑤ Anderson L,Krathwohl D,Airasian P,et al,*A Taxonomy for Learning,Teaching,and Assessing:A Revision of Bloom's Taxonomy of Educational Objectives*.Edinburgh Gate:Pearson Education,2014.

层面展开,很少上升到"应用""分析""评价""创造"这些高阶思维层面。其结果导致学习者的思辨能力得不到有目的、有计划的系统持续训练。

研究表明,英语课堂应提供充足的语言材料输入,让学生阅读完整的长篇文章乃至原著,而不是几篇单薄、短小、经过大量裁剪的鉴赏性小品文。在选材时,"真实性"(authenticity)尤为重要,"与传统的课堂形成对照,内容与语言融合的课堂教学不仅涉及内容,而且涉及互动。学习者接触的是学科知识的真实内容,学习者使用外语与他们周围的真实世界进行互动,这种对外语的真实使用促进了语言的学习过程,其效果大大超过了传统语言课堂中对虚假或虚构内容的夸夸其谈"①。通过在真实的学术探究场景中进行真实的互动或意义建构,学习者掌握的是在特定领域真正有用的词汇、句法、语篇和语用知识。大量的研究已经证明,学习者在探究知识的过程中可以更有效地发展语言能力。

四、结论

套用唐朝著名诗人王勃的名言"落霞与孤鹜齐飞,秋水共长天一色",人文英语教育论所追求的正是这样一种境界,即:思辨与文化齐飞,语言共知识一色。也就是说,语言学习与人文教育融为一体,思辨能力与跨文化能力同步提高。

(本文原载《外语教学与研究》2017 年第 6 期)

---

① Marsh D, *CLIL/EMILE European Dimension:Actions,Trends and Foresight Potential*,Brussels:European Commission,2002,p.44.

新时代英语类专业的华丽转身

——《大学思辨英语教程》总序

随着《国家中长期教育改革和发展规划纲要(2010—2020年)》的颁发,我国高等教育吹响了全面深化教学改革的号角,"人才培养在高校工作中的中心地位"得以正式确立。教育部即将颁布高等学校各类专业本科教学质量《国家标准》,第一次以国家标准的形式对本科教学质量提出刚性要求。在此背景下,全国高校英语类专业本科教学改革正围绕人才培养这一中心任务全面展开。

一、英语类专业向何处去?

随着教学改革和教学研究的深入推进,国内英语教育界对英语类专业的发展方向逐步形成共识。就学科定位而言,英语类专业应加强学科本位建设和人文通识教育;就培养目标而言,应根据国家经济和社会发展需要以及各级各类高校的差异定位和学生个性化发展的需求,培养不同层次、不同类型的多元化外语人才;就培养模式而言,应在明确和巩固本专业学科内涵的基础上,通过与校内其他学科之间的复合以及国内外联合培养,为学生的专业学习奠定坚实的学科基础,开辟广阔的发展空间;就培养规格而言,应重视在语言、文学和文化核心专业知识的基础上为学生搭建跨学科的知识结构,突出对思辨能力和跨文化能力的培养;就课程设置而言,应适当压缩英语技能课程课时,用"内容依托"或"内容与语言融合"的教学理念改造和加强传统英语技能课程,同时系统建设语言学、文学、跨文化研究、国别与区域研究以及相关专业方向课程。

可见,经过多年的探索,英语界在英语类专业的学科定位、培养目标、培养模式、培养规格和课程设置等宏观问题上已明确发展思路,为下一轮教学改革指明了前进方向。

二、英语教育如何升级?

与高校其他专业相比,英语类专业在课程设置上具有一个显著的特点,这就是,该专业 70% 左右的专业课时均投入语言技能的训练,所导致的问题是专业知识课程受到严重挤压。因此,面向未来,英语类专业全面深化本科教学改革所面临的首要挑战是在重新认识英语教育规律的基础上,全面深化对语言技能课程的改革。

经过近十年的教改实践和理论探索,我们得出的基本结论是:

• 英语教育本质上属于人文教育,必须在语言学习的全过程中促进学生人文素养的提高。人文素养是指:文学、历史、哲学、艺术、宗教和社会学等领域的人文知识;爱人类、爱真理、爱文化、爱自然的人文精神;博学、审问、慎思、明辨、笃行的人文品格。

• 英语教育应克服"思辨缺席症",致力于全方位培养学生的思辨能力,包括认知技能和情感态度,为学生的学术深造、创新创业和终身发展奠基。

• 技能课程知识化(技能课程的材料必须系统呈现外语学科的人文基础知识),知识课程技能化(知识课程必须同时促进学生语言能力的持续发展),技能课程思辨化以及知识课程思辨化,此"四化"为英语类专业培养学生思辨能力的根本途径。

• 英语类专业技能课程思辨化有赖于:为思辨设定标准(教学目标);为思辨提供原料(教学内容);为思辨搭建工作坊(教学活动);为思辨培养教师(教学主导)。

• 进入高校英语类专业学习阶段,语言学习应由显入隐,知识学习则由隐入显,实现以内容为依托或语言与内容融合的英语教学。

●英语教育应促进学生跨文化能力的全面提升,后者是全球化时代英语类专业人才的核心竞争力。

●思辨能力可以通过对跨文化问题的探究得到提升,跨文化能力则可以通过对思辨能力的运用得到提升,两者相互促进,相得益彰。

●思辨的前提是自主学习,思辨能力可以通过自主学习来培养,并最终促进自主学习能力的提高。

三、《大学思辨英语教程》的使命

基于上述教育和教学理念,我们在总结近十年教学改革实践经验的基础上组织编写了《大学思辨英语教程》。本系列教程为教育部人文社科重点研究基地重大项目"中国外语教育理论与实践创新研究"(16JJD740002)研究成果。《大学思辨英语教程》致力于全面对接《高等学校外国语言文学类专业本科教学质量国家标准》所规定的人才培养的素质、知识和能力指标,特别是人文素养、学科知识、语言能力、思辨能力、跨文化能力和自主学习能力,旨在为高等学校英语类专业提供基础阶段听、说、读、写课程教学的全面解决方案。

顾名思义,"思辨"构成了本系列教程的鲜明特点。我们倡导通过思辨来学习英语,通过英语来学习思辨,将思辨一以贯之,融合英语教育与人文教育,实现语言能力、人文素养、学科知识、思辨能力、跨文化能力和自主学习能力的相互促进,同步提升。我们坚信,高校英语类专业的语言教学应该而且能够超越传统的语言基本功训练,从英语教学走向英语教育,赋予学生在知识爆炸和全球化时代获取信息、探索真知、参与社会建设、跨越文化屏障和创造美好生活的思辨能力。

四、走向思辨

英语教育与思辨能力培养并提,并非因为思辨能力培养是英语教育的独特属性。事实上,思辨能力培养乃是整个高等教育的终极目标之一。哈佛大学以培养学生"乐于发现和思辨"(rejoice in discovery and in critical thought)为宗旨;剑桥大学也把"鼓励怀疑精神"(the encouragement of a questioning spirit)纳入大学使命。美国学者彼得·法乔恩(Peter Facione)一言以蔽之:"教育,不折不扣,就是学会思考。"

《礼记·中庸》曰:"博学之,审问之,慎思之,明辨之,笃行之。"中国古代圣贤们一直以"思辨"为座右铭。《中华人民共和国高等教育法》规定:"高等教育的任务是培养具有创新精神和实践能力的高级专门人才。"而创新精神和实践能力的根本依托正是思辨能力。

显然,思辨能力培养乃是高等教育的一个永恒命题,在当下中国高等教育以内涵式发展、质量提升和创新能力培养为导向的新一轮教育改革中,其重要性更加凸显。而对于中国高等英语教育的深化改革而言,思辨能力培养就显得尤为紧迫了。我们的英语教育与思辨能力培养还存在很大差距。英语教育,尤其是基础阶段语言教学,往往专注于语言技能的打磨,不重视学科训练和人文通识教育,因而大量的教学活动都是在模仿、理解和识记层面展开,很少上升到应用、分析、评价和创造的高级思维层次。英语教育往往把语言的习得和知识的获取隔离开来,人为划分了基础阶段语言学习和高级阶段知识学习两个区间,因而常常忽略了在四年本科教育过程中一以贯之地帮助学生通过语言获取知识,同时在获取知识的过程中夯实语言,提高思辨能力。此种状况延续多年,现已危及英语教育的生存与发展。面向未来,英语教育无疑必须继承"基本功"教学的优良传统,但同时要积极创新,超越传统,在思辨能力培养上实现根本突破。

西方学术界对思辨能力进行了大量的研究。美国哲学界发布的《德尔菲报告》(The Delphi Report,1990)对思辨能力提出了一个颇具权威性的定义:

我们把思辨能力理解为有目的的、自我调节的判断,它建立在对证据、概念、方法、标准或背景等因素的阐述、分析、评价、推理与解释之上。思辨能力是至关重要的探究工具。因此,思辨能力在教育中是一种解放力量,在个人和公民生活中是一种强大的资源。尽管它并不等同于完善思维(good thinking),但仍是一种普遍的自我矫正的人类现象。一个具有思辨能力的理想的思考者习惯于勤学好问、博闻多识、相信理性、心胸开阔、灵活应变、在作出评价时保持公正、在面对个人偏见时保持诚实、在作出判断时保持谨慎、愿意重新考虑、面对问题头脑清晰、处理复杂事务井井有条、勤于搜寻相关信息、选择标准时理由充分、探究问题时专注目标、持之以恒地追求所探索的问题与研究条件许可的尽可能精确的结果。因此,培养具有思辨能力的思考者就意味着为此理想而奋斗。它把思辨能力的开发与上述品质的培养结合起来,由此不断产出有用的真知灼见,这也正是一个理性和民主社会的基础。

高校英语类专业教育如果要承担起作为大学教育的崇高使命,就必须积极迎接思辨能力培养所提出的全面挑战。由于英语类专业技能课程占据了英语类专业一半以上的课时,这就意味着英语类专业技能课程能否有效培养学生的思辨能力将直接关系到整个英语类专业的兴衰成败。

当前,在《高等学校外国语言文学类专业本科教学质量国家标准》的指导下,英语类专业新一轮的教学改革正如火如荼地展开。我们诚挚希望《大学思辨英语教程》的出版,为传统语言教学插上思辨与跨文化的翅膀,为英语教育的健康快速发展注入强劲动力,为英语类专业人才培养的全面升级提供坚实支撑!

（本文原载《外研之声》2017 年第 2 期）

英语专业人文通识教育
混合教学模式研究

一、研究背景

通识教育源于亚里士多德的自由教育(Liberal education)思想,其概念由美国教育界提出,即教育可分为通识教育与专业教育,前者培养学生的人文素养,后者发展学生的职业能力。①

通识教育的重要意义体现在能够有效促进学生在知识与技能两大领域的显著发展。知识领域主要涉及人文、社会或科学领域,在 Hart Research Associates 的调查中,72%的学校认为通过通识教育学生习得了专业以外的人文知识;技能领域主要集中在写作、批判性思维、推理与语言沟通技巧方面,77%的学校认为通过通识教育学生获得了写作技能,74%的学校认为学生获得了批判性思维,71%的学校认为学生获得推理能力,69%的学校认为学生获得了口头表达能力等。②

在我国,教育部即将颁布《高等学校外国语言文学类专业本科教学质量国家标准》。其中,英语专业的定位是以英语语言、英语文学和英国国家的社

---

① Harvard University Committee on the Objectives of a General Education in a Free Society. *General Education in a Free Society*: *Report of the Harvard Committee*, Cambridge: Harvard University Press, 1945, p.267.

② Hart Research Associates, Trends and Emerging Practices in General Education, https://www.aacu.org/sites/default/files/files/LEAP/2009MemberSurvey_Part2.pdf, 2009.

会文化等为学习和研究对象的学科专业。① 英语专业的定位传承和坚持专业的传统内涵,以语言、文学、文化作为专业的三个核心要素,凸显人文属性和人文通识教育,强调厚基础、宽人文的人才培养理念。② 由此,通识教育已经成为英语专业教育国家标准的核心要素。国内越来越多的高校开始加强通识选修课的顶层设计,重点建设一批"通识核心课程",采取多项措施如激励名师授课、配备助教、小班研讨、阅读经典等提升教学质量,使通识选修课程向"系统化、规范化、精品化、核心化"方向发展,课程质量和地位正在不断改善和提高。③

北京外国语大学英语学院自 2005 年开始实施新一轮课程与教学改革,其目的在于将通识教育与专业教育有机结合,建立一个"注重人文内涵的英语专业课程体系",解决传统上"过分重视语言技能训练的课程体系导致学生在思想深度、知识结构和分析问题能力等方面不足"的问题。④ 作为英语专业通识教育的核心组成部分,北外英语学院为大三学生开设了《西方思想经典导读》课程。

"经典阅读"是通识教育的常见课程类型之一,典型的例子是美国芝加哥大学赫钦斯校长实践的经典名著课程。该课程要求学生在大学的最后两年乃至整个四年中,每周阅读一本经典著作,接着再花几周时间进行讨论。因为最有效的通识教育是回到知识的源头,通过阅读原典与大师们直接交流,从而形成对人类精神文化精髓整体架构的把握和感悟。⑤

虽然我国不少高校已经开设了人文通识经典阅读课程,但是囿于师资力量不足和学生人数众多,一般采取讲座式的大班教学。授课时限一定程度上抑制了师生之间和生生之间交流互动的频度和质量。教师无法有效监控学生的课下阅读,从而缺乏对学习过程的指导、评价与反馈。这些不足使得人文通识经典阅读教学的质量存在较大的提升空间。

---

① 仲伟合、潘鸣威:《论〈英语专业本科教学质量国家标准〉的制定——创新与思考》,《现代外语》2015 年第 1 期。

② 王立非、葛海玲:《我国英语类专业的素质、知识、能力共核及差异:国家标准解读》,《外语界》2015 年第 5 期。

③ 庞海芍、郇秀红:《中国高校通识教育:回顾与展望》,《高校教育管理》2016 年第 1 期。

④ 金利民:《注重人文内涵的英语专业课程体系改革》,《外语教学与研究》2010 年第 3 期。

⑤ [美]罗伯特·M.赫钦斯:《美国高等教育》,汪利兵译,浙江教育出版社 2001 年版。

基于上述考虑,本研究旨在探究国内高校英语专业大学生人文经典阅读线上与线下相结合的混合教学模式,借助现代教育技术,提升人文通识教育的学习体验和效果。

二、文献综述

传统阅读对象是纸本文献,网络阅读对象是网络文本,即"经过电子数字化处理的储存在计算机网络中由多媒体技术合成的信息和知识材料"。① 从对国内外相关文献的检索来看,针对外语网络阅读的研究正快速增长,成为一个备受关注的研究领域。

有学者从师生的角度调查针对网络阅读的态度和认知。Huang 研究 67 名台湾某大学英语二语学习者对网络阅读的认知发现,学生认为网络阅读有助于培养良好的阅读习惯和激发阅读兴趣,便捷、随时随地和环保。同时也反映,网络阅读更容易产生视觉疲劳,不太适合篇幅冗长的文章。基于网络阅读的相关优势和积极效果研究,建议将网络阅读融入英语二语阅读教学之中。② Goodwyn 调查英国教师对于网络阅读的态度发现,大多数教师对网络阅读持较为积极的态度,认同网络阅读在阅读教学中可发挥其潜在优势。③

也有学者探讨网络阅读的行为策略。Chou 研究五名大学英语二语学习者发现,他们的网络阅读行为受诸如阅读目的、策略、外语水平和时间地点等因素的影响。建议加深教师对网络阅读的认识,并在此基础上改进网络阅读的教学设计。④ Cho 调查七名高中生在网络阅读过程中运用策略的类型、模

---

① 刘尔明:《网络阅读理论探微》,《广东广播电视大学学报》2006 年第 4 期。

② Huang H:"E-reading and E-discussion:EFL Learners' Perceptions of An E-Book Reading Program", *Computer Assisted Language Learning*,2013,No.3,pp.258-281.

③ Goodwyn A:"Reading is now'cool':A study of English Teachers' Perspectives on E-reading Devices as a Challenge and an Opportunity", *Educational Review*,2014,No.3,pp.263-275.

④ Chou I,"Understanding On-screen Reading Behaviors in Academic Contexts:A Case Study of Five Graduate English-as-a-Second-Language Students", *Computer Assisted Language Learning*,2012,No.5,pp.411-433.

式和复杂程度发现,在网络环境下,学生既使用纸介阅读的策略(意义解读、自我检查或信息评估等),也使用网络阅读特有的策略(如段落定位等)。①

还有学者研究英语二语网络阅读的教学设计。Zenotz 探究通过教学发展英语二语学生的网络阅读策略发现,将策略训练融入教学设计能够对提高网络阅读能力产生积极影响。② 王淼提出基于动态系统理论的网络英语阅读教学模式。③ 学习者在输入、互动、输出、反馈这个循环中,不断接近语言习得的理想状态。④⑤ 以动态系统理论为基础的网络英语阅读模式突出语言习得过程中的协作性、互助性和自主性。该模式强调过程评估的重要性,指出教师和学习伙伴需及时向学习者提供新的学习资源、反馈和建议。该模式也强调阅读策略的培训,即教师应顾及学习者需要掌握的基本阅读策略和被学习者忽视的策略,并进行策略培训加以巩固。⑥

论坛讨论是课堂师生和生生互动的有效延伸。研究表明,论坛讨论可以促进知识的社会建构⑦与协作学习⑧,同时还可以提高学习者的二语阅读理解能力⑨,培养学习者的高阶思维能力,如推理和辩论能力⑩、批判性思维能

① Cho B Y,"Competent Adolescent Readers' Use of Internet Reading Strategies:A Think-Aloud Study",*Cognition and Instruction*,2014,No.3,pp.253-289.

② Zenotz V,"Awareness development for online reading",*Language Awareness*,2012,Vol.21, pp.85-100.

③ 王淼:《基于动态系统理论的网络英语阅读教学模式》,《外语界》2011 年第 2 期。

④ Larseen-Freeman D,"Chaos/complexity science and second language acquisition",*Applied Linguistics*,1997,No.2,pp.141-165.

⑤ DeBot K,"Introduction:Second Language Development as A Dynamic Process",*The Modern Language Journal*,2008,No.2,pp.166-178.

⑥ DeBot K,"Introduction:Second Language Development as A Dynamic Process",*The Modern Language Journal*,2008,No.2,pp.166-178.

⑦ Hara N,Bonk C J,Angeli C,"Content Analysis of Online Discussion in An Applied Educational Psychology Course",*Instructional Science*,2000,Vol.28,pp.115-152.

⑧ Connor C,"Virtual learning and inter-professional education:Developing computer-mediated communication for learning about collaboration",*Innovations in Education and Teaching International*, 2003,No.4,pp.341-347.

⑨ Murphy P,"Reading comprehension exercise online:The effects of feedback",*Language, Learning & Technology*,2007,Vol.11,pp.107-129.

⑩ Booth S,Hulten M,"Opening Dimensions of Variation:An Empirical Study of Learning in a Web-based Discussion",*Instructional Science*,2003,No.1,pp.65-86.

力、反思能力、问题解决能力和创新学习能力①。但是将在线阅读与网络论坛讨论相结合的研究却数量寥寥。文献检索仅发现 Liu 等人探讨了将网络阅读与论坛讨论相结合,以考察学生能否通过讨论习得阅读策略和发展阅读能力②。但其研究对象为小学生,因小学生与大学生之间的年龄跨度较大,认知层次的差距也较大,因此该研究结果对大学阶段的通识经典阅读教学的借鉴意义十分有限。

综上所述,网络阅读研究正日益成为一个研究热点,研究细分也日趋多样化。国内外学者针对如何将网络阅读与语言教学有效融合进行了理论研究和小范围实证探索,但仍需通过更全面和深入的实践验证,以建立比较理想的教学模式。另外,目前国内以英语专业大学生为对象的网络英语阅读研究数量较少。虽然已有国外学者尝试将网络技术应用于通识教育,并发现可以有效提高学习兴趣和成效③④,然而将网络阅读、网络论坛与英语作为二语的经典阅读教学相接合的教学模式研究在国内外尚属首次。

三、研究设计

(一) 研究对象

本研究对象为北外英语学院三年级八个班,共 171 名学生,他们学习了一个学期的《西方思想经典导读》课程,时间跨度从 2015 年 9 月至 2016 年 1 月,共 16 周。课程的授课频次为每周一次,两个小时。由一名主讲教师承担课堂授课教学,围绕西方思想主要流派,通过对经典的讲解、提问和讨论,引导和帮

---

① Comeaux P, McKenna-Byington E, "Computer-mediated communication in online and conventional classroom: Some implications for instructional design and professional development programmes", *Innovations in Education and Teaching International*, 2003, No.4, pp.348-355.

② Liu I-Fang, Hwa-Wei, et al, "Learning reading strategies with online discussion", *Journal of Educational Computing Research*, 2014, No.2, pp.231-247.

③ Rao S, Agnes C, Susan G N, "Embedding general education competencies into an online information literacy course", *Journal of Library Administration*, 2009, Vol.49, pp.59-73.

④ Pregitzer M, Clements S N, "Bored with the core: Stimulating student interest in online general education", *Educational Media International*, 2013, No.3, pp.162-176.

助学生加深对所读书目的理解和思考。另有三名助教分别协助二三个班级的作业批改等。

（二）实验措施

针对课时有限、学生人数较多、课堂上的师生和生生交流比较有限的现实情况,在原有大班授课基础上,增加了课前在线自主阅读与课后在线论坛讨论的线上和线下相结合的混合教学模式。

1. 在线自主阅读

在线自主阅读主要采用外语教学与研究出版社研发的爱洋葱网络阅读平台。该平台提供标注难度系数的分级原版阅读资源、中英双语对照,并可根据教学需要制订个性化书单。学生可以随时随地通过电脑、iPad 或手机登陆阅读平台,各终端进度实时同步,支持书内书签、评论和读后感等操作。该平台还可以实时记录学生的阅读行为,如阅读总词数、阅读时长、阅读进度和阅读效率等,并对此进行分析和评估,以供教师动态监控和评估之用。图 1 为爱洋葱阅读平台的电脑阅读界面。

2. 在线论坛讨论

该课程向学生提供八本西方经典阅读读本,分别为《论方法》(*Discourse on Method*)、《论自由》(*On Liberty*)、《神学大全》(*Summa Theologica*)、《理性时代》(*The Age of Reason*)、《人之由来》(*The Descent of Man*)、《沉思录》(*The Meditation*)、《政府论》(*The Second Treaties of Government*)和《国富论》(*The Wealth of Nations*)。选择同一本书的学生组成一个论坛讨论小组,因此共有八个讨论论坛。主讲教师在论坛发布讨论话题供学生讨论和分享观点,学生也可自主发表话题或提出疑问。每个论坛均有一名助教引导和协助讨论。图 2 为 Blackboard 平台的论坛讨论界面。

3. 师生培训

以往的研究表明,教学实验成功与否的关键在于教师和学生,尤其是对师生的相关引导和培训。基于以上理解,本实验开始之前,研究者对助教老师进行了有关在线阅读平台、论坛讨论、教学法和研究方法等的培训,其中教学法和研究方法的培训贯穿于教学实验的整个过程。助教培训的形式有面对面会

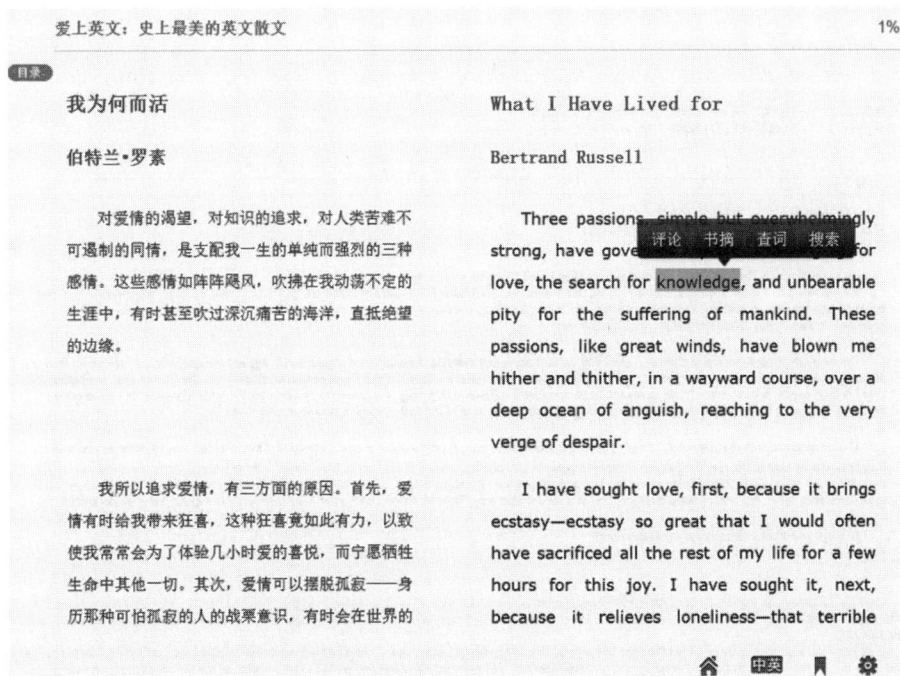

图 1　爱洋葱阅读平台的电脑阅读界面

议、邮件和微信交流等。针对学生的培训主要集中于对阅读平台功能的培训，采取的形式是面对面的讲解和介绍。

（三）研究问题

本研究旨在探究高校英语专业经典阅读混合教学模式的学习体验和教学效果。本文聚焦学习体验，具体研究问题包括：

1. 学生对于在线阅读的参与和体验如何？
2. 学生对于论坛讨论的参与和体验如何？
3. 学生对于"混合教学模式"的体验如何？

（四）数据收集

1. 实验后问卷

基于相关文献阅读，编制了实验课程的"学习体验调查"问卷，包括三大

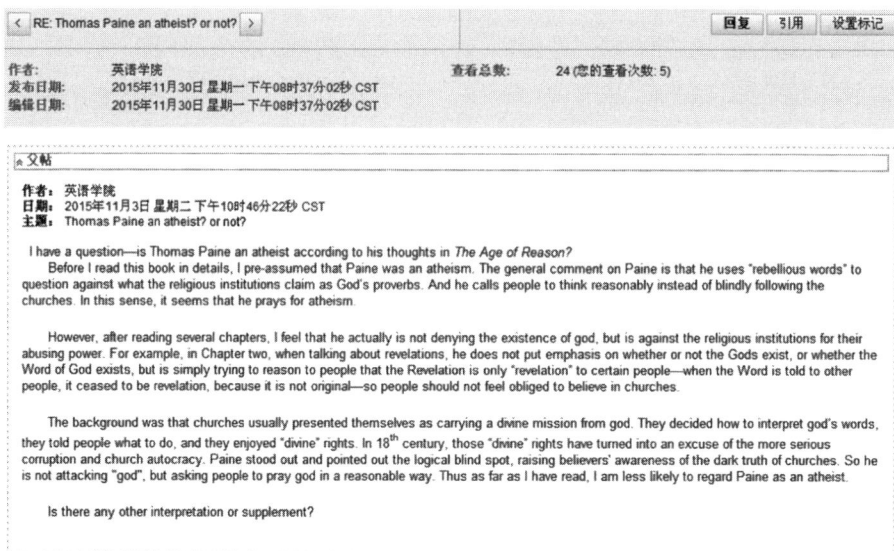

作者: 英语学院
日期: 2015年11月3日 星期二 下午10时46分22秒 CST
主题: Thomas Paine an atheist? or not?

I have a question—is Thomas Paine an atheist according to his thoughts in *The Age of Reason*?
Before I read this book in details, I pre-assumed that Paine was an atheism. The general comment on Paine is that he uses "rebellious words" to question against what the religious institutions claim as God's proverbs. And he calls people to think reasonably instead of blindly following the churches. In this sense, it seems that he prays for atheism.

However, after reading several chapters, I feel that he actually is not denying the existence of god, but is against the religious institutions for their abusing power. For example, in Chapter two, when talking about revelations, he does not put emphasis on whether or not the Gods exist, or whether the Word of God exists, but is simply trying to reason to people that the Revelation is only "revelation" to certain people—when the Word is told to other people, it ceased to be revelation, because it is not original—so people should not feel obliged to believe in churches.

The background was that churches usually presented themselves as carrying a divine mission from god. They decided how to interpret god's words, they told people what to do, and they enjoyed "divine" rights. In 18th century, those "divine" rights have turned into an excuse of the more serious corruption and church autocracy. Paine stood out and pointed out the logical blind spot, raising believers' awareness of the dark truth of churches. So he is not attacking "god", but asking people to pray god in a reasonable way. Thus as far as I have read, I am less likely to regard Paine as an atheist.

Is there any other interpretation or supplement?

No, I do not believe he was an atheist. Although he questioned Jesus Christ himself, and he questioned the churches which works as a propaganda, he still believed that there is a God who created the world. He clearly showed his view in the first part of The Age of Reason, which is "I believe in one God, and no more."
First and foremost, he questioned the churches. He argued that "All national institutions of churches, whether Jewish, Christian, or Turkish, appear to me no other than human inventions set up to terrify and enslave mankind, and monopolize power and profit." What's more, all the churches are "pretending" having some special mission from God, and they have certain books to propagandize their views.
Rather, I suggest that he was a deist. His word "I cannot dishonor my Creator by calling it by his name" shows that he believed that there is a creator, and but the God the churches proclaimed should not control man's life. God should not intervene man's life since it had created the world. The world should exist and develop according to its own regularity. Deist are skeptical of reports of miracles, prophecies and religious mysteries. They hold the idea that God exists and created the universe, and God gave humans the ability to reason. They have a high regard for natural law.

图 2 Blackboard 平台的论坛讨论界面

部分,分别考察学生对在线阅读、论坛讨论和混合教学模式的学习体验。其中客观题 42 道(按李克特五级量表,选项从"非常不同意"到"非常同意"排序),主观题三道。问卷共发放 171 份,回收 125 份,回收率 73%。本研究使用 SPSS 16.0 对问卷数据进行描述性分析。

2. 学生访谈

实验后选择部分学生进行半结构(semi-structured)访谈,访谈内容基于实验后问卷,聚焦于实验对于其自身的影响。采取了小组访谈的形式,共进行了 9 次。每次时长 20—40 分钟,受访学生共 17 名,分别来自八个班级,其中男生 6 名,女生 11 名,均是在网络阅读和论坛讨论中比较积极的学生。随后,研究者对访谈进行了录音并转写。

3. 教师访谈

实验后对三名助教老师进行半结构(semi-structured)集中访谈,时长 40

分钟。访谈内容基于实验后问卷,主要从教师视角了解实验对于学生的影响,对访谈过程进行了录音并转写。

四、结果和讨论

(一) 在线阅读的参与和体验

表1为2013级各班在线阅读情况统计。数据来源为爱洋葱平台记录。激活比例指学生激活阅读账号的人数占学生总数的比例。除2班之外,其他班的激活比例均在94%以上,其中4班和6班为100%,表明在线阅读得到了学生的重视。有效阅读占比是学生阅读参与度的重要指标,数据显示,平均一半(50.92%)的学生开展了有效的在线阅读,其中有的班级超过2/3的学生进行了有效阅读(68.42%,4班),即使在最低的班级,有效阅读占比也超过1/3(37.50%,2班)。这些数据表明,学生对于在线阅读英语经典著作表现了较高的参与热情。

表1 2013级各班在线阅读情况统计

班级	总人数	激活量	激活比	有效阅读人数	有效阅读占比
1班	24	23	95.83%	12	52.17%
2班	19	16	84.21%	6	37.50%
3班	19	18	94.74%	9	50.00%
4班	19	19	100.00%	3	68.42%
5班	21	20	95.24%	8	40.00%
6班	24	24	100.00%	15	62.50%
7班	22	21	95.45%	10	47.62%
8班	23	22	95.65%	10	45.45%
合计	171	163	95.32%	83	50.92%

同时,实验后对"学习体验调查"问卷的数据统计分析表明,受试学生对于在线阅读比较集中和突出的体验是其激发阅读兴趣和提高阅读水平。12.8%的同学赞同或非常赞同在线阅读能够激发阅读兴趣,57.6%的同学对此既不赞成也不反对。在提高阅读水平方面,29.6%的同学表示赞同或非常赞同,41.6%的同学既不赞成也不反对。

学生访谈进一步揭示了其中的原因。学生认为在线阅读的较大优势在于便捷、随时随地和资源丰富。

学生 A(6 班):"方便,不用背着这么大一本书到处跑。"

学生 B(6 班):"因为阅读平台上的书的种类特别多,涉及的方面特别广,比如说语言方面的,有英语的,有法语的,中文的也比较多,而且很多比较跟随潮流。"

另一个较明显的优势在于具有双语阅读和查词功能。

学生 C(2 班):"我觉得爱洋葱有个优势,就是它有中英双语的版本。往下一划就会有中文版出来。"

学生 D(3 班):"我觉得还是线上看比较好。因为方便随时查字典,要不然太麻烦了。"

然而,上述数据也表明,仍有半数左右的学生对在线阅读抱有模棱两可的态度,这主要是因为"不习惯电子阅读"(44.8%)和"无法做笔记"(33.6%)。

学生 E(6 班):"纸质的看起来眼睛不会那么累。"

学生 F(4 班):"纸质书翻页的感觉更真实。"

学生 G(6 班):"添加笔记的时候还挺麻烦的,不是很方便,容易卡。"

研究者在问卷中设计的开放题之一是征询学生对于提高在线阅读体验的建议。通过对学生回答的主题分析发现,主要集中在下述方面:一是优化界面,包括设计、排版、字体、亮度调节、阅读记录和触屏敏感度等(12.8%);二是增强查词功能,包括增加生词释意和例句的丰富度等(10.4%);三是丰富笔记形式,例如设置书签、标注和批注等(8%);四是增添双语对照的内容,提供经典的译本或增加逐句显示双语对照功能等(4.8%);五是添加资源推荐功能,增加书目或提升超文本链接功能,例如相关学者评论或读者反馈等(4%)。

上述发现与 Huang 的研究结果一致,即网络阅读有助于激发阅读兴趣,便捷环保,摆脱了时间和地点的限制,但同时也更容易产生视觉疲劳,需要技术方面的不断完善。[①]

(二) 论坛讨论的参与情况

表 2 是 2013 级各书目论坛讨论情况统计,其中,参与率为在论坛发帖的学生人数除以选读同一本书的学生总数所得(参见表 2 括号)。数据显示,各个论坛讨论的参与度均较好,最高为 100%,最低为 86%。这其中既有教师的要求、鼓励和引领,也有学生在线讨论意识的逐步改变。发帖量大于话题数,说明某些话题的回帖量较多,学生就这些话题展开了讨论。

表2　2013 级各书目论坛讨论情况统计

书目	参与率	发帖量	总字数	话题数
Discourse on Method	94%(17/18)	82	20281	82
On Liberty	88%(23/26)	81	24892	80
Summa Theologica	93%(14/15)	52	17729	52
The Age of Reason	86%(18/21)	66	17109	61
The Descent of Man	100%(16/16)	67	17940	57
The Meditation	96%(23/24)	117	33746	108
The Second Treaties of Government	91%(20/22)	118	28893	115
The Wealth of Nations	100%(24/24)	97	30486	88

问卷数据和访谈分析发现,48.8%的同学认为论坛讨论能够激发讨论兴趣。主要原因包括三点。

第一,论坛讨论有助提炼思想。

学生 H(7 班):"上课的时候我们可能没有机会每个人都表达,有一个平台就可以。而且写下来的话整体的思路会比说要好一点,就可以整理。形式本身是好的。虽然我互动的少,但还是有受益。你读这个的时候会去想,有什

---

① Huang H, "E-reading and E-discussion: EFL Learners' Perceptions of An E-book Reading Program", *Computer Assisted Language Learning*, 2013, No.3, pp.258-281.

么内容可以提炼出来。如果没有这个平台就跟自己平时正常消遣阅读一样，过很久之后才有产出。这样就相当于加快了思想结晶。"

第二，论坛讨论促进观点的分享和交流。

学生 K(6 班)："因为通过讨论会加深印象。比自己一个人在论坛上发言印象深刻。通过在论坛上发言，能解决自己原来不知道的地方。就像老师说的，通过辩论能得到清晰的认识。"

学生 L(1 班)："能知道很多人不同的观点，这应该是最大的收获，不然你一个人读是你自己的观点。"

第三，论坛讨论鼓励主动探究的精神。

学生 J(3 班)："其实我觉得网上讨论的优势，它可以激发每个人都去挖掘。我也有参加很多那种线下讨论，每周都有大概 5—6 个人的数量在一起，讨论两个小时。但我在那个小组讨论就感觉到有些同学可能不会发言，主要是几个人带着讲，最后需要拟一个读书报告，也很多时候都变成了那个写报告的人在写，成了个人活动了。所以我觉得要求每个人在线上发言的话，可以激发大家的积极性。"

同时，56.8%的同学认为论坛讨论能够加深阅读理解，因为可以丰富思考的角度和宽度。

学生 E(6 班)："有一个同学发的关于无神论者和有神论者的问题。我觉得他提出的话题挺能引发大家思考。大家可以多提出来一些问题，这样也是一个很好的学习方式。"

助教 A："书评我看了一部分，那些论坛发言好的同学的书评就会明显的比另外一些发言少的同学写得好。不管是从思想性还是从语言熟练程度，都是要好的。"

论坛讨论可以促进知识的社会建构①与协作学习②，还可以提高学习者

① Hara N, Bonk C J, Angeli C, "Content Analysis of Online Discussion in An Applied Educational Psychology Course", *Instructional Science*, 2000, Vol.28, pp.115-152.

② Connor C, "Virtual learning and inter-professional education: Developing computer-mediated communication for learning about collaboration", *Innovations in Education and Teaching International*, 2003, No.4, pp.341-347.

的二语阅读理解能力①,培养学习者的高阶思维能力。②③ 上述观点通过本研究的数据分析均得到了较好的验证。论坛中不断进行的观点分享和交流,为学生提供了具有真实意义的知识建构目标与环境。同时,学生在阅读他人观点并表达自己思想的过程中,反复锻炼了语言运用能力,同时也拓展了思考判断能力。这也正如二语习得动态系统理论所指出的,学习者在输入、互动、输出、反馈这个循环中,不断接近语言习得的理想状态。④⑤

尽管论坛讨论在上述方面的积极作用,仍有 30.4% 的同学持观望态度。这其中有个性或文化因素。

学生 M(6 班):"可能是个性的原因吧,就是不太喜欢和别人争辩,这种态度,怕会引起别人的……"

学生 N(5 班):"我会看,但是不会第一个回。"

学生 O(4 班):"我不认识的同学我不会去看,不认识的同学会放不开评论。"

也有学生缺乏讨论技巧或训练的原因。例如,有的学生不知道如何评论,既有不知如何抓取对方要点的问题,也有因为阅读进度不同,未能就相同论点产生共鸣的问题。

学生 Q(8 班):"你要看别人的就很花时间,有的时候还挺难抓住的,不太好写。"

学生 R(8 班):"就是我们看的不是一个地方,比如我专注于这块,他专注于那块。有时候哪个同学没说哪里看到的,我就不会去想很多,不会去找出

---

① Murphy P,"Reading comprehension exercise online:The effects of feedback",*Language, Learning & Technology*,2007,Vol.11,pp.107-129.

② Booth S,Hulten M,"Opening Dimensions of Variation:An Empirical Study of Learning in A Web-based Discussion",*Instructional Science*,2003,No.1,pp.65-86.

③ Comeaux P,McKenna-Byington E,"Computer-mediated Communication in Online and Conventional Classroom:Some Implications for Instructional Design and Professional Development Programmes",*Innovations in Education and Teaching International*,2003,No.4,pp.348-355.

④ Larseen-Freeman D,"Chaos/Complexity Science and Second Language Acquisition",*Applied Linguistics*,1997,No.2,pp.141-165.

⑤ DeBot K,"Introduction:Second language development as a dynamic process",*The Modern Language Journal*,2008,No.2,pp.166-178.

处。没想去跟她进一步探讨这个问题。"

还有学生只关注发表自己的观点，而忽略了对他人观点的评论。

学生 E(6班)："我觉得看到老师提出一个纲领性的问题后，大部分都去回答老师的问题。同学之间没有很好地互动。同学本身自己是解答问题的，又没有提出新的问题。同学大概看了之后觉得：哦，他是这样想的。自己有自己的想法，但是没有进一步把他的不同和同学的进行比较。"

学生 P(8班)："我也是一开始是为了完成任务，但写的时候确实是把自己思考的问题写下来了，但是没有人怎么回复，不知道为什么。"

在英语二语网络阅读的教学设计方面，学者们主要聚焦如何将网络阅读策略的培养融入教学设计。①②③ 其实，学生的网络阅读行为不仅受外语水平和策略的影响，也被诸如阅读目的、时间和地点等因素左右。④ 因此，在整体教学设计中也需考虑网络交互的特点与功能，因为阅读和交互在网络环境下已经是两个密不可分的有机结合体。本研究反映，发展在线讨论策略应与培养在线阅读策略一样受到重视。

（三）混合教学模式的体验

首先，68%的同学认为拓展了视野。这体现在宏观和微观两个层面。宏观层面指对西方思想的发展脉络有了较全面和系统的认识，了解中西方文明的共通之处，提升了跨文化意识。

学生 S(6班)："我觉得这可以算是我大学最喜欢的一门课。因为可以非常丰富你的人文知识，把西方那些人从古到今都贯穿了一遍。我可以把这门课形容为一部浓缩的百科全书。"

---

① 王森：《基于动态系统理论的网络英语阅读模式》，《外语界》2011 年第 2 期。

② Zenotz V，"Awareness Development for Online Reading"，*Language Awareness*，2012，Vol.21，pp.85-100.

③ Chou I，"Understanding on-screen reading behaviors in academic contexts：A Case Study of Five Graduate English-as-a-Second-language Students"，*Computer Assisted Language Learning*，2012，No.5，pp.411-433.

④ Chou I，"Understanding on-screen reading behaviors in academic contexts：A Case Study of Five Graduate English-as-a-Second-language Students"，*Computer Assisted Language Learning*，2012，No.5，pp.411-433.

微观层面指通过深入阅读某一具体的经典读本,对某一思想流派有了更深入的理解。

学生 P(8 班):"最大的收获就是懂了更多东西,一些概念也知道了出自哪里。之前知道自由主义之类的,但不知道具体是什么,也不会如何阐释它。但是通过系统阅读文章可以更加理解这个概念,也可以去跟历史时期去对应。"

其次,61.6%的同学认为提升了思考能力。这主要体现在激发独立思考和发展思辨能力两方面。

学生 S(6 班):"提供很多前人的思路,比如有两个时期,他们看到相同的话题,比如说宗教,他们的思想是有很大区别的。从这个我可以看出要从不同角度去看问题,然后要辩证批判地去看,就是对思维的一种帮助。我觉得视野变广一些了,问问题的深度也加深了。"

助教 B:"从学生的书评来看,发现通过课程学习,确实让他们有一个机会进行思考,我看到一些作文当中还出现了一些批判性的思维。比方说,会将书本上学习的东西和现实结合起来,还有将国外的思想跟中国的文化结合起来,反映出来一种批判性的思维。"

第三,67.2%的同学认为培养了自主学习能力。这主要体现在激发自主探究兴趣和形成自主探究习惯两方面。

学生 I(4 班):"我和班上几个男生,经常问问题,之后我们还会再解释,再讨论,讨论之后我们还会再去找一些相关的书籍。来探讨这个学说到底是合理还是不合理。我觉得这样挺好。"

学生 T(6 班):"我们就讨论,我感觉这样子就主动地激发了自己学习的欲望,让自己在阅读课本知识的时候有了一个更开阔的思维,平常大家都会分享一些搜到的学术网站或者一些名言,这样子是非常好的。"

学生 I(4 班):"授人以鱼不如授人以渔。再灌输你多少的知识也不及你自己主动地去探求知识来的重要。我觉得这个课可能会激发我去进一步去看其他的第一手资料。"

学生 U(2 班):"课本上有些也不是读一遍就能看懂的,需要自己再一遍地阅读,再找一些相关的材料才能深入地了解到这些东西。这学期的学习过程中,自己养成了这样一个习惯。"

本研究首次尝试将网络技术应用于我国高校的人文通识经典阅读教学。结果显示,这一线上线下相结合的混合教学模式获得了学生的积极认可,并有效提高了他们的学习兴趣和效果,与国外高校已经开展的一些相关研究结论相似。①②

五、研究启示

(一) 在线阅读

整体而言,多数同学对于网络阅读的倾向并不十分明朗。由于阅读习惯、平台使用熟悉度和技术等方面的原因,多数同学仍未能充分认识和利用在线阅读的优势。虽然实验前进行了操作技术方面的培训,但是真正自如地运用尚需要一定时间的实践。本实验的时间较短,仅有一个学期,所以多数同学在技术操作、心理适应和阅读策略等方面还需要更多的时间来适应和掌握,因而在一定程度上影响了对于网络阅读的主观感受。

因此,建议在未来的教学中将在线阅读策略融入课程学习,为学生适应在线阅读做心理和技能铺垫。另外,在线阅读和助学资源也应更加多样化,如丰富现有书库,增加新书推送、相关音视频、作品背景介绍、作者介绍、名家点评和同类书籍推荐和精彩读者阅读笔记等。平台技术也需不断改进,以提升阅读体验,如增加目录导航、快速翻页、章节关键段落查询、进度保存、护眼等功能。

(二) 论坛讨论

问卷和访谈均表明,多数同学认可论坛讨论对于课程学习的积极作用,并

---

① Rao S, Agnes C, Susan G N, "Embedding General Education Competencies into An Online Information Literacy Course", *Journal of Library Administration*, 2009, Vol.49, pp.59-73.

② Pregitzer M, Clements S N, "Bored with The Core: Stimulating Student Interest in Online General Education", *Educational Media International*, 2013, No.3, pp.162-176.

认同论坛讨论是课堂讨论的有益延伸,对增强大班教学的师生和生生互动具有重要意义。但本试验中论坛讨论的参与度和质量仍有较大提升空间。为更有效地发挥论坛的讨论功能,建议教师或助教定期参与论坛讨论,对讨论起到引导、协助和反馈的作用。还可采取异质分组,以使不同性格和不同水平的同学互补和促进。设置明确的讨论问题,限定讨论范围,也可以促进讨论的深度,增加讨论的互动效率和效果。此外也有必要进行论坛讨论技巧和礼仪方面的培训,避免"自说自话"的现象。

(三) 课程收获

对于混合教学模式的学习效果,大多数同学表示了积极的肯定,认为收获主要集中在以下四个方面:一是丰富了知识和拓展了视野;二是发展了英语能力,包括增强阅读容量、阅读能力、阅读速度和长难句理解等;三是提升了思维能力,包括培养了独立思考、跨文化和思辨分析的能力;四是对经典阅读的意义的再认识,即提高人文修养和思想层次,并激发了经典阅读的兴趣。

本研究在国内高校首次尝试将在线阅读和在线论坛讨论融入英语专业的人文通识经典阅读教学,在培养学生学习兴趣和促进学习效果方面起到了积极的作用。该研究所探索的整合课堂讲授、在线阅读和论坛讨论的混合教学模式,对于全国高校英语专业充分利用现代数字教育技术,推进《西方思想经典导读》专业基础必修课程和其他专业知识课程的教学改革,具有重要借鉴意义。

(本文原载《外语电化教学》2017 年第 1 期)

外语教育与跨文化能力培养[*]

即将颁布的《高等学校外语类专业本科教学质量国家标准》已把"跨文化能力"作为外语类专业的核心能力指标之一纳入培养规格。可以预见,跨文化能力概念将成为新一轮外语教育改革的一个热门关键词。本文拟首先对跨文化能力的构成要素进行解析,然后探讨外语类专业跨文化教学的基本原则,最后倡导外语界在新一轮教育和教学改革中高度重视跨文化能力培养,积极探索外语专业国际化人才培养的新路径。

一、跨文化能力界定

学术界提出了多种跨文化能力理论模型,如构成模型(compositional model)、双向互动模型(co-orientational model)、发展模型(developmental model)、适应模型(adaptational model)、因果过程模型(causal process model),等等。[①] 不同视角的定义相互补充,有助于加深和丰富我们对跨文化能力概念的理解,值得研究者进一步探究。综合学术界关于跨文化能力的众多定义,着眼于外语教育的专业定位,笔者从构成要素的角度对跨文化能力的核心内涵描述如下:尊重世界文化多样性,具有跨文化同理心和批判性文化意识;掌握基本的

* 本文是全国教育科学"十二五"规划 2011 年度教育部重点课题"高校英语专业技能课程与思辨能力培养研究"(批准号:GPA115061)的成果。

① Deardorff,Darla K(ed.), *The Sage Handbook of Intercultural Competence*,Sage Publications,Inc.,2009,pp.9-34.

跨文化研究理论知识和分析方法;熟悉所学语言对象国的历史与现状,理解中外文化的基本特点和异同;能对不同文化现象、文本和制品进行阐释和评价;能得体和有效地进行跨文化沟通;能帮助不同语言文化背景的人士进行有效的跨文化沟通。

第一,尊重世界文化多样性,具有跨文化同理心和批判性文化意识。由于地理和历史的原因,世界不同国家和区域的文化呈现出丰富的多样性。但是自人类历史进入由西方国家主导的"现代化"和"全球化"进程以来,世界文化固有的多样性正面临前所未有的"西化"和同质化威胁。由此,尊重和保护世界文化的多样性成为一个十分紧迫的全球议题。2001 年,联合国教科文组织(UNESCO)发布了《文化多样性全球宣言》,该宣言的第一款开宗明义地指出:"文化跨越时空,呈现出多种多样的形式。这种多样性体现为构成人类整体的不同群体和社会之身份的独特性与丰富性。作为交流、革新和创造的资源,文化多样性为人类所必需,恰如生物多样性为自然所必需。在此意义上,它是人类的共同遗产,应该得到认可和捍卫,以惠及子孙后代。"一个具有跨文化能力的人应该在此意义上尊重世界文化多样性。不仅如此,他/她还应该能够进入不同文化的心灵,感同身受地理解不同文化的关切和逻辑。与此同时,一个具有跨文化能力的人还应该具有深刻的反思能力,能够对本土文化和外国文化进行客观公允的评价和鉴别,既不妄自尊大也不妄自菲薄,既不崇洋媚外也不盲目排外。

第二,掌握基本的跨文化研究理论知识和分析方法。20 世纪 80 年代开始,中国外语界事实上就引入了跨文化交际这个概念,并尝试在外语教学中培养跨文化交际能力。这种与语言能力融为一体的跨文化交际能力一般被理解为掌握与日常交际相关的跨文化知识,并能够在跨文化日常交际行为中得体地运用外语实现交际目的。今天探讨外语专业的跨文化能力培养,我们的视野无疑应该超越外语教学而进入外语教育层次,这就意味着我们应该引导学生不仅关注跨文化人际交际行为,而且关注跨文化大众传播与新媒体传播,关注文化与文化之间从宏观到中观再到微观的互动关系,而且对这些不同层面的跨文化现象进行一定的理论思考和初步研究。通过跨文化教学,教师应引导学生探究一系列跨文化研究基本理论问题,例如:什么是文化,如何理解个人与文化的关系,如何理解语言与文化的关系,如何区别高语境文化和低语境文化,什么是跨文化交际/传播,什么是非语言交际,什么是文化身份,什么是种族中心主义,什么是跨文化适应,跨文化冲突是如何产生的,什么是跨文化能力,如何培养跨文化能力,如何测量跨文化能力,什么是全球化,全球化对国别文化会产生什么影响,等等。对上述跨文化问题的理论思考有利于培养学生理解和分析跨文化现象的能力,提高文化反思能力和文化自觉,同时促进思辨能力和学术研究能力的发展。

第三,熟悉所学语言对象国的历史与现状,理解中外文化的基本特点和异同。反思传统的交际法外语教学,一个明显的缺点就是把跨文化能力等同于一些零星的跨文化交际技巧。而事实上,如果没有对语言对象国历史与现状的比较全面和深入的了解,就不可能真正理解语言对象国人们的信仰、价值观念、生活方式与行为习惯,也就不可能进行深层的跨文化交流。不仅如此,学生还必须了解本土的中国文化,在比较学习中发现和理解中外文化的表层和深层异同(同中之异和异中之同)。这种跨文化比较学习对于今天的外语类专业学生来说尤为重要,因为只有通过深入的跨文化比较研究,才能真正培养学生的跨文化批判意识,即理解中外文化的特点及其形成原因,并能够超越中外文化的局限而建构更加宽广的文化观和世界观。在中国作为一个世界大国和强国在全球范围日益发挥重要作用的今天,我们迫切需要一大批新型外语高端人才,他们精通外语,通晓国际规则,能够向世界生动地阐释历史中国和当代中国,最终赢得世界对中国的理解和支持。这是经济全球化时代赋予外语类专业的光荣、艰巨且十分紧迫的使命。

第四,能对不同文化现象、文本和制品进行阐释和评价。阐释和评价是更高层次的思维活动,需要学生学会灵活运用跨文化理论和知识。外语类专业学生所进行的大量的听说读写训练以及专业知识课程均可以提升为对跨文化现象、文本和制品进行的阐释和评价,其目的不仅是要求学生掌握语言"基本功"或语言、文学与文化知识,而且应要求他们对外国文化现象、文本和制品以及本国文化现象、文本和制品从中外比较的视角进行深入阐释,探索其背后隐藏的文化原因,并进行批判性审视,进而提高跨文化思辨能力。一篇课文、一部文学作品、一部电影或一件艺术品,在特定的文化中产生,承载着丰富的文化内涵,从不同角度在不同层面讲述着自己所属文化的生动的故事。当它们进入新的文化背景里被具有不同文化身份的人阅读、观赏和分析时,便构成了文化与文化对话、交流(有时表现为冲突)和互鉴的美妙契机。在此意义上,外语类专业的课堂教学本质上就是跨文化教学,外语教育本质上就是跨文化教育。

第五,能得体和有效地进行跨文化沟通。跨文化沟通是跨文化能力在跨文化交际行为中的表现。这种交际行为可以口头展开,如具有不同文化背景的企业代表之间的跨文化商务谈判,出国旅行时与当地人的交流;也可以笔头展开,如学生在出国留学申请时所撰写的个人自述,企业的海外媒体广告。网络时代的到来,使得跨文化交际的空间从地上延伸到"线上",从博客到微信,从 Facebook 到 YouTube,从大众传播到全媒体传播,跨文化交际/传播的渠道和形式无限拓展,无穷无尽。学术界提出了评价跨文化沟通的两个标准,其一为得体性,即跨文化沟通的过程中能够尊重对方的价值观念和行为规范,保持融洽的人际关系;其二为有效性,即通过沟通达成跨文化交际的目的,或实现合作,或增进理解,或加强友谊。在外语教育的背景下,评价外语能力的指标体系长期局限于听说读写译等语言技能,似乎它们是完全中性的工具,学生一旦加以掌握,便可以在跨文化的环境下自然实现沟通的目的。大量的研究表明,任何一种语言符号体系都是特定文化的产物,同时又成为这一文化的载体。在此意义上,掌握一种语言就是理解一种文化,语言学习的最终目的乃是要实现得体和有效的跨文化沟通,因此外语能力与跨文化能力密不可分。这意味着,现行的外语能力评价体系必须加以改革,将跨文化能力纳入其中。

第六,能帮助不同语言文化背景的人士进行有效的跨文化沟通。一个拥有跨文化能力的人不仅自己能够胜任得体有效的跨文化沟通,而且能够帮助他人实现跨文化沟通的目的。在此意义上,翻译能力可以理解为跨文化能力的一项子技能,其目的是在不同语言文化背景的人士之间架设沟通的桥梁。大量的翻译研究已经证明,翻译不仅促进了人类不同文化的理解和交流,而且翻译本身就是对两种不同文化(不仅是语言)的深度理解和准确表达;翻译能力与跨文化能力互为表里,互相促进。此外,一个拥有跨文化能力的人还应该能够调解跨文化冲突,因为他/她理解冲突双方的文化背景,并能从跨文化的视角帮助双方澄清误解,恢复交往关系。

二、跨文化教学原则

明确外语教育的跨文化能力培养目标后,本文接下来进一步探讨跨文化能力培养的有效路径,特别是以跨文化能力培养为导向的外语类专业课堂教学的基本原则。

总体而言,为了有效提升外语类专业学生的跨文化能力,外语类专业必须建设高质量的跨文化交际课程,同时把跨文化教育贯穿整个课程体系和每一个教学环节。这就意味着外语类专业必须进一步加强人文通识教育,重视加强学生的国学修养以及对当代中国国情的了解,重视建设国别与区域研究相关课程,把跨文化文本解读、跨文化人际沟通和跨文化批判性反思的能力培养,渗透到语言技能课程与专业知识课程的全过程之中。

不仅如此,跨文化能力培养还必须渗透到整个人才培养模式之中。与外语类专业相关的跨文化国际化人才大体可以分为两类,其一是跨文化国际化外语人才,即掌握一门到多门外语的语言服务型外语人才;其二是跨文化国际化外语复合型人才,即掌握至少一门外语并熟悉某一知识领域的专业型外语人才。与此相应,外语类专业的人才培养模式包括外语单一专业和外语复合专业两种类型。在巩固和加强语言服务型外语人才培养阵地的同时,外语类专业应积极拓展"外语+"人才培养模式(如商务英语、双学位或辅修),这不仅是外语类专业搭建有利于学生终身发展的知识结构的需要,而且是外语类专业服务于国家对跨文化国际化"专业型人才"培养的急需。此外,跨国短期留学、跨国联合培养以及国际暑期课程(本地或国外)也是促进学生跨文化能力发展的有效举措,应基于跨文化能力发展(intercultural competence development)研究的最新成果并着眼于跨文化能力培养的目标,精心规划和组织实施。总之,跨文化能力培养应理解为一项系统工程,只有全方位融入跨文化教育理念,外语类专业才有可能成功培养具有中国文化情怀、多元文化观和全球视野的国际化人才。

当然,外语类专业跨文化能力培养的根本途径还是外语类专业的语言技能课程和专业知识课程的课堂教学。在此笔者试提出跨文化教学的5项基本原则,即思辨(Critiquing)、反省(Reflecting)、探究(Exploring)、共情(Empathizing)和体验(Doing),这5个概念的英文首字母正好构成英文单词CREED,我们不妨理解为跨文化教学的五大信条。下面逐一阐述。

原则一:思辨　跨文化教学应该训练学生运用认知技能解决跨文化问题。关于思辨的定义不计其数,这里不妨引用 Scriven 和 Paul 提出的一个定义:"思辨是一个经过专业训练的思维过程,在这一过程中,思辨者对通过观察、经历、反思、推理或交流所获取的信息,积极进行熟练的概念化(conceptualizing)、运用(applying)、分析(analyzing)、综合(synthesizing)和/或评价(evaluating),以此作为信念和行动的指南。思辨的典型形式建立在一系列超越具体研究对象的普遍的知识价值之上,包括:清晰、准确、精确、一致、相关、证据、理性、深度、广度、公正。"在此意义上,笔者认为,跨文化教学必须引导学生运用思辨的方法对跨文化知识、信息与案例反复进行概念化、运用、分析、综合和/或评价,由此同步提升跨文化能力和思辨能力。依据此原则,跨文化教学不应该被知识灌输和讲授所占据,而应该引导学生进行积极的思辨,这意味着要让学生首先掌握思辨的方法,并精心设计要求学生运用思辨去完成的多样化跨文化任务。当思辨行为发生时,跨文化能力——而且是高层次的跨文化能力——自然得到提升。

原则二:反省　跨文化教学应该鼓励学生通过跨文化反省培养批判性文化自觉。在跨文化教学的情形下,反省通常在两个层面展开,一是学生把所学的跨文化理论用于理解和指导自己的跨文化实践,以检验跨文化理论的适用性;二是学生对自己的跨文化实践进行总结和分析,以揭示经验或教训。这两种跨文化反省均旨在实现理论学习与实践应用的有机结合,从而不断改进跨文化实践,提高跨文化能力。大量的教育学和心理学研究表明,反省(或反思)是一种"深层学习"(deep learning),可以促进个人在认知上、道德上、人格上、心理上和情感上的全面成长。[①] 具体而言,反省有助于学生更好地理解自

---

① Branch WT Jr., Paranjape A.Feedback and reflection:Teaching methods for clinical settings, *Academic Medicine*, 2002, Vol.12, p.1187.

身的优点和缺点,发现并质疑自己潜在的价值和信念,挑战自己的观念、感觉和行为背后的假设,找到隐藏的偏见,承认自己的恐惧,发现不足和有待改进的方面。① 依据反省原则,跨文化教学可以设计讨论、访谈、提问、日记等多种课堂活动,促进有深度的跨文化反省,培养批判性文化自觉。② 此外,在中国文化与世界各国文化加速互动的经济全球化时代,跨文化反省不仅应该在学生的个人生活层面展开,而且应该在中外文化之间展开,积极引导学生从全球多元文化视角审视中国文化传统,增强文化自信和批判性文化自觉,促进中国传统文化的创造性现代转型和民族文化复兴。

原则三:探究 跨文化教学应该成为一个开放的跨文化探究过程。跨文化教学的根本目的是培养学生的跨文化能力,而不是给学生输入大量的跨文化知识或标准答案。事实上,跨文化交际/传播的情形千变万化,教师也不可能提供一劳永逸的灵丹妙药。因此,跨文化教学应重视通过跨文化探究活动培养学生的探究能力,也就是独立学习能力和终身学习能力,使他们在面对真实的跨文化场景时能够积极获取信息,寻求资源,独立思考,创造性地解决具体问题。遵循探究的原则,跨文化教学应重视对跨文化问题的探究过程,使学习活动由问题牵引,成为寻求新的知识与新的理解的过程,在此过程中教师是学习活动的促进者,学生积极自主地探究,对学习活动和能力发展承担越来越多的责任。③ 最终,遵循探究原则的跨文化教学致力于培养学生对世界多元文化的好奇心、开放态度和宽容精神。

原则四:共情 跨文化教学应该基于共情伦理并促进共情人格的发展。在跨文化交际语境下,美国学者 Calloway-Thomas 把共情(同感、同理心)定义为"通过想象在认知、情感和行为等层面进入和参与文化他者的世界的能力"。也就是说,跨文化实践者应能够进入跨文化沟通对象的物质世界和精

---

① Monash University, The reflective learning process, Retrieved March 5, 2016, http://www.monash.edu.au/lls/llonline/writing/medicine/reflective/3.xml.

② Costa A L, Kallick B, *Learning and Leading with Habits of Mind*, Association for Supervision & Curriculum Development, 2009.该书第 12 章探讨了反思性学习的要领和具体方法,可资借鉴。

③ Spronken-Smith R, Experiencing the process of knowledge creation: The nature and use of inquiry-based learning in higher education.Retrieved March 6, 2016, https://akoaotearoa.ac.nz/sites/default/files/u14/IBL%20-%20Report%20-%20Appendix%20A%20-%20Review.pdf.

神世界,设身处地地用文化他者的"眼睛"观察事物,用文化他者的"心灵"感受事物,并用文化他者的"大脑"理解对方的行为逻辑。在此意义上,共情既可以构成跨文化沟通的伦理规范,也可以理解为跨文化能力的核心要素——形成跨文化人格。① 作为跨文化伦理规范,共情伦理应该成为跨文化教学中师生双方共同遵守的价值准则。这就意味着,在面对不同的、新奇的甚至是不可思议的外国文化现象时,教师应引导学生尊重、宽容甚至欣赏文化差异,避免急于进行价值判断,乐于换位感受和思考,对自身的偏见和思维定式保持敏感,把文化差异视为丰富自我、开阔视野和创造新文化的宝贵资源。一个具有跨文化同感的人最终能够超越自我文化的边界,不断吸收和整合世界多元文化的丰富资源,最终建构包容个人与人类和民族文化与世界文化的"跨文化人格"(intercultural personhood)。② 另一方面,作为跨文化能力的核心要素,同感应该纳入重要的跨文化子技能在教学中反复训练。这意味着,跨文化教学不能止步于比较不同文化之间的差异,而应引导学生跨越文化边界进入对方的意义和情感世界,通过视角转换或角色扮演,去理解和感受文化差异,作出审慎的同情的评价。

原则五:体验 跨文化教学应该创造跨文化体验的机会以促成跨文化能力的内化。做中学(learning by doing),又称为体验式学习(experiential learning),已成为教育界各学科普遍认可的一种行之有效的教学理念。根据 Kolb 提出的理论模型,体验式学习是一个线性关联的四阶段循环过程,包括体验、观察、概念化和试验等四个步骤。学习者首先承担并完成一项任务,然后反思执行任务的具体过程,接着把具体经验上升为概念和理论,最后把获得的新知投入进一步试验。③ 这一理论模型及其学习原则可以引入跨文化教学,促进跨文化能力的有效内化。体验式跨文化教学可以在课堂内展开,如要求学生通过扮演跨文化角色、观赏跨文化电影或阅读跨文化案例,间接地体验跨文化

---

① Calloway-Thomas, C, *Beyond the crooked timber of humanity*: *Empathy in the global world* (《跨文化研究新视野》),孙有中译,外语教学与研究出版社 2015 年版。

② Kim Y Y, "Intercultural Personhood: Globalization and A Way of Being", *International Journal of Intercultural Relations*, 2008, No.4, pp.359-368.

③ Kolb D, "Experiential Learning: Experience as the Source of Learning and Development", *Englewood Cliffs*, Prentice Hall, 1984.

沟通情形,然后通过讨论或头脑风暴进行反思,接着进行概念化理论归纳,最后把分析的结论投入实践检验。更有效的体验式跨文化教学应该是在传统课堂之外展开的,如组织学生参加出国夏令营、短期留学或从事海外志愿服务。事实上,国内越来越多的高校都在积极为学生争取形式多样的国际化教育或访问机会,遗憾的是这些安排往往停留在课程学习或浏览观光的层面。为了使这些留学或游学活动真正促进学生的跨文化能力发展,学校应根据体验式学习理念,对海外跨文化实践活动的各阶段进行全过程精心设计,并安排经验丰富的教师全程跟踪和指导,使学生的海外经历成为真正的体验式跨文化学习,最终实现跨文化能力的有效内化。

三、外语类专业的新使命

随着经济全球化进程的推进和中国的快速崛起,中国和世界各国的竞争与合作日趋频繁,中华文明与世界多元文明的交流互动可谓风雷激荡,其深度与广度均史无前例。中国离不开世界,世界亦需要中国,这已成为中外普遍共识。习近平主席在联合国教科文组织总部的演讲中指出:"对待不同文明,我们需要比天空更宽阔的胸怀。文明如水,润物无声。我们应该推动不同文明相互尊重、和谐共处,让文明交流互鉴成为增进各国人民友谊的桥梁、推动人类社会进步的动力、维护世界和平的纽带。我们应该从不同文明中寻求智慧、汲取营养,为人们提供精神支撑和心灵慰藉,携手解决人类共同面临的各种挑战。"在中外文明全方位交流互鉴的大背景下,可以说当代中国比历史上任何时期都更需要具有跨文化能力的高层次国际化人才。

然而现实让我们并不乐观,正如赵为粮在中共中央党校主办的《学习时报》上撰文指出的:"在发展更高层次的开放型经济新常态下,具有国际视野、通晓国际规则、能够参与国际事务与国际竞争的国际化人才十分缺乏。从国家层面上看,中国人在有影响的政府间国际组织和权威性的国际性非政府组织中,担任职务特别是高级职务的相对较少,直接导致中国的'制度性话语权'不够。从企业层面上看,国际化人才短缺成为中国企业走出去的最大瓶颈,也是造成企业对外投资失败、跨国经营能力较低、海外并购难以成功的重要原因。"①

事实上,加强培养具有跨文化能力的国际化人才已成为世界高等教育界的共识。教育领导力研究领域的西方学者 King 和 Magolda 指出:"在这个全球相互依赖日益加深的时代,教育的紧迫任务就是要培养具有跨文化能力的公民,他们在面临涉及多元文化视角的问题时,能够做出明智的、道德的决策。"②

跨文化研究领域的学者 Pusch 写道:"必须培养新一代领导人,他们应具有超越宽容进而拥抱差异的跨文化态度,学会在一个多元文化的世界上建设性地、同情地生活,这一点对于人类以及地球的生存至关重要。……人类生活的每一个领域都迫切需要这样的领导者,他们跨越文化边界,能创造和维护立足于文化差异的制度,并允许多样化的创新不断涌现。"③

可见,无论是着眼于中国全方位走向世界的人才急需,还是着眼于全球高等教育的发展趋势,进入新时期的中国高等教育都应该尽快肩负起跨文化国际化人才培养的紧迫使命。这同时也正是我国高校外语类专业凤凰涅槃的历史机遇。

(本文原载《中国外语》2016 年第 3 期)

① 赵为粮:《五大发展理念下教育发展与改革》,《学习时报》2016 年 1 月 11 日。

② King P M, Baxter Magolda M B, "A Developmental Model of Intercultural Maturity", *Journal of College Student Development*, 2005, p.46, p.571.

③ Pusch M, "The Interculturally Competent Leader", Deardorff(ed.), *The Sage Handbook of Intercultural Competence*, Sage Publications, Inc., 2009, p.81.

外语教育与思辨能力培养

外语教育与思辨能力培养并提，并非因为思辨能力培养是外语教育的独特属性。事实上，思辨能力培养乃是整个高等教育的终极核心目标之一。

哈佛大学以培养学生"乐于发现和思辨"（rejoice in discovery and in critical thought）为其最高使命之一；剑桥大学也把"鼓励怀疑精神"（the encouragement of a questioning spirit）纳入其根本追求。美国学者彼得·法乔恩（Peter Facione）以一言以蔽之："教育，不折不扣，就是学会思考。"①

《礼记·中庸》曰："博学之，审问之，慎思之，明辨之，笃行之。"中国古代的知识精英一直以"思辨"为人生的座右铭。当代中国的《高等教育法》规定："高等教育的任务是培养具有创新精神和实践能力的高级专门人才。"而创新精神和实践能力的根本依托正是思辨能力。

显然，思辨能力培养乃是高等教育的一个永恒命题，在当下中国高等教育以内涵式发展和质量提升为导向的新一轮教育改革中，其重要性更加凸显。对于中国高等外语教育的深化改革而言，思辨能力培养就更是重中之重的议题了。原因不言而喻，我们的外语教育与思辨能力培养相去甚远。外语教育往往专注于语言技能的打磨，不重视学科训练和人文通识教育，因而大量的教学活动都是在机械模仿和低级思维层面展开。外语教育往往把语言的习得和知识的获取隔离开来，因而常常忽略了在四年本科教育过程中帮助学生通过语言获取知识，同时在获取知识的过程中夯实语言，提高思辨能力。此种状况延续多年，现已危及外语教育的生存与发展。面向未来，外语教育必须超越"'基本功'+百科知识"的培养模式，在思辨能力培养上实现根本突破。

---

① Facione P，Gittens C A，*Think Critically*，Upper Saddle River，NJ：Prentice Hall，2015.

　　这就需要全体外语教师对思辨能力的内涵及其培养路径具有深切理解。那么,什么是思辨能力呢? 简而言之,在情感态度层面,思辨能力指:勤学好问,相信理性,尊重事实,谨慎判断,公正评价,敏于探究,持之以恒地追求真理。在认知技能层面,思辨能力指:能对证据、概念、方法、标准、背景等要素进行阐述、分析、评价、推理与解释。西方学者对思辨能力构成要素及其发展规律已进行了大量的研究,如美国哲学学会组织跨学科专家组研究发布的"德尔菲报告"(Delphi Report)提出的"专家共识";理查德·保罗和琳达·埃尔德(Richard Paul & Linda Elder)提出的"思维要素"(Elements of Thought)与"普遍思辨标准"(Universal Intellectual Standards);保罗等学者(Paul, Binker, Jensen & Kreklau)提出的 35 层级思辨能力指标体系;本杰明·布鲁姆(Benjamin Bloom)的认知分层理论等。这些比较成熟的思辨能力理论模型基本知识应该在全体外语教师中尽快普及。

　　外语教师不仅应该掌握思辨能力相关理论知识,而且应该积极探索培养思辨能力的有效路径。近年来,在部分高校英语专业展开的以思辨能力培养为导向的教学改革表明:技能课程知识化(技能课程的材料必须系统呈现外语学科的人文基础知识)、知识课程技能化(知识课程必须同时致力于学生语言能力的持续提高)(参见 content-based instruction 和 content and language integrated learning),以及技能课程思辨化、知识课程思辨化,此"四化"为外语专业培养学生思辨能力的根本途径;为此,必须为思辨设定标准(教学目标),为思辨提供原料(教学内容),为思辨搭建工作坊(教学活动),为思辨培养教师(教学主体);思辨能力可以通过对跨文化问题的探究而有效提升,跨文化能力则可以通过思辨能力的提升而提升,两者相互促进,相得益彰;思辨能力发展有赖于自主学习,思辨能力可以通过自主学习来培养,并最终促进自主学习乃至终身学习能力的形成;思辨能力的发展是一个从低级思维向高级思维发展的过程,必须运用思辨的标准一以贯之地训练思维的各要素,使良好的思维习惯成为第二本能。① 外语教育如何促进学生思辨能力的发展,这已成为当

---

① Paul R, Elder L, *Thinker's Guides Series*, Dillon Beach, CA: Foundation for Critical Thinking Press, 2007.

前深化外语教育教学改革的关键命题,为外语教学研究开辟了生机勃勃的新天地。期待这一领域不断涌现新成果,为以思辨能力培养为导向的外语教学改革实践提供有力的理论指导和有效的操作策略,最终促成我国高等外语教育的思辨化转型和升级。

(本文原载《中国外语》2015 年第 2 期)

以人才培养为中心，
全面推进外语类专业教学改革与发展[*]

——第五届高等学校外国语言文学类专业
教学指导委员会工作思路

　　为贯彻落实党的十八大精神，全面实施国家教育规划纲要，充分发挥专家学者对高等教育教学改革的研究、咨询与指导作用，推动高等教育内涵式发展，大力提升本科人才培养质量，教育部于 2013 年 4 月 1 日宣布成立了第五届教育部高等学校外国语言文学类专业教学指导委员会（以下简称"外指委"），下设英语、日语、俄语、德语、法语、西班牙语、阿拉伯语和非通用语种类 8 个专业教学指导分委员会。本届外指委主任委员是钟美荪教授，各分委员会主任委员分别是仲伟合、修刚、孙玉华、贾文键、曹德明、陆经生、周烈、刘曙雄教授，外指委秘书长是孙有中教授。外指委全体委员共计 141 人。

　　教学指导委员会是教育部聘请并领导的专家组织，具有非常设学术机构的性质，接受教育部的委托，开展高等学校本科教学的研究、咨询、指导、评估与服务等工作，主要任务包括：(1)组织和开展本科教学领域的理论与实践研究；(2)就高等学校的学科专业建设、教材建设、教学实验室建设和教学改革等工作向教育部提出咨询意见和建议；(3)制定专业规范或教学质量标准；(4)承担有关本科教学评估以及本科专业设置的咨询工作；(5)组织教师培训、学术研讨和信息交流等工作；(6)承担教育部委托的其他任务。

---

　　*　本文作者钟美荪教授和孙有中教授分别为第五届高等学校外国语言文学类专业教学指导委员会主任委员和秘书长。参见《关于成立 2013—2017 年教育部高等学校教学指导委员会的通知》(教高函〔2013〕4 号)。

　　本文将在审视当前我国高等教育与外语专业基本现状的基础上,聚焦我国高等教育改革的政策导向,着重阐释本届外指委的工作思路与最新进展。

一、我国高等教育与外语专业的基本现状

　　进入 21 世纪以来,我国高等教育经历了一个跳跃式发展阶段,取得了令世人瞩目的显著成就。但与此同时,高等教育的外延式扩张也积累了许多值得重视的问题。教育部杜玉波副部长在新一届教学指导委员会成立视频会议上的讲话中指出:"高等教育存在的问题突出表现在:人才培养质量与经济社会发展的要求有差距;学科专业结构与区域发展和产业转型升级的要求有差距;自主创新能力与国际竞争的要求有差距;高校自主办学和自我管理的能力与建设现代大学制度的要求有差距等。"

　　关于高等教育人才培养工作中存在的突出问题,杜玉波副部长在讲话中归纳了 5 个方面:(1)以人才培养为中心的办学理念尚未牢固确立;(2)本科教学基础地位尚待进一步夯实;(3)教学方法有待改善;(4)人才培养模式比较单一;(5)教师队伍建设有待进一步加强。

　　在全国高等教育整体迅速扩张的大背景下,外国语言文学类专业近年来在数量上也呈大幅增长之势。教育部高教司刘贵芹副司长在本届外指委成立大会上的讲话中指出,目前我国高校外国语言文学专业类下设的本科专业包括通用和非通用语种在内已达到 64 个。除 303 所独立学院外,全国现有普通本科高校 1145 所,其中 994 所普通本科高校设有英语专业,比 2005 年增加了204 所。从 2005 年到 2013 年,日语专业从 293 个增加到 506 个,俄语专业从 91 个增加到 137 个,德语专业从 58 个增加到 102 个,法语专业从 60 个增加到126 个,西班牙语专业从 19 个增加到 58 个,阿拉伯语专业从 10 个增加到 32个,非通用语种从 45 种增加到 55 种(专业布点达到 324 个)。翻译和商务英语两个本科专业更是从无到有,异军突起,专业点分别迅速增加到 106 个和146 个。外国语言文学类专业点的大规模发展,同类专业的简单复制,在很大程度上导致了同类专业的同质化竞争,所培养人才缺乏特色,高端人才匮乏。

随着外国语言文学类专业布点数量的直线上升，外语类专业的绝对招生人数也在持续增长。根据刘贵芹副司长的讲话，"2013 年外国语言文学类专业在校本科生人数达到 81 万"，而且新时期外语教育对象在很多方面也呈现出新变化。一方面，随着中学英语教学水平普遍提高，外语专业学生入学时的英语能力有了较大提升，部分学生进校后就能通过大学英语四、六级考试。另一方面，我国高校的毛入学率已达到 30%，到 2020 年将达到 40%，还有相当一部分学生高中毕业后直接到海外求学。这表明我们的高等教育正在告别精英教育，走向大众教育，这一趋势必然会对高等外语教育产生重大影响。

随着高校外语专业布点数量和招生人数的不断增长，各高校外语专业的教师规模也在不断扩大，教师队伍中青年教师的比例大幅提高。刘贵芹副司长的讲话提供了一个可供间接参考的数据：2010 年全国普通高校专业教师是 134.31 万，在这个总规模中 40 岁以下的年轻教师占 63%，35 岁以下的占 47%。外语专业教师队伍的情况应该大体相当。虽然年轻教师富有创新精神，但他们教学经验相对不足，进修、深造和发展的压力很大，这也是外语专业在进一步发展过程中必须面对的现实。

二、我国高等教育改革的政策导向

2012 年教育部颁布了《关于全面提高高等教育质量的若干意见》，正式提出："牢固确立人才培养的中心地位，树立科学的高等教育发展观，坚持稳定规模、优化结构、强化特色、注重创新，走以质量提升为核心的内涵式发展道路。"在新一届教学指导委员会成立视频会议上，教育部杜玉波副部长再次强调指出，我国高等教育应实现从"以规模扩张为特征的外延式发展"向"以质量提升为核心的内涵式发展"的战略转移，并进一步提出了提高质量、优化结构、深化改革、促进公平和加强党建等具体措施。

杜玉波副部长代表教育部对新一届教学指导委员会布置了三项重要任务。第一项任务是转变教育理念，确立科学的人才培养质量观。他指出，高等教育应以人才培养为中心，以适应社会需要为检验标准，以学生为本，以学生评价为先。这将从根本上扭转前一阶段全国高校片面追求科研成果产量、轻视科研成果质量与效益、忽略人才培养质量的倾向。

第二项任务是研究制定国家标准，推动建立具有中国特色、世界水平的本科人才培养质量标准体系。制定国家标准是新一届教学指导委员会的首要任务。按照教育部的设想，这一标准将成为各高校开展人才培养的基本依据，因此应充分体现我国高等教育的核心价值："把促进人的全面发展和适应社会需要作为衡量人才培养水平的根本标准，落实文化知识学习和思想品德修养、创新思维和社会实践、全面发展和个性发展紧密结合的人才培养要求，让学生切实做到立志高远、涵养大气品格，修身求知、追求一流学问，知行合一、创造精彩事业，甘于奉献、践行责任人生。"在国家标准的基础上，各行业还将根据本行业对毕业生的要求制定"行标"，各高校则将根据学校定位制定自己的"校标"。

第三项任务是研究人才培养模式改革的重大理论和实践问题。教育部要求新一届教学指导委员会加强对专业建设的研究，围绕专业内涵发展的重要领域和关键环节开展深入系统的研究，具体涉及课程设置、教材建设、教学方式方法、教学团队组建、教学管理等。教学指导委员会还要高度关注如何完善高校与有关部门、科研院所、行业企业联合培养人才的机制，特别要加强探索国家急需的各专业拔尖创新人才的培养机制。此外，如何强化实践教学也是一个亟待探讨的研究课题。

三、外指委的工作思路

根据教育部有关下一阶段高等教育改革的最新精神和高教司文科处的工作部署，本届外指委重点开展推进以下 6 个方面的工作。

（一）创新教育理念

作为我国高等教育的一部分，高等学校外语专业教育总体上要遵循科学的人才培养质量观，牢固确立人才培养的中心地位。在本届外指委成立大会的致词中，高教司刘贵芹副司长用 6 个"以"概括了下一阶段外语类专业深化改革的突破点，即以全面实施素质教育为主，以提高人才培养质量为核心，以建立教学质量标准体系为基础，以改进教学方法为重点，以创新人才培养模式为突破口，以提高教师教学能力为保证。这 6 个方面是外指委全面开展工作的有力抓手，也应成为各外语院系推进专业建设的基本指导思想。

在明确高等教育顶层设计理念的基础上，外指委将积极推动全国外语界探讨先进的外语教育理念。我们应在总结我国外语教育的本土经验和借鉴国际外语教育界行之有效的经验的基础上与时俱进，提炼和检验具有中国特色的外语教育新理念，并以此引领我国高等外语教育的改革与发展。经过十余年的探索，我们对"复合型外语人才"和"应用型外语人才"的认识更加清晰，理念上的突破促成了翻译和商务英语两个新专业的诞生。今后，我们有必要更加深入地探讨"作为人文教育的外语教育""作为学科教育的外语教育""语言与内容融合式教学"（或"内容依托式教学"）、"思辨能力培养""跨文化能力培养""区域和国别研究人才培养"等重要命题，促进外语专业人才培养模式创新和多元发展。

有鉴于此，外指委及其下属的各分委员会将举办形式多样的研讨会，推动全国外语界系统深入探讨外语教育热点问题，达成共识，凝聚改革力量。本届外指委成立半年以来，各分委员会都已召开了成立大会，并以此为契机启动了对各自专业发展方向问题的讨论。2013 年 10 月 19—20 日，英语专业教学指导分委员会、北京外国语大学中国外语教育研究中心和外语教学与研究出版社联合举办了"全国高校英语专业教学改革与发展学术研讨会"。该研讨会的主题为"基于多元人才观，探索英语类专业教学的改革与创新——未来中国与中国的英语教学"。教育部领导、全国外语教育界专家学者、高校外语院系负责人及骨干教师共千余人参加了此次盛会。大会安排了主旨报告、专题发言、院校论坛、特邀论坛、专项论坛等不同形式的会议内容。"专题发言"聚焦英语类专业建设中的八个关键问题：英语类专业国家质量标准与课程建设、以全人教育为核心的外语人才培养模式、以语言输出能力培养为导向的课程教学模式、以跨文化能力培养为特色的课程教学模式、教学评估体系建设与自主学习能力培养、英语类专业教师发展与团队建设、翻译专业本科人才培养模式、商务英语专业本科人才培养模式。"院校论坛"根据学校类型与专业特色划分议题，探讨英语类专业发展的挑战与对策，具体分为综合类院校、外语类院校、师范类院校、理工类院校、专业类院校和民办类院校（含独立学院）六大类。"特邀论坛"围绕英语专业知识课程教学与思辨能力培养、英语专业基础阶段课程体系建设与教学改革、英语专业课堂教学方法与策略三个专题交流理念与实践经验。"专项论坛"则针对新形势下高校英语专业教学与教材建设、外语学科学术建设与创新以及数字环境下的外语教学发展展开研讨，为多元模式下新理念、新方法、新成果的传播与整合提供了平台。此类以外语院系负责人为主要对象的研讨活动，各分委员会今后要进一步倡导举办。

（二）研制国家标准

根据教育部的部署，新一届教学指导委员会的首要任务是研究和制定92个本科专业类教学质量国家标准。这一任务已被纳入教育部、财政部联合实施的"本科教学工程"。根据教育部杜玉波副部长在新一届教学指导委员会成立视频会议上的解释，国家标准是"尺度""要求""底线"和"开展人才培养的基本依据"，其目的是增强高校各类专业的纵向和横向可比性，提高本科教学工作的针对性和实效性。教学质量国家标准的参考框架具体如下所示：

1. 概述

包括该专业类的概念性描述、在国家建设与发展中的地位、主干学科、相关专业、学科特点、人才培养特色。

2. 适用专业范围

2.1 专业类代码

2.2 本标准适用的专业

3. 培养目标

给出专业类的基本培养目标和各校相应专业制定培养目标的要求，例如：要符合学校的基本定位，适应社会经济发展需要，对培养目标定期评估、修订等。

4. 培养规格

4.1 素质要求

4.2 能力要求

4.3 知识要求

5. 课程体系

5.1 课程体系总体框架

可在给出课程总体框架的基础上,以知识领域的形式给出专业类对于专业知识的基本覆盖要求。

5.2 学制、学分、学时方面的要求

5.3 课程设置

5.3.1 理论知识与技能课程

5.3.1.1 通识类课程

5.3.1.2 公共基础类课程

5.3.1.3 外语专业技能类课程

5.3.1.4 专业基础类课程

5.3.1.5 专业类课程

5.3.2 实践教学环节

5.3.2.1 专业类实训

5.3.2.2 社会实践

5.3.3 毕业论文(设计)

5.3.3.1 选题要求

5.3.3.2 内容要求

5.3.3.3 指导要求

6. 教学评估

6.1 教学要求

6.2 评估要求

7. 师资队伍

7.1 师资队伍结构

7.2 教师水平要求

7.2.1 教师教学能力

7.2.2 教师研究能力

7.2.3　教师发展规划

8.教学条件

8.1　专业学习图书与电子资源

8.2　教学设施

8.3　教学经费投入

8.4　教学管理与服务

9.术语释义

目前,外指委各分委员会已经初步展开教学质量国家标准的研制工作。前期工作包括对本专业国内现状的调查、对国外同类专业的调查、对国内用人单位的调查,在此基础上组建国家标准起草专家组,经过深入研讨形成初稿,再通过不同层次和不同范围的专家论证会反复研讨和修订,然后在外语界以及更大行业范围内征求意见,最后定稿报送教育部高教司批准颁布。这一艰巨任务必须在 2014 年完成。目前,英语专业教学指导分委员会先行一步,已经组建了英语语言文学专业、翻译专业和商务英语专业三个国家标准起草小组,经过多次内部研讨,三个专业国家标准的初稿已经形成。在借鉴英语专业经验的基础上,其他语种专业的国家标准研制将陆续跟进。

教学质量国家标准关系到我国外语类专业未来的发展大计,必须集中外指委全体委员乃至外语界全体专家和学者的智慧,经过最深入广泛的调查和最严格科学的论证,确保其作为基本办学标准对全国不同层次、不同类别外语类专业的普遍适用性,并发挥其对全国外语类专业面向未来、长足发展的引领作用。

（三）开展立项研究

开展立项研究是外指委为中国外语教育改革与发展发挥"智库"作用的有效举措。外指委将引导外语界就全国外语类专业教学改革重大问题进行研究,建立公开、公正、科学的立项审批和结项制度,每年征集和发布课题,择优立项。研究结果将直接报送教育部有关部门作为决策依据,为外语教育的科学稳步发展提供智力支持。

当务之急,我们须针对国家标准制定和实施问题展开立项研究,如探讨外语类各专业的培养目标、培养规格、课程体系等。随着教学改革的深入，新的教学理念呼唤新课程的开设、新教材的编写和新教学方法的应用，这些都是有待研究的课题。此外，人才培养模式和机制本身也需要创新，以适应多元化人才培养及国际化拔尖创新人才培养的需求。为有效开展这方面工作，我们要总结现有经验，剖析现存问题，积极借鉴国外高校外语教育的宝贵经验。

（四）支持指导专业建设

未来一段时期将是外语类新专业增设比较活跃的时期，可以预期翻译和商务英语专业点还会有所增加，不少高校开设英语以外其他语种专业的意愿仍然存在。由此，外指委须组织专家对我国外语专业的整体分布和外语人才需求的结构特点进行深入调查和论证，为国家制定外语人才规划提供咨询，同时积极参与新专业的评审和验收，确保外语类专业布局合理、科学发展。

未来一段时期也是传统外语类专业全面改革和提升质量的关键时期。以传统的英语语言文学专业为例，一系列改革和发展问题亟待解决。比如，课程体系如何优化？语言技能课程与专业知识课程的合理比例究竟应该是多少？语言技能课程如何提高效率？语言基本功如何培养？如何实质性地提高学生的思辨能力与跨文化能力？英语专业的知识结构如何界定？培养模式多元化的边界在哪里？英语专业不可化约的共核是什么？英语专业如何与其他专业复合？如何理解和实施英语专业的实践教学？如何提升英语专业教师的素质以适应教学改革的需要？如何有效利用数字信息技术提高英语专业教学的效率和效果？英语以外的其他语种也需解决诸多改革难题，如招生规模调整、培养规格界定、课程规范、培养模式创新、教材教参配备等。凡此种种问题都需要外指委各分委员会集中外语界专家的智慧和力量开展调研，尤其要把不同类别、不同层次的学校组织起来，提供专家指导，分享改革经验。

（五）促进教师发展

教师发展是提升教学质量的根本途径。上届外指委主任委员戴炜栋教授经过大量调查发现，"教学质量得不到保证的专业点，无论是新办的还是老的，其主要原因是：（1）师资严重不足；（2）教师水平与相关要求相去甚远；

（3）教学方法、手段落后，对外语教学法了解甚少。提高教学质量、加强学科的内涵建设根本在教师"[1]。为此，上届外指委各分委员会开展了大量教师培训工作，为提升全国外语教师的教学能力和科研能力作出了重要贡献。

本届外指委各分委员会将一如既往地汇集一切资源，为全国外语教师特别是青年教师的发展搭建多样化平台。目前，外指委已与我国几家大型专业外语出版社合作实施相关教师培训项目，并还将与北京外国语大学中国外语教育研究中心和上海外国语大学中国外语教材与教法研究中心建立更加紧密的合作关系，共同促进全国外语类专业教师教学能力和学术能力的同步发展。此外，外指委各分委员会计划将开展各专业的教学比赛，促进外语教师教学经验分享和教学技能提升。

（六）开展其他工作

在我国高等外语教育改革与发展的关键时期，本届外指委将立足全局、大有可为。在确保完成上述主要任务之余，外指委在其他领域也可以发挥积极作用。各分委员会将高度重视专业核心课程、核心教材与核心工具书建设，推广教育部和地方教委的精品课程与精品教材项目，推动包括在线课程开发模式 MOOCs（Massive Open Online Courses）在内的现代教育技术发展，促进优质教学资源的全国共享。

各专业的四、八级考试在推动全国外语院系加强学生外语基本功训练方面发挥了积极作用。各分委员会将加强对考试工作的领导，进一步提高命题质量，以适应外语教育的新发展，科学评估教学质量。

全国性、区域性或按高校背景分类举办的外语演讲、辩论、写作、翻译、戏剧大赛等是外语界的传统学生活动项目，有利于调动学生学习外语的积极性，并全方位促进外语教学。外指委各分委员会将继续组织和支持此类活动。

外指委还将建设自己的网站，为各分委员会交流工作经验搭建平台，并汇聚外语界专家的智慧，共同探讨中国外语教育改革与发展的重大问题，引领外

---

① 戴炜栋：《第四届高等学校外语专业教学指导委员会工作思路》，《外语界》2007 年第 6 期。

语类专业的发展方向。

本届外指委的成立适逢中国高等教育从外延式规模扩张向内涵式质量提升转型的时期，这是巨大的挑战，也是历史的机遇。我们期待与全国外语界同仁齐心协力，发扬上届外指委的优良传统，开拓进取，共创中国外语专业教育更加美好的明天！

（本文原载《外语界》2014 年第 1 期）

英语教育十大关系

——英语专业教学质量国家标准的基本原则初探

受教育部高教司委托，新一届外语教学指导委员会英语专业教学指导分委员会正在研究制定英语类专业（包括：英语语言文学专业、翻译专业、商务英语专业）的国家标准，为全国高校英语类专业的改革与发展规划未来发展路径。本文将从宏观层面探讨制定英语语言文学专业（不包括翻译专业和商务英语专业，但原则问题具有很大共性）国家标准必须厘清的"十大关系"包括：(1)促进人的全面发展与适应社会需要；(2)国家标准的规范化与人才培养的多元化；(3)应用型、复合型人才与学术型、专业型人才；(4)专业教育与通识教育；(5)大众教育与精英教育；(6)外国文化与中国文化；(7)知识传授与能力培养；(8)语言技能训练与专业知识学习；(9)以学生为主体与以教师为主导；(10)教学改革与教师发展。本文的思考还非常粗浅，权且当作抛砖引玉，以期引起英语界同仁对上述原则以及更多其他重要原则问题的进一步探讨。

一、促进人的全面发展与适应社会需要

关于高等教育的根本目标，《国家中长期教育改革和发展规划纲要（2010—2020年）》明确规定："树立科学的质量观，把促进人的全面发展、适应社会需要作为衡量教育质量的根本标准。所谓全面发展，就是德、智、体、美等方面全面发展，落实文化知识学习和思想品德修养、创新思维和社会实践、

全面发展和个性发展紧密结合的人才培养要求,让学生切实做到立志高远、涵养大气品格,修身求知、追求一流学问,知行合一、创作精彩事业,甘于奉献、践行责任人生"。① 社会需要强调的则是高等教育的工具性,要求培养学生就业谋生的技能,满足国民经济发展对各行各业专门人才的需要。

人的全面发展与社会需要之间存在一定程度的紧张关系。整体而言,中国高等教育当前存在的问题是过于偏重教育此时此刻的工具作用,而在一定程度上忽略了学生终身发展和社会长远发展所需要的终极性素质教育。英语专业因其语言学习的工具性特点,较之其他专业存在更大程度的工具偏向。

作为高等教育的组成部分,未来的英语教育一方面要更加重视促进学生的全面发展,特别是人文素养、思辨能力、创新能力、实践能力;另一方面,要更好地与当下中国的现实社会需要接地气,在巩固和加强学生英语基本功的基础上,及时调整本专业的知识结构及其实现的最佳路径(具体讨论见下文)。国家标准的研制为我们及时反思英语教育的本质和发展方向提供了一个良好的契机。

二、国家标准的规范化与人才培养的多元化

按照教育部的文件精神,国家标准是"尺度""要求"和"底线",是"开展人才培养的基本依据"。② 可见,国家标准具有刚性规范的特点,其"培养规格"意在规定特定专业学生必须具备的核心"素质""知识"和"能力",表明获得该专业学位的学生在学科背景上应具有的共同特点。

那么,英语专业学生应该具备的最基本的学科共核是什么呢? 素质是各学科大学生都应具备的,这里存而不论。就知识而言,应该包括英语语言知识、英语文学知识和英语国家社会与文化知识;就能力而言,应该包括英

---

① 杜玉波:《在 2013—2017 年教育部高等学校教学指导委员会成立视频会议上的讲话》,2013 年 5 月 30 日。

② 杜玉波:《在 2013—2017 年教育部高等学校教学指导委员会成立视频会议上的讲话》,2013 年 5 月 30 日。

语语言能力、跨文化能力、文学鉴赏能力、社会与文化研究能力和思辨与创新能力。

上述主张与 2000 年版的《高等学校英语专业英语教学大纲》（以下简称《大纲》）对英语专业培养规格的要求有几点差异。其一，在知识层面，英语专业的专业知识不应包括"相关学科的知识"（如外交、外事、金融、经贸、法律、军事、新闻和科技等诸多学科领域的知识）和"一定的专业知识"（指某一复合专业的知识，如经济学、法学、新闻与传播学、国际政治）。这并不是说英语专业的学生不需要了解或掌握这些相关学科和复合学科的知识，而是说，这些知识不应由英语专业来提供（英语专业也力不从心），学生可以通过辅修或双学位的方式从其他学科补充这些知识（而且效果更好）。

其二，在能力层面，《大纲》列举了"获取知识的能力、运用知识的能力、分析问题的能力、独立提出见解的能力和创新的能力"这些能力无疑是重要的，事实上任何一个专业都应培养这些能力，但它们并不能构成英语专业特有的能力。笔者认为，英语专业是一个学科，有自己的学科内涵和传统，应该对学生进行学科思维（disciplined mind）训练，这事实上是学科教育最重要的功能。① 因此，新的国家标准应该明确本专业要培养的有别于其他专业的能力项目，包括英语语言能力、跨文化能力、文学鉴赏能力、社会与文化研究能力和思辨与创新能力（最后一种能力是大学教育要培养的通用能力，大体涵盖了《大纲》对能力的要求，但要求更高）。

与此同时，人才培养国家标准无疑也应该给多元化人才培养留下足够的空间。我国高校数量众多，在培养目标定位、服务行业定位、办学层次定位等方面存在很大差异；学生的兴趣差异也客观存在。因此，不同高校的英语专业有必要在保持本专业基本共核的基础上走多元化特色发展之路。这种多元化可以体现在更侧重语言学（包括英语师范教育、专门用途英语），或文学，或社会与文化研究（包括区域与国别研究、跨文化研究），或翻译理论与实践，也可

---

① 哈佛大学 Howard Gardner 教授在其名著 *Five Minds for the Future*（Cambridge：Harvard Business School Press，2007）中提出的未来社会所需要的 5 种思维方式，包括：disciplined mind，synthesizing mind，creating mind，respectful mind，ethical mind，对于我们思考学科教育的目的具有重要参考价值。

以体现为与校内相关学科的复合嫁接（通过辅修或双学位学分制机制），还可以体现为与国外高校相关专业的合作办学。

总之，英语专业有必要也有可能在追求多元性的同时并不丧失统一性，而在追求统一性的同时也不牺牲多元性。

三、应用型、复合型人才与学术型、专业型人才

在英语界关于人才培养的讨论中，英语专业人才经常被划分为四类，包括应用型、复合型与学术型、专业型，前两种人才培养路径被认为与后两种相互对立。应用型人才有一技之长，如翻译人才；复合型人才在学习英语的同时掌握了商科、新闻、法律等相关知识；学术型人才掌握了系统的语言文学知识和研究方法，走学术深造的道路；专业型人才专攻英语专业，拒绝复合。其实，当我们试图给这四种类型的人才下定义的时候，就会发现它们之间很难截然分开。应用型、复合型人才如果完全没有接受任何学术研究的训练和比较系统的专业训练，我们很难说他们接受过基本的大学教育；反过来，学术型、专业型人才也不能完全忽略应用技能和跨学科知识。英语专业本科毕业生，不管想成为哪种类型的人才，都得写毕业论文，这就是学术研究；英语专业把语言学和文学放在一起，这本身就是两个学科的复合；一名英语专业的学生选择了文学方向，毕业后当了中学老师，他/她是应用型还是学术型人才呢？即使他/她继续深造，先后取得文学硕士、文学博士学位，毕业后成了出版社编辑，那他/她算是哪种人才呢？

大学教育要满足社会需要，因此不管什么专业都要考虑给学生有用的知识和能力；大学教育要实行人文通识教育，因此不管什么专业都要有一定程度的跨学科复合；大学教育要培养学生的思辨和创新能力，因此不管什么专业都要通过一定的学科训练开发学生的大脑。一个理想的英语专业可以在这四种类型里有所侧重，但本质上应该超越应用型、复合型与学术型、专业型的简单归类，为学生的多元发展和全面发展提供宽广的空间。

四、专业教育与通识教育

专业教育致力于引导学生在某一专业领域进行深度探究,建构系统的知识结构。通识教育则致力于通才教育与全人教育,旨在帮助学生理解不同知识领域之间的联系,理解个人与社会文化环境之间的关系,使他们顺利适应不断变化的复杂社会与日益紧密关联的全球世界。

当前我国高校英语专业的一个突出问题就是专业不够"专"、通识不够"通",专业教育被稀释为听说读写译的技能训练,语言、文学和文化等领域具有一定研究性的专业课程微乎其微,没有专业深度,相关领域研究方法的训练在许多高校的英语专业基本缺席。其结果,英语专业学生以及专业外人士普遍认为英语专业不是一个合格的"专业",过去十多年对复合型人才培养的强调,在某种意义上加强了这一倾向。正如胡文仲教授所指出的"英语专业本身学科特点和学科建设在一段时间内受到影响"①。

英语专业学生的知识面问题应该说早就引起外语界注意了。2000 年版的《大纲》特别强调了要求学生具备"宽广的知识面",涉及外交、外事、金融、经贸、法律、军事、新闻和科技等诸多学科领域。这些领域的相关知识是有用的,但与通识教育的要求还有很大差距。哈佛大学的通识教育确立了4 个目标,一是公民教育,使学生理解全球背景下的美国政治、经济、社会与文化,培养公民意识和社会责任感;二是人类文明传统教育,让学生通过学习世界不同文化的艺术、思想与价值观,理解世界多元文化之间的关系与现实意义;三是理解科学与技术领域的重大突破对社会生活与自然环境的影响,学会适应不断变化的世界;四是伦理教育,培养学生的道德意识与伦理思辨能力。为此,哈佛大学设计了 8 个板块的课程供学生有计划地选修:文化传统与文化变化、伦理生活、美国与世界、理性与信仰、科学与技术、书面

---

① 　胡文仲:《新中国六十年外语教育的成就与缺失》,《外语教学与研究》2009 年第 3 期。

与口头交流、外语、分析推理。①

面向未来,英语专业的国家标准应该同时强调专业教育与通识教育。专业教育要通过硬性规定的学科核心课程奠定学生的学科功底(不仅是语言基本功),通识教育则主要通过学校的通识课程平台来实现通才教育和全人教育的最终目标(这一任务可由教务处在全校层面统一规划,但英语专业应结合自身特点制定具体对接方案)。值得一提的是,正如王鲁男教授所指出的"语言教育天然就是通识教育的组成部分,语言的人文和心智属性就是外语与通识教育之间的接口"②。英语专业自身就构成了通识教育的重要组成部分,前提是英语专业全体教师对英语教育的通识教育功能要有充分自觉的认识和能力准备。

五、大众教育与精英教育

中国高等教育已逐步进入大众教育时代。根据教育部的统计,截至 2012 年,各种形式的高等教育在学总规模已达到 3325 万人,是 1998 年的 4.2 倍;高等教育毛入学率已达到 30%(2020 年将达到 40%),比 1998 年增长了 20 个百分点;我国已经成为在学规模第一的高等教育大国。在高等教育大众化的浪潮中,英语专业无疑走在前列。现在全国普通本科学校共有 1145 所,其中 994 所设有英语专业,是本科专业布点最多的专业之一。据全国高等学校学生信息咨询与就业指导中心统计,英语专业属于本科毕业生规模超过 10 万人的三大专业之一。③

显然,总体上看,英语专业已成为典型的大众教育。但如果从内部观察,

---

① Harvard University, Report of the task force on general education, [2014 - 02 - 11], http://isites.harvard.edu/fs/docs/icb.topic830823.files/Report%20of%20the%20Taskforce%20on%20General%20Education.pdf.

② 王鲁男:《外语专业通识教育:历史、现状与展望》,《外语教学与研究》2013 年第 6 期。

③ 中国教育在线:《揭秘毕业生人数最多的 12 个高考专业》,http://gaokao.eol.cn/zyjs_2924/20120905/t20120905_839289.shtml。

我们发现全国英语专业的情况差异很大。相当一部分高校的英语专业每年招生人数都在 50 人上下,都实行 24 人上下的小班上课,有些学校的班级规模甚至控制在 16 人,如北京大学和复旦大学的英语专业。这在高校众多专业之中其实堪称典型的精英教育。与此同时,也有大量的英语专业点(通常是近年来专升本的院校)每年招生人数高达千人左右,大班上课,而这类学校的生源往往也较差,师资和教学条件常常无法保证。

一方面,面对这一大众教育与精英教育两极化的现实,英语专业的国家标准作为约束人才培养质量的"底线",如果定得太高,势必把很多现有专业点排除在外;如果定得太低,又与教育部通过执行国家标准提高人才培养质量的目标背道而驰。一个现实的解决办法就是把标准线划在中间甚至中间偏下一点,给位于下游的高校英语专业点一个整改和提高的期限,最终淘汰一小部分,让绝大多数专业点都能通过努力快速进步达标。

另一方面,国家标准应该鼓励部分具有优良传统的英语专业点继续追求精英教育,培养国家急需的高层次外语专门人才。国家标准还应该鼓励不同类型的高校、不同层次的高校、不同区域的高校发挥自身优势,特色定位,走"分类卓越"的发展道路。最后,无论是选择大众教育,还是选择精英教育,所有英语专业点都应创造条件(如导师制、分级教学、小班教学、选修制、辅修制、双学位等),促进每一位学生的个性化发展。最终,学生的个性化发展乃是精英教育的根本要义。

六、外国文化与中国文化

英语专业学生的知识结构中长期以来存在一个严重问题,这就是"中国文化失语症"。[①] 由于现有外语教育理念和课程设置的影响,英语专业学生比较普遍地对中国文化不感兴趣,不甚了解,缺少认同感,无法在文化层次上用英语与外国人进行深层次交流,更难主动承担把中国文化介绍给世界和"向

---

① 从丛:《中国文化失语:我国英语教学的缺陷》,《光明日报》2000 年 10 月 19 日。

世界说明中国"的使命。① 由于对中国文化的失语,英语专业学生缺少观察和分析外国文化的坐标或参照系,因而往往会同时患有"食洋不化症",其表征就是对西方文化一知半解,或盲目崇拜,或盲目抵制。

当然,这两种病症并非英语专业学生独有,当下中国高等教育整体上存在这两方面的失误。随着全球化的深入,随着中国与世界各国交流的全方位拓展以及中国在国际事务中发挥日益重要的作用,国家急需一大批学贯中外,具有国际视野和跨文化能力的各层次、各领域的外语专门人才。如果用这一迫在眉睫的重大社会需要来衡量,我们的外语教育还存在很大差距。

因此,正在研制的英语专业国家标准应该从国家当下外语人才战略急需和长远人文教育②的高度,明确英语专业加强中外文化教学和提高跨文化能力的人才培养理念③,在核心课程中纳入跨文化交际概论、世界文明史与西方思想经典阅读以及中华文明史与中国思想经典阅读之类的课程,在教学方法上把跨文化比较引入所有课程的教学④,着力培养学生的中国文化自觉意识、批判性文化分析能力与跨文化交流能力。

七、知识传授与思辨和创新能力培养

随着人类文明进入信息时代和知识经济时代,高等教育的理念发生了重大变化,教学的重点由传授知识转向培养能力,学习的最终目的不是系统掌握知识,而是使用和创造知识。《国家中长期教育改革和发展规划纲要(2010—2020 年)》明确提出了"坚持能力为重"的教育改革"战略主题"。

高等教育要着力培养的最重要的能力莫过于思辨和创新能力。美国高等

---

① 外文局对外传播研究中心编:《向世界说明中国——赵启正演讲谈话录》,新世界出版社 2005 年版。

② 孙有中主编:《英语教育与人文通识教育》,外语教学与研究出版社 2008 年版。

③ 戴炜栋、吴菲:《我国外语学科发展的约束与对策》,《外语教学与研究》2010 年第 3 期。

④ 查明建:《比较文学对提高外语院系学生人文素质的意义》,《中国比较文学》2005 年第 2 期。

教育界特尔斐项目组(The Delphi Project)所发布的《特尔斐报告》对思辨能力下了一个比较全面的定义:"我们把思辨能力理解为有目的、自我调节的判断,它导致对证据类、概念类、方法类、标准类或背景类考虑因素的阐释、分析、评价、推理与解释,而上述判断正是建立在此基础之上。思辨能力是至关重要的探究工具。因此,思辨能力在教育中是一种解放力量,在个人和公民生活中是一种强大的资源。尽管它并不能作为完善思维(goodthinking)的同义词,思辨能力是一种普遍的自我矫正的人类现象。一个具有思辨能力的理想的思考者习惯于勤学好问、博闻多识、相信理性、心胸开阔、灵活应变,在作出评价时保持公正、在面对个人偏见时保持诚实、在作出判断时保持谨慎、愿意重新考虑、面对问题头脑清晰、处理复杂事务井井有条、勤于搜寻相关信息、选择标准时理由充分、探究问题时专注目标、持之以恒地追求所探究的问题与条件许可的尽可能精确的结果。因此,培养具有思辨能力的思考者就意味着为此理想而奋斗。它把思辨能力的开发与上述品质的培养结合起来,由此不断产出有用的真知灼见,这也正是一个理性和民主社会的基础。"①

西方学术界对思辨能力的研究已汗牛充栋,国内外语界文秋芳教授对思辨能力的测量也进行了深入研究,兹不赘述。② 与思辨能力研究相比,学术界对创新能力的认识还很不够,但后者的重要性已受到高度关注。简而言之,创新能力是指想象或发明新事物的能力,是通过改进(evolution)、综合(synthesis)、变革(revolution)、再利用(reapplying)和转向(changing direction)等方法创新观念、解决问题、发明创造的能力(Harris,1998)。

长期以来,英语教育把主要精力集中在语言能力的培养上,而语言能力的培养往往又主要是通过模仿和记忆的方式来实现的,少数几门专业知识课程往往专注于知识的传授而非能力的培养,这使得英语专业在思辨能力培养上先天不足,更谈不上创新能力的培养了。十多年前的《大纲》虽然已提到分析

---

① Facione P A, Delphi consensus report executive summary, 1990, [2014-02-11], https://www.insightassessment. com/CT - Resources/Expert - Consensus - on - Critical - Thinking/Delphi - Consensus-Report-Executive-Summary-PDF.

② Foundation for Critical Thinking(http://www.criticalthinking.org)的网站有大量关于思辨能力研究的资源可供参考。

能力和创新能力的培养,但总体看来,全国高校英语专业迄今为止在这两方面的教改成效甚微。

英语专业的下一轮教学改革必须在思辨能力与创新能力的培养上取得实质性突破,这需要在教材内容、课程设置、教学方法、测试等方面进行系统改革。就此问题,笔者曾有专门论述,兹不赘述。[①] 此次制定英语专业国家标准,可以在教学原则中特别强调对思辨和创新能力的培养,并明确提供思辨能力指标体系(和语言能力指标体系一样),供各专业点具体参考执行。

这里值得一提的还有国外高校普遍比较重视的"可迁移能力"(transferable skills),包括:进取精神、时间管理、目标设定、制定计划、IT能力、演讲能力、书面沟通、协调能力、团队精神、主动精神、领导能力、决策能力、执行能力、变通能力、学习能力、解决问题、多任务处理、调研能力、关注细节、自我评价,等等。这些直接关系到学生就业与发展的能力,并不是天生具备的,需要通过课堂教学活动与任务设计、精心策划的课外活动、专业实习与社会实践来有针对性地培养,应该在培养方案中明确提出,统一规划。

八、语言技能训练与专业知识学习

英语专业下一步的改革必须加强学科性和人文通识教育,在课程设置上必然会造成语言技能课程和专业知识课程争夺课时的矛盾。现行《大纲》建议,专业技能课程安排65%左右的学时;专业知识课程安排15%左右的学时;相关专业知识课程安排20%左右的学时(不包括公共必修和公共选修课程时间)。这个计划有两个问题:其一,专业技能课程所占课时比例过高,有必要下压,至于在什么比例上是合理的,还需要在对全国各层次学校进行充分调研的基础上妥善定夺。其二,"相关专业知识课程"这个概念和板块的内涵很值

---

① 孙有中:《突出思辨能力培养,将英语专业教学改革引向深入》,《中国外语》2011年第3期。

得商榷,这是另一个话题,在此不论。

目前,外语界争论的焦点之一在于,如果减少了语言技能课程的课时,英语专业学生的语言基本功是否必然会下滑?而语言基本功是英语专业的看家本领,是任何意义上的教学改革都不可逾越的底线。

这个问题胡文仲教授和笔者在 8 年前合作《突出学科特点,加强人文教育》一文中讨论过,我们的观点是:

我们还提倡技能课程知识化,知识课程技能化,也就是说,在英语技能课程的教材选用和课文讲解中融入人文知识的拓展,而在人文知识课程的教学中又融入英语听说读写译的训练。这样人文教育与英语教育便融为一体了。总之,我们不能依靠简单增加学时的办法来实现人文通识教育的目标,而是通过全面整合人文教育与英语教育来构建一个具有深度和广度、可以自信地与其他学科并立于大学校园的真正意义上的英语语言文学学科。①

这个策略实际上就是欧盟的外语教学所倡导的"语言与内容融合式学习"(Content and Language Integrated Learning,简称 CLIL)。国内外语界在这方面已进行了一定的实践和研究②,我们应该以此次研制国家标准为契机,认真总结欧盟和国内相关教改的经验,积极考虑是否可以把 CLIL 外语教学理念正式纳入国标。

九、以学生为主体、教师为主导

在讨论英语专业的教学方法时,现行《大纲》在十多年前就提出了"以学生为主体、教师为主导"的基本原则,这个提法在今天依然有指导意义。《大纲》写道:课堂教学应以学生为主体、教师为主导,改变过去以教师为中心的教学模式,注重培养学生的学习能力和研究能力。在教学中要多开展以任务

---

① 胡文仲、孙有中:《突出学科特点,加强人文教育——试论当前英语专业教学改革》,《外语教学与研究》2006 年第 5 期。

② 常俊跃教授的教学团队在大连外国语学院进行了多年的 CBI 教改试验,发表了系列论文,可以参考。

为中心的、形式多样的教学活动。在加强基础训练的同时,采用启发式、讨论式、发现式和研究式的教学方法,充分调动学生学习的积极性,激发学生的学习动机,最大限度地让学生参与学习的全过程。

当然,对这一原则的具体内涵还可以深入探讨。例如,教师的主导作用如何发挥呢?应该至少包括学习目标的制定者、学习活动的设计者、学习过程的促进者、学习结果的评价者等等。学生的主体作用如何体现呢?最重要的是,学生必须成为知识的探究者,在探究的过程中实现心智和情感的成长,正如《国家中长期教育改革和发展规划纲要(2010—2020年)》所强调的"着力提高学生的学习能力、实践能力、创新能力,教育学生学会知识技能,学会动手动脑,学会生存生活,学会做人做事,促进学生主动适应社会,开创美好未来"。

这里有必要进一步指出,教学的最终目标乃是要培养具有自主学习能力和终身学习能力的学习者。为此,英语专业应创造良好的自主学习环境和条件,如丰富的多媒体学习资源、充足的专业图书、良好的阅览设施、导师制、课堂教学与课外自主学习的系统规划和管理等。

十、教学改革与教师发展

此次国家标准的研制和推行,意味着英语专业将掀起新一轮的教学改革。国家标准可以理解为英语专业的顶层设计,它将集中全国英语界专家的智慧,为提升英语专业教育理念、改进人才培养模式、提高人才培养质量设定标杆,指明方向。最终,各高校英语专业教学改革的成效和成败将取决于师资队伍的建设。

教学改革与教师发展是一个相互依赖的关系。张莲、吴一安、金利民教授等基于北京外国大学英语学院教学改革与教师发展的个案分析指出:"课程的变革就是教师的变革,课程的发展就是教师的专业发展,两者间的辩证互动既有效推动了课程改革的进程,也激发了教师队伍成长的内在生命力,从而更有效地推动了教师的持续性发展……最终改变教育的是课程及其发展、改革与创新,而教师及其发展将发挥主导作用。"①

因此,此次国家标准应专门针对教师发展作出明确规定。一个合格的英语专业应该保障:良好的生师比、合理的师资队伍年龄、学缘和学历结构、科学的教师发展规划、充足的教师发展经费投入、有效运行的教师发展机制;积极进取的教师发展文化等。

英语专业国标的研制,关系到我国高等教育能否为国家未来全方位参与国际竞争提供多元化的外语人才保障,关系到英语专业自身的前途命运。我们必须充分总结新中国成立以来英语专业发展的经验,必须充分借鉴国外高校同类专业成功的经验,登高望远,群策群力,交出一份无愧于历史的答卷。

(本文原载《中国外语教育》2014 年第 1 期)

---

① 张莲、吴一安、金利民:《英语专业课程改革与教师发展良性互动机制的构建——以北外英语学院为例》,《外语与外语教学》2013 年第 3 期。

CBI 和 ESP 与中国高校英语专业和
大学英语教学改革的方向*

　　当前,要进一步深化中国高校英语专业和大学英语的教学改革,必须回答两个带有共性的根本问题:其一是教什么,即开设什么课程;其二是如何教,即采用什么方法。二语习得研究领域两个影响深远的教学理念 ESP(English for Specific Purposes,专门用途英语)和 CBI(Content-based Instruction,[以]内容[为]依托[的]教学),可以为回答这两个问题提供重要的参考。

　　无论是英语专业还是大学英语,教学中心都应该及时向专门用途英语做出调整。一方面,就英语专业而言,新的教学重心应该是通用的学术英语、人文社科英语和全英语讲授的语言学、文学、英语国家研究课程。就大学英语而言,新的教学重心应该是通用学术英语、专业英语和职业英语。另一方面,以内容为依托的教学关注的是如何教的问题,它主张在教学过程中把语言技能的训练和知识内容的传授有机地融合起来,相互促进,实现知识建构、思维训练与英语技能提高三位一体的目标,并且承认在追求语言技能训练与知识内容传授完全融合的过程中,可以从侧重语言技能到语言技能与知识内容并重再到侧重知识内容逐步过渡。这一教学理念正好为英语教学从通用英语向专门用途英语的转向提供了一个基本的路径。因此,我们认为,在新一轮的教学改革中,中国外语界应该高度关注对于专门用途英语和内容依托教学两个领域的研究,积极大胆地开展教学改革实验,实现我国高校英语专业和大学英语

---

　　* 本文根据孙有中在大连外国语学院主办的"以内容为依托的外语教学模式探索"研讨会(2011 年 5 月)主旨发言整理而成。

教学的历史性转型和升级。

一、教什么？

在"教什么"的问题上，当前我国高校英语专业和大学英语教学都面临一个严峻挑战。现行的课程设置已经不能满足学生的学习需求和教师的教学需要。尽管出版社每年出版的教材铺天盖地，但是这些教材的局限性已日益凸显。

为了理解英语专业和大学英语教学目前面临的困境，我们不妨把英语分成两个部分。其一是满足我们日常交流、生活需要的英语，大体上可以理解为通用英语（General English，简称 GE）；其二是专门用途英语，即 ESP。专门用途英语如果再进一步细分，可以分为：学术英语（English for Academic Purposes，简称 EAP），即用于学术交流的英语；职业英语（English for Occupational Purposes，简称 EOP），即具体职业所使用的英语，如旅游英语、计算机英语。学术英语（EAP）还可以细分为通用学术英语（English for General Academic Purposes）和专业学术英语（English for Specific Academic Purposes）。通用学术英语解决学生阅读学术性文章必须具备的学术性词汇、学术文体的特征、学术文章写作的格式和程序等问题。不管是什么专业的大学生都需要掌握通用学术英语，而这一点正是国内高等英语教育的一个弱项。专业学术英语，或简称专业英语，还可以细分为人文社科英语、经济商学英语和科学技术英语。如果这样理解专门用途英语的话，英语专业和公共英语都可以在这一概念下面来反思"应该教什么"的问题。

首先我们来看看英语专业目前到底在教什么。现行的《高等学校英语专业英语教学大纲》所规定的课程设置包括：（1）基础英语课程：占67%的课时，用于帮助学生夯实听、说、读、写英语技能；（2）专业知识课程，大体上相当于文学、语言学的一些基础课程；（3）相关知识课程，如国际贸易、新闻传播，等等。后两类课程加起来是33%。所以从比例上看，英语专业的大部分时间实际上用在了通用英语上。众所周知，中学英语教学的水平已大幅度提高，词汇量大大增长。在此情况下,学生进入大学后已没有必要再花大量的时间学习通用英语。

那么,大学英语在教什么呢?可以说,大学英语基本上忽略了 ESP 教学,主要是在对付四、六级考试,绝大多数大学可以说100%的课时都是在教通用英语。当然,大学英语的教材里面也会有一些选篇涉及计算机知识或太空技术,偶尔也涉及一些人文知识,但都不成体系,不成规模。所以,目前基本上是千军万马过通用英语和四、六级的独木桥。

英语专业和大学英语的现状如此,往下在教学内容上应该怎么改革呢?我们认为应该是走向 Content 和 ESP。

先说说英语专业。英语专业课程设置的一个基本改革趋势应该是压缩技能课程。目前,占总课时67%的听、说、读、写课程在英语专业的课程设置里面应该大幅度地压缩。至于压缩到什么程度,需要用多长时间来压缩到一个理想的比例,尚有待商榷。有人主张现在的67%可以压缩到至少50%以下,这是第一步。有的主张压缩得更多一点,30%足矣,大学四年的课程中,用一年的课程来夯实语言技能即可。从全国来看,由于各个学校的生源不一样,大可不必确定统一的标准,也就是说需要一个循序渐进的过程。不同学校的定位、学生层次也不一样,所以可以存在差异。

其次是改革技能课程。技能课程不仅是压缩的问题。如果还是现有的这样一种教学方式,采用现有的教材,这样来做,可能50%、30%都是过多的。所以接下来又产生了如何改革技能课程这样一个问题。我们这里所谈的内容依托教学(CBI)这个思路实际上是改革技能课程的一条可行途径。所以,技能课程一方面要压缩,另一方面要改革,使听、说、读、写这些课程本身实现革命,形式上可以看上去还有听、说、读、写,但是其内容本身应该实现革命,教学方法也应该实现革命,这是一个重要的思路。

还有一个专业知识课程问题。作为英语专业,学科定位在哪里,学科内涵是什么,这两个问题都超过了 CBI 所能覆盖的范围。CBI 解决的是基础阶段的语言学习如何才能做得更好的问题,当然顺便给学生一些知识的铺垫,但是不能代替英语专业的学科教育。当我们说我是物理学专业的,我是历史学专业的,我是哲学专业的,别人很清楚我们是干嘛的。可是英语专业的身份

（identity）是十分模糊的。这里有一个 content instruction 的问题，决不只是 content-based instruction。CBI 解决的是基础阶段语言教学的问题，其中 content 是作为语言学习的媒介和手段来对待的。而在专业知识课程的学习中，content 本身就是目的，语言学习则降格为附属目标了。我们必须思考，如果我们用英语语言文学来称呼我们自己的专业，那么，我们的语言学方向应该有哪些课程呢？我们认为应该有更系统的语言学本身的核心基础课程，如语言学导论、普通语言学、应用语言学、社会语言学、语音学、词汇学、文体学、修辞学、测试学、语义学、教学法、话语分析这些更加专业层次的课程，还有定量与定性的研究方法，这些专业知识在本科阶段就应该教给学生。如果没有这些东西，我们的学生很难说是语言专业的学生。如果你说我的英语专业侧重文学，那就实实在在地开设英语小说、散文、戏剧、诗歌、文论方面的文学专业课程，如英国浪漫主义诗歌、莎士比亚戏剧、女性主义文学批评，等等。如果你在大学四年只给学生开设英国文学概论和美国文学概论两门课程，那就不能说你的学生是英语文学专业的。

当然，我并不赞成把英语专业狭义地定义在文学和语言学两个方向。跨文化研究也应该是其中合理的内涵。如跨文化交际学、中国思想经典导读、西方经典思想导读、文化研究理论、传播学理论、中西方文化比较、媒体与文化研究方法，等等，这些课程也是英语专业的合理内容。此外还有英语国家研究，如英国历史、美国历史、澳大利亚历史、加拿大历史、中国与英语国家的关系史、国际关系理论、国际政治经济学、社会学概论、社会科学的研究方法，等等，这些课程也是英语专业的合理内涵。当然，不同学校的英语专业可以根据自己的师资构成和培养目标在设置课程时有所侧重。只有这样，英语专业才能称得上是一个专业，是一个大学的学科。我们的毕业生如果到国外去求学深造的话，他们才能描述自己，才能在自己的成绩单上写上几门专业课程，让国外大学的教授一看：哦，这是上过大学的。如果学生的毕业成绩单上只有精读、泛读、听力、写作等等，这一看就像是上了新东方学校的。当前，英语专业的专业知识课程建设迫在眉睫。

再说大学英语。大学英语一是要压缩通用英语课程，二是要增加 ESP 课程。大学英语的 ESP 课程应该包括一般意义上的学术英语，另外就是专业英语。专业英语要与学科接轨,如化学专业学生的专业英语要与化学接轨,为完全用英语讲授化学专业课程做一个过渡。清华大学的公共英语基本上已经取消了通用英语或四、六级英语这个概念的教学了,取而代之的是学术英语的介入和专业英语课程。这一转型的难度是很大的,但或许是必由之路。

根据教育部在 2007 年组织大学外语教学指导委员会修订颁布的《大学英语课程教学要求》,大学英语包括三个级别的教学,最高的一个级别正是 ESP 课程教学。该级别要求能听懂用英语讲述的专业课程和英语讲座;能够较为流利、准确地就一般或专业性话题进行对话或讨论;能在国际会议或专业交流中宣读论文并参加讨论;能比较顺利地阅读所学专业的英语文献和资料;能用英语撰写所学专业的简短报告和论文;能借助词典翻译所学专业的文献资料。这里所列举的教学要求其实正是学术英语和专业英语的内容。接下来是怎么实现这个目标的问题。

二、怎么教?

下面谈一谈"怎么教"的问题。我们想强调下面几点。

一是从语言为本到内容依托。其实,大家都已经从自身教学实践以及现在外语界一些学者的呼吁中大体形成了共识。目前的问题是英语专业到底依托什么内容的问题,这是一个还需要进一步探索的问题。我们没有什么特别高明的答案,但认为在英语专业一、二年级课程中,如果要用 content-based 的课程全面代替过去的精读课程的话,它的内容应该根据英语语言文学专业的学科内涵来设计。有些美国高校的阅读与写作教材有一定的参考价值。例如,我们也许可以用"语言与社会""文学与自我""媒体与社会"这样的 content-based 课程来代替过去的精读课程,这些主题性阅读的内容涉及学生将来在英语语言文学专业的高年级可能要进入的具体专业领域。以"语言与社会"专题阅读为例,选文可以系统探讨如下话题:Discovery of Langauge;Language Use and Misuse;Usage;Words and Standard English;The Language of Politics;The Language of Media and Advertising;Prejudice, Discriminaiton and Language；Cultural Diversity：Searching for Common Ground；Gender and Language；Euphehemism and Taboos；Censorship and First Amendment。不难发现，这样一门精读课程对语言的思考已经非常深入了。学生如果在提高语言的同时就在思考语言本身的一些社会学的问题、文化学的问题、政治学的问题、传播学的问题、伦理学的问题，这与传统的精读相比就有天壤之别了。英语专业的学生如果在高年级进入语言学方向，那么，这样的基础精读课程就为他们提供了很好的准备了。再如文学方面，学生在低年级的时候完全可以阅读文学作品，当然这种文学基础阅读和高年级的文学专业性阅读还是有层次上的区别的，但它是必要的准备。如果我们开设《文学与自我》这样一门文学作品节选精读课程，让学生比较系统地思考文学作品关注的一些共同主题，如：Family，Men and Women，Human Vulnerability，Freedom and Responsibility，Art and Langauge，Quest，这样的精读课程就实现了从语言为本到内容依托的飞跃。

另外一个值得我们思考的问题就是内容与语言的关系。在推行 CBI 教学改革的过程中，我们必须关注学生从显性的语言学习到隐性的语言学习这样一个循序渐进的过程。我们的学生不是在母语的环境下自然习得英语，这一点我们不能忘记。那么，在中文的环境里学英语，一个很大的问题就是学生语言的准确性怎么解决。不管我们怎么改革，英语专业学生的口头和笔头的 output 质量如果下滑，这样的改革就不能说是成功的。因此，在进行 CBI 教学时，教师必须高度关注语言的习得。在起步阶段，语言学习是更加显性的，在学习"内容"的时候要高度重视词汇、语法、句型、修辞、篇章结构等语言技能的训练。渐渐地，对语言本身的关注越来越潜藏到内容里面去，直到高年级的时候完全可以把英语拿来作为工具学习专业课程，从而实现知识的显性学习和语言的隐性学习。这个过程的进度要拿捏得当。

再进一步，CBI 不能到此为止，还要深入一步，这就是 critical thinking，思辨能力培养。这是我特别关注的一个问题。英语专业如果不能让学生变得更聪明，那么英语专业怎么改革都是失败的。中国的大学教育，如果不能解决思辨能力和创新能力的问题，那么"钱学森之问"将永远无法解决。怎样让学生变得更有思辨能力和创造力，这个问题应该成为英语教育改革乃至整个中国高等教育的终极关怀。要解决这个问题，必须从本科一年级开始，在 CBI 课程教学中融入思辨能力的训练,这将使 CBI 更有深度,对学生更有挑战性。

思辨能力并不是一个那么简单的问题。乍看起来,每一个人都会思考。有人甚至会说,三岁的小孩就有 critical thinking。不信,你带他到公园去玩,你要他向东他偏要向西,你要他坐火车他偏要开碰碰车,你要他去永和豆浆他偏要麦当劳,这不就是独立思考,不就是 critical thinking 吗? 不是。批判性思维是基于理性的 reasoning,是基于 evidence 的论辩,是一种良好的反思性思维,需要通过课程教学逐步训练提高。这就要求我们在评价 CBI 课程时不能仅仅看是否提高了学生的语言技能,是否扩大了学生的知识面。还应该进一步观察:是否教会了学生解决复杂问题的有效策略? 是否提高了学生评估信息和解析观点的能力? 是否提高了学生为自己的信念和观点进行有效辩护的能力? 是否培养了学生宽容不同观点和视角的习惯? 是否提高了学生的求知欲和好奇心? 对于这些问题的肯定回答将使 CBI 课程进入更高的境界。

那么大学英语怎么办呢? 大学英语在教学方法上有什么需要思考的问题呢? 我们以为,CBI 和 ESP 教学理念对"内容"的共同关注也为大学英语教学方法的改革提供了基本思路。为了推进 ESP 导向的大学英语教学改革,北京外国语大学和外研社合作创办了《中国 ESP 研究》期刊。我们还联合国内志同道合的学者组建了中国外语教学研究会专门用途英语专业委员会,定期举办专题研讨会,探讨与 ESP 教学相关的课程设置、教材编写与教师发展等紧迫问题。

最后,我们想说,虽然以 CBI 和 ESP 为导向的英语专业和大学英语教学改革才刚刚起步,还面临诸多挑战和困难,但我们已经上路,向着黎明,向着未来,向着光明的前景!

(本文原载《外语研究》2011 年第 5 期)

突出思辨能力培养，
将英语专业教学改革引向深入

    2010 年 7 月教育部发布的《国家中长期教育改革和发展规划纲要（2010—2020 年）》明确强调要"牢固确立人才培养在高校工作中的中心地位"，并把"深化教学改革"放到显著位置。可以预期，"十二五"期间，围绕人才培养这一中心任务，全面深入的教学改革将在全国高校普遍展开。

    由于学科发展的内在逻辑演变和社会环境变化的原因，我国高校英语专业事实上在进入 21 世纪之初就展开了广泛而深入的教学改革。启动这一改革的标志就是于 2000 年 3 月颁布的《高等学校英语专业英语教学大纲》（以下简称《大纲》）。该大纲重新界定了英语专业的培养目标："高等学校英语专业培养具有扎实的英语语言基础和广博的文化知识并能熟练地运用英语在外事、教育、经贸、文化、科技、军事等部门从事翻译、教学、管理、研究等工作的复合型英语人才。"在"复合型英语人才"培养方针的指导下，全国高校英语专业开始了"复合型"转向，一大批复合型商务英语、新闻英语、法律英语、科技英语等专业或方向或课程应运而生，进而由此派生出独立的商学院、新闻学院、法学院，等等。经过近 10 年的摸索，英语专业开始比较系统地反思这一轮教学改革的得失。

    本文将首先回顾当前英语专业教学改革讨论的热点问题和英语界达成的基本共识，在此基础上探讨推动以思辨能力培养为导向的教学改革的必要性和迫切性，然后剖析思辨能力的基本构成要素，最后提出旨在加强英语专业思辨能力培养的一系列教学改革措施。

一、当前英语专业教学改革讨论的热点

当前英语界反思的热点问题概括起来有四个。一是学科定位。针对强调"复合型人才"培养所导致的英语专业职业化和工具化倾向,胡文仲和孙有中呼吁:"我们认为,我国英语专业应该回归人文学科本位,致力于重点培养人文通识型或通用型英语人才,在条件具备的情况下兼顾复合型人才的培养。"①这一基本立场得到了虞建华的呼应,他主张:"敞开英语作为应用学科的大门,同时又必须重树其人文学科的权威。在'英语'这一个学科名称下,既在一些普通教学型高校实施外语普及的'致用'教学,又在一些实力较强的研究型大学实施以'致知'为本的人文教育,分道行驶,并让更多高校的英语专业逐渐向人文学科靠拢。"②张绍杰也认为,"英语学科毕竟是'文学'门类中的'软学科'"③。在英语专业的学科定位问题上,应该说英语界学者还存在一定的分歧,有的学者主张把中国的英语专业同英语国家大学的英文专业类比,因此强调语言、文学和文化为基本内核;有的学者则认为,我国的英语专业只能和英语国家大学的外语专业类比,因此其本质是跨学科地学习和研究英语国家的语言、文学、文化、社会、政治、经济、历史,等等,笔者持后一种观点。虽然有上述分歧,英语界对加强英语学科本位建设和人文通识教育已达成高度共识。

二是培养目标。《大纲》倾向于要求全国高校所有英语专业都致力于培养应用型"复合型英语人才"。这一忽略全国高校英语专业差异性的培养目标受到越来越多的质疑。张绍杰主张"面向多元社会需求和多元目标取向培

① 胡文仲、孙有中:《突出学科特点,加强人文教育——试论当前英语专业教学改革》,《外语教学与研究》2006 年第 5 期。

② 虞建华:《谈我国高校英语专业"两个走向"问题——兼及英美文学教学》,《中国外语》2010 年第 3 期。

③ 张绍杰:《面向多元社会需求和多元目标取向培养"厚基础、强能力、高素质"的外语人才——对英语专业教育教学改革的新思考》,《中国外语》2010 年第 3 期。

养'厚基础、强能力、高素质'的外语人才"①。胡文仲把当前我国多元化的外语人才需求具体划分为5类，即：(1)研究型人才，在文学、语言学、文化研究、对象国研究方面能够从事研究的人才；(2)高层次的翻译人才，包括文学翻译、外交翻译、同声传译、双语翻译等；(3)师资；(4)一般翻译；(5)复合型外语人才，指掌握一些基本的经贸、金融、法律、新闻、管理等知识的外语人才，可以在相关领域从事业务工作或其他工作。对人才培养目标的多元化定位更好地契合了英语专业的学科现状和社会需求。②

三是培养模式。受《大纲》的影响，全国各类高校的英语专业纷纷创办了自己的复合型英语专业，其结果，英语专业本身受到削弱，相关专业或者站不起来或者独立出去。面对这一局面，何其莘等《大纲》的制定者明确指出："我们不赞成任何舍弃打好语言基本功，本末倒置地把相关专业知识的课程当作英语专业教学重点的做法，更不主张相关专业的基础课完全由英语专业教师来承担，因为期望英语教师经过一两个学期的培训就来开设其他专业的基础课程，是不切实际的，也是对学生不负责任的做法。其实，这些相关专业知识的课程完全可以通过辅修、副修或第二学位的办法来解决。"③这一点正是胡文仲等一批学者的主张："我们必须承认，英语专业的师资长于文学、语言学、文化研究和地区研究，而涉及经济、金融、管理等的专业知识则是他们所不擅长的。专业复合可以在不同范围和不同层次实现，但是，不能把这一任务完全放在英语院系和英语专业的教师身上。这样做势必冲击英语专业本身的学科建设和师资培养，削弱它本身应有的学科特点。"④可见，复合型英语人才作为英语人才的合法类别之一，其培养途径应该基本通过外部与其他学科嫁接而不是内部自力更生来实现，这一点在英语界也达成了共识。

四是课程设置。基于以上三个方面的基本共识，英语界对英语专业本科

① 张绍杰：《面向多元社会需求和多元目标取向培养"厚基础、强能力、高素质"的外语人才——对英语专业教育教学改革的新思考》，《中国外语》2010年第3期。
② 胡文仲：《英语专业"专"在哪里?》，《外语界》2008年第6期。
③ 何其莘、黄源深、秦秀白、陈建平：《近三十年来我国高校英语专业教学回顾与展望》，《外语教学与研究》2008年第6期。
④ 胡文仲：《英语专业"专"在哪里?》，《外语界》2008年第6期。

的现有课程设置提出了基本改革思路。首先是逐步压缩英语技能课程①②;其次是用"内容依托式"(content-based)课程替代传统的英语技能课程③;最后是系统建设语言学、文学、文化、国别研究方面的专业课程④。

应该说,经过近几年的反思和探索,英语界在英语专业的学科定位、培养目标、培养模式和课程设置等宏观方向问题上已达成了基本共识。虽然有些问题还需要进一步探讨,但业已达成的重要共识已经为英语专业的下一轮改革指明了方向。

当前,英语专业的教学改革亟待向中观和微观的操作层面挺进。笔者认为,以培养思辨能力为导向,全面推进课堂教学、教材编写、测试评价、师资发展等方面的探索和创新,有利于将英语专业的教学改革引向深入,使本学科的人才培养实现质的飞跃,最终在新一轮大学不同学科之间的激烈竞争中立于不败之地。

二、英语专业为什么要突出思辨能力培养?

英语专业为什么要突出思辨能力培养呢? 至少有三个方面的理由值得强调,以便英语专业的教育管理者与全体教师充分认识到思辨能力的战略要义。

第一,培养学生思辨能力是中国高等教育的核心目标之一。

《中华人民共和国高等教育法》总则中规定:"高等教育的任务是培养具有创新精神和实践能力的高级专门人才……"这里,创新精神和实践能力的内核都是思辨能力,或者说思辨能力是创新精神和实践能力的前提。从根本上说,创新是思辨能力的体现,而实践只有在高级思辨能力的引导下才能

① 孙有中主编:《英语教育与人文通识教育》,外语教学与研究出版社 2008 年版。
② 李莉文:《试析英语专业技能课程与批判性思维能力培养的关系》,《中国外语》2010 年第 6 期。
③ 常俊跃、刘晓蕖、邓耀臣:《内容依托式教学改革对英语专业学生阅读理解能力发展的影响分析》,《中国外语》2009 年第 3 期。
④ 孙有中、金利民:《英语专业的专业知识课程设置改革初探》,《外语教学与研究》2010 年第 4 期。

导致创新。

《国家中长期教育改革和发展规划纲要(2010—2020年》确定的战略主题之一就是:"坚持能力为重。优化知识结构,丰富社会实践,强化能力培养。着力提高学生的学习能力、实践能力、创新能力,教育学生学会知识技能,学会动手动脑,学会生存生活,学会做人做事,促进学生主动适应社会,开创美好未来。"这里,"能力"培养被提升到未来十年中国教育改革的战略高度。而各种具体能力归根结底均建立在大脑的思辨能力之上。

第二,培养学生思辨能力是世界一流大学和一流学科所追求的共同使命。

哈佛大学的使命之一是"鼓励学生尊重观念及其自由表达,乐于发现与思辨"(rejoice in discovery and critical thought)。剑桥大学的核心价值之一也是"对怀疑精神的鼓励"(the encouragement of a questioning spirit)。在享誉全美高校的耶鲁大学的英文系,本科生对不同时期和不同体裁的文学作品的学习,其最终目的乃是要"获得对人类经验的更深刻的洞察力,并成为更强健的作者和更有影响力的分析性思考"(gain deeper insight into human experience and emerge as stronger writers and more powerful analytical thinkers)。可以说,西方教育与中国教育的重要区别就是前者把分析思辨能力的培养放在首位,而后者往往强调对基础知识的系统掌握。近年来发布的《高等教育法》和《国家中长期教育改革和发展规划纲要(2010—2020年》均有意凸显了能力培养的重要性,这是一个历史性的进步。

第三,思辨能力是最重要的"可迁移能力"(transferable skill)。

大学教育给学生的最宝贵的取之不尽的财富是"能力",更准确地说,是可迁移能力。可迁移能力指学生可以从大学教育中带走的能力(portable skill),这些能力不局限于所学的专业,可以应用于多种多样的环境和工作之中。美国佛蒙特大学的就业服务中心把这种可迁移能力分为7类,分别是思辨能力、研究与调查能力、设计与计划能力、信息管理能力、领导与组织能力、沟通能力、人际交往能力。英国高等教育科学院(Higher Education Academy)的法律教育中心(UK Centre for Legal Education)也概括了7类可迁移能力,包括:沟通能力、解决问题能力、团队合作能力、个人独立工作能力、信息技术能力、数据处理能力和思辨能力。无论怎么列举,在所有这些能力中,思辨能力应该说是最重要的,是一个受过高等教育的知识分子的最典型的特征,因而应该成为大学全部教学活动的核心目标。

思辨能力的突出重要性是显而易见的,遗憾的是,它正好是英语专业的软肋。10多年前,黄源深教授的一篇小文章《思辨缺席》一石激起千层浪,引起外语界的高度关注。该文对外语专业师生的"思辨缺席症"下了一个很生动的定义:"外语系的学生遇到论争需要说理的时候,写文章需要论述的时候,听讲座需要发问的时候,常常会脑子里一片空白,觉得无话可说;或者朦朦胧胧似有想法,却一片混沌,不知从何说起。不少外语系教师在评职称的时候,为缺少论文而发愁,感到文章难写,立论不易,不得已而去编写练习手册来凑数。这种因缺乏分析、综合、判断、推理、思考、辨析能力所造成的现象,我们不妨称之为'思辨的缺席'。学外语出身的人,稍不注意就会得这种'思辨缺席症'。"①

对于黄源深教授的这一判断,外语界多数学者是赞同的。文秋芳等学者甚至运用逻辑推理和实证调查支持了这一判断②。

正是基于对思辨能力重要性和英语专业思辨缺席的认识,英语界一大批学者纷纷呼吁把思辨能力培养确定为英语专业的重要培养目标之一。胡文仲指出:"我们要培养的精英型英语专业人才的特点是基础雄厚,语言能力强,受过良好的人文通识教育,对于英语国家的历史、文化、文学有相当的了解,具有批判思维能力和独创精神。这样的人才一般都有很强的适应能力,可以在短期培训之后从事各种不同的工作。"③孙有中和金利民把英语专业学生的素质概括为:"扎实的英语语言功底、系统的英语专业知识、深厚的人文素养、出色的思辨能力和跨文化交际能力。"④虞建华强调英语专业的人文学科属性和学生的人文素养:"如果我们把英语专业看作人文学科,那么我们的着眼点就不能仅仅是语言能力,而应该超越应用,让学生获得包括文化视野、健全人格

---

① 黄源深:《思辨缺席》,《外语与外语教学》1998年第7期。

② 文秋芳、刘艳萍、王海妹:《我国外语类大学生思辨能力量具的修订与信效度检验研究》,《外语界》2010年第4期。

③ 胡文仲:《对于我国英语专业教学改革的回顾和再思考》,《外语界》2008年第5期。

④ 孙有中、金利民:《英语专业的专业知识课程设置改革初探》,《外语教学与研究》2010年第4期。

以及想象能力、创造能力、沟通能力、观察能力、思辨能力、判断能力、感受能力在内的并不属于某一项专门技艺，但比实用技能更重要的抽象的东西。"①黄源深甚至从英语专业的生存和发展高度强调思辨能力培养的重要性，他指出："要解决英语专业人才培养问题，首先要做的是教学必须转型，应当从过去只培养单纯的外语人才，转变为培养创新型、宽口径的通才。这样的人才专业基础扎实，具有较强的分析能力、思辨能力和独立思考能力，能够充分运用娴熟的英语技能和知识在自己从事的领域创新，而完全不同于以往那种只有语言技巧却毫无创意的匠人。培养创新型人才，是新时代英语教学的唯一出路。"②

事实上，早在 2000 年出版的《高等学校英语专业英语教学大纲》中，思辨能力已写进英语专业的培养目标："这些人才（英语专业人才——引者注）应具有扎实的基本功、宽广的知识面、一定的相关专业知识、较强的能力和较高的素质。也就是要在打好扎实的英语语言基本功和牢固掌握英语专业知识的前提下，拓宽人文学科知识和科技知识，掌握与毕业后所从事的工作有关的专业基础知识，注重培养获取知识的能力、独立思考的能力和创新的能力，提高思想道德素质、文化素质和心理素质。"

遗憾的是，10 年过去了，由于对思辨能力的认识仅止于宏观的理念或重要性层面，全国英语专业在培养学生思辨能力方面并未取得实质性进步。当务之急是首先厘清思辨能力的构成要素，探索思辨能力的培养途径，然后设计有效的教学活动来日复一日地促进这些高级认知能力在学生大脑中的成长。

三、思辨能力的构成

西方学术界对思辨能力的研究可以说早已汗牛充栋。20 世纪 50 年代，

① 虞建华：《谈我国高校英语专业"两个走向"问题——兼及英美文学教学》，《中国外语》2010 年第 3 期。
② 黄源深：《英语专业课程必须彻底改革——再谈"思辨缺席"》，《中国外语》2010 年第 1 期。

美国著名教育心理学家 Benjamin Bloom 提出了影响深远的教育目标分类学。他把教育目标划分为三大领域,即情感目标、动作技能目标和认知目标。大学教育的主要目标应该是第三层级的认知能力培养。Lorin Anderson(1990 年)对前者的认知能力分类进行了改进,提出了一个 6 级模型(见图 1):

图 1　布鲁姆—安德森认知能力模型分类图

反思英语专业的教学现状,我们不难发现本专业大量的听、说、读、写、译等技能课训练都是在"识记"和"理解"层面展开。少有的几门专业知识课程往往也不能脱离对"知识点"的"识记"和"理解";八级考试对英语国家概况和文学常识的考查正属于这一类别。而思辨能力集中体现在认知能力阶梯的应用、分析和评价等高层级;创造能力可以视为思辨能力的最高表现,也可以视为建立在思辨能力之上的最高级别的认知能力。

20 世纪 80 年代末,美国学者 P. A. Facione 受美国哲学联合会(American Philosophical Association)的委托,组织 45 位在各自领域里有重要影响的哲学家、科学家与教育家组成特尔斐项目组(The Delphi Project),对思辨能力的构成要素进行了历时 2 年的系统研究。特尔斐项目组(1990 年)所发布的《特尔斐报告》对思辨能力下了一个颇具权威性的定义:"我们把思辨能力理解为有目的的、自我调节的判断,它导致对证据类、概念类、方法类、标准类或背景类考虑因素的阐释、分析、评价、推理与解释,而上述判断正是建立在此基础之上。思辨能力是至关重要的探究工具。因此,思辨能力在教育中是一种解放力量,在个人和公民生活中是一种强大的资源。尽管它并不能作为完善思维

（good thinking）的同义词，思辨能力是一种普遍的自我矫正的人类现象。一个具有思辨能力的理想的思考者习惯于勤学好问、博闻多识、相信理性、心胸开阔、灵活应变、在作出评价时保持公正、在面对个人偏见时保持诚实、在作出判断时保持谨慎、愿意重新考虑、面对问题头脑清晰、处理复杂事务井井有条、勤于搜寻相关信息、选择标准时理由充分、探究问题时专注目标、持之以恒地追求所探究的问题与条件许可的尽可能精确的结果。因此，培养具有思辨能力的思考者就意味着为此理想而奋斗。它把思辨能力的开发与上述品质的培养结合起来，由此不断产出有用的真知灼见，这也正是一个理性和民主社会的基础。"

根据上述定义，思辨能力不仅包括一系列典型的"认知能力"（cognitive skills），而且包括一系列"情感特质"（affective dispositions）。用表格归纳如下（见表1）：

表1　Critical Thinking Cognitive Skills and Affective Dispositions

COGNITIVE SKILLS	SUB-SKILLS	AFFECTIVE DISPOSITIONS
1. Interpretation	Categorization Decoding Significance Clarifying Meaning	1. inquisitiveness with regard to a wide range of issues, 2. concern to become and remain generally well-informed, 3. alertness to opportunities to use CT, trust in the processes of reasoned inquiry, 4. self-confidence in one's own ability to reason, 5. open-mindedness regarding divergent world views, 6. flexibility in considering alternatives and opinions, 7. understanding of the opinions of other people, 8. fair-mindedness in appraising reasoning, honesty in facing one's own biases, prejudices, stereotypes, egocentric or sociocentric tendencies, 9. prudence in suspending, making or altering judgments, 10. willingness to reconsider and revise views where honest reflection suggests that change is warranted.
2. Analysis	Examining Ideas Identifying Arguments Analyzing Arguments	
3. Evaluation	Assessing Claims Assessing Arguments	
4. Inference	Querying Evidence Conjecturing Alternatives Drawing Conclusions	
5. Explanation	Stating Results Justifying Procedures Presenting Arguments	
6. Self-regulation	Self-examination Self-correction	

资料来源：根据《特尔菲报告》整理，http://www.insightassessment.com/pdf_files/DEXadobe.PDF。

国内英语界学者文秋芳等对思辨能力测试量具的开发和应用展开了深入研究。她在借鉴国外学者研究成果的基础上提出的"层级理论模型"以及整套测试题型对我们理解思辨能力的构成也有重要参考价值。①②③

四、如何培养思辨能力?

国内外学者对思辨能力构成要素的描述可以说大同小异,已形成高度共识。当前中国英语界在教学实践层面最为紧迫的任务是:如何培养思辨能力?

根据黄源深的观察,英语专业的教学现状与学生思辨能力的培养几乎正好是背道而驰:

在培养目标上,专注于造就掌握英语的人才,很少顾及培养全面人才应具备的其他素质,尤其是思维能力、创新能力、独立解决问题的能力;在课程设置上,开设的大多为旨在提高英语水平的语言技能和语言知识课程,缺乏提高人文素质的课程(哲学、历史、社会学等);在知识结构的营建上,出现严重失衡,表现在知识与技能的传授中,重技能轻知识,在知识的传授中,重语言知识,轻其他人文知识;在教学方法上,重背诵、记忆、模仿、复述等机械脑力劳动,轻视或忽略有利于发展思维能力、鼓励独立思考的讨论与争辩;在学习方法上,学生往往专攻英语,单科独进,以致发展到热衷于考证书而放弃正规课程的极端实用主义,仿佛这就是专业学习的终极目标。④

上述"思辨缺席"现象在不同高校的英语专业应该说都不同程度地存在着。也因此,着眼于思辨能力培养的英语专业教学改革应该是全方位的。

---

① 文秋芳、王建卿、赵彩然:《构建我国外语类大学生思辨能力量具的理论框架》,《外语界》2009 年第 1 期。

② 文秋芳、刘艳萍、王海妹:《我国外语类大学生思辨能力量具的修订与信效度检验研究》,《外语界》2010 年第 4 期。

③ 文秋芳、王海妹、王建卿:《我国英语专业与其他文科类大学生思辨能力的对比研究》,《外语教学与研究》2010 年第 5 期。

④ 黄源深:《英语专业课程必须彻底改革——再谈"思辨缺席"》,《中国外语》2010 年第 1 期。

（一）培养目标

英语专业应该把思辨能力培养纳入核心培养目标。美国思辨能力研究领军学者 Facione 认为："教育就是学会思考，一点不多，一点不少。"而现行的英语专业培养目标所缺少的往往正是"学会思考"这一点。根据《高等学校英语专业英语教学大纲》，基础阶段的主要教学任务是"传授英语基础知识，对学生进行全面的、严格的基本技能训练，培养学生实际运用语言的能力、良好的学风和正确的学习方法，为进入高年级打下扎实的专业基础"；高年级的主要教学任务是"继续打好语言基本功，学习英语专业知识和相关专业知识，进一步扩大知识面，增强对文化差异的敏感性，提高综合运用英语进行交际的能力"。按照现行《大纲》，在整个 4 年的英语专业教学中，思辨能力培养基本上是"缺席"的。当务之急，必须在英语专业的培养目标层面明确思辨能力培养的核心地位，使之成为该专业全部教学活动的指导思想之一。

（二）课程设置

关于英语专业课程设置的改革，如上文所述，英语界经过讨论已形成重要共识，举其要者如：压缩技能课程在总课时中的比例，相应扩大专业知识课程比例，建立跨专业辅修/双学位机制，利用校级通识教育选修课平台。这些举措总体上都有利于加强对思辨能力的培养。

与此同时，英语专业课程设置的改革还有必要进行三个方面的尝试：其一，在所增加的专业知识课程中应重视那些更有利于思辨能力训练的理论性课程建设，如社会语言学概论、西方文论选读、文化研究理论、国际关系理论，等等①；其二，建设研究方法课程，把人文科学和社会科学的定性和定量基本研究方法介绍给学生，还可以鼓励甚至要求学生选修高等数学和统计学方面的基础课程；其三，开设一门完整的或一个学分的课程或至少是系列讲座，向学生专题介绍思辨能力的有关概念和学习方法，提高学生对思辨能力的学习

---

① 孙有中、金利民：《英语专业的专业知识课程设置改革初探》，《外语教学与研究》2010 年第 4 期。

意识,以便他们在所有课程的教学活动中配合教师不断自觉训练和提高自己的思辨技能。

(三) 教学方法

国内许多高校当前着力推行的人文通识教育是一项具有重要意义的教改举措,但如果改革仅停留在开设丰富多彩的选修课程上,如果教学方法依然是传统的满堂灌式的讲座,那么这样的人文通识教育只不过是给学生增加了一些信息和知识,并不能从根本上提高学生的思辨能力,而后者正是大学教育的核心价值之一。因此,英语专业在推行上述课程设置改革的同时,首先应该把思辨能力训练作为核心教学目标纳入每一门课程的教学大纲。教学管理者应该整体规划不同年级、不同课程、不同课型在提高学生思辨能力方面的具体分解任务;教师则应该根据所教课程的具体特点,设计适当的课堂活动和练习形式,有针对性地训练明确界定的思辨技能。这样,英语专业的所有课程将从不同角度和层次,四年一贯地展开对思辨能力的系统训练。

其次,鼓励教师更多采用苏格拉底式教学方法(Socratic approach),也就是通过启发式提问与相互辩驳的方式来开展教学,而不是单向地传授知识。即便是大班讲座型课程,教师也可以在讲授过程中设计师生问答和简短讨论,引导学生对富有挑战性的问题展开思辨。

再次,大量采用圆桌讨论(seminar)教学形式,要求学生事先完成阅读任务,课上轮流进行 ppt 发言(presentation),接受同学提问,并将自己的发言整理成小论文。英语专业有小班教学的优良传统,这有利于教师通过讨论和辩论的形式组织教学。

最终,无论是什么课程,无论采用何种形式授课,检验一门课程成功与否的最重要的标准应该是看它是否有效提高了学生的思辨能力。美国学 P.A. Facione 和 N.C.Facione 设计了一份从思辨能力培养角度评估课程的问卷,有助于教师改进自己的教学方法,兹摘录如下(见表2)[1]:

---

[1]　Facione P A,Facione N C,Student Course Evaluation Form,[2001-02-08],http://www.insightassessment.com/pdf_files/Eval%20Course%20Form%20CT.pdf.

表 2 **Student Course Evaluation Form**

O disagree strongly	O	O	O	O strongly agree	1. In this course I learned useful strategies for approaching complex questions in a variety of reasonable ways.
O disagree strongly	O	O	O	O strongly agree	2. In this course I seldom found myself actively engaged in thinking about difficult questions for which we still need to find answers.
O disagree strongly	O	O	O	O strongly agree	3. In this course I improved my ability to evaluate new information and analyze the central ideas of this subject area.
O disagree strongly	O	O	O	O strongly agree	4. In this course I improved my ability to give sound reasons for my beliefs and opinions regarding issues in this subject area.
O disagree strongly	O	O	O	O strongly agree	5. As a result of taking this course I find that I am more fair-minded.
O disagree strongly	O	O	O	O strongly agree	6. As a result of taking this course my interest and curiosity about the issues and questions in this subject area has grown.
O disagree strongly	O	O	O	O strongly agree	7. As a result of taking this course my thinking is more focused and systematic, at least in this subject area.
O disagree strongly	O	O	O	O strongly agree	8. The professor did not encourage thoughtful exploration of the central ideas and relationships in the course content.
O disagree strongly	O	O	O	O strongly agree	9. The way the professor conducted this course did not illustrate how to think in reasonable, objective, and fair-minded ways.
O disagree strongly	O	O	O	O strongly agree	10. The assignments (tests, readings, projects, papers, classroom activities) in this course frequently did not engage me in complex thinking.

Reflecting on my thinking and learning in this course, my considered advice to the professor is: _____

（四）课程测试

一般来说,教师考什么,学生学什么;换言之,考试是"指挥棒"。只有将课程考试的重心转移到思辨能力的考查上来,学生才会在日常的学习中真正重视思辨能力的训练和提高。英语专业的测试改革,当务之急,一是要在专业知识课程上普遍采用基于阅读或调查的研究性小论文写作。二是要在所有课程中引入形成性评估机制,积极采用小组讨论和辩论、个人或小组演示(pres-entation)、个人或小组调研项目(project)、学习文件夹(portfolio)、学习日记等有利于激发学生创造力的练习和测试形式。三是要对传统的多项选择客观性考试形式进行改造,增加对语言和思想输出(output)的考查。例如,要求学生不仅在多项选择中选择正确的答案,而且要解释为什么所选答案是正确的,或者为什么其余答案是错误的。听力和阅读测试也可以把多项选择与归纳、总结、分析或评价性写作任务结合起来。即便是翻译测试,也可以要求学生提炼具有普遍意义的翻译技巧或反思两种语言转换所涉及的跨文化理解与表述问题。四是要对英语专业的四、八级考试进行改革。如果这项考试尚有保留的必要性,那么它必须增加专门测试学生思辨能力的题项,同时大大提升现有题型的思辨含量。美国 ETS 的 GRE 考试值得借鉴,其阅读理解题很重视对分析、推理、评价和解释能力的考查,其作文考试包括一篇典型议论文和一篇要求考生专门分析逻辑错误的作文。在这方面,文秋芳等学者正在研发的思辨能力量具将使国内英语专业评测学生思辨能力的大规模考试成为可能。

无论以何种形式对学生的课程学习进行考查,教师在关注语言质量的同时应该高度重视学生在思辨能力方面的表现,赋予后者同样高甚至更高的分值。目前,国内英语专业教师在如何评价学生作业中的思辨能力表现方面尚缺少经验。美国学者 P.A.Facione 和 N.C.Facione 设计的"思辨能力整体评价标准"值得推荐(见表3)①:

表3　The Holistic Critical Thinking Scoring Rubric

Strong 4.Consistently does all or ahnost all of the following:
- Accurately interprets evidence, statements, graphics, questions, etc.
- Identifies the most important arguments(reasons and claims)pro and con.
- Thoughtfully analyzes and evaluates major alternative points of view.
- Draws warranted, judicious, non-fallacious conclusions.
- Justifies key results and procedures, explains assumptions and reasons.
- Fair-mindedly follows where evidence and reasons lead.

①　Facione P A, Facione N C, The Holistic Critical Thinking Scoring Rubric, [2001-02-08], http://www.insightassessment.com/pdf_files/Rubric%20 HCTSR.pdf.

续表

Acceptable 3.Does most or many of the following：
- Accurately interprets evidence，statements，graphics，questions，etc.
- Identifies relevant arguments(reasons and claims)pro and con.
- Offers analyses and evaluations of obvious alternative points of view.
- Draws warranted，non-fallacious conclusions.
- Justifies some results or procedures，explains reasons.
- Fair-mindedly follows where evidence and reasons lead.

Unacceptable 2.Does most or many of the following：
- Misinterprets evidence，statements，graphics，questions，etc.
- Fails to identify strong，relevant counter-arguments.
- Ignores or superficially evaluates obvious alternative points of view.
- Draws unwarranted or fallacious conclusions.
- Justifies few results or procedures，seldom explains reasons.
- Regardless of the evidence or reasons，maintains or defends views based on self-interest or preconceptions.

Weak 1.Consistently does all or ahnost all of the following：
- Offers biased interpretations of evidence，statements，graphics，questions，information，or the points of view of others.
- Fails to identify or hastily dismisses strong，relevant counter-arguments.
- Ignores or superficially evaluates obvious alternative points of view.
- Argues using fallacious or irrelevant reassons，and unwarranted claims.
- Regardless of the evidence or reasons，maintains or defends views based on self-interest or preconceptions.
- Exhibits colse-mindedness or hostility to reason.

（五）教材编写

以思辨能力培养为导向的专业英语教学改革必然要求英语专业教材编写的相应改革。随着课程设置的调整，一系列专业知识课程将进入英语专业的必修课和选修课清单，这将意味着一批专业知识课程所需要的教材的编写出版。每一门专业知识课程都有自己的知识范围和内在结构与逻辑，相关教材的编写必然要遵循课程本身的知识体系，与此同时教材编写者必须把对思辨技能的分项训练有机地纳入其中，使知识的传授与思辨能力的训练融为一体。

当前最紧迫的任务可能是对技能课程的改造。英语界现有两种基本思路：第一种思路是保持传统的听、说、读、写分项训练模式，教材的结构与内在逻辑遵循语言技能发展的节奏，课文的选材不关注内容和知识的系统性和逻辑性。按此思路编写的教材专注于语言技能的训练，学生所获得的知识难免支离破碎,因此,学生也难以获得思辨能力方面的有效训练。

第二种思路是"内容依托"(content-based)的综合技能训练模式,它不以语言技能教学大纲为指南,而是根据学生即将学习的知识内容组织教学。常俊跃等认为,"因为以这种方法组织的课堂教学对于内容给予了充分关注,它有利于激发学生通过目的语言思考、学习新知识,有利于学生把听、说、读、写四种语言技能自然地融合在一起。这种方法既可以使学生接触到各种语言技能,也可以帮助他们学到未来所需要的各种知识"①。"内容依托"教学法在知识的系统习得方面较之传统的技能分项教学具有优势,而且初步的实证研究已经证明,把技能训练融入知识的习得过程中有利于提高学生的学习兴趣和语言习得效率。遗憾的是,现有关于内容依托式教学的探索并未把思辨能力的训练纳入其中。进一步的改革有必要尝试一箭三雕,把知识习得、语言技能训练和思辨能力训练融为一体。此追求对于教材编写者的挑战无疑是巨大的。

(六) 教师发展

旨在加强思辨能力培养的英语专业教学改革涉及人才培养模式的各个环节,而其中最关键的环节莫过于教师发展。简单地说,要培养学生的思辨能力,教师必须首先是一个合格的思辨者。他们必须清楚:什么是思辨能力;哪些思维品质和认知技能构成了思辨能力的核心;如何提高自身的思辨能力;如何在教学中有机融入思辨能力训练,有效提升学生的高级认知能力和相应的情感素质;如何创造一个有利于学生思辨能力发展的学习环境;如何评测学生的思辨能力。在所有这些方面,英语专业的教师可以说普遍准备不足。为此,当前英语专业的教师发展计划必须重点推进思辨能力教学策略系列研修项目。

研修项目可以包括:(1)邀请有关专家举办系列讲座,普及有关思辨能力教学的基本知识与操作策略;(2)举办思辨能力教学策略工作坊,邀请有关专

---

① 常俊跃、刘晓蕖、邓耀臣:《内容依托式教学改革对英语专业学生阅读理解能力发展的影响分析》,《中国外语》2009 年第 3 期。

家与教师组成研修小组,就思辨能力教学策略与方法分专题进行深入研讨与经验分享;(3)选择有代表性的课程和教师开展课堂行动研究,有计划地尝试引入思辨能力教学策略和方法,改进现行教学规范,总结经验逐步推广;(4)搭建思辨能力教学资源在线共享平台,提供优秀教学案例录像、优秀教学大纲和教案、相关研究成果、国内外教学经验等资料供阅读和下载,建立教师在线讨论社区,开通专家在线咨询;等等。此外,学校教务处对课堂教学的评估也应该把"学生的思辨能力是否得到有效训练和提高"作为指标纳入评估体系,促使教师在教学中更加重视思辨能力培养。

未来5—10年,中国高校的改革和发展主题之一将是大力提高人才培养的质量,而衡量高校人才培养质量的一个重要指标就是思辨能力培养。英语专业要摆脱目前在大学学科体系中的弱势地位,提高毕业生的就业竞争力,就必须以培养学生思辨能力为导向,全面推进培养目标、培养模式、课程设置、教学方法、课程测试、教材编写和师资发展等方面的改革。目前,思辨能力培养在国内高校还是一个尚未展开的研究和实践领域,英语专业如果率先启动在该领域的研究和教改实践,将在新一轮的高校教学改革中走在其他学科前列,为本专业的可持续发展注入持久的动力。

(本文原载《中国外语》2011 年第 3 期)

英语专业的专业知识课程设置改革初探

一、英语专业的专业知识课程体系的现状与局限

专业（知识）课程设置是一个专业的核心内涵，规定了该专业学生的基本知识结构和发展方向，是实现该专业培养目标的根本保障。2000 年 3 月颁布的《高等学校英语专业英语教学大纲》（以下简称《大纲》）提出英语专业的培养目标是："高等学校英语专业培养具有扎实的英语语言基础和广博的文化知识并能熟练地运用英语在外事、教育、经贸、文化、科技、军事等部门从事翻译、教学、管理、研究等工作的复合型英语人才。""21 世纪是一个国际化的知识经济时代。我们所面临的挑战决定了 21 世纪我国高等学校英语专业人才的培养目标和规格：这些人才应具有扎实的基本功、宽广的知识面、一定的相关专业知识、较强的能力和较高的素质。也就是要在打好扎实的英语语言基本功和牢固掌握英语专业知识的前提下，拓宽人文知识和科技知识，掌握与毕业后所从事的工作有关的专业基础知识，注重培养获取知识的能力、独立思考的能力和创新的能力，提高思想道德素质、文化素质和心理素质。"

以此为目标，《大纲》构建了一个三元课程体系，包括英语专业技能课程、英语专业知识课程和相关专业知识课程。专业技能课程和相关专业知识课程不在本文讨论范围，这里要探讨的是英语专业的专业知识课程。

根据《大纲》的界定，英语专业知识课程包括英语语言、文学、文化三方面的课程，分为专业必修课和专业选修课两类。近十年来，在《大纲》的指导下，全国高校英语专业的专业知识课程建设取得了长足进步。多数院校的英语专

业都开设了语言学导论、英国文学、美国文学、学术论文写作、英语国家概况等5门专业必修课程,以及《大纲》所规定的14门专业选修课中的多数课程。重点大学的英语专业,尤其是国家重点学科点(如北京大学、北京外国语大学、上海外国语大学、广东外语外贸大学和南京大学的英语专业)所开设的专业知识课程事实上已经不同程度地超过了《大纲》的基本要求。

当然,就全国范围来看,英语专业的专业知识课程建设很不平衡。许多大学的英语专业在课表上已经安排了《大纲》所规定的专业知识课程,但师资和教学质量都得不到保障。有些院校英语专业的情况更不容乐观。2004年以来,高等院校外语教学指导委员会在教育部高教司的领导下展开了对英语专业本科教学的评估。戴炜栋在总结最初对4所院校的评估结果时指出:"高校英语专业本科教学在取得良好成绩的同时还存在不少问题,主要表现在:不懂得外语学科的发展特点,如个别院校对英语(语言文学)专业的学科内涵不很清楚,学科发展内涵和定位不清楚,制定的学科规划既与该校的层次定位不相符,也不符合外语学科的基本规律,缺乏切实可行的学科发展规划;在教学实践中,师资力量有限;课程设置与全国高校英语专业教学大纲的要求有一定距离,专业课的课程和课时不足,教学管理比较混乱,质量意识不强,教学环节的质量监控不严格。"[1]就全国英语专业来看,这种情况并不只是个别现象。

可见,就全国英语专业的规范化建设而言,十年前《大纲》所设定的专业知识课程建设目标并未实现。英语界广大同仁尚需继续努力。

同时我们还必须看到,随着高等教育办学理念和学科建设的发展,全国英语专业的不断壮大,国内高校内部学科的分化和组合,以及国内就业市场人才需求的变化,现行课程体系也开始显现出一定的局限性。

首先,对英语专业的学科内涵突出不够。大学教育中的任何一个独立专业都有其特定的学科内涵,都应给学生提供比较系统的学科训练,这种训练不仅给学生提供该学科发展历史上所积累的知识,而且帮助他们"根除错误的、无效的思维方式,并取而代之以该学科特有的思维和行为方式"[2]。这是大学

---

① 戴炜栋、张雪梅:《对我国英语专业本科教学的反思》,《外语界》2007年第4期。

② Gardner H, *Five Minds for the Future*, Boston, MA.Harward Business Press, 2008, p.26.

教育能够给学生提供的终生受用的最宝贵的资源之一。《大纲》对英语专业学生的知识结构提出了两方面的要求,既要有扎实的英语语言基础,又要有广博的文化知识;并对课程设置具体界定为"英语语言、文学、文化方面的课程"。尽管如此,《大纲》似乎并未对英语专业自身的学科内涵做出充分的描述,所列举的三个方面的具体课程也未能完全体现培养目标,学科深度和系统性均显不足,还可进一步加强。

其次,偏重人文,缺少社科,专业宽度不够。《大纲》把英语专业知识课程限定在语言、文学和文化范围内,缺少社会科学范畴的课程。这不利于培养全面发展的、有思辨能力的人才。

再次,对研究方法类课程未给予应有的重视。《大纲》把介绍一般研究规范的"学术论文写作"确定为专业知识必修课,但没有安排与专业相关的研究方法类课程。在当前形势下,应该适当增加专门的研究方法课程,介绍定量和定性研究的一般方法,以及文学、语言学、历史学、文化学、传播学等领域的常用研究方法。

最后,相关专业知识课程讲授困难。《大纲》规定开设"相关专业知识课程"以提供学生毕业后可能从事的某一专业的基础知识,但由于这些专业课程多与英语专业在学科上相去甚远,对英语专业授课教师难度较大,其教学效果并不理想。

不过,总体看来,《大纲》较好地适应了进入 21 世纪以来国内英语专业的教学需要,对本学科的发展起到了规范和指导作用,其中也明确提到各校可以根据具体情况对课程设置进行调整。随着英语专业自身的发展以及社会对人才需求的变化,各院校应该根据自身情况积极完善现行课程体系。

二、对英语专业的专业知识课程体系的再定位

在《大纲》规定的由语言学、文学、文化三个类别组成的专业知识课程体系中,语言学方向的课程包括语言学导论、英语语音、英语词汇学、英语语法、英语教学法、英语文体学、修辞学 7 门。其中,语言学导论可以给学生提供理

解语言现象的一般理论和概念,而其他课程多局限于对语言现象的介绍,主要目的是帮助英语专业的学生学好外语,对思维方法和思维能力的训练有限,也很难促进具有实证特征的语言研究。因此,应适当增加具有理论和方法含量的课程,如应用语言学、社会语言学、测试学、话语分析、定量与定性研究方法入门,等等。

《大纲》所列举的文学方向专业知识课程也包括 7 门:英国文学、美国文学、英美文学史、英语小说选读、英语散文选读、英语戏剧选读、英语诗歌选读。这些课程都十分重要,既有文学史课程,也有鉴赏性课程,但理论性和研究性都不够。有必要增加西方文论和文学批评入门方面的课程,以弥补其学科训练之不足。重点大学的英语专业还可尝试开设更加专门的文学研究性课程,如英国浪漫主义诗歌研究、英语女性文学研究等。北大英文系在这方面进行了积极探索。

文化方向知识课程在目前的课程体系中最为薄弱,只有 4 门:英语国家概况、英国社会与文化、美国社会与文化、西方文化入门。这些课程均为知识介绍性课程,很难构成一个与"语言"和"文学"平行的学科方向。笔者建议将这个方向改为"跨文化研究"(Inter-cultural Studies)方向。近年来,跨文化交际研究在国内英语界迅猛发展,相关的媒体研究或跨文化大众传播研究也方兴未艾。这些领域的研究成果和研究方法已足以构成一个与"语言"和"文学"平行的学科方向,对于培养《大纲》所强调的跨文化交际能力至关重要。该方向的课程可以包括:中国思想经典导读、西方思想经典导读、跨文化交际概论、文化研究理论、传播学理论、跨文化大众传播、中西文化比较、语言与文化研究、媒体与文化研究方法,等等。

与"英语语言研究""英语文学研究""跨文化研究"相平行,笔者认为,英语专业的学科内涵还应该包括"英语国家研究"。这一方向应该是真正意义上的研究,而不是英语国家社会与文化方面的概况。其目的不仅是让学生了解英语国家社会与文化的一般状况,而且是通过课程的学习增加学生的人文科学和社会科学学科知识,训练历史学、社会学和国际政治学等学科领域的基本研究方法。该方向的课程可以包括:英国历史、美国历史、澳大利亚历史、加拿大历史、中国与主要英语国家关系史、国际关系理论、国际政治经济概论、社会学概论、史学研究方法入门、社会学研究方法入门,等等。

此外,在尚未建立独立的"翻译系"的外语院系,"翻译实践与研究"也应成为英语专业的一个有意义的专业方向。该方向可以为学生提供更专门的口笔译训练,同时培养学生对翻译现象的反思和研究能力。该方向可以开设的课程包括:英语文学作品汉译、哲社著作汉译、中国文学作品英译、国学经典英译、英汉交替口译、汉英交替口译、文化与翻译、英汉语言对比、中外翻译史、翻译理论、汉语修辞与写作,等等。

归纳起来,上述课程设置如表1所示:

表1 英语专业知识课程设置

英语语言 研究方向	语言学导论、应用语言学、社会语言学、语音学、词汇学、语法学、评论本学、修辞学、测试学、语义学、英语教学法、话语分析、定量与定性研究方法入门……
英语文学 研究方向	英国文学、美国文学、英美文学史、英语小说选读、英语散文选读、英语戏剧选读、英语诗歌选读、西方文论选读、文学批评入门、英国浪漫主义诗歌研究、英语女性文学研究……
跨文化 研究方向	中国思想经典导读、西方思想经典导读、跨文化交际概论、文化研究理论、传播学理论、跨文化大众传播、中西文化比较、语言与文化研究、媒体与文化研究方法……
英语国家 研究方向	英国历史、美国历史、澳大利亚历史、加拿大历史、中国与主要英语国家关系史、国际关系理论、国际政治经济学概论、社会学概论、史学研究方法入门、社会学研究方法入门……
翻译 研究方向	英语文学作品汉译、哲社著作汉译、中国文学作品英译、国学经典英译、英汉交替口译、汉英交替口译、文化与翻译,英汉语言对比、中外翻译史、翻译理论、汉语修辞与写作……

当然,与《大纲》中列出的课程一样,以上课程并未穷尽所有应该入选的课程,其名称和内容也都有待界定,这里只是举例而已。有条件的英语专业可以建设上述5个方向的完整课程体系,并设计必修和选修的机制,要求学生在主修一个方向的同时从其他方向同时选修部分课程。北京外国语大学英语系目前基本上建立了这样一个比较完备的课程体系和选修机制。对于一般地方性院校的英语专业而言,重点建设其中一个方向或2—3个方向的课程,也是现实可行的。

三、如何理解"复合型英语人才"

过去相当长一段时间里,英语界对"复合型英语人才"的理解存在一定的片面性,试图通过英语专业和商科、法学、新闻等学科课程的结合,培养"复合型英语人才",提高学生的综合素质和就业竞争力。这种意图是好的,而事实证明这种模式有着种种局限:要么牺牲了英语专业的学科性,要么牺牲了相关专业的学科性,或是两败俱伤,不利于培养学生的人文综合素质。

事实上,复合型人才培养是当前国内外大学所有专业追求的目标。英美知名大学推行的通识教育要求本科学生无论属于什么专业都必须选修人文、社科和自然科学领域一定数量的课程,这是一种复合型人才培养机制;学生在主修一个完整专业的同时,辅修另一个专业的部分课程,或者通过双学位机制修读另一个专业的核心课程,这也是复合型人才培养的有效机制。这些措施目前在国内许多高校都已逐步推行,使复合型人才培养不再是英语专业的特权。在此背景下,尤其是随着许多非英语专业双语教学和专门用途英语教学的推进,英语专业似乎已没有必要跨越本学科的合理边界去追求用英文开设经济学、法学、旅游学、新闻学等学科的系统的专业课程。

当务之急,英语专业应该建设好自己的专业核心课程体系,这是英语专业自立于大学众多专业之中的根本。在此基础上,英语专业可以坦然地要求自己的学生去商学院、法学院、新闻学院、国际关系学院、旅游学院等修读真正有学科含量的比较系统的课程。唯有如此,我们才能真正培养出具有扎实的英语语言功底、系统的英语专业知识、深厚的人文素养、出色的思辨能力和跨文化交际能力,进而具有某一其他相关学科较系统专业知识的复合型英语人才。

进入 21 世纪的第二个十年,我国高校英语专业新一轮的教学改革已经启动。正如胡文仲在总结中国高校英语专业教育改革三十年历程时所指出的:"人们开始从更广的视角思考和讨论如何加强英语专业的通识教育、如何进一步明确英语专业的学科性质、如何拓展英语专业的学术研究领域、如何界定英语专业的核心课程、如何平衡外语技能的训练和专业知识的传授、如何规划英语专业的师资发展、如何提高英语专业学生的思辨能力和创新能力、如何培养高层次英语人才等等问题。"①可见,英语专业的改革尚任重而道远。

（本文原载《外语教学与研究》2010 年第 4 期）

---

① 胡文仲:《中国英语专业教育改革三十年》,《光明日报》2008 年 11 月 12 日。

《中国 ESP 研究》创刊词

　　中国是一个名副其实的英语教学大国。从幼儿园到小学、中学、大学乃至全社会,中国的英语学习大军浩浩荡荡,据推测总数已超过了全世界英语母语者的人数。同样让人惊讶的是,在这个各类英语考试证书拥有者充斥大街小巷的国度,却难以找到各类专业会议称职的口译人员和各学科专业书籍胜任的笔译人员,各类涉外公司的出口产品的英文介绍常常让外国人看来不知所云,各种学术组织中能够用英语在国际会议和学术刊物上发表论文的学者寥寥无几,国际舞台上能够用英语纵横捭阖的谈判者屈指可数。究其原因,我国的大学英语教育现状值得反思。

　　现行的大学英语教育主要由两部分组成,其一是英语专业教育,其二是公共英语教育。英语专业教育以英语语言技能、语言知识和文学、语言学类课程为主,辅之以英语国家社会与文化知识课程,培养的是通用英语人才。公共英语教育以语言技能训练和交流能力培养为主,要求通过四、六级英语水平考试,说到底培养的还是通用英语人才,只不过层次较低,而且通常忽略口语训练。然而,社会各行各业所需要的英语人才一般都必须具备在特定的专业领域里运用"专门用途英语"(English for Specific Purposes)进行交流的能力。例如,在国际商务谈判中运用商务英语;在处理跨国法律事务时运用法律英语;在主持对外体育电视节目时运用体育英语;在医学、数学、物理学、化学、计算机工程学、环境科学、天文学等学科的国际学术会议上运用医学英语、数学英语、物理学英语、化学英语、计算机英语、环境科学英语、天文学英语;等等。最终,除了使用日常交际英语以外,不同职场的工作者都必须使用各自行业的

"专门用途英语"。遗憾的是,正是在"专门用途英语"领域,中国高校(包括高职高专)的英语教学改革步履维艰。

在综合性大学,只有少数学科在高年级开设一门与本学科相关的"专业英语"阅读,如新闻专业英语、化学专业英语、医学专业英语,等等。在理工农医类专科型大学,有些学校在完成两年的公共英语教学后也开设少数象征性的科技英语之类的课程。高职高专应该说更加重视与职业相关的专门用途英语教学,但全国的教学情况很不平衡。就全国各类高校来看,师资不足、教材匮乏、教学水平低下、教育管理者不重视等等因素严重制约了专门用途英语教学的发展。其结果,中国大学生花了大量的时间学习英语,而毕业后在自己的实际工作中却很难使用英语开展工作。

20 世纪 90 年代以来,随着英语专业复合型人才培养教学改革的推进,各外国语大学都开设了一些以英语为特色和优势的应用型学科,如经济学、法学、新闻学和外交学;部分综合性大学也进行了类似的尝试。近年来,教育部又开始在全国高校各类专业提倡双语教学。所有这些举措都有利于提高教育界对专门用途英语教学的重视,推动专门用途英语教学的发展。

大量的教学研究和人才市场调查表明,只有掌握了特定行业或专业的专门用途英语,高校毕业生才能更好地适应全球化时代我国各行各业对国际型人才的更高要求。可喜的是,教育部于 2007 年组织大学外语教学指导委员会修订颁布的《大学英语课程教学要求》对大学英语教学提出了三个层次的要求,即"一般要求""较高要求"和"更高要求",其中的第三个层次实际上正是针对专门用途英语而特别设计,为推进该领域的教学改革指明了方向,开辟了广阔的前景。当务之急是,全国高校英语界必须全面展开对专门用途英语课程设置、教材编写、教学方法、教学测试和师资发展等方面的研究,为专门用途英语教学的规范化和体系化建设提供理论支撑和操作设计。

正是为了推动国内高校英语界对专门用途英语教学理论与实践的研究,北京外国语大学专门用途英语学院专门用途英语研究中心与外语教学与研究出版社联合创办了《中国 ESP 研究》期刊。

星星之火,可以燎原。希望本刊的出版能得到全国英语界同行的广泛响应和参与!希望专门用途英语教学实践与研究蓬勃发展!希望中国高校英语教育的明天因专门用途英语教学的奇葩绽放而更加辉煌!

(本文原载《中国 ESP 研究》2010 年第 1 期)

突出学科特点,加强人文教育

——试论当前英语专业教学改革

近二十年来,我国英语专业教学改革中持续时间最长、影响最大的课题莫过于培养目标,也就是通常所说的复合型人才的培养。从 20 世纪 80 年代中期开始,我国部分外语院校开始培养复合型人才的尝试。上海外国语大学从 1983 年起陆续开设了新闻学、国际经济与贸易、工商管理、对外汉语、教育技术、会计学、金融学、法学、广告学等 9 个复合型专业。[①] 大致与此同时,北京外国语大学英语系在本科阶段开设了英美文学、语言学、国际新闻、外事翻译、国际文化交流、英法双语等专业方向。[②] 西安外国语学院从 1992 年起在英语专业设立了国际金融、国际经济合作、涉外文秘、国际贸易专业方向班。[③] 90 年代是培养复合型人才呼声最高的时期,也是围绕复合型人才培养进行教学改革的主要阶段,各种意见在学术刊物上纷纷发表。[④][⑤][⑥][⑦] 国家领导人和教育部官员也对这个问题发表了明确看法。1996 年李岚清副总理在广东外语外贸大学视察工作时,就培养复合型外语人才发表了重要讲话。他说: "我们的方向和目标是很明确的,就是培养高层次的、掌握专业和掌握外语

---

① 戴炜栋:《总结经验,发扬传统,以改革精神建设新型外国语大学——在上外校庆五十周年大会上的讲话》,《外国语》2000 年第 1 期。

② 胡文仲:《谈谈外语教育的专业倾向》,《光明日报》1985 年 5 月 21 日。

③ 杜瑞清:《复合型外语人才的培养及实践》,《外语教学》1997 年第 2 期。

④ 曹光久:《关于外语院校培养复合型人才的思考》,《四川外语学院学报》1989 年第 2 期。

⑤ 刘伟:《关于外语院校培养目标转型的几点思考》,《外语教学》1995 年第 4 期。

⑥ 刘天伦:《培养目标与可利用资源——有关培养复合型英语人才的思考》,《外语界》1996 年第 1 期。

⑦ 胡文仲:《谈谈外语教育的专业倾向》,《光明日报》1985 年 5 月 21 日。

的人才。"①

2000 年颁布的《高等学校英语专业英语教学大纲》（以下简称《大纲》）对英语专业的培养目标做了明确规定："高等学校英语专业培养具有扎实的英语语言基础和广博的文化知识并能熟练地运用英语在外事、教育、经贸、文化、科技、军事等部门从事翻译、教学、管理、研究等工作的复合型英语人才。"《大纲》规定在大学四年期间开设英语专业技能课程（基础英语以及训练听说写读译各种能力的课程）、英语专业知识课程（英语语言、文学、文化方面的课程）和相关专业知识课程（有关外交、经贸、法律、管理、新闻、教育、科技、文化、军事等方面的专业知识课程）（高等学校外语专业教学指导委员会英语组2000：1）。这里所说的"相关专业知识课程"便是体现"复合"的主要措施。这是首次将复合型外语人才的培养以正式文件的形式予以确认，从而对有关复合型外语人才培养的讨论作了一个阶段性总结。这一大纲还有许多其他重要内容，例如学生能力的培养、教学手段的革新和教学观念的更新等。《大纲》的出台受到了广泛关注，得到了许多教师的支持。②③④⑤⑥ 但是，人们也注意到，围绕复合型外语人才的培养的讨论并未结束，在《大纲》公布前后都有一些外语专业教师对于复合型外语人才的培养提出了不同看法。

南昌大学刘天伦在肯定培养复合型外语人才是市场经济需要的同时，提出了他的忧虑："实施英语专业复合型人才的培养，很可能会在总体上削弱常规英语专业的强烈人文倾向。"⑦南京大学王守仁也指出："英语是人文学科的

① 李岚清：《要培养高层次、掌握专业和外语的人才》，《广东外语外贸大学校报》1996 年10 月 30 日。
② 谭卫国：《我国外语专业教育改革势在必行》，《中国高教研究》2000 年第 9 期。
③ 方健壮：《外语专业在 21 世纪面临的危机与对策》，《高教探索》2001 年第 1 期。
④ 汪家树：《21 世纪复合型外语人才培养的思考》，《同济大学学报（社会科学版）》2002 年第 2 期。
⑤ 孙玉华：《复合型外语人才培养的理论探讨和实践探索》，《辽宁教育研究》2003 年第 5 期。
⑥ 马登阁：《进一步贯彻英语专业教学大纲的再思考》，《北京第二外国语学院学报》2004 年第 4 期。
⑦ 刘天伦：《培养目标与可利用资源——有关培养复合型英语人才的思考》，《外语界》1996 年第 1 期。

一支……英语学科的基本要素是英语语言、文学和文化。"①王守仁和深圳大学刘毅都认为我国外语专业教学过于重视技能训练而忽视专业训练是导致外语专业学生在"思想的深度、知识的结构、分析问题的能力方面"与其他文科学生有较大差距的主要原因。② 刘伟认为,"培养目标转型所带来的淡化人文教育的倾向是外语院校发展的致命伤"。他指出:"注重人文教育,是传统外语专业的一大特色和优势,然而,在市场经济的冲击下,外语专业注重人文教育的传统正在一步步丢失……各类人文课程被大幅度削减,课时大幅度压缩……这种弱化人文教育的现象在全国各级各类教育中具有普遍性,这也是许多国家在重点发展经济时所共有的现象。功利主义成为教育的指导原则,实用性、应用性教育成为潮流。这种教育哲学所带来的直接后果是人文精神的大衰落。国民中物欲化倾向、粗俗化倾向、冷漠化倾向、躁动化倾向、无责任倾向、虚假化倾向日趋严重。"③

对外经济贸易大学受教育部高教司委托承担了题为《加入世界贸易组织与中国高校外语专业教育改革和发展战略》的研究项目。调研从 2000 年 12 月中旬开始到 2001 年 3 月下旬结束,历时 3 个月,发出问卷 1200 份,涵盖地区包括 30 个省市和两个我国驻外使馆。调查对象包括用人单位、教师和毕业生,而用人单位又包括国家机关、外向型企业、外资企业和合资企业等。调查的范围和投入的人力为近年同类调查之最。他们于 2001 年 4 月提出了调查报告(见《外语界》2001 年第 5、6 期和 2002 年第 1 期)。报告依据大量事实对复合型人才培养所做的反思值得我们重视:"外语专业教育必须坚持把培养学生的高素质放在首位,反对片面的市场需求决定论。片面的市场需求决定论是对党的素质教育大政方针的认识偏差,它由局部、近期的功利驱动,将导致整个教育机体以致受教育者个人的实用主义。"

他们认为在当前关于复合型外语人才的讨论中,"实有弱化外语专业学

---

① 王守仁:《加强本科英语专业"学科"的建设——兼评〈北大英语精读〉》,《外语与外语教学》2001 年第 2 期。

② 刘毅:《关于高校外语专业课程设置的思考》,《外语界》2000 年第 3 期。

③ 刘伟:《关于外语院校培养目标转型的几点思考》,《外语教学》1995 年第 4 期。

科地位的失衡倾向,外语专业与非外语专业开始变得界限模糊"。①

报告的最后部分提出以下主要观点:

(1)必须确保高等教育高素质人才培养;健全的高智性人才能够适应社会需求变化。

(2)必须坚守外语专业的学科阵地以发挥其社会功能;面对入世后的新机遇和挑战,外语专业人员的外语技能以及相关业务知识的掌握,是外语专业服务于社会需求的根本保证。

(3)外语专业必须切实加强高校外语师资力量,提高科研与外语水平,加强职业道德和责任感。

(4)外语专业不但必须大力培养复合型人才,同时也决不能忽略以一定数量比例培养通用型人才。②

综合以上各种意见,大多数人的共识似乎是在当前的外语专业教学改革中应该注意:(1)培养外语人才不应仅仅考虑市场需要,还应该考虑大学教育的根本目标。(2)培养复合型人才不应削弱人文教育。(3)英语语言文学应保持和加强它本身的学科地位。

复合型外语人才的培养工作已经持续20多年,其实践效果到底怎样呢?

一方面,初期在英语系开设的复合型方向纷纷脱离了英语专业母体,走向独立。例如,上海外国语大学已经发展成为具有五大学科门类(文学、经济学、管理学、法学、教育学)的外语综合型大学。③ 北京外国语大学也成立了独立的国际商学院,英语学院旗下的外交系和法律系也将宣告独立。在这类外语大学,经贸、金融、新闻等专业课程或倾向已经发展成为独立的专业或学院,毕业生不再是复合型外语人才,而是其他专业人才,或是加强外语的其他专业人才。

---

① 《入世与外语专业教育》课题组:《关于高校外语专业教育体制与教学模式改革的几点思考——写在中国加入 WTO 之际(一)》,《外语界》2001 年第 5 期。

② 《入世与外语专业教育》课题组:《关于高校外语专业教育体制与教学模式改革的几点思考——写在中国加入 WTO 之际(三)》,《外语界》2002 年第 1 期。

③ 戴炜栋:《总结经验,发扬传统,以改革精神建设新型外国语大学——在上外校庆五十周年大会上的讲话》,《外国语》2000 年第 1 期。

另一方面，许多高校的英语系依然保持着自己的复合型专业，如经贸英语、旅游英语、法律英语、新闻英语等。但这类专业往往因缺少真正能用英文讲授具有专业深度的专业课程的合格师资而举步维艰，其教学与科研既不能进入相关专业的主流，又与英语专业格格不入。这类复合型专业的毕业生在目前的人才市场状况下凭借自己的英语技能在短时间内还不会有就业危机，但长远来看不容乐观，因为国内经、管、法类专业普遍开始重视并加强了英语教学，同时海外归来的留学生也大量集中在这些"热门"专业。

总体看来，在相当一个阶段，我国外语教育由于学生入学水平低下，一直将技能训练放在首要地位，人文素质教育在整个教育中的比重很小，导致外语专业毕业生人文基础很差，批判性思维能力很弱；对西方文化了解肤浅，对中国文化了解更少。提出培养复合型外语人才之后，外语院校的注意力转向开设体现"复合"的经贸、法律、新闻等课程，人文教育更进一步削弱，对于大学教育的总目标的认识更加模糊。

那么，英语专业本身的定位究竟是什么？它究竟应该培养什么样的毕业生？英语语言文学作为一个学科应该如何建设？

我们认为，我国英语专业应该回归人文学科本位，致力于重点培养人文通识型或通用型英语人才，在条件具备的情况下兼顾复合型人才的培养。所谓通用型英语人才是指英语技能熟练全面、人文素养深厚、知识面宽广、具备批判性思维和创新能力、具有社会责任感、能够较快适应各种工作的专业人才。学生入学水平比较高、师资条件比较好的院校还可以考虑培养精英型的英语专业人才，为国家输送高质量的翻译、外交、外事和跨文化交流人才以及高质量的研究生生源。正是基于人文通识教育的理念，北京外国语大学英语学院将自己的本科培养目标定位为："培养具有扎实的英语语言文学专业基础、宽广的人文社科知识和出色的学习、思辨、创造、合作与领导能力的国际型、通识型精英人才。"

培养人文通识型通用人才已成为国际教育界的基本共识。西方学者Husén在论述大学教育的任务时指出："在一个迅速变化的社会中，个别的本事很容易过时，无论是政府机构或是私人公司都认识到使用受过良好教育的通才是有益的,这些通才受过训练能够使用分析的办法来解决问题。"①1988年,美国加州高等教育审议委员会对以往教育进行回顾后指出:"这些通才具有这样一些特点,即知识面广,富有自信心,善于独立思考,具有批判精神和国际眼光,研究过多种文化,并经历过为大众服务的实际锻炼。"②

加拿大约克大学人文学科认为,跨学科的人文教育可以"为一个人提供个人发展和理解他人的机会,它对于人性、政治和社会价值以及我们应该如何举止提出问题",这对于我们理解当今世界至关重要;其次,"人文教育传授自己国家的文化以及其他许多国家的文化",培养跨文化交流的能力;再次,"人文学科作为一个学科将重点放在学习批判能力上面,特别是文本的分析以及领会能力的发展,领会一个作家、画家、音乐家到底表达了什么",最终培养学生提出问题、分析问题、综合材料和有效论证的能力以及熟练的口头和笔头表达能力。③

耶鲁大学是重视人文通识教育的世界一流大学之一。基于"不是为了职业,而是为了生活"的办学理念,"它开设人文教育计划课程培养学生宽容、尊重、公正和坦诚的精神,开设古代和外国文化艺术课程培养学生超越自己看时代的能力,开设社会科学课程培养学生思考人类命运的见识"。④

其实,人文通识教育理念已经写进我国教育部的政策文献。教育部1998年2号文件《关于加强大学生文化素质教育的若干意见》明确指出:"我们所进行的加强文化素质教育工作,重点指人文素质教育。主要是通过对大学生加强文学、历史、哲学、艺术等人文社会科学方面的教育,同时对文科学生加强自然科学方面的教育,以提高全体大学生的文化品位、审美情趣、人文修养和科学素质。"

英语专业作为我国高等教育的组成部分,理应遵循人文通识教育的基本

---

① Husén T, "The Idea of The University: Changing Roles, Current Crisis and Future Challenges", Morsy Z, Altbach P(eds), "Higher Education in An International Perspective:Critical Issues", *UESCO:International Bureau of Education*, 1996, p.17.

② 周震:《复合型外语人才培养模式理论与实践研究——对专家定位的思考》,《宁夏大学学报(人文社会科学版)》2004年第3期。

③ The Division of Humanities at York University of Canada, 2006, http://www.yorku.c/human/main.html.

④ 蔡达峰:《我们的通识教育:关心人与社会的发展》,《读书》2006年第4期。

办学理念,超越过于职业化取向和着眼于短期办学效益的"复合型"培养模式。英语专业的人才培养应该而且能够兼顾国家与社会的长远发展和当前发展需要,应该而且能够兼顾学生个人的近期就业需要和终生发展需要。这就要求英语专业首先加强自身的学科建设,具体而言,就是要把《大纲》所规定的培养目标——"扎实的英语语言基础和广博的文化知识"——真正落到实处。体现在课程建设上,就是要优先建设好《大纲》所规定的英语专业技能课程(基础英语以及训练听说写读译各种能力的课程)和英语专业知识课程(英语语言、文学、文化方面的课程)。

我们认为,国内英语专业应该确立英美文学、语言学和英语国家研究(包括跨文化研究)的学科主导地位,与此同时积极向人文学科的相关领域拓展。就后者而言,英语专业应该逐步建设用英语讲授的一系列有质量的人文通识课程,如英国历史、美国历史、英国当代社会与文化、美国当代社会与文化、澳大利亚当代社会与文化、加拿大当代社会与文化、西方文化史、西方文明经典导读、西方哲学概论、世界简史、世界宗教概况、《圣经》与西方文化、文化研究理论与方法、中西文明比较、社会学概论、媒体与社会、国际关系史、当代世界政治与经济概论等等;还可以用中文或英文开设中华文化史、中华文明经典导读、中国艺术赏析、中国古典文学等课程。

人文教育同时也应该体现在教学方法和教学模式上。英语专业应该在教学中特别强调学生对于原著的阅读和批判能力的培养。知识面的扩展固然重要,更加重要的是研究能力的培养和思想境界的提升。这就要求教师在教学中更加重视师生互动,重视启发式教学,重视讨论与辩论,重视学术性写作,重视研究方法的训练。同时,班级规模应该严格控制。

目前,英语专业加强人文教育至少有两个方面的问题需要解决。一是教学体制和课程安排的改革,二是师资队伍的建设。没有教学体制的进一步改革,就没有开设更多人文课程的可能。没有师资队伍的提高就不具备开设这些人文课程的条件。在教学体制改革方面,需要考虑哪些课程可以压缩,哪些课程可以削减,以便腾出时间开设更多的人文课程。例如,学生入学条件比较好的院校可以考虑取消泛读、听力这类课程,或采取指导性讲座和网络在线自主学习相结合的新型教学模式;精读和口语的课时也可以适当压缩。用英文讲授的知识性、人文性课程更能够调动学生的学习积极性和求知欲,使他们有可能在运用英语作为工具获取知识的过程中潜移默化地提高英文水平。

与此同时,我们还提倡技能课程知识化、知识课程技能化,也就是说,在英语技能课程的教材选用和课文讲解中融入人文知识的拓展,而在人文知识课程的教学中又融入英语听说读写译的训练。这样人文教育与英语教育便融为一体了。总之,我们不能依靠简单增加学时的办法来实现人文通识教育的目标,而是通过全面整合人文教育与英语教育来构建一个具有深度和广度、可以自信地与其他学科并立于大学校园的真正意义上的英语语言文学学科。

师资培养是英语专业实施人文通识教育的另一个瓶颈。目前我国英语专业的师资主体都是在传统英语教学模式下培养出来的,这支队伍在英语技能方面有扎实的功底;同时,近年来接受过专业训练的语言学与文学方向的师资队伍也日益壮大。然而,具有人文通识背景的师资在国内英语专业可以说是凤毛麟角。要建设人文通识课程意味着首先要培养一大批英文功底深厚,同时在人文社科领域接受过专门训练的新生力量。可喜的是,越来越多的英语专业硕士毕业生跨出了本学科的门槛在人文社科领域获得博士学位;而与日俱增的具有博士或硕士学位的"海归"多半都是当年从国内英语专业出去的。这些人返回英语院系将为英语专业拓展人文通识教育提供不可多得的良机。

最后,必须指出,提倡人文教育并不意味着否定复合型人才的培养。中国的改革开放与经济全球化趋势的确要求我们的大学及时输送一大批英语功底扎实,具有人文素养,同时掌握一定应用学科专业知识的复合型人才。与近年来英语专业复合型人才培养模式改革思路所不同的是,我们并不认为这样的复合型人才应该而且主要由英语专业独自承担。无论是国外一流大学的办学经验还是大学学科设置的逻辑需要,都表明英语专业的明智选择应该是首先建设好自己的学科本体,为学生奠定扎实的英语功底和深厚的人文素养,在此基础上,通过跨系选修、辅修和双学位等机制为学生提供与相关应用学科复合的绿色通道。这不仅有利于节省英语专业的办学成本,而且使英语专业不至于沦落为追随市场风向的培训机构。

(本文原载《外语教学与研究》2016 年第 5 期)

跨文化研究

《跨文化研究论丛》创刊词

学术研究似乎是某种高雅的事业,尤其是人文学科的研究常常以曲高和寡而孤芳自赏。但真正有价值的学术研究都是关注实践的。学术研究应回应现实问题的呼唤,学术研究说到底不过是运用人类的智识去探究人类生活的困境,去寻找问题的根源,去发现解决问题的路径,最终不断改善人类生活的境遇。在伦敦海格特公墓的马克思墓碑上,镌刻着马克思的一句名言:"哲学家们只是用不同的方式解释世界,而问题在于改变世界。"马克思的这一简要论断是对学术研究实践属性的精辟概括。

在此意义上,我们倡导中国的跨文化研究走出"象牙塔",关注我们身边丰富多彩、日新月异的跨文化实践。中国正以前所未有的广度和深度融入波澜壮阔的全球化进程。"一带一路"倡议吹响了中国跨文化国际行动的号角。可以预见,随着"共建丝绸之路经济带和21世纪海上丝绸之路的愿景与行动"的逐步实施,人类将目睹有史以来最大规模的跨文化交流景象——政策沟通、道路联通、贸易畅通、货币流通、民心相通。这一伟大的跨文化实践为中国的跨文化研究者创造了千载难逢的机遇。

与此同时,世界潮流,浩浩荡荡,中国政府与时俱进地提出了"构建人类命运共同体"的宏伟理想。世界不同文化之间从来没有像今天这样如此紧密地联系在一起,也从来没有像今天这样如此强烈地互动、冲突和交融。不难想象,人类未来的福祉将取决于人类命运共同体的构建。而如何构建人类命运共同体,将是一项任重道远的事业。在这一充满挑战和机遇的进程中,跨文化研究者肩负着义不容辞的光荣使命。

跨文化研究不仅要走向实践,而且要引领实践。跨文化研究者应勇立跨文化实践的潮头,用跨文化研究的智慧去武装跨文化实践者,赋予他们对文化多样性的敏感和对文化他者的共情,为化解文化冲突提供良策,为增进文化理解注入动力,为促进文明互鉴开辟通途。

期待中国的跨文化研究不断深入在全球范围内展开的跨文化实践,不断作出具有中国特色的跨文化研究理论创新。

（本文原载《跨文化研究论丛》2019 年第 1 期）

澳大利亚主流媒体中的"一带一路"

一、研究背景

"一带一路"倡议是"丝绸之路经济带"和"二十一世纪海上丝绸之路"的合称。与国内舆论普遍正面评价不同,国际舆论却并非一致叫好,其中不乏质疑、误解甚至恶意扭曲。部分沿线国家将"一带一路"倡议视为中国将邻国纳入"后院"的工具。有人认为中国正试图改变亚欧大陆地缘政治格局,并将"一带一路"倡议和南海问题等联系在一起。也有人将该倡议视为中国针对美国亚太再平衡的反制策略。更有怀疑论者将"一带一路"倡议比作中国版马歇尔计划或是珍珠链策略,这是典型的"中国威胁论"。

"一带一路"倡议能否顺利实施,在很大程度上取决于沿线国家和国际社会的认知与接受程度。目前学术界已经广泛开展了"一带一路"倡议沿线国家舆情分析和传播研究。王梦雪对印尼"一带一路"倡议报道进行内容分析,发现该议题受到重视,报道内容客观、丰富,但也存在转载多原创少、报道滞后等局限性。[1] 黄慧对阿拉伯主流媒体进行内容分析和倾向性指数计算,认为其对"一带一路"倡议的报道经历了从少到多、由浅入深的变化,且以正面报道为主。[2] 而陈杰和徐沛雨则指出了阿拉伯媒体报道中存在的疑虑和误读,

---

① 王梦雪:《印尼〈国际日报〉对"一带一路"报道的分析》,《传播与版权》2015 年第 10 期。
② 黄慧:《阿拉伯媒体的"一带一路"报道倾向研究》,《西亚非洲》2016 年第 2 期。

并从经济、政治、文化视角分析了背后的原因。① 林民旺发现印度社会对"一带一路"倡议的看法存在分歧;②张立和李坪则指出其中疑虑、排斥和警惕的态度占上风。③ 除了对沿线国家的研究外,也有学者对非沿线大国的媒体报道进行考察。比如马建英通过对美国媒体、学者、智库的考察发现,美国国内对"一带一路"倡议的负面认知占上风,比如把它视作"中国版马歇尔计划""中国版再平衡战略""中国经济自我救赎""新怀柔政策",并自然联想到古代中国的朝贡体系,认为对亚太地缘政治造成威胁。④ 多位学者分别对《华尔街日报》《纽约时报》和《华盛顿邮报》的相关报道进行了研究,发现美国主流媒体对"一带一路"倡议的报道具有警惕、防范和敬畏并存的复杂心态。⑤ 朱丹丹考察了日本三家主流媒体对"一带一路"倡议的报道,发现其中两份持先入为主的敌对立场,将其解读为中国的扩张意图,说明对"一带一路"倡议的宗旨还存在误解和敌意。⑥

讨论其他非沿线国家相关报道的论文目前仅有一篇。该研究发现葡语国家因不在"一带一路"沿线,普遍报道数量有限且滞后性较大。⑦ 笔者认为,研究亚太地区中等强国对"一带一路"的认知和解读也具有重要意义,其中澳大利亚就是一个典型案例。诚然,澳大利亚并不在"一带一路"地图上,但它却是其主要融资机构亚投行的创始成员。此外,澳大利亚在中美两强之间占有

---

① 陈杰、徐沛雨:《阿拉伯媒体视域中的"一带一路"——兼谈中国对阿媒体公共外交》,《回族研究》2015 年第 3 期。

② 林民旺:《印度对"一带一路"的认知及中国的政策选择》,《世界经济与政治》2015 年第 5 期。

③ 张立、李坪:《印度对"一带一路"的认知与中国的应对》,《南亚研究季刊》2016 年第 1 期。

④ 马建英:《美国对中国"一带一路"倡议的认知与反应》,《世界经济与政治》2015 年第 10 期。

⑤ 周萃、康健:《美国主流媒体如何为"一带一路"构建媒介框架》,《现代传播》2016 年第 6 期;郑华、李婧:《美国媒体建构下的中国"一带一路"战略构想——基于〈纽约时报〉和〈华盛顿邮报〉相关报道的分析》,《上海对外经贸大学学报》2016 年第 1 期;朱桂生、黄建滨:《美国主流媒体视野中的中国"一带一路"战略——基于〈华盛顿邮报〉相关报道的批评性话语分析》,《新闻界》2016 年第 17 期。

⑥ 朱丹丹:《日本对"一带一路"倡议的战略意图解读及应对——以日本主流媒体相关报道分析为例》,《中国周边外交学刊》2015 年第 2 期。

⑦ 文卓君:《葡语国家主流媒体对"一带一路"的报道分析》,《读书文摘》2016 年第 6 期。

微妙的战略地位。一方面,中国早在 2007 年就已成为澳大利亚最大贸易伙伴和出口目的地。据澳大利亚统计局的数据,2015 年双边贸易额高达 1072.1 亿澳元,几乎是澳大利亚第二到第四大贸易伙伴的总和。其中,60% 为澳大利亚对华出口。另一方面,澳大利亚和美国是传统盟友,存在休戚与共的安全利益。在亚太地区的国际关系格局以及中国的战略坐标中,澳大利亚占有举足轻重的地位。

二、研究设计

笔者选取《时代报》(*The Age*)、《悉尼先驱晨报》(*The Sydney Morning Herald*)、《澳大利亚人报》(*The Australian*)和澳大利亚电视台(ABC Australia)这四家主流新闻媒体为样本。《澳大利亚人报》为全国性日报,《悉尼先驱晨报》和《时代报》分别主要在澳大利亚两个最重要的大城市悉尼和墨尔本发行。澳大利亚电视台为全国性公共广播和电视网络。以"一带一路"为关键词对Lexis-Nexis 数据库中从"一带一路"倡议提出以来(2013 年 9 月)到本文撰写(2016 年 8 月)期间所有的新闻报道(对新闻体裁不作区分)和电视节目文本(在下文中两者统称为"报道")进行检索,获取任意部分含有关键词的报道。除去重复项后,在这三年期间共获得 51 条搜索结果。

本研究主要采用内容分析和话语分析方法对 51 篇报道进行报道趋势、报道主题、形象塑造这三个层次的统计与分析。内容分析"通过一整套程序对文本进行推断"①从而对传播内容进行系统的定量分析,并"发掘文本的特殊性"②。话语分析则通过质性研究的方法透视文本背后的意识形态与权力关系。具体来说,本文试图回答以下三个具体的问题:1.澳大利亚主流媒体"一带一路"倡议报道频率和信源有何特点? 2.澳大利亚主流媒体"一带一路"倡议报道的议程设置有何特点? 3.澳大利亚主流媒体塑造了怎样的"一带一路"

---

① Robert P Weber, *Basic Content Analysis.2nd ed*, Newbury Park,CA:Sage,1990,p.2.
② Bernard Berelson,*Content Analysis in Communication Research*,New York:Hafner,1952,p.5.

倡议形象？有哪些影响因素？

三、结果与发现

（一）报道频率和信源

在全部 51 篇报道中，《澳大利亚人报》《时代报》《悉尼先驱晨报》和澳大利亚电视台各贡献报道 38 篇、9 篇、2 篇、2 篇。其中有 5 篇以"一带一路"倡议为主题，其余报道只有 1—2 段和"一带一路"倡议有关，有的甚至只是简单提及。

1. 报道频率

从报道分布看，"一带一路"倡议第一次"亮相"是在 2015 年 4 月 2 日，此后 17 个月几乎每月都有出现。2015 年的报道数量少于 2016 年；报道分布呈现一定的不稳定性。笔者分析了自 2013 年 9 月以来"一带一路"倡议的落地情况和中澳外交、经贸关系的发展历程，发现"一带一路"倡议报道的发展过程中存在三个关键转折点（见图 1）。

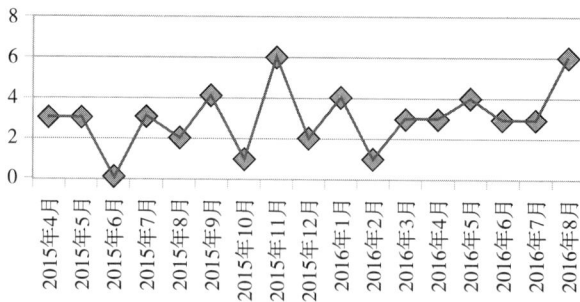

图 1　2015 年 4 月—2016 年 8 月报道量统计（篇）

第一个转折点出现在"一带一路"倡议第一次报道前后，即 2015 年 3 月。同月，发改委、外交部和商务部共同发布了《推动共建丝绸之路经济带和 21 世纪海上丝绸之路的愿景与行动》（以下简称《愿景与行动》），第一次对"一带一路"倡议的指导原则、框架思路、合作机制等内容作了官方阐述。如果在此之前"一带一路"倡议更多的是一个抽象的专有名词,那么在《愿景与行动》发布之后,"一带一路"倡议框架下逐渐有具体项目落地实施。这或许也可以解释为何澳大利亚媒体在 2015 年 3 月前迟迟没有对"一带一路"倡议进行报道。此外,随着 2014 年底中澳双边关系升级、澳大利亚加入亚投行、中澳自贸区完成实质性谈判等一系列事件的发生,"一带一路"倡议的报道也逐渐升温。

第二个转折点出现在 2015 年 7 月。同月,亚洲博鳌论坛在悉尼举办,"互联互通"和"基础设施建设"被设定为全会重要议题,来自中国政府的发言人也多次提及"一带一路"倡议。此后该议题持续吸引澳媒注意力近 5 个月。

第三个转折点出现在 2016 年 3 月,报道强度保持高位近半年。这在很大程度上归功于期间频繁的经贸往来和"一带一路"推介活动:4 月,澳大利亚总理特恩布尔和习近平主席推动"一带一路"倡议与澳大利亚北部大开发战略对接;5 月,澳中"一带一路"产业合作促进会举行《澳中"一带一路"产业合作蓝皮书》首发会;8 月,2016 澳中商贸周在墨尔本举办,为双方企业更好了解"一带一路"倡议带来的商机提供了平台。

2. 报道信源

在本研究中,凡是在报道中被直接或间接引用的信息来源都称为信源。对于"一带一路"主题的报道,笔者对全文进行信源搜索;对于仅涉及该关键词的报道,笔者只考察相关段落或语句。理论上,一篇新闻报道的信源数越多,其呈现的观点越多元、越平衡,也就越客观。本研究 51 篇样本共有 29 个信源,平均信源数仅为 0.57,且有多个信源的报道数为 0。即便考虑样本包含评论等主观性较强的报道体裁,信源数仍然偏低。本研究根据行业和国籍对信源进行分类考察(见表 1)。

表 1　报道信源(按行业分)(篇)

行业分类	篇数	行业分类	篇数
政界	10	学术界	10
商界	9	无	22

从信源所在行业来看,可分为政界(如政府官员)、商界(如企业家、市场

分析师、银行经理)、学术界(如智库、高校、非政府组织的学者),三个行业贡献的信源数非常平均,信息来源较为平衡。政府官员进行政策阐释;商界人士分析"一带一路"倡议的市场拉动力量;而学术界则评述"一带一路"倡议的文化、政治影响。可以发现,来自民间的声音是缺失的。

　　从信源国籍①来看,可分为中国、澳大利亚和其他。在含有中国信源的6篇报道中,5篇是官方信源,包括中国驻澳大利亚大使马朝旭、全国人大外事委员会主任委员傅莹、香港特区政府署理行政长官林郑月娥(Carrie Lam)。另一个信源是新希望集团董事长刘永好,他提到要利用"一带一路"倡议加强乳制品行业的国际合作。商界和民间信源的缺失使得"一带一路"倡议看起来像是一种政治话语,弱化了互联互通、商贸合作、文化交流诸多元素。此外,来自欧美发达国家的信源数几乎是中澳信源数总和,如总统小布什的经济政策特别助理比帕·马格伦(Pippa Malmgren)、著名美国学者弗朗西斯·福山(Francis Fukuyama)、芮乐伟·韩森(Valerie Hansen)。

表 2　报道信源(按国籍分)(篇)

国籍分类	篇数	国籍分类	篇数
中国	6	其他	13
澳大利亚	9	无	22

(二) 议程设置

　　李普曼曾说:"我们面对的政治世界不可触、不可见甚至常被人遗忘。"②大众通过新闻媒体建构的"拟态环境"来窥视政治世界。公众舆论也并非对现实,而是对"拟态环境"作出反应。新闻媒体建构现实的主要手段之一是通过议程设置来"决定不同主题的事件在公共议程中的重要性"③。笔者将在本

---

　　①　需要特别指出的是,此处的国籍是指信源所在机构所在地,因为信源的观点不一定代表个人观点,更多的是机构观点。

　　②　Lippmann W, *Public Opinion*, New York:Macmillan,1922,p.5.

　　③　Maxwell M, *Setting the Agenda:The Mass Media and Public Opinion*, Peking University Press, 2010,p.2.

节考察澳大利亚媒体在"一带一路"倡议报道中议程设置的特点。对于只有部分段落涉及关键词的报道,笔者只对相关段落进行考察。主要议题分类为:经济、政治、军事、文化和其他(见表3)。

表3　议程设置

主题	数量(%)	主题	数量(%)
经济	34(68.6)	文化	1(2.0)
政治	10(19.6)	其他	2(3.9)
军事	4(7.9)		

经济议题占总报道数三分之二以上,印证了中澳经贸往来体量之大、地位之高。经济报道主要关注"一带一路"倡议对澳大利亚经济的影响:17篇报道认为该倡议将为澳企业参与基建投资提供商机,并呼吁澳企业积极在其中分一杯羹;另外有12篇报道认为该倡议将拉动全球对澳大利亚原材料的需求,有助于维持其价格稳定。此外,还有报道提及中国国内经济,包括中国国企改革、中国市场经济地位、中国输出过剩产能等话题,这类报道多持批判态度。

10篇政治报道可按主题分为两类:地缘政治和中国外交。地缘政治报道共6篇,多将"一带一路"倡议视为中国重塑欧亚大陆和亚太地区地缘政治版图的举措,也有报道将其与美国主导的TPP相提并论,刻画中美之间箭在弦上的战略冲突。4篇外交报道着眼于中国与其他利益攸关方的双边关系,比如潜在盟友俄罗斯、守成大国美国、地区竞争者日本和印度以及能源枢纽中东地区。

4篇军事报道涉及中国南海争端和军备竞赛,认为"一带一路"倡议得益于并且助长了中国在南海问题上的强硬立场。在唯一的一篇文化报道中,作者用"一带一路"倡议引出古代丝绸之路,并为即将在澳大利亚进行的西安艺术展进行宣传。

(三)话语分析

1.政治和军事报道

涉及"一带一路"倡议的政治和军事报道用它来支撑"中国威胁论"。这些报道叙述的事件虽有不同,但对该倡议的叙述方式和其他宣扬"中国威胁论"的报道如出一辙。例如:中国试图通过"一带一路"倡议在经济上控制亚欧大陆,实现这一目标也需要控制南海。目前中国在东海和南海上采取更自信的姿态,这为堪培拉拉响了警钟。① 中国重塑亚洲秩序的雄心早已路人皆知。从"一带一路"倡议到中国主导的亚投行,中国正在稳步推进建立"以中国为中心的亚洲"的战略目标。② 东盟发展止步不前,中国长期以来成为地区中心的梦想将得以实现。中国目前正通过"一带一路"倡议和亚投行为亚洲基础设施建设投入数十亿美元。这方面的成功最终会弥补中国在海洋问题上丢掉的脸面。③ 这些报道使用"控制""重塑"等强势动词塑造了"野心勃勃"的中国形象。虽然在提到"一带一路"倡议时出现了"基础设施建设"这一关键词,却将其动机解读为中国争取地区霸权,并将本无关联的南海争端牵扯进来。

有些报道把"一带一路"描述成中国攫取沿线国家资源的工具,认为:"'一带一路'倡议涉及几十亿投资,它将连接中国和东南亚食材、中东能源产地和欧洲出口市场。"④更有甚者,在报道中直接使用主观性极强的词语描述"一带一路"倡议:JASONOM:国家安全人士认为"一带一路"倡议中有更大的阴谋(Machinations)。PETER JENNINGS(澳大利亚战略政策研究所):中国将通过"一带一路"倡议加强在亚太地区影响力,它可不只是关于商业投资⑤。这档访谈节目的主题是中资企业岚桥集团获得澳大利亚达尔文港 99 年租赁权。主持人 Jason Om 引用了澳大利亚军方观点,认为该交易和"一带一路"倡议背后隐藏着阴谋:即中国试图通过渗入游说集团和政党来影响澳大利亚决策过程,会危及澳大利亚政策独立与国家安全。如澳大利亚防务和情报部门

---

① Chris U,"Australian Businesses with Close Ties to China Donated $5.5m to Political Parties,Investigation Shows",*ABC News*,2016-08-21.

② Brahma C,"Japan and India Key to Confronting China's Regional Ambitions",*The Australian*,2016-01-26(11).

③ Rowan C,"ASEAN May Give Beijing the Last Word on Sea Court Ruling",*The Australian*,2016-07-20(10).

④ Amanda H,"Poachers Will Pay,Warns Indonesian Fisheries Minister",*The Australian*,2016-06-28(10).

⑤ Jason O,"Will the Controversial Decision to Lease the Port of Darwin to a Chinese Company Have an Impact on the Federal Election?",*ABC News*,2016-06-01.

所说:购买政治影响力,尤其是收购关键基础设施进而控制澳大利亚的中文报纸、电台、社区协会"以施加影响力",是中国通过"一带一路"倡议实现对亚欧大陆的经济支配的关键一步。①

值得一提的是,达尔文港是美国海军基地,也是美国参与南海事务的"桥头堡"。针对岚桥集团获得租赁权一案,有美国批评人士讽刺"中国购得监视美国海军作战的前排座"②。实际上,岚桥集团是一家100%的私营企业,连澳大利亚前联邦贸易部长 Andrew Robb 都公开表明这笔交易将有助于澳大利亚北部大开发并将吸引更多农业、资源、能源和基础设施投资进入该地区。③ 遗憾的是,节目并没有反映这方面的观点。

正如上文中指出,"一带一路"倡议"不只是关于商业投资"。但澳大利亚主流媒体却没有一篇政治或军事报道对这项内容作任何事实性介绍或客观阐述,不免让报道的中立性和可信度大打折扣。

2. 经济报道

相比政治报道,涉及"一带一路"倡议的经济报道相对务实,会用较长篇幅介绍倡议来源、政策框架、目标等客观信息,避免作出过度解读。客观陈述让读者能够独立判断"一带一路"倡议对中国和沿线国家的影响,比如"扩大中国出口机遇""减少中国因海上贸易必须经由马六甲海峡导致的战略脆弱性""加速中亚各国的经济发展"等④。耶鲁大学历史学家芮乐伟韩森就认为"一带一路"倡议会"将古代丝绸之路变为沿线国家的金丝带"⑤。在这一语境下,"一带一路"倡议被塑造为促进沿线国家互联互通、经贸往来和文化交流的区域战略。《时代报》写道:习近平的这项倡议将由中国政府投资近1万

① Chris U, "Australian Businesses with Close Ties to China Donated ＄5.5m to Political Parties, Investigation Shows", *ABC News*, 2016-08-21.

② Jane P, "U.S.Casts Wary Eye on Australian Port Leased by Chinese", *The New York Times* (International), 2016-03-20(1).

③ Jenny W, et al, "China's Landbridge Wins Port of Darwin for ＄506m", *The Sydney Morning Herald*, 2015-10-13.

④ Jason Om, "Will the Controversial Decision to Lease the Port of Darwin to a Chinese Company Have an Impact on the Federal Election", *ABC News*, 2016-06-01.

⑤ Stephen Cauchi, "China Paves a Silk Road for Commodities", *The Sydney Morning Herald*, 2015-07-29.

亿美元,用于打造联通北京和北欧的交通网络。①

"一带一路"将打造中国和欧洲之间的新丝路,促进沿线各国的贸易与文化往来。这项倡议由习近平主席在 2013 年首次提出,此后逐步细化。"一带"指从中国经中亚再到俄罗斯和欧洲的陆上丝绸之路经济带;"一路"指经东南亚、印度洋、南亚然后通过苏伊士运河直至地中海的海上丝绸之路。②

此外,虽然"一带一路"并不经过澳大利亚,但许多市场分析师认为它为矿产出口大国带来的巨大利益是不言而喻的:"一带一路"将提振黄铜(目前交易量已跌至六年来最低点)和铁矿石(价格跌至 2008 年以来最低点)等工业大宗商品的需求。……丝绸之路可能会让人想起马可波罗和古代中国帝国,但它在 21 世纪的版本在很长一段时间内将成为大宗商品价格的救世主。③

在这种语境中,"一带一路"倡议是受到欢迎的。并且,随着倡议框架下具体项目逐步落地,各界人士也开始对中国政府在这项倡议中展示的务实态度表示赞赏,并对其持乐观、支持的态度,鼓励企业积极参与:"一带一路"倡议可能听起来像是政客的说辞,不会走太远。这就是美国批评者的看法。不过当西方的政客还在夸夸其谈时,中国领导人已经开始大干一场了。……"对我们澳大利亚来说,'一带一路'倡议可能听起来有点奇怪,但这可不是在弄着玩的。"来自澳洲国立大学战略和防卫研究中心的休·怀特教授说道:"澳大利亚目前在中国编制的贸易网中只是一个小节点。"怀特认为:"我们可以选择深入这张网,也可以选择无视它,但如果选择后者的话,可能就意味着澳大利亚和中国未来的经济关系不大了。"④

① Karen Maley,"Three Reasons to be Happy About Commodity Prices",*The Age*,2016-07-31.

② Ross Gittins, "Australia Not Part of China's Silk Road Expansion of Trade", *The Age*, 2016-07-31.

③ Jason Om,"Will the Controversial Decision to Lease the Port of Darwin to a Chinese Company Have an Impact on the Federal Election",*ABC News*,2016-06-01.

④ Karen Maley.Three Reasons to be Happy About Commodity Prices,*The Age*,2016-07-31.

四、讨论

不难发现,澳大利亚主流媒体关于"一带一路"倡议的政治报道和经济报道存在明显差异,前者对"一带一路"倡议的形象塑造较为主观和负面,而后者事实陈述较多,因此更为中立甚至正面。笔者认为,这一传播现象是中等强国在国际政治体系的结构性矛盾中寻求外交政策平衡的生动体现。中美两强在亚太地区的战略竞逐使得澳大利亚不得不在"主要贸易伙伴和主要盟友之间艰难求索折衷道路"①。澳大利亚在2015年4月最后关头决定加入亚投行足以反映出其在中美战略旋涡中的矛盾心理。同样,"一带一路"倡议政治和经济报道倾向性的差异也是国际体系矛盾在澳大利亚外交政策上的具体体现。

2013年,阿伯特(Tony Abbott)领导的自由党—国家党联盟在野6年后重新执政。2015年,党内政权更迭,特恩布尔(Malcolm Turnbull)击败阿伯特成为党首并取得首相一职。外长一职则由毕晓普(Julie Bishop)执掌。与其保守的政治传统一脉相承,自由党联盟的外交政策具有鲜明的实用主义色彩②和双面性。一面是对具有相似历史文化的传统盟友和英语文化圈(Anglosphere)的强烈认同和民族自豪感;一面是在互利共赢原则下对具有不同文化背景及价值观的亚太各国的双边主义外交政策。

在"一带一路"倡议语境下,澳大利亚面临两难抉择的一边是美国。阿伯特和特恩布尔这两任首相都曾公开表示澳美关系的重要性。阿伯特在传统基金会发表演说时说"澳大利亚人很少把美国看作是外国",两国的关系"超越盟友",更像是"家人"③。特恩布尔则表明美国的亚太再平衡战略"是为地区

① Hugh White, Australia's Mr. China. Foreign Policy, [2016 – 10 – 25], http://foreignpolicy.com/2015/09/25/australias-mr-china-unite,d-states-turnbull-abbott/.

② Michael Wesley, *The Howard Paradox:Australian Diplomacy in Asia*,1996–2006.Sydney N.s.w,Abc Books,2007,p.5.

③ Nick O'Malley, "Abbott Criticises Australian Defence Cuts in US", *The Age*,2012–07–18.

发展创造稳定环境的最主要因素"①。对于美国的亚太再平衡战略,澳大利亚始终给予积极响应。从 2013 年《国防白皮书》《澳大利亚国家安全战略》、澳美《军力部署协议》等文件不难看出,澳大利亚通过加强美军在其本土的军事存在、扩大防务贸易合作、提升双方信息情报共享水平等举措,进一步增强了美澳同盟的战略互信和政治承诺。不仅如此,在中国东海、南海问题上,澳大利亚也加强了与美国的政策协调。阿伯特 2014 年 6 月访美期间,双方就南海、东海问题发出一致声音。2015 年 9 月,特恩布尔在接受 BBC 采访时,敦促中国停止南海填海造地等行为。②

澳大利亚面对的两难抉择的另一边是为澳大利亚创造就业和外汇收入的世界第二大经济体中国。中、澳在地理上相距甚远,不存在直接的安全或领土争端。但伴随中国崛起而产生的诸多地缘政治不确定性,让澳大利亚进退失据。澳大利亚对中国的态度可以理解为"恐惧与贪婪"并存:虽有意遏制中国迅速崛起为地区超级大国,但对中国发展给本国带来的机遇和财富又不能无动于衷。根据澳外交贸易部发布的《2014 澳大利亚贸易结构报告》(Composition of Trade Australia 2014),作为占澳出口额近一半的重要产品,2014 年澳矿产油气产品货物量同比增加 12.2%,但出口额仅增长 0.1%,澳大利亚出口贸易面临严峻挑战。其主要原因是金融危机以后,国际市场需求持续下降,大宗商品价格下滑。中国经济进入新常态,对国际大宗商品市场带来重挫。在此背景下,"一带一路"倡议的提出对澳大利亚出口贸易无疑是雪中送炭。因此在经济问题上,联盟政府采取了实用主义外交策略。阿伯特上任不久,他和外长毕晓普就敦促澳外交官"深入了解澳大利益的商业利益"并"关注经济外交"③。2014 年的博鳌亚洲论坛上,阿伯特表示"澳大利亚会帮

---

① Malcolm Turnbull, Assessing the Future of the Asia-Pacific-US/Australia Dialogue, Full Speech given to Business Leaders in Los Angeles, California, USA? 2015-01-31 [2016-11-11], http://www.malcolmturnbull.com.au/media/future-of-the-asia-pacific.

② 杨毅:《澳大利亚强化美澳同盟及其前景》,《现代国际关系》2016 年第 3 期。

③ Lenore Taylor, "Ten Things to Know About Foreign Policy Under Julie Bishop and Tony Abbott", The Guardian, 2013-06-02.

助中国一起创造亚洲世纪"①。曾为商人的新首相特恩布尔更是深知中国对澳大利亚的重要性。2016 年罗伊国际政策研究所进行的民调同样传递出中澳经贸关系深入发展带来的积极信号：中国超越日本成为澳大利亚人心目中最亲密的亚洲朋友。此外，澳中关系的重要性有史以来第一次与澳美关系持平。②

"一带一路"倡议报道倾向性的差异，说明澳大利亚对中国和平发展的理念仍然存在根深蒂固的疑虑和误解。《时代报》曾将中国称为"沉睡的雄狮"。这一标签很容易让读者联想起 200 多年前拿破仑的名句："中国是一头沉睡的雄狮，让它睡吧！一旦它被惊醒，世界会为之震动。"这一虚构的"黄祸论"断言曾让欧洲君主惊恐万分，而今天国际媒体依然频频使用这一字眼，在某种意义上加深了西方人对中国的误解。

澳大利亚舆论中对"一带一路"倡议的抵触和恐惧也源于信息不充分带来的理解困难。《时代报》在一篇以"一带一路"倡议为主题的报道中这样开篇："大家都知道腰带和背带（Belt and Braces）双保险策略，也可能知道一国两制。但你恐怕没听说过'一带一路'吧。"③这篇报道刊载的时间已经是 2016 年 7 月。此外，澳媒在很多"一带一路"报道中不仅没有提供对该倡议客观全面的介绍，还经常提及南海争端、挑战现有国际格局等议题，忽略了该倡议和马歇尔计划的根本区别："一带一路"倡议在建设过程中遵循平等协商、互利共赢的原则，不附加任何条件，不限制既定模式。根据中国政府发布的《愿望与行动》中的权威解释，"一带一路"倡议以目标协调、政策沟通为主，不刻意追求一致性，可高度灵活，富有弹性，是多元开放的合作进程，是旨在促进沿线各国经济繁荣和区域经济合作、加强不同文明交流互鉴、促进世界和平发展的伟大事业。当然，澳大利亚在中美澳三角关系以及

① Latika Bourke, "Tony Abbott in China: PM Tells Boao Forum 'Team Australia' Will Help Build Asian Century", *ABC News*, April 10, 2014.

② Alex Oliver, "The Lowy Institute Poll 2016", *Lowy Institute for International Policy*, 2016, No. 11.

③ Ross Gittins, "Australia Not Part of China's Silk Road Expansion of Trade", *The Age*, 2016-07-31.

亚太地缘政治格局中的身份定位和战略选择,将始终影响澳大利亚对中国国际行为的判断与态度。

（本文原载《现代传播》2017 年第 4 期,第二作者为江璐）

走向跨文化教育[*]

——和 Janet Bennett 博士学术对话

一、引言

Janet M.Bennett 博士是当今世界范围内跨文化教育和培训行业的领军人物,执掌美国跨文化交际学院近 30 年,每年举办暑期、冬季和卡塔尔等三个研修项目,影响力不仅覆盖北美,还辐射到欧洲和中东。同时,她一直活跃在跨文化研究前沿,研发跨文化有效性量表(IES)等一系列跨文化研究工具,编写了 SAGE 版《跨文化能力百科全书》。2016 年夏,Bennett 博士与中国跨文化交际学会会长孙有中教授在北京开展了一次跨文化研究学术对话,以下是访谈实录。

二、跨文化外语教育的多重意义

王强(以下简称"王"):全球化正在快速地消弭语言、文化和民族国家的边界。同时,大众媒体也让人们瞥见世界各地不同文化背景下人们的生活。随着互联网遍及世界每一个角落,人们足不出户便知天下大事。显然全球化

---

* 本文是 2016 年教育部人文社科重点研究基地重大项目"中国外语教育理论与实践创新研究"(项目编号:16JJD740002)的阶段性成果。

时代的个人有了越来越多的跨文化接触机会,这是否意味着跨文化教育和培训的必要性随之降低了呢?

Janet M.Bennett 博士(以下简称"**Bennett**"):肯定有人会认为降低了,但是我要说跨文化教育的重要性不仅没有降低,反而很明显提高了。单纯地依赖电视或其他视频,你不可能深入了解某种文化。Peter Berger 说过,面对全球化,不同社会的反应各不相同。① 我也注意到,在欧盟的扩张势头很强劲时,欧洲许多地方都打出这样的广告,"快来学某某语言吧"。例如,苏格兰人专门去报培训班学盖尔语。大家不觉得这些过时了,而是积极地保护自己的语言和文化身份,拒绝同质化。与之相反,还有人会认为今天已经不存在什么文化了。例如,一些美国人就很可能告诉你,并没有所谓的"美国文化"。尽管全世界都认为我们美国有"美国文化"。

电视、媒体似乎抹平了文化的差别,让我们对其他文化模式一知半解,甚至一无所知。很多人会说:"我看了电视,知道中国人用筷子。"这只是文化信息,而他们的文化知识并没有真正增长,因为这是很肤浅的。现实中,很多肤浅的文化信息来得非常容易。一个人需要什么文化知识,似乎可以分秒之间得到。然而,这种"学习"无法让人深刻理解,也无法让人对其他文化群体产生共情,无法培养跨文化交际的灵活性。总之,电视根本无法替代跨文化教育。

孙有中教授(以下简称"**孙**"):全球化时代到来之前,不同文化之间彼此相对隔绝,了解外国文化似乎没有什么必要。今天,现代信息技术日新月异,国际旅行四通八达,文化接触越来越频繁,周游世界越来越成为普通人的休闲生活。所以跨文化教育不仅有必要,而且非常迫切。首先,人们在日常的工作和生活中越来越多地遭遇各种跨文化问题甚至冲突,必须寻求化解之道。其次,虽然媒体提供了大量有关外国文化的信息,但是这些信息零散破碎,没有历史背景,没有前因后果,无法让人深刻理解某个文化。最后,跨文化教育不仅是解决现实问题的需要,而且是构成人文通识教育和思辨能力培养的不可

---

① Berger P, "Introduction:The cultural dynamics of globalization", Berger P, Huntington S.eds, *Many Globalizations: Cultural Diversity in the Contemporary World*, Oxford:Oxford University Press, 2002.

缺少的组成部分。大而言之,跨文化教育应该成为全球化时代公民教育的重要组成部分,因为在这个国家与国家日益相互依赖的时代,我们必须学会跨文化相处与合作,携手面对日益增加的全球性挑战,进而实现文明互鉴,创造人类文明更加美好的明天。

Bennett:非常赞同。(不仅是媒体,)我们的生活经验往往也是肤浅的。我的一个硕士生教学班上全是已婚女性,都是跨文化婚姻,而且她们都是在第三国遇到未来丈夫的。例如,学生甲来自智利,配偶来自美国,两人在法国相遇。学生乙也许来自中国,配偶来自什么别的国家,两人却在巴西相遇,等等。总之,这15位女生的婚姻生活都涉及三到四种文化。然而,她们的文化敏感性却和那些一辈子生活在旧金山的人没什么区别。她们与其他文化背景的男性结婚,但是从来没有深入思考过这种经历。

除了克服媒体的肤浅,洞悉生活中习焉不察的文化差异,我觉得跨文化教育还有第三方面的意义。Pico Lyer 写过一本书,叫作《世界人:时差、购物城、寻找家园》。他生在英国的一个印度移民家庭。在幼年、青年时代,他在英美两国之间不断往返;从20世纪90年代初开始,和他的日本太太在京都生活。拥有如此复杂的背景,Pico 堪称自己笔下的世界人。这种身份,就像我那些学生一样,是多种文化的混合。身在哪里,就是哪里人,"家园就是感觉自在的地方"。① 他描述的体验与今天许多商务人士很类似。当你辗转于世界各地机场时,你的身份认同就会发生变化,变成了世界人。这个人群的绝对数量不大,尚未构成主流,但是过去十年间增长很快。每次坐飞机,我周围都是这样的人。我喜欢听他们讲述,但是他们讲的无非是这样:去过某国某地二三十次,那里的饭菜不错,花园很漂亮,等等。他们没有很清楚地意识到那里人们复杂的人际关系、多元的社会阶层等。很显然,仅仅能做到"身在哪里,就是哪里人"是不够的,他们需要通过跨文化教育来帮助自己找到自己的文化身份,欣赏文化的多样性。

当然,商务人士的这些表现和他们所处的公司文化有关。这些商务人士

---

① Lyer P, "Where Is Home?", [2016-09-11], http://www.ted.com/talks/pico_iyer_where_is
_home/transcript? language=en#t-475273.

从大学毕业之后,要谋生就必须按公司的指令做。公司会告诉他们,"也许你们来自 70 多种不同文化,但是在这里只有一种文化,必须按公司的文化来做事。我们员工上百万,都得这样做"。这些大公司就是要把他们变成一模一样的人。很显然这些公司没有把不同文化视为资源。从这个意义上说,这些公司也需要跨文化教育,来帮助它们发现和整合多元文化资源。

王:孙教授,除了上述社会角度,请您从外语专业教育的角度谈谈跨文化外语教育的重要性。

孙:据我所知,外语教育领域的学者也注意到文化的重要性。例如,早在 20 世纪末,National Standards in Foreign Language Education Project① 就为美国外语教育界建立了 5C 标准,②"文化"就是五个关键词之一。在我国,几乎在这同一时间,1995 年召开了中国跨文化交际学会的第一届年会。一直以来,外语专业教学中有两种教文化的思路。其一,将文化视为语言教学的手段,用来帮助学生理解语言。其二,文化被视为外语教学的目的之一。后一种思路认为,文化不应该仅仅被视为语言学习的手段,外语教学不仅仅是培训语言技能。我个人认为,外语专业是教育,而不是培训,因此应该让文化学习占据重要位置,不仅因为了解文化有助于掌握语言,而且因为外语教育本质上就是人文教育,而且是跨文化的人文教育。

三、如何在学校层面推行跨文化教育?

王:Bennett 博士,据我了解,多年来您在美国高校推广跨文化教育,对教育管理者进行跨文化培训,为国际交流学生开设相关课程,提供咨询。目前,中国高校也在积极推进教育国际化,请您和我们分享美国高校跨文化校园建设方面的经验。

Bennett:第一,高校必须对跨文化教育项目的定义或者思路有一个明确

---

① National Standards in Foreign Language Education Project, *National Standards for Foreign Language Learning in the 21st Century*, Lawrence: Allen Press, 1996.

② 陆效用:《美国 21 世纪的"5C"外语教育》,《外语界》2001 年第 5 期。

的共识。例如,我去了大公司做培训,总裁会说我们要做这个培训项目,这是我们请来的专家,她要做需求分析,这是我们的目标,而且未来三四年一以贯之,所有人都要达到。但是如果去了大学,A 部门说要做这个,B 部门说要做那个,各方莫衷一是。因为他们对需要学什么没有一致看法,项目没有连贯性,效果自然无法令人满意。

第二,每个与国际化有关的部门都应该各自派代表参加校级的管理联席会议,定期开会,分享各自的进展,共同面对问题,确保各方都在朝着跨文化教育的方向努力。

第三,可以考虑建立讲师团。先培训一批讲师,再由他们在校园里培训其他人。如果学生要去海外学习,只需要联系负责跨文化教育的委员会,让他们指派讲师来培训。这个讲师团很有用,很有必要。

第四,学校可以做些巧妙的课程设置。例如,在美国,一些大学里有个很好的课程项目,就叫作《不要取消那门课》。如果教授外出参会或者因故缺席,他们不必停课而是打电话给该项目,届时这个项目就会指派一名讲师到课堂,讲授跨文化课程。他们有一整套培训内容供教授选择,还有培训委员会把关。这样的项目干得很漂亮,很有效。

第五,如果学校有跨文化传播或交际的硕士项目,不妨举办跨文化工作坊。大体上,外语院系都可以做,由硕士生讲解,还可以与留学生中心合作,将留学生纳入其中。研究生可凭借举办工作坊的经历来获得助教学分;而本科生可以通过参加工作坊获得修课学分。在这里,东西方学生可以展开对话,通过工作坊学习如何有效地互动。

第六,要有愿景而且必须落实到各个层面。要想实现学校的跨文化教育愿景,无论是大学校长还是普通职工,都需要具有跨文化的敏感性,都应该接受跨文化能力培训。

孙:上述的方案都切实可行。和美国高校的跨文化教育相比,我们中国的大学还有很长的路要走。北外今年暑假和外研社合作举办的暑期跨文化外语教学教师研修班正是这样一种努力。我们必须首先培训教师,他们将最终在课堂上落实跨文化教育理念。这项工作在外语专业尤为迫切。当然,高等教育各学科都应该推行跨文化教育,因为各学科的毕业生最终都会大批走向与这样那样意义上的跨文化交流相关的工作岗位,或者出国留学深造。另一方面,中国高校国际留学生群体与日俱增,国际师资与日俱增,国际学术交流与日俱增,出国短期留学或联合培养的学生与日俱增,国际夏令营项目与日俱增,等等。这势必要求我们高校的管理者尽快提高跨文化素养,适应高等教育的国际化发展步伐。这方面,中国高校还远远落后于西方发达国家的高校。当然,我目前主要关心的还是中国高校外语专业的跨文化教育问题。我们在外语类专业的《国际标准》和大学英语的《指南》中写进了跨文化能力培养这一重要教育和教学目标,接下来是要在教材和课堂教学乃至人才培养的各个环节加以落实。千里之行始于足下,这个"足下"不是别的,正是教师的跨文化教学能力提升。

Bennett:教师最难培训。至少我在美国的经验是这样。他们觉得自己懂。在这一点上,也许美国与中国不同。在美国,我们的教师有时候会持这样的态度:"什么? 我是教师,他们是学生。只有他们适应我,哪有我适应他们的道理?"

孙:尽管困难,也必须做啊,因为如果你能够改变教师,他们将最终改变学生。

四、如何在课堂上进行有效的跨文化外语教学?

王:日常教学中,时间有限、教学资源有限。我们该怎样平衡一般意义上的文化知识(culture-general)和具体的文化知识(culture-specific)呢? 孰轻孰重呢? 许多外语教师都可能问这个问题。似乎您更重视一般意义上的文化知识,对吗?

Bennett:如果准备让一个人出国生活一两年,那么我们必须针对该国为他培训具体的文化知识,但是在培训这些具体文化知识之前,我们还需要给他教一些一般意义上的文化知识。让他了解一些范畴和概念,帮助他学习对象国文化。这么做的原因是,也许这个人原来是要派往中国,但是他可能最后被派往巴西。所以你教的那些具体的对象国知识可能完全派不上实际用场。

相反,如果你给他教了一般意义上的文化知识,他不仅可以在中国使用,而且可以在泰国度假时感到得心应手,也许一年之后他被派往巴西,他又可以和当地的公司员工融洽相处,因为他懂得了一般意义上的文化知识、原则,这些知识和原则将伴随着他走南闯北。通过学习一般意义上的文化知识,他懂得了交际风格是怎么回事儿,知道了不同文化背景的人解决问题时会表现出哪些不同风格,等等。当他遇到新的文化时,会有信心面对:"我懂得怎么去学习这种文化,我会去观察他们的非语言交际风格,会去了解他们的语言交际风格,去观察他们如何解决问题,等等"。这才是跨文化培训真正要做的事情。

孙:我赞同 Janet 的观点,讲授一般意义的文化知识能给大公司的员工以及大学生安装上跨文化交际的软件系统,也就是"文化地图"。在这个基础上,他们能自学那些具体的、个别的文化知识。

王:孙教授,在您组织编写的《大学思辨英语教程》(*Think English* 系列)中,您也是倡导学习一般意义上的文化知识,对吗?

孙:是的。我认为这是大学阶段跨文化教育的正确策略。目前,外语专业的教师在教学中大多只是关注具体的文化知识,他们在教学生听说读写的同时,顺便介绍一下诸如节庆、习俗、美国英语方言之类的具体文化知识。这是只见树木不见森林的做法,当学生迷路于现实的文化森林时,他们将无法进行独立的跨文化探索,进而深入和全面理解孤立的文化现象。这并不是说在外语教学中完全没有必要介绍具体的文化知识,而是说跨文化外语教学应该超越讲解和背诵具体的文化知识,引导学生学习文化分析的一般理论和方法,并学会运用这些一般的理论和方法去解决跨文化交际中出现的具体问题。

Bennett:哦,似乎他们没怎么出过国吧。例如,你去魁北克(加拿大法语区)看看,去 Ivory Coast(该国的官方中文名是"科特迪瓦",曾是法国殖民地)看看,就会发现你看到的法语文化和你在法国看到的差别很大。

孙:所以,只了解具体的文化知识是不够的。如果短期前往国外,为了满足短期的跨文化生存需要,或许要掌握一点具体文化知识抱抱佛脚,但是在大学教育中,我们要培养的是让学生自由穿越不同文化边界的通用的跨文化能力。为此目的,我主张把跨文化能力培养和思辨能力培养结合起来,通过跨文化能力促进思辨能力的发展,通过思辨能力促进跨文化能力的发展,两者相得益彰;与此同时,把具体文化知识的学习和一般文化知识的学习结合起来,通过跨文化交际的具体案例来理解跨文化交际的一般原理,通过跨文化交际的一般原理来剖析跨文化交际的具体案例。

五、如何运用 DMIS 做研究?

王:如果教师想使用跨文化敏感度发展模型(Developmental Model of Intercultural Sensitivity,简称 DMIS)进行教学和研究,您有哪些建议呢? 或者研究者经常犯哪些错误或闯入哪些误区呢? 要知道,工具本身也许是好的,但有时我们使用不当。

Bennett:在使用跨文化敏感度发展模型以及跨文化能力发展量表(Intercultural Development Inventory,简称 IDI)过程中,工具、实施测量的人、研究对象都可能出问题。第一个层面是测量工具的问题。IDI 翻译成中文,语言障碍倒不是大问题,翻译之后还做了回译,但是中文版没有经过校准。校准的过程是必须的。这个测试是否测量了某个文化人群熟悉的事物,这个很重要,也是很大的挑战。需要指出的是,如果使用发展模式,就该使用 IDI,它们是一体的。IDI 来自发展模式,发展模式包括否定、防御、最小化、接受、适应和整合六个阶段。[①] 如今我仍然使用这传统的六个阶段,因为它适合课程设计和课堂教学。可是,IDI 和发展模式有一点点不吻合的地方,就是它去掉了最后那个非常复杂的"整合"阶段。事实上,我们经常谈到的跨文化人往往处于这个末端阶段,例如奥巴马。我在 1993 年发表过一篇文章,讨论那些生活在两种文化边缘的人。[②] 在我写那篇文章分析奥巴马现象时,他才刚刚从哈佛大学毕业,还没有什么人知道他是谁。他主要的文化模式不是美国黑人的,也不是欧洲裔美国人的,而是太平洋岛屿的。他在夏威夷和印度尼西亚成长,他信奉和谐,处事方式不那么直接。20 年后,他连任总统,我更新了那篇文章[③],就显得格外有价值。从这个意义上说,IDI 删掉最后这个"整合"阶段并不合适。

① Bennett M, "A Developmental Approach to Training for Intercultural Sensitivity", *International Journal of Intercultural Relations*, 1986, No.2, pp.179-196.

② Bennett J, "Cultural Marginality:Identity Issues in Intercultural Training", Paige R, ed, *Intercultural Training in Education for the Intercultural Experience*, Yarmouth:Intercultural Press, Inc., 1993.

③ Bennett J, "Cultural marginality:Identity Issues in Global Leadership Training", Osland J, Li M, Wang Y, eds, *Advances in Global Leadership*, Bingley:Emerald Group Publishing Limited, 2014.

我也不赞同 Hammer 把"最小化"阶段称为"过渡阶段"①,因为那还是一个种族中心主义的阶段。因此,测量工具 IDI 和发展模型 DMIS 有一点不吻合。当然,我觉得这倒不至于破坏你的研究。

第二个问题是测量者,他们往往不知道面试之后如何给反馈,更做不到带着感激的态度给反馈。IDI 量表要求测量者从二者之中任选其一:如果被试规模足够小而且/或者你的后勤支持足够大,你应该向参加测试的人提供反馈面谈;否则,你只能提供集体测量数据,报告整体所处的发展阶段。

第三个问题是研究对象或者测试人群,研究者要确保他们如实填写测量表。虽然 IDI 的社会满意度(social desirability)经过了测试,结果也不错,但你必须保证参加测试的人如实填写,否则就会出问题。

孙:从您的研究数据来看,学生从一年级升到二年级,跨文化敏感度有没有达到一个较高的阶段呢?

Bennett:问得太好了! 我也不明白,为什么在那么多研究中,无论采用什么测量工具,总能得出同样的结论:入学之初做前测,一年级结束做后测,结果就发现有了变化。然而,事实上,根本没有变化,几乎根本不会有变化。搞了对照组的,也没有变;出了国的,也没有变化,留在国内也没有变化,没有显著差别。要真正有变化,你必须有目的、循序渐进地设置课程进行干预;否则,从始至终,不会有丝毫变化。

举个我学生的例子吧。她所在的学校要搞一个"校园之夜"课外文化活动,持续六个月。期间让学生们学习日本文化、印度节日等等,每晚都有 6 个到 8 个学习项目。她们校长想让她测量一下学生参加了活动之后跨文化能力提高了多少。我跟她说,"我向你保证,根本不会有什么进步,他丝毫看不到任何变化"。当然,他后来真的没有看到什么变化,因为学生们只是看看电影之类,没有和文化学习材料产生任何有意义的互动。

孙:这对于中国大学来说也是很有借鉴意义的。在中国,各所大学都在努力增加国际教育成分,例如暑期学校等,邀请了英国美国的教授来讲课,但是

① Hammer M,"Additional Cross-cultural Validity Testing of the Intercultural Development Inventory",*International Journal of Intercultural Relations*,2011,No.4,pp.474-487.

这些学校并不清楚如何利用这些课程来提高学生的跨文化能力。因此,正如您的研究显示,效果不令人满意。

Bennett:根本就没有效果。可是,如果你有目的地干预,就会有效果。我认识一位备受尊敬和效仿的培训师。人们去他的研修班学习之后做牧师。他授课15周,给他们做IDI测试,然后开展个体辅导、面谈。完成第二轮和第三轮辅导面谈后,他将学员送往自己曾经做牧师的地方,在那个文化群体里边服务边学习。这些人去了之后要作报告,要研究文化模式,要分析自己的文化,他们做得都很不错。到最后,每人平均提升了一个阶段。很不可思议。归根到底,这是因为他像导师一样教他们。

孙:这是一个很生动的例子。听了您介绍的美国的跨文化教育的经验和教训,我更加坚定了目前我在中国外语界倡导的跨文化教育的信心。要在外语教育中培养跨文化能力,绝不能是随性发挥,不能是三天打鱼两天晒网,必须是有原则指引①,有规划设计。简而言之,跨文化能力培养必须进入外语专业课程设置的每一门课程;必须把跨文化能力培养的子目标写进每一门课程的教学目标;必须精心设计或选择有利于培养跨文化能力的跨文化学习材料;必须采用切实有效的教学方法有针对性地就跨文化态度、知识、技能等展开训练;还必须在课程学习评价中考查学生的跨文化能力学习结果。不仅如此,跨文化能力培养的目标、理念和举措还必须贯穿整个人才培养模式的全过程,如国际暑期课程、出国夏令营、联合培养、短期留学、教学实习和社会实践,等等。如此一以贯之,跨文化能力培养定能水到渠成。

六、美国跨文化交际学院的使命与新量表

孙:你们的跨文化交际学院(Intercultural Communication Institute)独树一帜,产生了广泛的国际影响。你们的宗旨是什么呢? 请您简单介绍一下。

Bennett:我们主要做三件事。第一,我们拥有一个图书馆,里面有海量的跨文

---

① 孙有中:《外语教育与跨文化能力培养》,《中国外语》2016年第3期。

化研究资料，而且都在网上找不到。该图书馆是跨文化交际学院独立运营的。第二，我们有一个跨文化关系的硕士学位项目，一直是和太平洋大学合办的。今后我们将搬到明尼苏达去。关于跨文化培训，我们不仅有硕士学位教育，而且还在西海岸办暑期学院（Summer Institute for Intercultural Communication，简称 SIIC），在东海岸办冬季学院（Winter Institute for ntercultural Communication，简称 WIIC），在卡塔尔的多哈举办卡塔尔跨文化交际学院（Qatar Institute for Intercultural Communication，简称 QIIC）。你应该去看看。在那里，你会发现很多同道中人，而且你可以根据自己的时间和兴趣来灵活选课。第三，我们还经营跨文化有效性量表（Intercultural Effectiveness Scale，简称 IES）等工具，帮助人们进行评测。

孙：我对你们的跨文化有效性量表（IES）很感兴趣。请您简要介绍一下好吗？例如，它的特点、价格、与 IDI 的区别，以及是否需要培训等。

Bennett：当然可以。我们和 IDI 的关系，说来话长。当初是我们和 Mitchell Hammer 共同开发的 IDI，如今 Milton 的份额卖给了 Mitchell Hammer，我们不再销售 IDI，但是我依旧惦记着它。后来，我们开发了一系列新的跨文化测试量表，跨文化有效性量表（IES）是其中之一。IES 量表中都是客观题，要求测试对象在线回答，做多项选择。虽然 IES 也是测量跨文化能力的工具，但是和 IDI 有很大差别。IDI 的结果会显示你的跨文化敏感度处于哪个阶段，而 IES 会告诉你，在跨文化能力的诸要素中，你的表现是怎样。例如它可能会显示，"你的共情能力比较低"，建议你制定学习方案，专门培养共情（empathy）能力。至于价格，IES 是 10 美元左右。如果你的研究包括前测和后测，购买组合套装会有优惠。另外，如果使用我们的 IES，你不需要参加培训。如果有需要，明天就可以订购使用。

孙：针对不同文化背景和生活经验的人群，这些测试量表普遍适用吗？

Bennett：严格意义上不能算"普遍适用"，但很接近了。我很不情愿说什么东西是"普遍的"，尽管他们很多人这么说。Mitchell Hammer 会说，IDI 是普遍适用的。① 经营其他测量工具的人也会说他们的工具是普遍适用的，但我

---

① Hammer M，"Additional Cross-cultural Validity Testing of the Intercultural Development Inventory"，*International Journal of Intercultural Relations*，2011，No.4，p.474.

自己不认为是这样,因为我之前在(密克罗尼西亚)岛上的生活经验告诉我,在那个与世隔绝的地方,没有书面文字,没有电,没有(自来)水,我们日常熟悉的东西一件都没有。你能说,什么是普遍的吗?那么说的话,任何东西都是普遍的了。因此,每当人们说什么东西是普遍的,我总会嘀咕,"哎,不见得吧"。

孙:正如您在《跨文化能力百科全书》中所说,"这要看情况"。①

Bennett:对。如果某个测量工具的结果表明你"韧性不够",你会说,"你在逗我吗?告诉你,学校刚好削减了我的拨款,我得减员,妻子还生病等等,我不堪重负,按照你的说法我当然'韧性不够'"。可见,这些测量必须考虑实际情况。总之,要看情况。

王:通过聆听你们二位的这次跨文化对话,我深深领会了跨文化外语教育的意义,了解到在院校层面实现跨文化教育的多种策略以及在课堂教学层面培养跨文化能力的有效路径,坚定了优先讲解一般文化知识的信心,也初步认识了跨文化能力测量的多种工具。相信你们的真知灼见对推进我国高校的跨文化外语教育具有重要指导意义。谢谢你们!

(本文原载《外语与外语教学》2017 年第 2 期)

---

① Bennett J, *The Sage Encyclopedia of Intercultural Competence*, Thousand Oaks:Sage,2015.

文明的历程

——《人文传统》导读

世界古代文明及其宝贵遗产

大约 600 万年前,人类的远祖类人猿不仅学会了直立行走,还逐步学会了用石头制作狩猎和采集的工具,这些粗糙的石斧、石刀便构成了人类最早的"旧石器"文化。岁月流逝,沧海桑田,大约 300 万年前到 1 万年前,人猿相揖别,人类的直系祖先智人战胜冰川期的严峻考验,制作出了先进的弓箭,留下了人类文明史上的第一批艺术杰作——奔马和野牛的岩画。

公元前 8000 年到公元前 4000 年,人类学会了种植和畜牧,开始了新石器时代的定居生活。村庄发展为城市,结绳记事为文字所取代。在北非尼罗河流域、西亚两河流域、南亚印度河流域和东亚黄河流域,滔滔江水最终孕育了绚丽多姿的四大文明古国。而作为古代文明中的后来者,古代希腊—罗马文明(公元前 500 年到公元 500 年)更是绽放奇葩。

古埃及人奉太阳为神圣的造物主:他是光明、纯洁、善良和生命的化身;他驱散愚昧和死亡,带来智慧和希望。古埃及人期待来世的幸福,因此他们举全国之力为法老修造永恒的金字塔;普通人去世时都要带上《亡灵书》,以便在冥府受审时证明自己的清白。

与古埃及人一样,两河流域的人们对大自然的种种力量也充满敬畏,并把它们神圣化。所不同的是,受不安全环境的影响,美索不达米亚文明的诸神多凶险难测,其神话所表现的世界往往充满混乱、冲突和不确定。

值得注意的是,诞生于两河流域的一个特殊的部落——希伯来人,他们信奉万能的唯一神"亚威"——宇宙的唯一创造者和道德的最高律令。希伯来人伦理化的一神教观念最终催生了基督教乃至后来的伊斯兰教,为人类文明做出了不朽的贡献。

古印度人则展现了迥然不同的宗教想象,他们对"梵"的崇拜大体是一种万物有灵的泛神教。古印度人相信灵魂不灭,生死轮回,追求"梵我合一"的"涅槃"境界。

与上述信仰取向均不同,古代中华文明选择了"敬天崇祖"。但不知何故,中华文明始终没有建构出一个体系严密的关于"天"或"上帝"的意义系统和崇拜机制,也许正因为如此,中华民族对祖宗的祭拜最终演变为一种准宗教。

世界不同区域的古代文明为人类文明的进一步发展留下了宝贵的遗产。古埃及人建造了令世人赞叹的金字塔,它象征着古埃及人对永恒的迷恋,也见证了古埃及文明的兴衰。美索不达米亚人创作了人类历史上第一部大型英雄史诗《吉尔伽美什史诗》,同样表达了远古人类对永生的渴望,而英雄吉尔伽美什在历尽千难万险后获得的答案依然是:"没有永恒"。

古代世界文明还为我们留下了闪烁永恒智慧光芒的经典。希伯来人《圣经》中的"十诫"记录了人类最早的道德准则,成为后来基督教的核心价值;两河流域巴比伦帝国的国王汉谟拉比颁布了人类历史上第一部成文法,成为人类人权发展史上的里程碑;东方哲人老子的《道德经》和孔子的《论语》,言有尽而意无穷,揭示了中华文明对宇宙规律和人生大道的洞见;从苏格拉底到柏拉图,再到亚里士多德,古希腊哲人高扬理性的旗帜,奠定了西方文化大厦的不朽基石;古代希腊—罗马文明还留下了具有永恒魅力的雕塑、建筑和文学杰作。

中世纪欧洲及其之外的世界

公元 476 年,西罗马帝国在来自欧洲大陆北方的日耳曼部落的长期蚕食和攻掠下,终于支撑不住,轰然瓦解。随后的千年中世纪在史学界长期被认为是一个"黑暗的世纪",因残酷的宗教迫害、野蛮的"十字军东征"、恐怖的黑死病等而声名狼藉。然而,最新的史料研究表明,西方中世纪并不是一片漆黑。相反,这是一个承上启下的转型时期,是一个西方文明内部盘点和积蓄沉淀的时期,是一个按照自己特有的逻辑演进并且成就非凡的时期。

西方中世纪最根本的逻辑就是宗教信仰。在其鼎盛时期,整个欧洲大陆(包括位于今日东欧地区的东罗马帝国或称拜占庭帝国)和英伦岛屿都被纳入一个在信仰上高度统一的"基督教世界"(Christendom)。天主教教皇高居于权力金字塔的顶尖,他与世俗君主的关系被认为是太阳与月亮的关系,后者权力的合法性来自前者的授予。中世纪的主导意识形态是,教堂主管人们的灵魂,世俗国家只能管辖人们的肉体。这种神权与君权分离以及神权凌驾于君权之上的状态,一直延续到13世纪后半叶。此后,随着城市的兴起和商业的发展,西欧民族国家日益强盛,封建君主的地位日益巩固,并逐步摆脱了教皇的绝对控制。

中世纪的教会不仅与世俗的政治权力争夺领导权,而且试图支配个人的精神生活和日常生活。中世纪的经院哲学教导信众,上帝至高无上,全知全能;《圣经》是绝对的真理,不容怀疑;个人唯有通过虔诚的信仰和教会的引导,才能最终获得救赎。中世纪社会生活的中心是上帝及其在人间的代表——教会,原罪的观念深入人心,禁欲和谦卑成为主导行为准则,人们在等级森严的教会和封建制度下,安分守己,因循守旧,为来世进入天堂享受永恒的幸福而默默苦修。换一个角度看,中世纪教会深入人心的宗教道德说教,奠定了西方社会深厚的道德传统,惠及城市化和工业化后的西方世界。

值得注意的是,在欧洲中世纪,希腊罗马的古典文化并没有随着罗马帝国的崩溃而烟消云散。罗马教皇继承罗马帝国驾驭幅员辽阔的疆域的统治术,建立起体系严密、有效运作的庞大的基督教"帝国"。罗马的法治传统也被继承下来。更重要的是,中世纪晚期,古典文化的经典作品和文物古迹逐步被发现,成为神学家和中世纪大学的重要知识和灵感来源。

欧洲中世纪也对西方人文传统做出了不可磨灭的贡献。中世纪教会为巩固自己的权力而精心营造"上帝的宫殿和天堂的大门",以便吸引广大的信众,结果开创了西方独具魅力的罗马式和哥特式教堂建筑风格及其附属的宗教题材绘画与雕塑。为了用上帝的福音感动芸芸众生,教会无意中开创了西方的音乐传统。中世纪的文学虽然乏善可陈,但其对生命终极意义的迷恋,成为后世西方文学的永恒主题。

在中世纪欧洲以外的世界,人类文明的另外两大宗教伊斯兰教和佛教也进入黄金时代。从公元 8 世纪到公元 14 世纪,伊斯兰教统一了从阿拉伯半岛、北非一直延伸到西班牙的广阔世界,其影响及于印度。在其扩张的过程中,伊斯兰教吸收了阿拉伯地区、南亚次大陆西北部地区和波斯的文化,留下了丰富的艺术与人文遗产。《古兰经》奠定了整个伊斯兰世界的道德理想和行为准则。具有伊斯兰风情的诗歌、叙事文学、建筑和音乐,成为人类文明的重要遗产。穆斯林学者保存了古希腊学者的手稿,为西方古典文化的传播做出了贡献。伊斯兰文化还为亚洲文化传入欧洲做出了贡献。

佛教兴起于公元前 5 世纪至公元前 6 世纪,不仅早于伊斯兰教,而且早于基督教。有趣的是,虽然佛教在其诞生地始终未能取代印度教成为主导宗教,但是却于公元 1 世纪传入中国,逐步征服了中国人的宗教世界,进而在日本落地生根。

在大约公元 500 年至公元 1300 年间,东方的印度迎来了梵语文学的大繁荣;其寺庙建筑与雕塑的复杂性与想象力达到了新的高度;富有印度教情调的音乐和舞蹈也得到了大发展。这一时期正是中国的唐宋时代,唐诗宋词各领风骚,山水画大放光彩。在技术领域,中国代表了当时世界上最先进的水平,其精美的陶瓷和纺织品举世无双。就今天所谓"综合国力"来看,整个"中世纪"时期,中国无疑是当时世界上唯一的超级大国。

欧洲文艺复兴和宗教改革

公元 1300 年至公元 1600 年在西欧历史上是一个动荡不安而又生机勃勃的三百年。它是一道门槛,西方社会由此告别中世纪,迈入现代文明;它是一座熔炉,古典文明、基督教文明、封建传统和新兴商业资本主义元素在这里相互碰撞、融合,最终锻造出日益强盛、称霸全球的"西方列强"。

14、15、16 这三个世纪,西欧社会急剧转型。在经济领域,庄园经济让位于资本主义;在政治领域,罗马教皇的基督帝国被日益集权和强盛的民族国家所取代;在国际关系领域,中世纪相对内敛、平静和稳定的秩序从此一去不复返,取而代之的是西欧内部剑拔弩张、旷日持久的英法百年战争和英西海上霸权之争,以及遍及各国的狂热的宗教战争。与此同时,伴随着航海探险和地理大发现,西欧国家开始了野蛮的殖民扩张,用血与火开辟了不可逆转的环球贸易和全球市场。

进入 15 世纪,在资本主义首先发展的意大利北部的佛罗伦萨和威尼斯等城市,文艺复兴作为一种文化和生活潮流蔚然成风,并逐步传播到西欧各国。文艺复兴以复兴古代希腊罗马的文艺为旗号,通过发现、整理、学习和模仿古典文艺,实现了西方文化的划时代创新。在价值观念层面,文艺复兴抛弃了"神本位"的世界观,确立了"人本位"的世界观,从此西方人对现世功业和世俗幸福的追求取代了对来世获救的迷恋,个人主义价值观逐步确立。

在文化层面,文艺复兴时期的艺术家虽然视古典文艺作品为典范,但却能推陈出新,超越先贤。他们的肖像画和风景画更加栩栩如生,逼近自然;他们的雕塑作品展示了更加自信的个人英雄主义;他们的建筑受惠于中世纪的教堂艺术,在结构和装饰上均大大超越了古典建筑的纯朴。在科学领域,哥白尼依据数学推理,大胆挑战传统观念,提出了石破天惊的"日心说",推翻了古老的"地心说",确立了现代宇宙观。

16 世纪,文艺复兴的春风已吹遍西欧大地。这时,在中世纪文明最坚固的堡垒内部爆发了又一场惊天动地的变革,这就是最终彻底改变基督教世界的宗教改革。宗教改革的内因是教会的腐败和专制,其重要外因之一则是文艺复兴新思潮对宗教界的洗礼。具有文艺复兴价值取向的宗教界知识分子主张回到《圣经》中去获取基督的真谛,抨击教会对教徒的奴役和剥削,指责罗马教皇把信仰变成了教条和繁琐的圣礼。最终,在罗马教皇有些鞭长莫及的德国,马丁·路德于 1517 年把《九十五条论纲》贴到了教堂的大门上。路德相信人是有原罪的,但无论是个人的行善还是教皇的恩准都无法使有罪之人最终获救。路德坚信,基督徒的获救完全是上帝的恩惠,个人唯有通过坚定的信仰才能得到拯救。路德的思想在北欧各国迅速传播,成为宗教个人主义的源头,因为它把信仰的责任完全放到个人的肩上,把信仰变成了个人的良知。受路德思想的启发和鼓舞,越来越多的宗教派别举起抗议的旗帜,与罗马天主教廷决裂,自行解释福音的真意,形成了各具特色的新教团体,最终导致基督教世界的大分裂,其影响及于今日。

通过文艺复兴、宗教改革和海外扩张,西方国家在公元1500年前后实现了内部的裂变和外部的崛起,从此便日益强势地影响乃至支配人类文明的格局和进程。

现代世界早期的信仰、理性与权力

公元1600年至公元1800年,文艺复兴和宗教改革所释放的巨大能量在西欧社会持续喷发。17世纪的上半叶,宗教改革引发的教派之争与国家之间为攫取土地和权力而展开的角逐交织在一起,导致了天主教徒和新教徒之间充满血腥的"三十年战争",多达500万基督徒在宗教战争中丧生。

不过,天下大乱转为天下大治。1648年,西欧国家之间签署的《威斯特伐利亚和约》从此确立了维系西方主权国家关系的所谓"威斯特伐利亚体系",即,在主权范围内,国家拥有至高无上的权威。

1660年后,商业资本主义在西欧国家迅猛发展,推动其进一步的海外扩张,这些国家在亚洲、非洲和美洲的广阔天地抢夺更大份额的产品与原料市场,使欧洲与世界其他地区的文化交流更加频繁。

17、18世纪是西欧社会持续剧烈转型的时代。西方人根深蒂固的宗教情结与方兴未艾的科学与理性世界观和思维方法形成冲突;新兴的宪政观念与专制君主的"君权神授"主张展开竞争;正在上升但数量尚微的新富尚无法抵消社会的普遍贫困和旧贵族阶级的特权。

在此风云际会的大背景下,巴罗克艺术气势恢宏地登上了西方文化的大舞台。巴罗克绘画起源于意大利,戏剧性强,场面宏大,明暗对照,色彩华丽,布局不对称,视觉效果强烈。巴罗克艺术一方面反映了科学革命所倡导的运动变化的新宇宙观,另一方面表现了天主教改革所激发的强烈的宗教情绪。巴罗克风格的雕塑与建筑和巴罗克绘画一道,共同为反宗教改革的天主教教堂营造出具有强烈的视觉冲击力和感染力的戏剧性宗教氛围,为天主教在新教分裂势力的猛烈冲击下站稳阵脚,发挥了独特作用。

与巴罗克艺术有异曲同工之妙的是 17 世纪贵族风格的艺术。法国的路易十四建立了欧洲登峰造极的专制君主制度。为了维护和彰显帝王的绝对权威,路易十四积极鼓励和支持艺术事业,推动了具有贵族气派的新古典主义的绘画、雕塑、音乐、文学和舞蹈的大发展,使凡尔赛成为欧洲文化的重镇。与欧洲专制君主制度下的贵族艺术遥相呼应,东方的奥斯曼帝国、印度的莫卧儿王朝、中国的明清王朝和日本的德川幕府,都促成了帝王文化的繁荣。

在科学领域,17 世纪的欧洲迎来了科学革命的春天。欧洲人因为基督教的天堂指向,似乎对宇宙现象有更浓厚的兴趣。中世纪的欧洲人以地球为中心,极力想象了一个由地狱到人间到天堂的封闭的、静止的环形圈层宇宙系统。16 世纪中叶,哥白尼提出了"日心说"。科学革命时期的科学家进一步借助望远镜,用实证的方法支持了这一新的宇宙观。在前辈科学家的研究基础上,牛顿进一步实现了划时代的科学综合,提出了影响深远的万有引力学说。不仅如此,科学革命还在思维方法上为人类文明做出了重大贡献。培根提出了基于经验的归纳推理法,笛卡尔首倡基于数学的演绎推理法,两人共同促进了以怀疑、思辨、实证、求知为根本特征的西方现代人文传统的形成。

18 世纪的启蒙运动哲人把科学革命的思维方法和世界观运用于社会问题的剖析,开启了彪炳千古的理性时代。他们所建构的一系列核心概念——自然法则、政治自由、自由企业、社会契约、社会平等、人类进步——奠定了西方现当代社会的价值根基,直接催生了美国革命和法国大革命,影响了整个人类历史的演进方向。

18 世纪的欧洲也取得了辉煌灿烂的艺术成就。洛可可艺术以其富贵华丽和对感官享乐的生动刻画而著称;新古典主义的建筑、雕塑、绘画则艺术地表现了启蒙运动的理性精神和社会理想。这一世纪也诞生了灿若群星的音乐天才。海顿、莫扎特等一大批音乐家把西方古典交响乐推向前所未有的高度。

19 世纪西方文化的转型

18 世纪后半叶,以自由和平等为理想的法国革命改变了整个欧洲的政治面貌。与此同时,在工业领域里悄然发生的另一场革命,首先导致了英国社会的转型,进入 19 世纪后又迅速波及美国和欧洲各国。工业革命使生产方式和劳动组织形式发生了根本变革,由此导致的产量和生产力的大幅提升以及人口的快速增长和向城市的迁移,促进了西方社会的急剧转型。

工业革命推动了西方经济的大发展,同时也为民族国家的兴起注入了强大的动力。共同的语言、历史和领土把人们凝聚成统一的民族国家,导致了近代德国和意大利的诞生。整个 19 世纪,在强烈的民族主义和爱国主义的推动下,西方列强为争夺海外市场和势力范围展开了激烈的竞争,掀起了瓜分亚、非、拉落后国家的帝国主义狂潮。

在文化领域,19 世纪上半叶是浪漫主义的时代。作为一场声势浩大的文化运动,浪漫主义反叛传统与权威,追求个人的、政治的和艺术风格的自由;反叛启蒙运动所张扬的理性,追求情感的奔放和大胆的想象;反叛工业革命导致的物质主义和个性丧失,追求无拘无束的精神生活和内在自我的释放;反叛西方现代社会的日益世俗化倾向,追求大自然无处不在的神秘力量。浪漫主义者自诩为时代的英雄和预言家。他们义无反顾地摆脱了教会和国家的庇护,张扬个性,力求创新,乃至于为社会和世俗所不容。19 世纪后半叶,现实主义、实证主义、达尔文主义、马克思主义、自由主义,共同向浪漫主义的、宗教的以及形而上学的自然观与社会观发起了反击,关注经验世界,强调细致的观察,追求科学的精确。

现实主义的文学和艺术将矛头直指工业革命和城市化所造成的贫富分化、阶级对立和种种社会邪恶。作为一种风格,现实主义呼吁对日常生活进行客观的而非理想化的评价;作为一场文化运动,它反映了大众对分享物质财富的普遍要求,以及对浪漫主义的感伤与怀旧情结的抛弃。如果说浪漫主义者在某种程度上选择了遁世,现实主义者则选择了投入改造现实的战斗。

19世纪最后30年,西方文化开始向现代主义转型。在思想界,德国哲学家尼采向启蒙运动奠定的理性传统发起了最猛烈的攻击,开启了非理性主义的闸门。他谴责社会改良,否定议会民主,嘲笑科学进步,讽刺基督教伦理,呼唤蔑视一切传统和规则的"超人"的诞生。

从文艺复兴到启蒙运动直至19世纪,西方文化的美学标准基于这样一种信念,即宇宙体现了固有的、可以理解的数学秩序,艺术的职责就是要模仿现实,像镜子一样反映自然面貌。文艺复兴以来的艺术家刻意遵守透视和比例的法则;音乐家用节奏与旋律谱写和谐统一的乐章;作家则依据清晰的范式创作结构完整的作品。

与此恰成对照,现代主义文化不承认空间、运动和时间的普遍客观性。现代主义者认为,现实可以通过多种方式加以把握;自然与人的经验可以放在多种框架下进行观照;想象犹如多棱镜可以为观察者呈现变幻莫测的现实。这一时期在西方艺术领域此起彼伏的象征派、印象派、新艺术和后印象派等,均生动展示了现代主义文化的极度主观和非理性倾向。

20世纪文化和艺术运动的新篇章

20世纪在西方乃至世界文明史上都是极不平凡的一百年。爆发于1914年的第一次世界大战以同盟国的失败而告终,它进一步加深了西方文明的精神危机,摧毁了欧洲人对启蒙运动所奠定的理性和进步价值的残存信念,使西方知识界陷入普遍的怀疑、悲观和幻灭之中。

仅仅21年后,欧洲乃至全世界再一次滑入战争的深渊。第二次世界大战吞噬了千万军人和平民的生命,极大地削弱了西方老牌帝国主义国家的实力,再次证明了西方文明传统的脆弱性,加深了第一次世界大战以来弥漫于西方知识界的悲观与非理性情绪。

第二次世界大战结束后,世界范围内掀起了殖民地人民谋求国家独立的解放运动。与此同时,第二次世界大战中携手对抗法西斯敌人的苏联和美国两大巨头在全球范围内展开了争夺霸权的竞争,把世界带入两大阵营的意识形态对立和军事抗衡的"冷战"状态。由于双方均拥有毁灭对方的核武器,人类文明第一次面临灭顶之灾。

进入 20 世纪下半叶,西方文明揭开了恢复和重建的新篇章。在美国的援助和领导下,欧洲经济走上了迅速发展的道路。女权运动和民权运动,促进了西方社会的改革和进步。80 年代末 90 年代初,东欧剧变、苏联解体,冷战宣告结束。在信息技术的推动下,人类文明进入了日益相互依赖的"地球村"时代。

20 世纪上半叶产生了两大影响深远的思潮,一是弗洛伊德的精神分析学说,二是萨特等思想家的存在主义。弗洛伊德致力于用科学的工具和态度来探索人的无意识世界,通过对梦的解析来理解人的非理性行为。他区分了本我、自我与超我,认为文明过度压抑了人的本能欲望的满足。弗洛伊德对人性和人类文明的未来持有比较悲观的态度,认为人性深处存在着强大的非理性和反文明倾向。

存在主义是对濒临解体的西方文明的一种回应。它试图回答第二次世界大战后困扰西方社会的几个根本问题:当旧的观念和确定性被消解后,当普遍真理被拒绝后,人们在这个世界上该如何安身立命? 面临技术的威胁和官僚制度的操纵,深陷焦虑中的人们该如何处世? 假如宇宙中并不存在任何超验的普遍意义,那么人们应该给自己的生活注入什么意义呢? 存在主义者认为,人们的自由选择将塑造人生的意义;每个人都应该勇敢地、负责任地投入生活,实现独特的自我。

起源于 19 世纪最后 30 年的西方现代主义文化和艺术运动,进入 20 世纪后得到了进一步发展。新的绘画艺术流派相继涌现:立体主义艺术家通过碎裂、解析和重组,试图从不同视角同时展示所描绘的对象;抽象艺术流派则更进一步回避对任何现实事物的刻画;两次世界大战期间出现的达达主义否定任何现存的美学规则;超现实主义旨在揭示下意识的非理性冲动;20 世纪 40 年代兴起的美国抽象表现主义艺术追求完全即兴的发挥;20 世纪 60 年代的波普艺术融合了大众艺术和高雅艺术;20 世纪后半叶的视觉艺术受到大众传媒和电子技术的影响,强调过程与媒介,表现了后现代文化特有的诙谐与反讽,形式更加多样,更加变幻莫测。

现代主义文学与现代主义绘画一样,表现了对传统形式和主题的强烈反叛。现代主义作家大胆尝试并置、多重视角、意识流等多种表现手段,反映了两次世界大战期间及战后充斥西方社会的怀疑、幻灭与荒谬感。继之而起的后现代主义文学摆脱了现代主义高度内省的焦虑与严肃,用诙谐、怀疑和反讽的笔调,讲述后工业和全球化时代的困惑与希望。

进入 21 世纪,信息技术与全球化的加速发展将把人类文明带向何方,我们有理由担忧,但似乎有更多的理由保持谨慎的乐观。

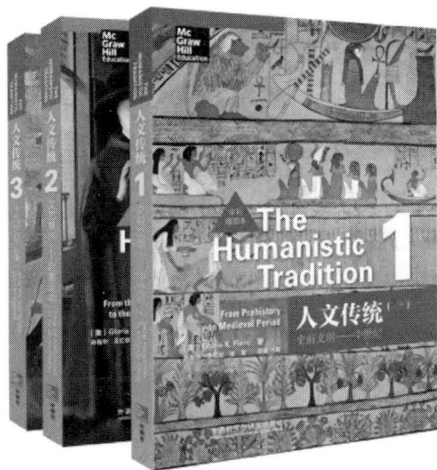

《人文传统》(全三册)(*The Humanistic Tradition*)全彩插图本
外语教学与研究出版社,2014 年 1 月第一版。

(本文节选自《人文传统》(全三册)序言,《中华读书报》2014 年 7 月 2 日转载)

美国文化管理体制：
营利交与市场 政府扶持公益

美国政府管理文化产业时有所为，有所不为，对无法完全依靠自身力量在市场经济中求生存的非营利性文化组织给予扶持，同时通过法律调控文化市场，而将营利性文化产业交给市场。

这是关注国外文化管理体制系列的最后一期。希望通过探究英、法、日、美四国文化管理体制的特点，让读者有所收获。谢谢关注。

美国的文化产业不仅是国民经济最重要的支柱之一，而且为巩固其世界霸权提供不可或缺的软实力支撑。美国政府区分了营利性文化产业与非营利性文化组织。前者交给市场，政府不控制也不分享其所有权，更不直接参与或干预其经营，这是政府有所不为的地方；后者因无法完全依靠自己的力量在市场经济的大潮里求生存、求发展，政府于是便通过税收政策或直接资助加以扶持，这是政府有所作为的地方。

一、法律手段维护公平公益

对于美国这个市场经济国家来说，政府调控文化市场的最重要、最有效的手段莫过于法律。通过立法和司法，政府确保文化企业之间公平竞争，优胜劣汰；同时，政府也通过法律手段确保文化企业在追求利益最大化的同时，不违背和损害公共利益。

为了打击盗版，维护文化产业领域的公平竞争，同时鼓励文化企业创新突破,不断开发新产品,占领信息时代世界知识产权的高地,美国政府在1976年《版权法》的基础上及时推出了一系列新的法规,如《版权保护期限延长法》《数字千年版权法》《防止数字化侵权及强化版权赔偿法》等等。上述一系列法规的颁布为美国政府打击网络文化市场的盗版行为、规范该市场经营秩序提供了系统的法律保障,为相关产业挽回了数十亿乃至上百亿美元的损失。

美国政府还通过立法来有效维护公共利益。例如,随着网络的普及,网上充斥色情暴力内容,一时间成为美国公众普遍关注的社会问题。为此,美国国会相继通过了《未成年人在线保护法》《未成年人互联网保护法》《儿童隐私保护与父母授权法》。此外,国会还通过立法成立了未成年人网上保护法委员会,将公共教育与网络技术的最新发展相结合,加强对未成年人的保护。

为了保护隐私权,美国政府于1974年颁布了《隐私权法》,1986年颁布了《联邦电子通信隐私权法》,1997年通过了《全球电子商务发展框架》。

人们以为,美国是一个言论绝对自由的国度。实际上,美国政府颁布了不少限制言论自由的法规。一方面,为了保护少年儿童的健康成长,早在1842年美国国会通过的《关税法》中就包含了美国最早的一部联邦反猥亵法,禁止淫秽图片进入美国;1873年通过的《康斯托克法》禁止邮寄传播淫秽材料;1842年至1956年期间共通过了20部反猥亵法;1996年通过的《儿童色情保护法》禁止以任何形式传播儿童色情材料。另一方面,1917年通过的《义务兵役法》对以言论、刊物诱导他人逃避兵役者将按照相关刑法条款处置。1940年通过的《史密斯法》规定,编辑、出版、发表、散布、出售或公开展示任何鼓吹、劝导、教唆以武力、暴力摧毁、推翻美国政府、州政府或任何政府部门者都将被判处重刑或罚金。20世纪50年代制定的《国内安全法》和《共产党控制法》也对出版自由进行了限制。

美国的经验表明,自由的大厦必须建立在法律的坚实地基之上。

二、税收优惠确保有效调控

如果说市场经济体系中的市场机制是"看不见的手",那么,政府的政策调控就是"看得见的手"。美国政府对文化产业的管理可以说是两手并用,后者集中体现在通过税收政策实现对文化产业的有效调控。

为了鼓励知识的传播,美国联邦政府对出版物不征收商品销售税;对非营利性出版机构,联邦政府不仅不征税,还给予一定的资助。美国政府对出口图书免征增值税和营业税(先征后退),对进口图书也免征进口税。此外,美国实行出版物邮寄费用优惠政策,书刊邮寄费用比其他邮品优惠30%。

为了鼓励企业和个人捐助文化艺术的发展,美国政府在20世纪70年代制定了著名的"501(c)(3)"条款,对非营利艺术团体与机构、艺术产业捐助者实行财产税和销售税的减免优惠,甚至在其寄发宣传广告等邮件时减免60%的邮资。在这一政策的推动下,大批慈善机构和基金会应运而生,公司、团体和个人也积极资助文化艺术事业。此外,美国地方及联邦政府还利用部分其他产业的销售税建立针对艺术产业发展的"信托基金"。

为了扶持知识产权业的发展,美国政府给予美国的软件企业"永久性研发税优惠"。如美国国内税收法第41款中规定的"研究与试验税优惠"部分,为美国公司在税收年的实际研究支出提供20%的税收减免。

为了抵制完全市场化媒体过于商业化的倾向,美国政府直接推动了公共广播的发展。1967年,国会通过《公共广播法》,成立了一个非营利性的广播电视机构——公共广播公司。该公司负责推动全国公共广播事业的发展,分配联邦政府的拨款,协调各公共台之间的关系等事务。1969年,公共广播公司设立了"公共广播网",通过卫星向全国的公共台传送节目。1971年,公共广播公司成立了负责全国公共广播电台之间业务联系的机构"全国公共广播电台",它在全国各地都有附属电台,播出教育、文化类节目。公共广播电台、电视台不播广告,经费主要来源于政府拨款;与此同时,公共广电媒体也接受企业和受众捐助、高等院校和社会团体的捐款、经办部门的经费等。公共电台和电视台播出一些教育和服务性节目、儿童节目、各种纪录片、严肃音乐等。科教节目如《发现》《自然》和儿童节目如《芝麻街》等都获得很好的收视效果。

高雅艺术表演团体往往也很难在市场经济中完全自立。对于这些团体,美国政府也会予以资助,资助额度往往只占其运营经费的5%左右,其余部分靠企业与个人捐助以及市场票房收入。

三、设立行业协会实现自律

市场经济体制中的政府必须高度约束自己的行为,但社会管理和公共利益并不能完全交由市场来处理。于是,各类行业组织应运而生。这些组织一方面以中立的身份出面协调该行业内部企业之间的公平竞争关系,另一方面代表该行业整体协调与社会各界的关系,塑造该行业的整体形象。行业协会的最根本职责是实现行业自律。

例如,美国广告业设立了"广告委员会",负责为公益事业免费制作广告。每年,各家报纸、杂志和大幅双面印刷品在这些公益广告上的投入约有8亿美元。约有300家非营利性组织要求加入广告委员会。广告委员会从中选择十几家推荐给广告公司,使它们有机会轮流提供广告制作服务。

该委员会的公益广告曾号召民众修复自由女神像,扫除文盲。成功的案例还包括:利用身穿护林员服装的熊的漫画形象号召防止森林火灾、以广告语"头脑的浪费是最大的浪费"为黑人联合大学筹款等。

美国有很多出版行业协会,如美国出版商协会、美国书商协会、美国大学出版联合会等。这些非营利的法人组织对出版业进行管理,发挥了维权、服务、沟通、公证和监督等作用。

(本文原载《人民日报》2012年3月22日第23版)

论文文化交流主义

　　关于一种文化与他种文化之间的关系,有两种针锋相对的主义,一为文化相对主义,一为文化绝对主义。前者认为每一种文化都是独特的,否认文化间的共性和相互沟通的可能性与必要性;后者认为文化之间有优劣之分,必须用"先进的"文化取代"落后的"文化,最终实现人类文化的普世大同。这两种主义的倡导者其实各自怀有现实的政治关切,在此存而不论。本文要讨论的是这两种主义在经验层面的合理性与不合理性,并试图化解两者之间不应有的紧张,进而探索第三条道路的可能性。

　　东西方学术界对文化的大量研究使我们对文化的本质属性有了更加清晰的认识。

　　第一,文化的继承性。文化是特定时空中的人群从自己的过去和传统中继承得来的。特定人群的历史和记忆的独特性决定了文化的相对性。

　　第二,文化的习得性。文化不是人与生俱来的东西,而是通过后天的学习得来的。家庭教育、学校教育、宗教习俗、政治宣传、大众传播,等等,这些都是文化习得的有效途径。文化习得不仅在特定文化内部纵向展开,而且在不同文化之间横向发生。文化的习得性不仅有利于加强文化的相对性,而且有利于扩大文化的普遍性。

　　第三,文化的功能性。文化是特定人群设计来解决自己生活中所面对的种种问题的。文化的功能性因为不同文化面临不同的问题而必然导致文化的相对性。与此同时,不同文化又面对越来越多的相同问题。因此,与文化的习得性一样,文化的功能性既有可能导致文化的相对性,又有可能导致文化的普遍性。

第四,文化的人性。文化是人类心智的产物;由于不同文化中的人具有普遍的人的基本属性,因此不同民族的文化必然具有天然的共性和相通性,即所谓人同此心,心同此理。因此,2000多年前的东方哲人孔夫子和西方哲人亚里士多德,在相互完全隔绝的状态下却异口同声地赞美"中庸之道"的高明;19世纪中叶的美国思想家爱默生的超验主义,与东方古代哲人老子的道家思想居然不谋而合;基督教、伊斯兰教、佛教在不同文化中都能赢得自己的信徒。所有这些文化"契合"现象都表明,基于共同人性的文化之间的确存在许多普遍性元素。

由文化的上述基本属性可以得出以下两个基本结论:

其一,文化的相对性与普遍性并存。相对主义把文化的相对性推到极端,只说对了一半;普遍主义把文化的普遍性推到了另一个极端,也只说对了一半。文化因其内在固有的属性,必然兼备独特性与共性,两者并非水火不相容的关系。

其二,随着全球化的全面推进,不同文化之间的交往大大增加,尤其是日益扩展的跨文化教育、跨文化大众传播和跨文化贸易与旅游,使跨文化的习得日益频繁。不同文化背景的青少年都在学习同样的英语,钻研同样的数理化,阅读同样的《哈利·波特》,观看同样的好莱坞电影和CNN新闻报道。所有这些跨文化习得行为都在扩大不同文化之间的共识,增加它们之间的共性。与此同时,全球化趋势也使不同文化的人们面对日益增加的共同挑战,如环境污染、能源危机、疾病传播,等等。因此,世界不同文化之间的共性在增加,差异在减少;普遍性在增加,相对性在减少。

那么,我们应该如何面对全球化对不同文化的独特性带来的挑战呢?文化相对主义的答案是拒绝外来文化的入侵,捍卫本土文化的纯洁性,最终弘扬光大本土文化,维护世界文化的多元化。为抵御西方强势文化的霸权行径,文化相对主义有其伸张正义的合理性。然而,历史证明,文化相对主义往往事与愿违,总是以保护民族文化为初衷,最终走向文化自恋、文化自闭乃至文化衰亡的结局。与此形成对照,文化普遍主义主张用所谓"先进的"文化简单取代"落后的"文化,往往堕落为文化霸权主义的借口,成为强势文化征服弱势文化的意识形态武器。

在文化相对主义与文化普遍主义之间,可能存在第三条道路,这就是文化交流主义。后者同时承认文化的相对性与普遍性,承认不同文化间的交流不仅必要而且可能。从根本上说,文化交流主义倡导文化关系的民主化。

具体而言,文化交流主义主张文化多元化。它从文化的继承性、习得性和功能性中看到文化相对性的必然,承认并赞赏多姿多彩的世界文化,把文化多元化本身视为值得珍惜的价值。

文化交流主义主张文化宽容。它承认不同文化具有平等的发展权,要求不同文化相互尊重,对文化差异保持高度敏感,努力理解形成文化差异的历史和现实原因,把文化差异当作彼此学习的机会,甚至愿意承认有些差异具有不可化约性。

文化交流主义主张文化开放。它反对文化封闭,反对文化上的夜郎自大,也反对用虚无主义的态度对待本土文化。它承认开放会带来外来文化对本土文化的冲击甚至破坏,但它反对通过自我封闭的办法来挽救和维持弱势文化。它相信,唯有迎接挑战,弱势的本土文化才能实现创造性转换,获得新生,从而对世界文化作出自己的贡献。文化交流主义主张文化沟通。它从文化的习得性、功能性和人性中看到文化的普遍性和跨文化沟通的可能性。它承认跨文化沟通的困难,但坚信只要双方具备足够的意愿,付出足够的努力,跨文化的沟通必然能够实现。

文化交流主义主张文化互动。它把不同文化视为平等的主体,主张文化间的双向交流。它不满足于世界文化的多元化,因为他注意到老死不相往来的世界文化多元化其实早在愚昧野蛮的人类原始文明之初就已实现,但那并不是多么值得留恋的美好时刻。它还注意到人类文明全球化这一不可逆转的趋势,正因为如此,它主张世界各种文化在这一过程中均有所作为,有所贡献,而不要沦为某一种强势文化的牺牲品。它提倡文化间的相互借鉴,提倡文化拿来主义、文化实验主义、文化共享主义。

文化交流主义主张文化和平。它承认文化间的差异甚至在某些方面的严重对立,但反对通过武力或威胁来解决文化间的冲突。它主张用"和而不同"的原则来化解文化间的矛盾。当然,现实的国际政治远非"君子之交",文化交流主义有可能被斥为理想主义或空中楼阁。但面对现实主义与强权主义的国际政治逻辑,我们要么推波助澜,要么随波逐流,要么以和平主义的理想和改善主义的信念引而导之,除此之外,我们难道还有其他更好的选择吗? 如果我们必须对人类文明的未来持乐观主义的态度,那么文化和平主义较之文化霸权主义应该是一个更好的选择。

文化交流主义主张文化改良。它相信文化的进步是一个渐进的过程,不可能一蹴而就,不可能以任何"全盘"的方式一劳永逸地解决。文化是一个复杂的系统工程,结构的变化不能代替具体要素的变化,具体要素的变化也不能代替结构的变化;整个系统的改良有赖于结构与要素的同时演变与相互磨合。文化改良不仅要依靠自身的传统资源,而且要积极吸纳外来文化的优秀资源,因此必须保持与外来文化的积极互动。只要这一互动的过程得以延续,文化的自我改良必然水到渠成。

文化交流主义从根本上说是一种过程主义。它认为,世界不同文化之间积极交流、相互丰富、增进理解的过程本身就是莫大的价值。它认为,全球化背景下日益频繁的跨文化交流有可能促进人类"意义共同体"和"生活共同体"形成,但它并不预设人类文明的未来结局。它相信这一结局的具体面貌有赖于人类大家庭的共同努力,相信人类有足够的智慧避免人类文明的单一化,最终实现世界文化多样化中的统一和统一中的多样化,就像我们生活于其中的大自然一样多元而又和谐美满。当然,和文化交流主义一样,这种信念本身也是一种理想主义和乐观主义。

(本文原载《中国人民大学学报》2007 年第 6 期)

思维陷阱与新闻偏见

　　偏见,顾名思义,就是有偏于一方面之见解。放在新闻的背景下,偏见有两层基本意义。其一是指,在多种同样有效的观察问题的视角之中,选择其中某一种。此一意义上的偏见似乎不可避免,因为一切新闻最终都必然要反映某种特定的视角,甚至采取某种特定的立场,做出某种特定的价值判断。也因此,美国学者赫伯特·甘斯(Herbert J.Gans)认为一切新闻都是有偏见的。

　　偏见的第二层意义是指"对新闻所作的不公正的、不诚实的、自私的、不平衡的或者误导性的歪曲"。我国学者童兵教授系统地归纳了"不公正报道"的5种表现:(1)偏袒一方,压制另一方;(2)强扭事实,片面报道;(3)主观武断,强加于人;(4)不给更正,难以申辩;(5)作者有权,读者无权。

　　上述第二层意义上的新闻偏见违背了新闻的真实、客观与公正等三项基本原则,是媒介应该、而且有可能避免的,中西方的新闻职业规范对此都有明确规定。

　　关于新闻偏见,还有一个必须明确的问题,这就是有意的偏见和无意的偏见。有意的偏见是记者或媒介组织为了一己的私利或好恶而有意歪曲事实;无意的偏见则是指记者或媒介组织由于能力的局限或其他客观原因而无意造成的不公正报道。有意的新闻偏见主要依靠法规制约和社会监督来加以控制;无意的偏见则必须通过记者和媒介组织的主观努力进行克服。

　　在"无意的偏见"中,由于记者思维能力的欠缺而造成的新闻偏见十分普遍。具体而言,由于缺少逻辑训练,一些记者在分析复杂社会现象的时候,往往不自觉地掉入了习惯性的"思维陷阱"——那些常常导致错误判断的习以为常的思维模式或思维定式。有鉴于此,本文总结了4种典型的思维陷阱,分别加以剖析,以期有助于记者和媒介避免新闻偏见。

"目击者"陷阱

为增强现场感和真实感,新闻报道向目击者或信源求证,这本身是无可非议的。但如果以为目击者或信源的话绝对可靠就会掉进"目击者"陷阱。记者应该清醒地认识到,目击者的个人观察可能会受他的个人偏见、思维定式、观察能力、经历、压力或者私利的影响。而且,即使目击者是记者本人,上述个人局限性也在所难免。如果认识不到这一陷阱,以为亲眼所见、亲耳所闻便真实无疑,不去进一步多方求证,那么记者的报道便很可能因偏见而失实。

例如,扬州有一家报纸曾报道过一条轰动一时的消息:《博士开餐馆》。这条新闻说的是,一位留学德国的博士戴某回国后,在扬州开了一间小餐馆,其言下之意无非是大材小用了。这则消息见报后,引得不少市民争相到该餐馆用餐,一睹博士风采。后经调查发现,这位"洋博士"原来大学本科都没有念过,他的所谓留学经历查无对证。那么,到底是什么原因导致了这样一条假新闻呢?从记者的思维方法的角度看,我们似乎可以归咎于"目击者"陷阱。据最初采写这篇报道的记者说,她当时决定发这样一条新闻,主要是因为她所在的报纸两年前曾刊登过一篇由戴某所写的文章,而且当时那篇文章曾引起扬州人的一场讨论。现在戴某回来了,她决定做一下回访。根据戴某提供的硕士学位证书,和他在法兰克福待过的经历,她相信了戴某所提供的"在读博士"的说法,觉得在读博士开餐馆也是新闻点,所以就有了那篇报道。

这位记者显然是过于相信了自己的"目击"。她亲自读过戴某的文章,亲眼见过戴某的硕士学位证书,又亲耳听过戴某的留学故事,于是便断定戴某的自述千真万确了。现在的问题是,她的"信源"与这条新闻有明显的利益牵涉,因此她不能只听一面之词。后来澄清这条假新闻的记者杨青春便成功地避免了这一"目击者"陷阱。他根据戴某提供的求学经历,首先向扬州大学档案馆核实,结果发现戴某根本没有上过这所大学的本科,而是在这里的培训班上过课;然后,杨青春又分别向南京大学俄语研究所和中国驻白俄罗斯大使馆咨询,结果发现戴某的硕士学位纯属假冒;最后,杨青春又托同学了解戴某所提供的德国某大学的有关专业和导师,结果证明戴某"在读博士"的经历纯属虚构。

这一事例提醒记者:不可轻信自己的"目击",也不可轻信当事人或其他信源的一面之词。

"先入之见"陷阱

记者如果在采访之前就有了对某个问题的结论,于是带着既有的观念去寻找相应的新闻来证实自己的看法,这样他就面临掉进"先入之见"陷阱的危险。

列宁曾经说过:"社会生活现象极端复杂,随时都可以找到任何数量的例子或个别的材料来证实任何一个论点。""先入之见"陷阱的危险性正在于,它使记者的注意力仅仅集中在有利于自己的"先入之见"的相关事实上,忽略或轻视与这种既有观念相矛盾的事实。假如一个记者事先便完全接受了这样一种观点或"上级指示",相信大规模建设经济开发区是发展本地经济的最有效途径。于是,他带着求证这一观点的目的去采访,自然不难找到某某县市或某某乡镇的成功经验,如吸引了数以百万计的外资,或创造了数以千万计的产值或税收,还有高楼林立的现代化城市图片,等等。然而,这只是开发区建设的一个方面。同样真实的另一方面是,开发区侵吞了大片良田,许多所谓开发区实际上"开"而不"发",圈占的土地弃置荒芜,周围的农民流离失所,当地环境还有可能因此大大恶化,等等。遗憾的是,这后一个方面完全被记者忽略了或者不愿意正视,原因很简单:记者的目光被他自己的"先入之见"完全遮蔽了。

另一个生动的例子是被评为 2002 年"世界杯十大假新闻"之一的"万乔普'服兴奋剂'"的报道。6 月 4 日,中国足球队世界杯首战 0∶2 负于哥斯达黎加队。当晚,一则"爆炸性消息"在中国记者中间迅速传开:"哥斯达黎加队主力中锋万乔普赛后被查出服用兴奋剂! 中哥比赛的结果极可能被更改为中国队获胜……"然而,好景不长,国际足联负责韩日世界杯赛兴奋剂检查的官员6月5日便公开辟谣:"自世界杯足球赛开赛以来,还没有发现一例兴奋剂检查呈阳性者。兴奋剂检测中心对6月4日举行的3场世界杯比赛(其中包括中国队对哥斯达黎加队)相关球员的血液检查都为阴性……"这里,谣言竟然被当作新闻发回国内的原因是多方面的,但其中一个重要因素可能与"先入之见"思维陷阱有关。显然,在比赛结果出来之前,中国记者们事先便希望甚至相信中国队会战胜哥斯达黎加队。带着这样的"先入之见",记者们自然希望听到、同时也很容易轻信有关对方选手服用兴奋剂的消息。这样,正当中国记者们对比赛结果感到大失所望或不愿相信的时候,有关对方运动员服用兴奋剂的谣言,正好满足了他们的求证期待。于是在尚未对这一消息进行多方核实之前,他们便迫不及待地、满怀欣喜地把谣言当新闻发布了。

"虚假调查"陷阱

随着数字化时代的到来,越来越多的事物需要通过数字进行表达,而人们的思维也日益追求客观和严密。在此背景下,"精确新闻报道"应运而生。所谓"精确新闻报道",是指记者在采访新闻时运用调查、实验和内容分析等社会科学研究方法,来搜集资料、查证事实,从而报道新闻。这种以数据性事实为依据的新闻叙述方式,具有更准确、更易理解和更客观可信的特征。然而,记者如果不能掌握有效的抽样调查方法,只是用一些道听途说的似是而非的数字填充在新闻报道中,冒充"精确新闻报道",他便会掉进"虚假调查"陷阱,其结果,谬种流传、误导受众。下面是某报2003年1月21日的一则报道:

中国教师"走穴"泛滥成灾

记者近日与一些中学生聊天发现,许多初三、高一、高三学生都请在职教师做家教,其他学生也多半在上一些名师辅导班。"课内不足课外补"现象已渐成气候,不少学生在学校放了学,啃上几口面包就到老师家报到,有的干脆在老师家搭伙,而周末多半在外地名师的辅导班中"度假"。一些名师的"业余收入"直逼万元,就是一些工作没几年的青年教师,也因戴上了名校教师的光环,做个几年家教就解决了一套房子。在职教师家教的泛滥甚至让一些学生分不清课内课外,把课后的"加餐"当成"主食",造成了学习上的"营养不良"。

且不说,该报道耸人听闻的标题是否适合套在全国各地各级各类教师的头上,这里要指出的是,采写这条新闻的记者违背了抽样调查的最基本原则。他仅仅基于偶尔碰到的"一些"(很可能只有三五位)中学生的聊天,而不是对全国各地各级各类学校的学生的随机抽样调查,便试图对全中国的教师"走穴"现象做出判断,这种轻率到了简直不可思议的程度。而且,该报道通篇使用一些含糊的数字,来描述构成这篇新闻的关键信息,如"许多""多半""一些""不少""直逼万元"(是月收入还是年收入)"几年",等等。这样貌似客观的报道,根本无法让读者获得对所报道事件的准确判断。即便"中国教师'走穴'泛滥成灾"是事实,这样的报道也不能令人信服。

我们再来看某新闻网上的一篇"精确新闻报道",题目是《"海归"身价调查》(2003年11月24日)。既然是"调查",我们自然有理由期待从报道中找到有说服力的数据。事实上,该报道也提供了一些数据,现按文中出现的顺序列举如下:

(1)调查显示,在过去的20年里,有近60万国人留学海外。到目前为止,已有15万人学成归国。而且,"海归"的人数还在以每年13%的速度递增。

(2)据了解,去年仅上海一地找不到工作的"海归"已达7000人。

(3)根据教育部公布的数字,自1978年至2002年底,我国的出国留学人员达58万人,到目前为止,15万人学成归国。去年,回国的"海归"将近1.8万人,比上年增长了47%。

(4)据调查,北京人才市场"海归"和本土人才的薪酬期望和招聘单位愿意支付给两类人才的薪水落差越来越小,大有齐平的趋势。

(5)据中国社科院最近发布的"中国留学归国人员调查报告"显示,大部分"海归"派选择回国看重的是个人的发展,78.8%的人选择了更能发挥本人才能的职业。

从"精确新闻报道"或本文所谓的"虚假调查"陷阱的角度,我们不难发现上述调查结果中潜藏的问题。首先,作为对"海归"身价的一篇深度报道,该文理应提供有关这个问题的直接数据,如留学归国人员在全国的就业率、职业分布、平均收入水平及其与本土同类人才的收入比较。然而,从整篇报道中,我们找不到任何这些方面的可靠数据。(1)、(3)、(5)是可靠的调查数据,但并不是本报道主题所需要的关键信息。(2)所提供的数据是相关的,但并不完整。从中我们只能了解上海一地去年一年中"海归"找不到工作的情况,但不知道本土人才的求职状况(说不定数以万计的本土人才找不到工作),因而无法进行必要的比较;而且我们并不能简单地从上海的情况推测全国的情况(完全有可能"海归"过于集中在上海)。(4)所提供的信息是相关的,但同样是残缺的,它只告诉我们北京一地的情况。其次,该报道并没有提供有关调查的重要背景信息,因而文中的数据是大可怀疑的。例如(2)所谓的"据了解"到底是谁去了解的? 向什么机构了解的? 该机构是如何调查的? (4)所谓的"据调查"是谁做的调查? 在什么时间、在什么范围内、用什么方法进行的调查? 没有这些背景信息,读者完全有理由怀疑,这位记者之所以含糊其词,只不过是为了把道听途说的消息,包装成客观可信的调查结果,让读者以为可信而已。虽然这篇报道的记者还采访了多位"海归"以及公司的招聘人员,而且故事也写得非常生动,但严格说来,这算不得一篇名副其实的"精确新闻报道"。

成功的精确新闻报道取决于能否有效避免"虚假调查"陷阱。在这方面,美国新闻界的经验值得我们借鉴。为了避免误导普通读者,美国民意研究会(Association of Public Opinion Research)要求新闻媒体在引用调查数据时必须提供如下背景信息:

(1)调查的执行者;(2)所提的具体问题;(3)对抽样总体的界定;(4)样本规模(对邮寄调查来说,包括寄出问卷和回收问卷的数量);(5)抽样误差;(6)哪些结果基于部分样本而不是全部样本;(7)采访的具体形式,如个人采访、邮寄采访、街头采访;(8)采访时间的选择。

我国新闻界恐怕也应该尽快做出相应规定,以便引导和监督记者通过规范的抽样调查获取可靠的数据,并在报道时,提供必要的背景信息,供读者评估数据的相关性和有效性。只有这样,新闻才能真正"精确"起来。

"错误关联"陷阱

现实生活中发生的种种事件之间,存在着错综复杂的关系,描述和揭示它们之间的关系,正是新闻报道的重要任务之一。在识别和确定事件之间的关系的时候,一些记者常常被它们之间的表面或者说假象联系所迷惑,把本来不具有必然联系,或者说只是偶然关联的两个事件牵扯到一起,将因果关系简单化(而事实上一个结果通常由多个而不是一个原因导致),或者干脆把偶然联系判定为因果关系。逻辑上有所谓"后此谬误",指把先后出现的两个事物之间的关系,简单地断定为因果关系;还有"同时谬误",指把同时出现的两个事物之间的关系,简单地断定为因果关系。这些都是记者在采写新闻的时候必须谨慎避免的又一种思维陷阱——"错误关联"。

这方面最生动的例子大概莫过于"非典"流行期间,新闻界对野生或家养动物果子狸所制造的一起冤假错案。事情的经过是这样的:

5月11日,科研人员发现,有果子狸标本通过PCR检测呈阳性,而且病毒含量大,很容易被检测出来。

5月14日,实验人员从6只果子狸标本中分离到3株SARS样病毒,从1只貉标本中分离到1株SARS样病毒。科研人员通过电镜对病毒形态进行分析,确定是冠状病毒。

5月16日,科研人员成功地对果子狸标本中分离出的SARS样病毒基因进行了全序列测定,分析显示,这种SARS样病毒与人类SARS病毒有99%以上的同源性。

进一步的研究发现,从进化论的角度看,果子狸SARS样病毒比人的SARS病毒更古老,证明动物的SARS样病毒是人类SARS病毒的前体。

与此同时,实验室也对野生动物经管者——东门市场9名野生及家禽动物经营者和1名专业宰杀人员进行了SARS病毒抗体检测分析。结果显示,其中5人,包括那名宰杀人员呈阳性反应,显示这些人此前应感染过SARS病毒。

5月23日,深圳疾病预防控制中心和香港大学联合宣布:人与果子狸SARS病毒高度同源。

上述医学界所宣布的结果本来是科学的、谨慎的,它认定果子狸与SARS病毒"高度同源",或者说果子狸身上的SARS与人身上的SARS之间可能存在某种联系。而东门市场的个案研究(注意,这并不是一项遍及全国或对各种动物的全面调查研究)最多也只能显示,接触果子狸与感染SARS具有正相关性而非因果关系;或者说,接触果子狸的人同不接触果子狸的人相比,前一类人中发现有更大比例的人感染过SARS病毒。

但这种科学推理上的概率相关性,并不能简单地与因果关系画等号。从逻辑上讲,因果关系必然包含着相关性,但相关性并不一定意味着因果关系。也就是说,医学界的发现并未证明,接触果子狸的人必然会感染SARS;也未证明,人类的SARS一定是由果子狸传播的。遗憾的是,一些新闻记者未能避免这里存在的思维陷阱,迫不及待地发出了这样的消息:《非典元凶锁定果子狸》。转眼间,一直被视为美味佳肴的果子狸变成了头号恐怖分子,人们避之唯恐不及。各种媒体上,连篇累牍地报道有关果子狸的新闻:《京城餐桌不见果子狸》《成都有人挖坑活埋果子狸》《人体彩绘:警惕果子狸》《湖北武汉将果子狸放归山林》……

直到8月4日,《京华时报》终于站出来为果子狸平反昭雪:"据动物园协会在全国24个省的动物园调查结果显示,所有动物园的动物和职工中没有一例非典病状发生。"8月21日,海南省带头"解禁"了果子狸等17种驯养野生动物。至此,由果子狸与SARS之间的"错误关联"而导致的全国性恐慌才得以平息。

上述分析表明,思维陷阱是造成新闻偏见的重要原因。以揭示事实、传播真理为己任的新闻记者,面对纷纭万象的现实世界,理当谨慎推理,小心求证,使每一篇深度报道建立在充足、可靠的证据和严密的逻辑之上。唯有如此,新闻才能取信于读者,造福于社会。

(本文原载《新闻与写作》2004年第4期)

国外学术界的国际新闻研究:方法与现状

近 20 年来,国际新闻研究在国际问题以及新闻传播学领域日益受到重视,已积累了不少成果。例如,围绕中国的国际形象问题,来自不同学科领域的许多学者对美国媒体展开了一系列研究。近年来,不少学者开始尝试从议题设置和叙述框架的角度,运用定量分析的方法对国外报刊进行研究,也取得了不少有价值的成果。但总体来看,国内学术界的国际新闻研究往往缺少理论支撑和方法论基础。因此,我们在为已经取得的成绩感到欣慰的同时,有必要进一步探究该领域的学术理论与研究方法,以期将我们的研究推向新的高度,并最终与国际学术界展开有效对话。正是出于这样的目的,本文试图通过探讨国外学术界(主要是英语研究圈)在国际新闻领域的研究方法与最新动态,为相关学科的国内学者提供思考的参照。

国际新闻的研究方法基于对国际新闻内涵的认识。归纳起来,国外学术界大体从两个视角看待国际新闻,其一为"选择"(selection)视角,其二为"建构"(construction)视角。前者关注新闻事件本身,把世界上发生的事件视为决定国际新闻结构的独立变量;而社会建制(媒介、新闻职业、新闻市场,等等)被认为居于次要的中间地位,充当"选择者"(selector)或"把关人"(gate-keeper)的角色,其作用是选择、拒绝、改编,等等。后者则反其道而行之,视新闻为社会的"人工制作品"(artifact),把具体的新闻看作是社会传统、惯例、价值观念以及资源配置等因素综合作用的结果。简言之,前者关注新闻是如何被选择的,而后者则关注新闻是如何被制作的。

根据西方学者贾瓦德(Stig Hjarvard)的观察,上述两种视角的研究分别在宏观和微观的层面展开,由此构成国外学术界国际新闻研究的 4 种基本方法,即微观—选择研究、宏观—选择研究、微观—建构研究和宏观—建构研究。①
在此,笔者拟借用贾瓦德的这一框架,对国外学术界国际新闻研究的方法与现
状进行剖析。

微观—选择研究　此一研究传统历史悠久,其研究对象为新闻"把关
人"。该领域的研究最早可追溯到怀特,他在1950年发表了《"把关人":新闻
选择案例分析》。② 怀特选择了美国的一份小城市日报进行研究,要求该报的
一位编辑"把关人先生"保留下1949年某一周内来自3个通讯社的所有新闻
稿,并解释为什么放弃使用其中90%的稿件。经过定量分析,怀特发现编辑
的选择决定表现出"高度主观"的特征。来自通讯社的大约三分之一的稿件
仅仅基于"把关人先生"对故事真实性的个人主观判断被放弃,其余的稿件则
因为版面不够或已有相关报道而被放弃。

随后,麦克内利对整个新闻制作过程中的一连串的把关人进行了研究,从
报道事件的驻外记者到本地报纸的编辑。③ 60年代后,新闻选择理论虽然受
到学界的非议,但依然后继有人。在国际新闻研究领域,特别值得一提的是
90年代初张占国等学者就影响美国报纸编辑选择国际新闻的价值和个人因
素展开的一次抽样调查。④ 他们发现把关编辑偏爱那些对美国安全和国家利
益产生重大影响的国际新闻。在编辑个人层面,具有"国际眼光"的编辑——
有自由主义倾向,对国际新闻有兴趣,有外语基础——更有可能会偏爱对国际
事件的报道。总体看来,影响把关的重要因素是把关人的个人特征;有些因素
(如外语能力)同新闻选择具有正相关性,而另一些因素(如新闻工作经历)则
同新闻选择具有负相关性。

从方法论的角度看,对新闻选择的研究主要采用内容分析法。研究者把

① Stig Hjarvard.The Study of International News//Klaus Bruhn Jensen. *A Handbook of Media and Communication Research.* New York,NY:Routledge,2002.

② White D M. *The"Gate Keeper":A Case Study in the Selection of News.* Journalism Quarterly, p.27,pp.383-390.怀特是第一个运用"把关人"理论进行实证研究的学者,而该理论的首创之功则应记在库尔特·卢因(Kurt Lewin)名下。

③ McNelly J T.Intermediary Communicators in the International Flow of News. *Journalism Quarterly*,p.36,pp.23-26.

④ Chang T K,J W Lee.Factors Affecting Gatekeepers Selection of Foreign News:A National Survey of Newspaper Editors. *Journalism Quarterly*,69,pp.554-561.

报纸选择的新闻同它放弃的新闻进行比较,以便揭示"把关"过程中实际发挥作用的因素。此外,研究者经常采用的方法还有对把关人的抽样调查(一般通过邮件,有时也通过电话)、采访(通常是自由交谈式采访)、现场观察把关人的工作,有时也采用实验的方法。

宏观—选择研究 此一层面的研究集中表现为新闻流向分析(news flow analysis)。事实上,这类研究一直支配着国外学术界对国际新闻的研究,所取得的研究成果简直可以称得上汗牛充栋。据西方学者统计,从 1850—1969 年,归属于广义的"国际信息流向"范畴下的出版物有大约 318 种;此后,这方面的研究迅速升温,从 1973—1983 年间发表了 447 种以上的研究成果。① 所有这些研究得出的结论大体一致,诺顿斯特伦对此进行了简要的归纳:"从数量上看,据估计,从工业化国家(居住着人类三分之一的人口)流向第三世界(占世界人口的大约三分之二)的信息总量,相当于从后者流向前者的信息总量的至少 100 倍之多。"②

80 年代初,国际大众传播研究协会(International Association for Mas Communication Research)来自 10 多个国家的学者在哈洛伦教授的领导下,对 29 个国家的部分日报和主要电视频道在两周内的外国新闻报道进行了定量分析。该协会于 1984 年发表了研究报告,主要结论如下:(1)国际新闻报道的选择标准在全世界具有普遍性;(2)所有国家的媒介系统都强调区域性事件和人物;(3)美国和西欧始终是全球各地区的新闻制作者;(4)国际新闻报道的对象首先是美国和西欧,然后是所谓"热点"新闻;(5)"热点"以外的第三世界国家以及社会主义国家在国际新闻报道中一直是最少报道的区域;(6)国家通讯社是国际新闻的最重要的来源,其次是几个主要的国际通讯社。③

80 年代另一项有意义的研究成果是美国学者史蒂文森和肖对大约 16 个

① Hamid Mowlana. *Global Information and World Communication*. New York & London:Longman,1986,p.19.

② Howared H Frederick.*Global Communication and International Relations*.Belmont,CA:Wadworth,1993,p.128.

③ Jaap van Ginneken.*Understanding Global News*.London:SAGE Publications,1998,p.142.

国家的新闻媒介进行的一项研究。他们认为,对西方媒介及其通讯社的批评有些言过其实,而且至今并未得到证实。他们的研究表明,第三世界国家的编辑同样是一边倒的,他们也不自觉地忽略来自第三世界和第二世界的新闻,强调第一世界的新闻,偏爱负面新闻而不是正面新闻,使用粗线条的文体从而要求读者来填补空白,等等。不过,史蒂文森和肖相信,这一切都不能简单归结为刻意的歪曲报道。①

　关注世界新闻流向问题的不只是学术界,事实上,联合国教科文组织也极大地推动了该领域的研究。早在 1953 年,教科文组织发表《新闻流向》报告,郑重指出发达国家和第三世界国家之间存在着严重的新闻流向不平衡现象。② 1978 年,教科文组织发表《大众传媒宣言》,呼吁实现"信息的自由流动与更广泛和更平衡的传播",同时强调"信息必须反映报道对象的不同方面",必须"为那些反抗殖民主义、新殖民主义、外国占领以及形形色色的种族歧视与压迫而又无法使自己的声音传播到外界的被压迫民族提供表达的机会"。③ 1980 年,受教科文组织委托,传播问题研究国际委员会(International Commission for the Study of Communication Problems)在肖恩·麦克布赖德的领导下,对 60 年代以来围绕国际新闻流向问题在国际学术界和政界展开的一系列辩论进行了系统的研究和总结,并于 1980 年发表了研究报告《多种声音,一个世界》,呼吁实现国际新闻传播中的多元化和平等对话。④

　同年,教科文组织在第 21 届全体会议上通过了 4/19 号决议,正式呼吁建立"世界信息与传播新秩序",并列举了 11 项具体目标。主要内容包括:废除当前不平衡与不平等的信息传播;废除某些公共或私有的垄断与过分集

---

　① Robert L Stevenson, *Donald Lewis Shaw. Foreign News and the World Information Order*. Ames: Iowa State University Press, 1984. quoted in Jaap van Ginneken. Understanding Global News. London: SAGE Publications, 1998, p.142.

　② UNESCO. *The Flow of News*. Paris: UNESCO, 1953.

　③ UNESCO. *Mass Media Declaration*. Paris: UNESCO, 1978. see "Appendix F" in Jim Richard and Michael H Anderson(ed.). *Crisis in International News: Politics and Prospects*. New York: Columbia University Press, 1981.

　④ UNESCO. *Many Voices, One World*. Paris: UNESCO, 1980.

中所造成的负面影响;实现信息来源和渠道的多样化;发展中国家有权使它们的信息与传播媒介适应自身的需要与追求;尊重每一个民族的文化身份及其向世界公众表达自己的利益、追求与价值观的权利;尊重所有民族在平等、公正和互利的基础上参与国际信息交流的权利;尊重公众、种族与社会群体以及个人的知情权与积极参与传播过程的权利。① 此后,1985 年和1989 年,教科文组织又先后发表了《媒介中的外国新闻:29 个国家的国际报道》和《世界传播报告》。②

教科文组织为建立世界信息与传播新秩序的上述努力得到第三世界国家和当年社会主义阵营的热烈欢迎,但是却遭到美、英等发达国家政府的强烈抵制。美、英两国甚至以拒绝交纳会费相威胁,并最终退出了联合国教科文组织。1987 年以后,由于国际形势的变化,教科文组织逐渐淡化了关于建立世界信息与传播新秩序的努力。虽然如此,无论在学术上还是在实践中,国际新闻流向的不平衡至今依然是一个悬而未决的问题。

微观—建构研究　该研究视角基于这样一个根本假设,即社会建制对国际新闻的形式、内容与数量产生重大影响,具有"建构"作用;而反过来,经过建构后的新闻又为特定的社会制度与价值体系提供"合法化"服务。从这一假设出发,该流派的学者关注微观层面的国际新闻现象,即特定新闻报道的具体内容或特定通讯社的具体运作机制。从研究方法上看,该领域一般采用对新闻内容的定量分析和意识形态批判,常常表现为比较案例分析。代表性的研究成果有:巴茨加的著作《外国时事新闻与广播电视记者》;博伊德—巴雷特的著作《国际通讯社》;亚当斯编著的《国际时事的电视报道》;霍恩的德文版著作《通讯社研究报告》;芬比的著作《国际新闻机构》;博伊德—巴雷特和图苏合著的《国际新闻的反向流动:国际及地区新

①　UNESCO Res.4/19—*On the International Commission for the Study of Communication Problems*(Belgrade,21 October 1980),sec VI,p.14.

②　UNESCO.Foreign News in the Media:International Reporting in 29 Countries,*Reports and Papers on Mass Communication No*.93.Paris:UESCO,1985;UESCO.*World Communication Report*.Paris:UNESCO,1989.

闻交换机制》,等等。①

微观—建构研究　其层面的最新一项重要研究成果当推沃斯伯恩在
2002 年出版的《国际新闻的社会建构:我们在谈论他们,他们在谈论我们》。②
该书从社会建构的角度,运用内容分析、个案研究和比较研究的方法,探讨了
美国、英国、法国、加拿大、俄国、印度尼西亚和日本的新闻媒介(包括电视、报
纸和广播)上的国际新闻。全书分为三个部分:第一部分主要探讨美国新闻
媒介对发生在其他国家但直接牵涉美国的新闻事件的报道,如美国新闻媒介
对英、阿福克兰群岛之争(1982 年)和两伊战争(1980—1988 年)的报道、美国
新闻媒介对其他国家的内战和暗杀事件的报道,等等。第二部分主要探讨其
他国家的新闻媒介对美国的报道和对有美国卷入的国际新闻事件的报道,如
苏联解体后俄国电视新闻对美国的报道、印度尼西亚报纸对波斯湾危机
(1990—1991 年)中的美国的报道,日本广播电台(Radio Japan)对国际贸易
争端中的美国的报道及英、加、法电视新闻对美国总统大选的报道,等等。第
三部分是作者对美国新闻媒介的国际新闻报道的总体评价。

沃斯伯恩的研究发现,尽管美国新闻媒介上的国际新闻丰富多彩,它们其
实都始终致力于"生产并不断再生产一个相当一致的美国形象",③用沃斯伯
恩的话说就是:"我们(指美国新闻媒介,引者注)在谈论自己。"根据沃斯伯恩
的观察,早在 70 年代末由美国学者甘斯揭示的支配美国新闻媒介的新闻价
值,④至今依然建构着美国媒介上的国际新闻。这些新闻价值包括:(1)"种
族中心主义"(ethnocentrism),即认为美国是最重要和最高尚的国家;(2)"利

---

①　Batscha R M.*Foreign Affairs News and the Broadcast Journalist*.New York:Praeger,1975;O
Boyd-Barrett.*The International News Agencies*.London:Constable,1980;W C Adams(ed.),*Television
Coverage of International Affairs*.Nor wood,NJ:Ablex,1982;H Hohne.*Report on News Agencies*,2nd. Ba-
den-Baden,Germany:Nomos Verlagsgesellschaft;J.Fenby.*The International News Services*.New York:
Schocken Books,1986;O Boyd-Barrett,D Thussu,*Contraflow in Global News*:*International and
Regional News Exchange Mechannisms*.London:John Libbey,1992.

②　Philo C Wasburn.*The Social Construction of International News*:We're Talking about Them;
They're Talking about Us.Wesport,Connecticut,London:Praeger,2002.

③　Philo C Wasburn.*The Social Construction of International News*:We're Talking about Them;
They're Talking about Us.Wesport,Connecticut,London:Praeger,2002,p.19.

④　Herbert J Gans.*Deciding What's News*.New York:Random House,1979,pp.52-64.

他主义民主观"（altruistic democracy），即认为政治必须建立在公众利益和为公众服务的基础上；（3）"责任资本主义"（responsible capitalism），即认为美国的自由—市场体系必将促进所有人的民主与经济繁荣；（4）"小镇牧歌情结"，即认为城市是种族冲突、犯罪和破产的温床，而小镇则是美好生活的天地，任何大的东西（大劳工组织、大企业、大政府）会威胁个人的独立与自由；（5）"个人主义"（individualism），即关注个人行为者而不是群体、社会政策、社会结构或过程；（6）"温和主义"（moderatism），即认为现存的制度是理想的，必须维护，同时怀疑并抨击任何威胁现状的激烈言论和行为；（7）"国家领袖"（national leadership），即强调总统是社会与政治秩序的保护者。①

基于上述新闻价值，美国新闻媒介在其国际新闻中所构建的美国形象就可想而知了：美国是世界上最重要的国家，其民主的政治制度堪称其他社会的榜样；美国政府关心其公民的利益；美国人民对于美国政府的国内或国外政策十分满意；美国现存的政治与社会制度是美好的，无需进行结构性变革；美国的资本主义经济制度为美国公民创造了全球最高的物质生活水平，为全世界创造了无数的就业机会，为所有人生产了更低廉的商品，这一切与共产主义和社会主义的失败形成鲜明对照；美国是世界上唯一的超级大国，它有能力回应任何对美国国家利益和生活方式的威胁。②

沃斯伯恩的研究还表明，不仅美国新闻媒介上的国际新闻被美国的现存社会制度与意识形态系统建构，其他国家的情况也是如此。冷战期间苏联新闻媒介对美国的报道和冷战结束后俄国新闻媒介对美国的报道所形成的鲜明对照，就是一个典型的案例。在此意义上，沃斯伯恩认为，"宣传与新闻之间的界限常常微不足道"③。

宏观—建构研究　该研究视角主要在理论层面展开，把国际新闻放在文化帝国主义或媒介政治经济学的背景下进行审视。主要研究成果有：盖尔腾

---

① Philo C Wasburn. *The Social Construction of International News*: We're Talking about Them. They're Talking about Us. Wesport, Connecticut, London: Praeger, 2002, p.11−19.

② Philo C Wasburn. *The Social Construction of International News*: We're Talking about Them. They're Talking about Us. Wesport, Connecticut, London: Praeger, 2002, pp.153−154.

③ Philo C Wasburn. *The Social Construction of International News*: We're Talking about Them. They're Talking about Us. Wesport, Connecticut, London: Praeger, 2002, pp.153−154.

在该领域的奠基之作《帝国主义的结构理论》,席勒的著作《传播与文化统治》,滕斯托尔的著作《媒介是美国的:盎格鲁—美利坚媒介在世界》,莫斯柯的著作《传播政治经济学》,摩拉纳的著作《全球信息与世界传播》,①等等。

宏观—建构领域的国外学者可以大体划分为两个对立的阵营,一派致力于揭露和批判国际传播中的媒介帝国主义或文化帝国主义,提倡建立国际传播新秩序;另一派则怀疑或反对上述立场,或为现存的国际传播结构辩护。前一阵营的学者主要是当代西方法兰克福学派、"新马克思主义者"以及部分第三世界国家的学者,主要代表有席勒、滕斯托尔、马特拉(A.Mattelart)、撒马拉吉瓦(R.Samarajiwa),等等。这些学者一致认为,电子媒介按照它们自己设定的议题展示世界的图像,从而影响、扭曲或败坏人们的文化观和世界观。美国支配了全球信息和观念的传播,其电视、电影、报刊、音乐和软件充斥了世界各地,影响了几乎每一个国家人民的思想和生活方式。西方新马克思主义阵营的学者相信,美国媒介文化对全球的垄断地位乃是美国军事—工业集团与政治利益集团精心策划和蓄意推行的结果,它建立在美国在信息工业领域的全球垄断地位的基础上,其根本目的是要向全世界推行美国的文化与政治观念,从而保持它在全球的政治垄断地位,并为其商业产品开辟市场。

西方新马克思主义阵营的学者们一致声讨美国媒介帝国主义对发展中国家的民族文化所造成的恶劣影响。这种批判主要集中在4个方面:其一,美国媒介帝国主义把美国特定环境下产生的一整套价值体系和文化范式包装成普世的、永恒的真理,其实质是使美国的霸权在哲学和道德上合法化。其二,与传统帝国主义不同,美国媒介帝国主义征服的不是人们的肉体,而是他们的灵魂。美国媒介提供的文化产品中充斥着"反共产主义"、资本主义、商业主义、种族主义、军国主义、性别歧视,这类思想对第三世界国家的狂轰滥炸最终将使人们失去判断力。其三,美国媒介帝国主义正在严重污染世界各国的本土

---

① Galtung J. A Structural Theory of Imperialism. *Journal of Peace Research*, 8, pp.81 – 147; Schiller H I.Communication and Cultural Domination. White Plains, NY: *International Arts and Science*, 1976; J Tunstall. The Media Are American: *Anglo – American Media in the World*. London: Constable, 1977; V Mosco. *The Political Economy of Communication*. London: Sage, 1996; H Mowlana. *Global Information and World Communication. 2nd ed.* London: Sage, 1997.

文化,威胁世界文化的多元化。其四,美国媒介帝国主义所输出的大众文化不仅支配了发展中国家的文化市场,而且威胁着西欧文化的生存和发展。

文化/媒介帝国主义理论盛行于 20 世纪 70—80 年代。90 年代后产生的种种媒介理论纷纷从"自主的读者"(autonomous reader)和"全球化"的角度,对上述新马克思主义的观点提出质疑。《文化帝国主义》①一书的作者汤林森是该流派的典型代表。汤林森及其他非马克思主义学者的观点大体可以归纳如下:(1)美国媒介产品的流行并不意味着美国价值观念已被普遍接受;(2)文化/媒介帝国主义理论往往神话本土文化,视之为一成不变的生活方式和价值体系,而实际上,一个封闭的文化必然走向衰亡;(3)随着媒介技术与经济的交织发展,国际传播中的"单向流动"正在被双向流动取代;(4)文化/媒介帝国主义理论忽视了受众在自己的文化背景中自主地、创造性地解释信息的能力;(5)来自美国和其他西方国家的信息使发展中国家的人们有机会反思传统的"自我",从而实现个人和社会的转换;(6)文化/媒介帝国主义理论只看到美国文化的缺陷,却无视发展中国家的文化所存在的严重问题;(7)全球化不仅有利于扫除文化间存在的障碍,而且有利于改进本土文化的负面因素,从而为人们带来一个更加稳定的世界和更加美好的生活;(8)发展中国家根本无法摆脱美国媒介的包围。

90 年代以来,国外学术界的国际新闻研究出现了一些值得注意的新动向。首先,就研究方法而言,同 60—80 年代的研究相比,90 年代以来的国际新闻研究对宏观层次的问题(如新闻流向问题)兴趣减弱,而同时又认识到仅仅停留在微观层面是不够的。因此,越来越多的研究在"中观"层面展开,包括区域问题研究,如对欧共体内的国际新闻交换机制与市场结构的研究;对具体媒体的研究,如对电视或通讯社的外国新闻的研究;对传播过程中某一具体阶段的研究,如对外国新闻的接受研究,等等。而且,研究者们尽量将社会科学的研究方法和人文科学的研究方法结合起来,如话语分析在国际新闻研究中的运用。此外,研究者们已逐渐放弃"选择"与"建构"二元对立的思维模式。国际新闻不再被简单地看作是把关人任意选择的结果,也不是媒介或文

---

① [英]汤林森:《文化帝国主义》,冯建三译,上海人民出版社 1999 年版。

化帝国主义之类的社会结构独自决定的。把关人和社会结构完全有可能同时发挥作用。

其次,一系列此起彼伏的重大国际事件——海湾战争、科索沃战争、"9·11"事件以及随后展开的美国打击塔利班的战争和入侵伊拉克的战争——使国际新闻在国际关系和人们日常生活中的地位进一步凸显;与此相应,国际新闻与战争和国际政治的关系已成为国外学术界的一个研究热点。如莫里森所著的《电视与海湾战争》,登顿编著的《媒介与海湾战争》,汤普森所著的《打造战争:塞尔维亚、波斯尼亚和黑塞哥维那的媒介》,诺尔斯特德与奥托森合编的《新闻与世界新秩序:海湾战争、国家新闻话语与全球化》。[①]

最后,国际新闻传播的结构、技术和环境的重大变化催生了一些全新的研究课题。众所周知,90年代以来,跨国媒介集团迅猛发展。对于国际新闻的研究者来说,一个具有迫切现实意义的问题就是:这种媒介组织与经济的集中化将对国际新闻的生产和分配产生怎样的影响? 就国际新闻传播技术而言,一个值得关注的现象就是因特网已成为重要的国际新闻传播媒介,它势必模糊新闻批发者和零售者的界限,而且把越来越多的不具备新闻专业背景的人卷了进来。就国际新闻传播的环境而言,全球化为该领域的研究开辟了一个新视角。越来越多的研究者开始思考:全球化如何改变着国际新闻的内容与结构? 全球化对依靠公共传播的政治与其他社会过程产生了怎样的影响? 国际新闻传播领域的变化又是怎样促进了全球化的发展?

（本文原载《国际论坛》2004 年第 3 期）

① Morrison D. *Television and the Gulf War*. London: John Libbey, 1992; Denton R E (ed.) *The Media and the Persian Gulf War*. Westport, CT: Praeger, 1993; M Thompson, *Forging War: The Media in Serbia Bosnia and Hercegovina*. 2nd ed. Luton, Beds: University of Luton Press, 1999; Nohrstedt S A, Ottosen R(eds.) *Journalism and the New World Order: Gulf War, National Discourses, and Globalization*. Vol.1. Gothenburg, Sweden: Nordicom, 2000.

从公共利益角度审视媒体同质化问题

近一个时期,媒体研究者们不约而同地注意到国内媒体,特别是报业日陷其中的同质化问题。媒体同质化的表现之一是,同一市场的同类媒体在新闻内容、栏目设置、版面样式、报道风格等方面几乎完全一样,所谓"千报一面",所谓"你有我有全都有";表现之二是,各家媒体在运营策略上盲目仿效,或竞相降价,或发行大派送,或前赴后继投奔"市民生活"。

面对愈演愈烈的媒体同质化竞争,学界纷纷出谋划策。研究者们的关注点集中在三个方面。

第一,媒体同质化的原因何在?有研究者认为,报纸的定位趋同、读者读报的规模化与复合化、市场不集中以及办报理念滞后与模式化等因素,综合导致了中国报业市场的同质化现象。有研究者认为,有限的新闻资源加上有限的市场空间必然会导致同质化局面的出现。还有研究者认为,对媒体市场占有率、视听率、发行量的盲目追求最终只能导致媒体产品趋向同质化。

第二,媒体同质化对媒体的发展有什么影响?学者们普遍相信,同质化的影响是极其负面的。其直接后果是媒体组织在狭窄的市场空间里展开你死我活的肉搏战,争夺日益稀薄的利润,结果是两败俱伤。一方面,一笔笔满怀希望的资本纷纷化为"泡沫"而破灭;另一方面,对预测性风险的规避使市场的结构趋向于一致,最终导致市场上只剩下追随者,而缺乏创新者。其结果,失去个性与创造性的媒体必然造成媒体资源的浪费,受众可选择性的丧失,以及媒体社会影响力的削弱。

第三,如何走出媒体同质化的困境?这个问题是媒体研究者们的关注重心。陈力丹先生提醒媒体首先要走出思维的误区,不要盲目追逐所谓"主流人群",应该认识到受众构成与需求的多样性这一事实,通过服务于那些"不被人关注的各种社会学意义的人群和专业人群"来"最大限度地获得应有的那一块小些的蛋糕"。龙奔先生基于他对国内媒体对伊拉克战争报道的案例分析,指出在媒体同质化竞争中,最重要的是把"注意力"转化为"影响力",而实现这一目标的有效策略就是"整合传播"。朱春阳先生提出了规避同质化竞争风险的具体对策,包括:要有合理有效的创新周期;市场运作应该"大同小异",而不是全盘照搬;市场跟进要"跟而有度";拓宽报业运作的空间。

媒体研究者们在具体主张上或有不同,但在应对同质化危机的根本策略上,几乎一致地认为,走出困境的惟一出路就是实现媒体产品与运作模式的"独特性""与众不同"或"差异化"。朱文丰、向才志两位先生的研究颇具代表性。他们比较系统地探讨了报业组织的差异化经营策略,主张一份成功的报纸应该追求三个"差异化":通过读者定位和功能定位实现报纸市场定位的差异化;通过改进报道内容、报道方式、表现形式和新闻策划实现报纸质量的差异化;通过打造独特的理念、行为与视觉效果实现报纸形象及品牌的差异化。

到目前为止,对媒体同质化问题的探讨基本上都集中在市场层面,旨在为陷入困境的媒体组织"支招"。但以媒体批评为己任的媒体研究者不应满足于仅仅充当媒体资本的投资顾问,他们还必须肩负至少是同样重要的另一项使命,这就是为公众利益谋划。

站在公众利益的角度审视当前的媒体同质化危机,要求我们能够适当超越市场的得失算计,权衡媒体同质化有可能导致的沉重的社会代价,从而认识到实现媒体多样化的重要社会意义与现实紧迫性。

首先,媒体同质化将会削弱媒体反映社会的多样性和丰富性。同质化的媒体炒作同样的新闻题材,传播同样的思想观念,推销同样的生活方式,甚至采用同样的文本样式,其结果,受众的注意力与想象力被定格在社会环境的某个单一层面、看待问题的某种单一视角、生活方式的某种单一模式,乃至表情达意的某种单一话语。长此以往,媒体反映社会的多样性和丰富性将会削弱。曾几何时,我们幼稚地把人群一分为二——一边是"高、大、全"的好人、英雄,一边是"假、丑、恶"的坏蛋、恶棍,如此等等。媒体一旦从根本上同质化,现实的"丰富多彩"就会演变为一种虚张声势的假象或作秀,其生动的感性背后掩盖的却是理性的苍白和浅薄,而不是真正意义上的百花齐放、百家争鸣。我们应该清醒,世界是复杂多变的,我们的社会充满矛盾。媒体,尤其是一个发展中大国的媒体,理应积极承担起它对公众和国家应负的责任,努力反映和探究复杂、变化、多元的社会现实,积极启发大众对现实问题进行理性的反思,而不是竞相追逐煽情、刺激的报道和哗众取宠的表演。

其次,媒体同质化有悖媒体的社会使命。社会的进步需要我们不断地把困扰社会的种种问题及时暴露出来,引起全社会的关注,然后,社会调动其全部智力资源来探讨解决问题的有效方法;最后,社会便通过其种种行政、立法和司法手段去执行经过合理论证的最佳方案。就这样,一个循环完成之后,下一个循环紧随其后,在这周而复始的社会行动循环之中,现代传媒可以发挥其不可替代的作用。这样的建设性功能绝非"千报一面"的同质化媒体可以承担,它从根本上要求传媒不仅尽可能客观、公正地报道事件,而且从不同的角度解释事件;不仅关注主流群体,而且关注次主流群体以及众多的弱势群体;不仅展示令人欢欣鼓舞的成就,而且揭露令人痛心疾首的弊端;不仅描写轻松闲适的题材,而且进行严肃深入的反思……总之,只有多样化的媒体才能最大限度地调动全民族的智力资源,激活全民族的创造力,协调全社会的物质与精神力量,最终推动社会的不断改革和进步。

最后,媒体同质化势必侵蚀文化的多元性。当代信息社会的文化,从创造到传播再到消费,主要是通过大众传媒来实现的。有一种观点认为,大众传媒所传播的文化只不过是大众文化而已,与真正高雅的文化无关。而事实上,那些高雅文化的创制者和传播者都可以借助大众传媒来有效推广自己的作品或主张。如果一种文化的传媒系统被同质化,而且是与大众文化,甚至是属于某一特殊人群的"伪"大众文化同质化,那么,这种文化将面临平面化、单调化和浅薄化的危险。而如果这种文化的传媒系统又不幸被外来强势文化的媒体所垄断或"同质化",则这种文化又同时面临被外来文化吞噬的危险。

可见,不仅从市场利益的角度来看,媒体同质化是危险的,而且从公共利益的角度来看,媒体同质化也是危险的。而要走出这一危险的困境,媒体多样化似乎是必然的选择。如果这一结论成立,那么下一个亟待澄清的问题就是:

什么是媒体多样化？

在此问题上，西方传媒研究者有过研究。丹尼斯·麦奎尔（Denis Me
Quail）在其名著《大众传播学理论导论》一书中把"多样性"（diversity）作为评
价媒体行为的重要指标之一。他认为，媒体的多样性可以从三个层次进行衡
量。第一个层次是观察独立媒体的数量。第二个层次是观察媒体种类的分
布。媒体的种类主要包括报刊、电视、广播、网络，等等。第三个层次是观察某
一具体的媒体行业内部。

麦奎尔还提出了一个媒体的"内在多样性"和"外在多样性"问题。内在
多样性指的是某一具体媒体内部的多样性；外在多样性指的是一个社会所拥
有的具有独立特征的不同类型的媒体的多样性。在一个社会里，一家针对某
一特定人群的报纸本身可能不具有多样性，但如果其他的报纸都各自具有自
己的特征，则该社会的大众作为整体还是享有报纸的多样性。也就是说，媒体
的外在多样性可以弥补其内在多样性之不足，反之亦然。

媒体多样化对于中国媒体还是一个新课题。判断媒体多样化的标准是什
么？对一个具体的媒体（如一份报纸、一个电视频道、一家新闻网站）、一个具
体的媒体行业（如报业、电视、广播）和整个传媒系统而言，多样化到底意味着
什么？媒体多样化与受众多样化之间的关系是什么？媒体多样化的社会影响
如何？有中国特色的社会主义媒体多样化应该具备什么样的特征？这些问题
还有待我国媒体研究者们进一步探讨。

（本文原载《新闻实践》2014 年第 1 期）

西方新闻媒体如何面对利益冲突？

"喂，我们这里有一个隆重的产品发布会，您能跑一趟吗？路费我们报销，稿子已草拟好了，我们等您过来……"现今国内记者们有可能经常接到的这类电话，构成了西方新闻伦理中一个典型的"利益冲突"案例。在这一案例中，如果记者接受报道对象提供的礼品和礼金并按照厂家的意图报道该产品发布会，他便牺牲了作为新闻记者对读者和社会应尽的责任——客观、公正地报道一切。这一案例揭示了利益冲突的表现形式之一，即记者的直接经济利益与新闻职业道德之间的矛盾。

利益冲突有时候也以间接的形式表现出来。例如，某记者购买了某公司的股票。有一天，他得到有关该公司不法经营行为的独家消息。报道还是不报道这条消息，如何报道以及何时报道这条消息，这对他的股票利益显然会产生有利或不利的影响。在此情形下，记者便面临利益冲突的第二种表现形式，即记者的间接或潜在经济利益与新闻职业道德之间的矛盾。

此外，西方新闻伦理还提醒记者注意另一种利益冲突，这就是"身份冲突"。新闻记者和普通人一样还担任着许多职业以外的角色，如父母、夫妻、朋友、公民、宗教信徒，等等。在某些情况下，记者的职业身份可能与他的其他社会身份发生冲突，从而影响他客观、公正地报道事情真相。假如某记者接到编辑部主任的指示前往采访报道一起官员涉嫌腐败事件，然而他在调查中却发现自己的妻子也卷入其中。这时，记者便面临一种特殊的利益冲突——身份冲突：记者的身份要求他不偏不倚地报道这一事件，而丈夫的身份却有可能促使他掩盖事件的真相。

对于上述三种形式的利益冲突，西方新闻媒体都通过各自的行业道德准则明确禁止,旨在保障新闻报道的真实、客观与公正。有关的规定可以概括为以下三个方面。

一、拒绝报道对象提供的任何形式的好处

早期,西方新闻媒体同样面临今天中国新闻媒体面临的情形:每逢节假日,编辑部都会收到本地商家送来的丰富多彩的礼品和邀请信,希望媒体在报道他们时笔下留情。但这种公然拉关系的现象随着媒体的专业化追求后来便逐渐消失了。

美联社在其社论版编辑的《道德准则》中规定:"报纸不应接受任何来自信源和行业外其他人的任何有价值的东西。……与新闻报道有关的任何费用都应由报纸支付。对报社成员的特殊优惠与特殊照顾都应加以回避。"

美国记者联合会在其《行为准则》中规定:"记者不得接受贿赂,也不得容许其他诱惑影响他/她履行自己的职责。"

意大利报业联盟在其《记者职责章程》中规定:"记者必须拒绝那些使其工作和活动失去独立性或有损于其信誉和职业尊严的报酬、费用报销、捐款、免费度假、工作旅游、游乐活动以及种种设备。"

法国记者辛迪加在其《法国记者职责章程》中要求记者"不得接受任何有可能利用其记者地位、影响和关系的公共组织或私人企业提供的钱财"。

德国报业协会在其《报业准则》中写道:"接收有可能影响发表或编辑自主判断的任何形式的好处,都违背了正直、独立和负责的报业形象。任何接受贿赂并因此传播和压制新闻的人,都不能免于对其不光彩且有悖于专业规范之行为的追究。"

国际记者联盟在其《记者行为原则宣言》中规定,记者把以下行为视为"严重的职业过失",即:"出于发表和压制新闻的考虑而接受任何形式的贿赂。"

上述规定并非只是写在纸上,它们已基本内化为西方媒体组织的日常规范和新闻记者的自觉行为。以《纽约时报》为例,它每个周末都设有一个专栏介绍纽约众多餐馆的美味佳肴。显然,对于餐馆来说,得到《纽约时报》的推

荐实乃求之不得的最佳广告。因此,别说是请客吃饭,就是送上金元宝,也心甘情愿。然而,《纽约时报》却不近人情地规定:记者为采访的目的到餐馆品尝饭菜务必自己付费,凭发票回报社报销,即便是一瓶免费汽水也不得接受。同样令许多中国记者感到不可思议的是,他们的外国同行在中国参加公司成立庆典时接到"红包"后居然不知所措,报道体育赛事时居然坚持要自己掏腰包购买门票。

二、避免潜在的利益冲突

如果说明显的利益冲突比较容易判断和避免的话,那么,要避免潜在的利益冲突就难得多了,这既因为潜在的利益冲突难于发现,也因为防不胜防。虽然如此,西方新闻媒体在这方面还是做出了十分认真的努力。他们特别区分了"实际的利益冲突"(actual conflicts of interest)和"利益冲突的迹象"(the appearance of conflicts of interest),即潜在的利益冲突,认为避免后一种利益冲突有助于维护媒体的信誉。

基于此种理念,西方新闻媒体在安排记者特定的采访任务时,一般都会事先了解该记者是否有特殊的潜在利益牵涉(如与信源、报道对象或竞争媒体的特殊关系),做到防患于未然。有的媒体还要求记者每年填写一份"利益冲突"申报表,说明自己所购买的股票或投资的领域。编辑、总编、制片人或社长一般都会避免那些有损于新闻业诚信的兼职、政治参与和在社区组织中任职,甚至回避出席本地商家举办的各种仪式或庆典。在美国,曾经有记者因为参与同性恋组织的活动而被调离原岗位;有编辑曾因为帮助组织反堕胎团体而被开除。之所以如此,不是因为同性恋和反堕胎活动本身有什么过错,而是因为过于投入地参与特定的社会活动,有可能影响记者对特定社会事件的报道倾向,从而损害新闻媒体的信誉。

不过,记者所面临的最集中且最严重的潜在利益冲突,还是表现在财经报道领域。在这方面,为了规范新闻记者的行为,西方各国的新闻团体都在自己的道德准则中划定了明确的界限:

加拿大广播电视新闻制作人协会在其《伦理准则》中规定："广播电视记者无论在工作场合还是在业余时间都应严于律己,避免真实的利益冲突或利益冲突迹象。"

英国记者联合会在其《行为准则》中规定："记者不得私自利用在履行职责的过程中所获取的信息,除非这种信息已成为公共知识。"这里所指的信息即金融市场方面的敏感信息。

美国报纸编辑协会在其《准则》中规定："记者必须避免不当行为和不当行为的迹象以及任何利益冲突或冲突迹象。他们既不应接受任何有可能损害他们品德的东西,也不应采取任何这样的行动。"

西班牙报业联盟的《新闻业职业道德准则》对此作出了十分详细的规定:

记者决不利用因职业之便而优先获取的信息。具体而言,经常或偶尔报道财经问题的记者应遵守下列规则:

1. 他/她不得在发表之前利用所掌握的财经数据谋取利益,也不得将数据传送给他人。

2. 对于自己或家人有重要经济利益牵涉的债券或股票,他/她不得撰写有关报道。

3. 对于他/她准备在近期报道的债券或股票,他/她不得买卖。

上述规定无疑有助于防止记者卷入潜在的经济利益冲突。但由于媒体的私人所有制,西方媒体也有一道难过的关,这就是:媒体如何避免自己老板的经济利益与媒体的社会责任发生冲突?

从经济上讲,媒体组织存在的目的就是要为其股东创造最大化利润;但西方自由主义的新闻哲学又要求媒体充当服务于大众的公正无私的"公器"。这两种追求有时候必然会发生冲突。已经有大量的事例表明,媒体的所有者为了自身的利益会对记者和编辑施加直接的影响或压力。例如,1989 年,美国通用电气公司便指令其属下的 NBC 在报道商用飞机和导弹发射井上使用的存在质量隐患的螺栓时,不得提到通用电气公司的名字,而这些螺栓正是该公司制造的。

三、严格区分广告与新闻

新闻的根本目的是提供真实、客观、公正的信息,满足受众的知情权;广告的根本目的乃是要说服甚至引诱受众做出特定的购买决定。无论是出于疏忽大意还是有意的私利,把广告和新闻混为一团都严重违背了新闻工作者的职业道德。为此,西方各国的记者协会在自己的章程中都严加防范。

法国记者辛迪加制定的《法国记者职责章程》要求记者"不得为商业或金融广告文章署名"。

西班牙报业联盟在其《新闻业职业道德准则》中规定:"为了防止在信息的使用者中造成错误和混乱,记者应该正视且严格区分信息与广告。因此,同时从事新闻和广告业务,这与新闻职业道德是背道而驰的。"

俄国记者大会通过的《俄国记者职业道德准则》中规定:"记者视如下行为为可耻,这就是,利用自己的名声、权威以及职业权利和机会去散布广告或商业信息,特别是故意隐藏此类消息的商业意图。把新闻与广告活动结合起来的做法在道德上是不可思议的。"

美国专业记者协会在其《伦理准则》中规定,记者应该"拒绝庇护广告商和特殊利益集团;抵制他们试图影响新闻报道的压力"。

英国记者联合会在其《行为准则》中规定:"记者不得因广告和其他考虑而扭曲或压制新闻真实。""记者不得通过广告,以观点、声音或仪表形式赞助任何商业产品或服务,除非是为了推广自己的工作或自己所供职的媒体。"

意大利报业联盟在其《记者职责章程》中不仅要求记者明确区分新闻与产品促销信息,而且不容许在报道中以有利于商家促销的方式提及药品或其他商品的名字。

德国报业协会在其《报业准则》中对区别广告与新闻做出了最为详尽的规定:"类似于新闻内容的广告必须安排在报纸或杂志的特定位置,用特定的形式表现,以示区别,使粗心的读者也能够辨别为广告。而且,所有广告都必须标示'广告'字样。""广告商的名字如果没有在广告文中指明,那么他的名字必须印在显著的位置。这一规则适用于拥有个人、商业或政治利益的个人、企业或组织所赞助的广告或任何其他特殊出版物。"当广告或特殊出版物中载有专家的文章,而这些专家又与广告的发行有利益牵涉时,那么这些专家的身份必须加以说明。与广告有内在联系的公关文章必须相应标明,或在排版中使其有别于报刊本身的内容,以免误导读者。"

可见,禁止有偿新闻、出售版面、编辑部与广告部不分和广告新闻化,乃是世界新闻界的通则。

利益冲突的形式变幻莫测。总体看来,西方新闻媒体将防范的重点放在如下六个方面:

其一,新闻工作者卷入特殊活动。新闻工作者不得参加具有潜在或明显商业或公关目的的种种活动,如促销、公司庆典、有特定政治目的的社区活动,等等。例如,CNN 的节目主持人阿伦·布朗(Aaron Brown)和另一位美国著名节目主持人沃尔特·克朗凯特(Walter Cronkite)曾应邀主持一个名为"美国医学大观"的系列电视纪录片,该节目准备在 PBS 的电视系统上播出。这个节目做得像新闻一样,而实际上多家美国医药商为了在节目中提到自己的名字都悄悄地提供了大量的赞助。邀请权威节目主持人布朗和克朗凯特来主持这一节目显然也是为了增加这一具有公关目的节目的可信度。后来,这一内幕被《纽约时报》揭发出来,布朗和克朗凯特都很不体面地退出了该节目的主持。

其二,新闻工作者参与社会事业或政治组织。在西方国家,独立的社会团体打出各自的旗号,追求各自的利益,或针锋相对,或并行不悖,构成了多元社会的典型景观。以美国为例,各种利益集团令人眼花缭乱,如妇女选民联盟、全国枪支协会、全国生命权利委员会、美国公民自由联合会、手枪管制组织、全国保护野生动物联合会、环境保护基金会,等等。所有这些组织都希望借助新闻媒体来宣传自己的主张,影响公众的态度。特别是每逢全国性大选,各种党派和政治、经济利益集团都不遗余力地拉拢新闻媒体。在此情况下,新闻工作者如果参与特定的政治组织或利益集团,他发出的新闻报道就很可能失之偏颇,公众因此也有理由怀疑其所在媒体的公正性。

其三,新闻工作者接受报道对象提供的好处或优待。世界各国的新闻组织在这方面都做出了明确规定,上文已经述及。值得一提的是,新闻工作者作为普通人也有自己的社交需要,他们不可能完全不接受别人赠送的任何礼物或朋友的任何关照与宴请。因此,这里有必要在合理的"好处"与不合理的"好处"之间划清界限。美国 CBS 提出的一项原则是:"员工不得接受有可能妨碍新闻工作者角色或造成此种印象的任何公开的和隐藏的好处。"这里的关键是看提供好处的个人或组织是否想以此影响新闻工作者的判断和报道倾向。

其四,新闻工作者进行金融投资。上文已经论及西方新闻媒体在这方面的具体举措。简言之,记者不得参与和自己的金融投资有关的任何报道。但媒体如何处理自己老板的投资利益,这依然是西方新闻媒体无法彻底解决的一个难题。

其五,新闻工作者在所属媒体以外兼职。兼职的根本问题在于由此造成的角色冲突,这种冲突无论在理论上还是在实践上都有损于新闻媒体的公信力。

其六,新闻工作者拥有自己的私交、好友。和普通人一样,新闻工作者无疑也需要结交朋友。但如果这种友谊或交情有可能干扰新闻工作者的报道决定,那么,媒体或记者就应该采取避嫌的措施。《纽约时报》曾经有一名女记者劳拉·福尔曼,她与一名腐败政客有染,而同时又负责报道该政客的事迹。这一本属个人隐私的细节被发现后,时任《纽约时报》执行编辑的罗森塔尔对这名女记者的表现非常气愤,留下了一句美国新闻界的名言:"就算你与大象睡觉我也不介意,只要你不去报道马戏表演。"

在严加防范种种利益冲突的同时,西方新闻伦理也承认新闻媒体和新闻工作者在不违背职业规范的前提下有权追求自己合法的利益。这些利益包括追求经济利益,履行公民义务,关心员工利益,增强市场竞争力,等等。

对利益冲突的防范从根本上是为了确保媒体履行自己对社会应尽的职责。按照西方新闻理念,新闻媒体的根本职责在于服从真的信息;在于忠于公民,置大众利益于任何其他利益之上;在于小心求证,报道经过严格检验的事实;在于保持独立,不为外部利益和压力所左右;在于监督权力,防止当权者损害社会利益;在于提供论坛,以便大众通过自由、公开的讨论和妥协寻求解决社会问题的途径；在于吸引受众，用生动有效的形式传播有价值和有意义的信息；在于全面报道，传递社会各层面和角落的声音；在于百家争鸣，鼓励记者独创性地发表多元化的观点。上述美国"优秀新闻计划"（Project for Excellence in Journalism）组织所追求的宗旨无论在美国新闻界还是在其他西方国家的新闻界都远未成为现实。但是，作为一种可贵的新闻理想，这些目标值得我们高度赞许。

马克思曾经说过："报刊按其使命来说，是社会的捍卫者，是针对当权者的孜孜不倦的揭露者，是无处不在的耳目，是热情维护自己自由的人民精神的千呼万应的喉舌。"无论西方东方，马克思为新闻媒体界定的这一崇高使命无疑应该成为新闻工作者永恒的追求。

（本文原载《新闻与写作》2004 年第 1 期）

国家形象的内涵及其功能

随着信息化、全球化时代的到来,国家形象更加直接、有力地影响着国家的政治、外交与商业活动。因此,无论是作为一个理论课题,还是作为一个实践课题,国家形象问题在许多国家已引起学术界、政府有关部门以及工商界的高度重视。本文拟首先从理论上界定国家形象这一概念,澄清国内学术界在此问题上存在的误解,然后进一步深入剖析国家形象的政治、外交与商业功能,以期推进学术界对这一具有迫切理论意义与现实意义的课题的研究。

一、国家形象的内涵

在界定国家形象之前,有必要先弄清形象一词的含义。《现代汉语词典》将形象定义为"能引起人的思想和感情活动的具体形状或姿态"。这个定义仅告诉了我们形象的基本功能,即"能引起人的思想和感情活动",但从中我们无法了解形象是如何形成的以及它与实际事物的关系。英文的 image 一词与中文的形象一词可以大体对应。按《韦氏大百科辞典》(*Wesbster's Encyclopedic Unabridged Dictionary*,1994)的解释,形象的最基本的三个含义分别是:第一,通过照相、绘画、雕塑或其他方式制作的人、动物或事物的可视的相似物;第二,通过镜子反射或光线折射而成的物体的图像;第三,大脑的反映、观念或概念。英文的定义很清楚地区别了形象与它所代表的对象,二者具有相似性,但不可等同,后者通过物质的或心理的媒体获得再现。西方学者科特勒(Philip Kotler)正是从这一角度对形象作出了恰当的界定:"形象指人们所持有的关于某一对象的信念、观念与印象。"①也就是说,形象是人们对对象物的主观感知。值得指出的是,人们的信念、观念和印象与对象的客观属性可能一致,也可能不一致,例如人们曾经以为太阳是围绕地球旋转的,结果证明这是一种错误的信念或印象。人们甚至有可能想象出某种完全不存在的事物,如天堂或地狱。

明了形象的上述内涵,我们便有可能更准确地把握国家形象的实质。管文虎等几位学者在他们合著的《国家形象论》一书中首次正式界定了这一概念:"国家形象是一个综合体,它是国家的外部公众和内部公众对国家本身、国家行为、国家的各项活动及其成果所给予的总的评价和认定。国家形象具有极大的影响力、凝聚力,是一个国家整体实力的体现。"②他们同时指出:"国家形象是国家力量和民族精神的表现与象征,是主权国家最重要的无形资产,是综合国力的集中体现。"③这一定义指出了国家形象的几个重要特征,但也存在明显的缺陷。

首先,作者们虽然注意到国家形象是人们对国家各方面表现的"评价和认定",但却将这种"评价和认定"简单地等同于"国家力量""民族精神"或"综合国力"。毋庸置疑,综合国力的确可视为国家形象的基石,但将两者等同起来,正如将形象与对象等同起来一样,是不严密的。无论是国家的内部公众还是外部公众,都有可能错误地判断国家的综合国力。例如,我们习惯上自以为中国是一个"地大物博"的国家,但如果把巨大的人口包袱考虑在内,中国其实是一个资源十分贫乏的国家。再如,我们过去由于生活在封闭的意识形态环境里,以为资本主义国家的人民都生活在"水深火热"之中,资本主义已摇摇欲坠,事实证明这是一种自欺欺人的错觉。现在,我们已习惯用"发达国家"来描述资本主义国家,这可能更接近事实的真相。

其次,管文虎等作者虽然区别了"内部公众"与"外部公众",但并未注意到两者对国家形象的判断会有很大的差异。人们对事物的判断并不完全等同

---

① Philip Kotler.*Marketing Management,Analysis,Planning,Implementation and Control*,9th ed. Upper Saddle River,N J:Prentice Hall international,Inc.,1997,p.607.

② 管文虎主编:《国家形象论》,电子科技大学出版社 1999 年版,第 23 页。

③ 管文虎主编:《国家形象论〈内容简介〉》,电子科技大学出版社 1999 年版。

于事物自身的属性,并不是照相似地反映事物的形象,而是在很大程度上取决于观察者所实际获取的相关信息及其具体的视角、经历、知识、价值观乃至情感。在所有这些方面,一国的内部公众与外部公众都存在很大差异,这就必然导致他们对同一个国家得出大不相同的评价。可见,一国的国内形象与国际形象往往大相径庭,这是国家形象问题研究者不可不察的。

江泽民总书记1999年2月26日在全国对外宣传工作会议上曾全面描绘了中国的国家形象:继续向世界说明我国改革和建设的伟大成就,说明邓小平同志开创的建设有中国特色社会主义道路的正确性,充分展示中国人民坚定不移地走自己的路、实现社会主义现代化的形象;继续向全世界说明我国改革开放的方针政策,充分展示中国人民坚持实行改革开放的形象;继续向世界说明我国反对霸权、维护和平、支持国际正义事业的立场,充分展示中国人民爱好和平的形象;继续向世界说明我国政治稳定、经济发展、社会进步、民族团结的局势,充分展示中国人民为维护安定团结和实现繁荣富强而不懈奋斗的形象;继续向世界说明我国社会主义建设的成就,充分展示中国人民依法治国,建设社会主义法治国家的形象。①

的确,这是一个令中国人极为自豪和欢欣鼓舞的中国形象。但我们应该清楚,这个形象更多可称为中国的国内形象,是中国政府对中国所作的自我评价,是我们希望通过种种媒体努力要塑造的中国的国际形象;它同实际的中国国际形象之间可能尚存在很大距离。例如,据李希光等学者的考察,在美国,由于美国媒体长期一意孤行地"妖魔化"中国,中国在美国的形象被严重扭曲。中国常常被描绘为"未来核战争的狂人""威胁美国和邻国""民族主义在死灰复燃""偷窃知识产权的'海盗'和威胁全球经济的'奸商'""践踏人权的'警察国家'",如此等等,令人不堪入目。②

显然,认识到国内形象与国际形象之间的差异以及一国的国际形象在不同国家之间的差异,有助于该国政府在对内、对外宣传中保持清醒头脑,采取有的放矢的策略。最近,匈牙利的一家大型网站HolinfoBank通过因特网推出

---

① 《人民日报》1999年2月27日。
② 李希光等:《妖魔化中国的背后》,中国社会科学出版社1996年版。

了一项名为"你的匈牙利形象"的调查,其问卷设计便有意区别了匈牙利人和非匈牙利人两个不同的调查对象群体。此一举措大概与匈牙利总理对国家形象的高度重视有关。据匈牙利新闻社报道,匈牙利总理曾公开表示:"值此加入欧共体之际,如果能够摆脱模式化的勤劳、进取却平淡无奇的中欧国家形象,塑造一个生机勃勃、多彩多姿、别具一格的匈牙利形象,这将是非常有利的。"①匈牙利政府对其国际形象的特别关注由此可见一斑。

归纳起来,国家形象是一国内部公众和外部公众对该国政治(包括政府信誉、外交能力与军事准备等)、经济(包括金融实力、财政实力、产品特色与质量、国民收入等)、社会(包括社会凝聚力、安全与稳定、国民士气、民族性格等)、文化(包括科技实力、教育水平、文化遗产、风俗习惯、价值观念等)与地理(包括地理环境、自然资源、人口数量等)等方面状况的认识与评价,可分为国内形象与国际形象,两者之间往往存在很大差异。国家形象在根本上取决于国家的综合国力,但并不能简单地等同于国家的实际状况,它在某种程度上是可以被塑造的。

二、国家形象的功能

早在古希腊时代,著名政治史学家修昔底德曾论及雅典城邦国家对"荣誉"和"威望"的追求。他认为,国家和个人一样,对安全、荣誉和私利的追求是它的本性。② 当代西方学者摩根索(Hans Morgenthau)把外交政策分为三类,其一为维持现状的政策,即保持权力;其二为帝国主义政策,即增加权力;其三为追求威望的政策,即表现权力。摩根索也认为,国家和个人一样本能地追求威望,它总是"向其他国家炫耀自己实际拥有、相信自己拥有、或希望其

---

① Hungarian News Agency(MTI),1999-12-02.Cited in Hongying Wang.National Image Building:A Case Study of China.http://www.isanet.org/archive/wang.html.

② [古希腊]修昔底德:《伯罗奔尼撒战争史》,谢德风译,商务印书馆 1985 年版。

他国家相信它拥有的权力"。① 也就是说,一个国家向他国展示自己威武的形象,并非为了获得某种具体的实际利益,而是追求这种形象为它带来的精神上的满足或自豪感。

与此相反,博弈论认为国家形象具有工具作用。国家形象的关键是"名誉"(reputation),而所谓名誉就是相信某人具有某种持久的特性。一国政府关心自己的名誉,因为这种名誉是其他国家对该国政府未来行为作出判断的基础。一方面,在国与国的冲突中,一国坚韧不拔的名誉可以起到威慑敌国的作用。另一方面,在国与国的合作中,国与国之间的互动类似于所谓"囚徒的困境",在这种反复进行的游戏困境中,投桃报李的策略可以使各方利益最大化,因而游戏各方必将趋于合作。在此情形下,一国的名誉就显得特别重要了。②

上述理论从不同角度揭示了国家形象的一般功能,不乏启迪意义。笔者在此将从政治功能、外交功能与商业功能等三个方面进一步深入探讨国家形象的功能,以期推进学术界对该课题的系统研究。

1. 政治功能

国家形象的政治功能主要表现为权利合法化,也就是说,积极的国家形象有利于维护国家在国内及国际上的威信,巩固其合法地位,增强国家凝聚力,鼓舞人民士气,激发人民爱国主义热情。古代中国哲人对此已有充分的认识。孔子的学生子贡曾向孔子请教治理国家的经验,子曰:"足食、足兵、民信之矣。"子贡接着问:"必不得已而去,于斯三者何先?"子曰:"去兵。"子贡又问:"必不得已而去,于斯二者何先?"子曰:"去食。自古皆有死;民无信不立。"③这里,孔子将人民对国家的信任提升到国家存亡的高度加以重视。在孔子看来,统治者只有树立了勤政爱民的形象,人民才会信任并拥戴他,国家的权威才有牢固的根基,社会才会长治久安。在一次论及诸侯之间的攻伐时,孔子似

① Hans Morgenthau. *Politics Among Nations: The Struggle for Power and Peace*. 4th ed. New York: Knopf, 1967, p.36, pp.69-70.
② Hongying Wang. National Image Building: A Case Study of China. http://www.isanet.org/archive/wang.html.
③《论语·颜渊篇》。

乎已注意到了国家形象的国际影响。他指出:"丘也闻有国有家者,不患寡而患不均,不患贫而患不安。盖均无贫,和无寡,安无倾。夫如是,故远人不服,则修文德以来之;既来之,则安之。"①孔子在这里实际上谈到了我们今天所谓的国际政治。他认为,一个家如果能确保国内的社会和谐与稳定并树立"文德"的国家形象,它便可以不战而征服异国他邦。

积极的国家形象的具体内涵在古今中西可能会有变化,然而政府通过塑造积极的国家形象以便获得国内民众与国际社会的认可与拥护,这却是一条不变的通则。深入解读美国历届总统的就职演说辞可以证明这一点。美国总统的就职演说既针对国内公众,又面向国际社会,因而历届美国总统在其热情洋溢的演说中都非常重视美国国家形象的塑造。归纳起来,从华盛顿到小布什共 43 位美国总统的就职演说都极力渲染美国的如下积极形象:

其一,美国是上帝特别佑护的世上最美好的国家。第一任总统华盛顿在其就职演说中指出,"他们(即美国人——引者注)在迈向独立国家的进程中,似乎每走一步都有某种天佑的迹象"②。在杰斐逊的心目中,美国是:"一个沃野千里的新兴国家,带着丰富的工业产品跨海渡洋,同那些自恃强权、不顾公理的国家进行贸易,向着世人无法预见的天命疾奔。"③门罗总统声称:"翻阅一下其他国家的历史,无论是古代的国家还是现代的国家,都无法找到一个发展如此迅速、规模如此巨大,而人民又是如此幸福的实例。"④即便是当美国人民深陷于经济危机的深渊时,胡佛总统依然热情洋溢地讴歌:"我们的国土资源丰富;它的壮丽景色令人激赏;全国遍布着几百万个幸福家庭;人民享有安逸的生活和各种机会。任何国家都没有比我们更先进的进步制度。任何国家都不能像我们这样保障各种成就。任何国家都没有像我们这样值得尊重的政府。任何国家都没有像我国这样受到人民的爱戴。我永远相信人民的能力、正直和崇高目标。我毫不担心我国的未来。它充满希望,前途光明。"⑤考虑

---

① 《论语·季氏篇》。
② 王建华等编译:《美国历届总统就职演说精选》,江西人民出版社 1995 年版,第 5 页。
③ 王建华等编译:《美国历届总统就职演说精选》,江西人民出版社 1995 年版,第 22 页。
④ 王建华等编译:《美国历届总统就职演说精选》,江西人民出版社 1995 年版,第 54 页。
⑤ 王建华等编译:《美国历届总统就职演说精选》,江西人民出版社 1995 年版,第 270—271、15、181、286—287、287、6、209、380 页。

到当时经济萧条、社会矛盾激化、民众士气低落的历史背景,胡佛总统对美国形象的极力赞美可谓用心良苦。从另一个角度看,美国人民强烈的爱国主义传统正是这样经由历届美国政府精心培育起来的。

其二,美国是美国人民利益的忠实代表。美国第二任总统亚当斯在演说中大力赞扬美国政府:"这样的政府惟一代表的是人民。它的美国合法机构,无论表现为何种形式,反映的都是人民的权利和尊严,并且惟独为人民谋利益。"①美国建国100周年时上任的哈里森总统用同样温情的语言来歌颂美国政府:"没有一个国家的人民能拥有如此值得他们尊敬和爱戴的政府,拥有如此广袤的土地,令人这样心情舒畅,并给企业与工人提供如此慷慨的照顾。上帝给我们带上了王冕,给予我们无法估量的力量和财富。但我们必须牢记,接受这些恩宠的条件是以正义和仁爱来运用权利,是向全体人民敞开前进的道路。"②面对贫富严重分化、社会冲突加剧、经济危机深重的美国,富兰克林·罗斯福总统不得不承认:

"在这个国家,我看到几千万公民——占人口总数相当大一部分——此时此刻得不到按目前最低标准所规定的大部分生活必需品。

"我看到几百万个家庭以微薄收入勉强度日,日复一日处于家庭灾难的威胁之下。

"我看到几百万城乡居民,他们的日常生活仍处于半个世纪以前被所谓上流社会称作的不体面状况。

"我看到几百万人得不到教育和娱乐,得不到改善自己及其子女命运的机会。

"我看到几百万人无力购买工农业产品,而他们的贫困又使其他成千上万人无法投入工作和生活。

"我看到全国三分之一的人住不好,穿不好,吃不好。③"

但罗斯福并未忘记向美国人民表明:"我们决心使每个美国公民都成为

---

① 王建华等编译:《美国历届总统就职演说精选》,江西人民出版社1995年版,第15页。
② 王建华等编译:《美国历届总统就职演说精选》,江西人民出版社1995年版,第181页。
③ 王建华等编译:《美国历届总统就职演说精选》,江西人民出版社1995年版,第286—287页。

国家注意和关心的对象;我们决不会把国境内任何忠诚守法的团体看作是多余的。检验我们进步的标准,不是看我们是否为绰绰有余者锦上添花,而是看我们是否使缺吃少穿者丰衣足食。"①罗斯福在执政期间,通过一系列"炉边谈话",运用类似高度"煽情"的语言及时有效地挽回了美国民众对政府的信心。"新政"的顺利推行在很大程度上可归功于罗斯福政府对美国形象的成功塑造。

其三,美国是人类的希望和榜样。华盛顿相信"人们理所当然地、满怀深情地、也许是最后一次地把维护神圣的自由之火和共和制政府的命运,系于美国人所遵命进行的实验上"②。西奥多·罗斯福在其演说中也表明:"许多事情取决于我们的实验成功与否,这不仅关系到我们自己的幸福,而且关系到人类的幸福。倘若我们失败了,就会动摇全世界自由的自治政府的基础,因此,对于我们自己,对于当今世界,对于尚未出生的后代,我们负有重大责任。"③里根总统的演说更是充满诗意,他强调:"随着我们在自己的这片土地上除旧布新,全世界必将认为我们的实力更为强大。对于那些现在尚未获得自由的人来说,我们必将再度成为自由的楷模和希望的灯塔。"④美国民众的民族自豪感在此一目了然。当然,其中也透露出强烈的"美国优越论"气息。

其四,美国是国际和平的卫士与人类自由和正义的化身。早在1797年,亚当斯总统就宣称:"像我们这样的政府,不论存在多久,都是知识和美德在全人类传播的充分证明。"⑤柯立芝总统在其演说的结尾向全世界宣告:"美国决不企图在流血和武力的基础上建立全球性的帝国。任何野心和诱惑都不能吸引她产生统治外国的想法。她所派遣的军团不是以武器、不是以刺刀,而是以十字架武装起来的。她追求全人类的相互忠诚,这个崇高境界具有神圣的、而不是人间的起因。她除了向全能的上帝祈求恩宠外,别无其他的目的。"⑥极力推行"反共"政策的艾森豪威尔在其演说中将美苏争霸的斗争描述为"自

---

① 王建华等编译:《美国历届总统就职演说精选》,江西人民出版社1995年版,第287页。
② 王建华等编译:《美国历届总统就职演说精选》,江西人民出版社1995年版,第6页。
③ 王建华等编译:《美国历届总统就职演说精选》,江西人民出版社1995年版,第209页。
④ 王建华等编译:《美国历届总统就职演说精选》,江西人民出版社1995年版,第380页。
⑤ 王建华等编译:《美国历届总统就职演说精选》,江西人民出版社1995年版,第15页。
⑥ 王建华等编译:《美国历届总统就职演说精选》,江西人民出版社1995年版,第255页。

由与奴役的斗争"和"光明与黑暗的斗争",声称"命运已经把领导自由世界的责任托付给我们(美国)",并强调指出:"强大并拥有巨大生产力的美国才能有助于维护世界和平,所以我们把我国的力量和安全看作是世界各地自由人民的希望所托。"①尼克松的表述更直截了当:"如果我们美国不竭尽全力地保卫和平,那就不会有和平。如果我们美国不竭尽全力地保卫自由,那就不会有自由。"②里根总统更为美国的世界使命披上了神圣的外衣:"一个在上帝指引下的民族,致力于实现上帝深植于人类心中的自由理想,现在已应召把这种理想传送到一个正在等待和充满希望的世界。"③

显然,无论是对于国内民众,还是对于国际社会,一个为人类自由与幸福而不懈奋斗的美国形象可以为美国一步步主宰国际事务提供最有力的合法性辩护。

2. 外交功能

国家形象与外交之间的关系是一个尚未引起我国学术界足够重视的研究领域。美国学者埃博(Bosah Ebo)从"媒体外交"(media diplomacy)的角度对此问题进行的思考可以为我们提供有益的启迪。埃博认为,第二次世界大战后发生的信息革命极大地改变了国际关系的性质。信息技术把全球变成了一个地球村;大众媒体成为世界各国人民获取信息的关键渠道,并因此在国际关系中扮演重要角色。从前,外交通常是在幕后进行的,而如今大众媒体将外交公之于众。虽然各国外交政策的首要目标依然是追求本国的国家利益,但所采取的策略已经改变。第二次世界大战前,一个国家的实力和国际地位主要取决于它的军事优势;与此形成对照,在第二次世界大战后的信息时代,能否有效利用大众媒体塑造有利的国际形象,已成为左右国际外交局势的重要变数。因此,埃博认为,"在信息技术上占据优势的国家将对全球信息流向并进而对其国际形象的塑造产生更大的影响"④。

---

① 王建华等编译:《美国历届总统就职演说精选》,江西人民出版社1995年版,第316—318页。

② 王建华等编译:《美国历届总统就职演说精选》,江西人民出版社1995年版,第358页。

③ 王建华等编译:《美国历届总统就职演说精选》,江西人民出版社1995年版,第392页。

④ Bosah Ebo. Media Diplomacy and Foreign Policy:Toward a Theoretical Framework//Abbas Malek.ed. News Media and Foreign Relations:*A Multifaceted Perspective*. Norwood, New Jersey:Ablex Publishing Corporation,1997,p.44.

有研究表明,美国一直致力于利用其在信息技术领域的优势来实现其外交目的。早在第二次世界大战时期,美国政府便正式设立了负责对外宣传的机构,先后由国务院国际情报处和军事情报局主管。1953 年,美国政府成立美国新闻署,向全球展开宣传攻势。据统计,新闻署 70 年代时的年支出达 2.5亿美元左右,编制为 1.1 万人,拥有 200 多个新闻中心,分布在 100 多个国家,用 30 多种语言出版约 80 种杂志和 60 种周刊与半月刊报纸,全球发行量逾3000 万份,此外还出版许多书籍和小册子。不仅如此,新闻署每年用 60 多种语言向国外播放 1700 多次专题电视广播,有 2000 多个电视广播台在 90 多个国家转播。新闻署在国外还有 200 多个影片库和 8000 台左右的电影放映机,其中包括约 300 个在亚非拉一些地区的电影巡回放映队。每年有 2 亿多人看其电视节目,有 7.5 亿人看其影片。①

冷战时期,美国曾利用其对外广播,通过美化自己的形象、丑化苏联的形象来分化苏联阵营。由美国政府及其西方盟国出资设立的“自由欧洲广播电台”(Radio Free Europe)和“自由广播电台”(Radio Liberty)始终以攻击共产主义为己任,40 年如一日地向前华沙条约国民众进行“反共”宣传。② 美国对苏联阵营的社会主义国家古巴也不遗余力地展开宣传攻势。从 1984 年起,美国政府在南佛罗里达设立“马蒂广播电台”(Radio Marti),专门对古巴进行广播,将卡斯特罗描绘成一个独裁者形象,将古巴政府描绘成一个肆意践踏人权的“共产主义”专制政府,以此煽动古巴民众反对卡斯特罗政权。③ 此外,众所周知,美国政府长期利用“美国之音”对中国内政说三道四。

西方(这里主要指美、英、法)新闻媒体对海湾战争的报道方式,可以更生动地说明国家形象与当代外交的密切联系。海湾战争期间,为了从道义上将伊拉克政府孤立于国际社会之外,从而防止他国对其提供任何形式的援助,西方媒体将伊拉克描绘为一个穷兵黩武的好战国家,却有意忽略了正是美国政

① [苏]谢列兹涅夫等编:《心理战——战争与意识形态斗争》,张俊英译,吉林人民出版社1981 年版,第 100—101 页;参阅张顺洪等:《英美新殖民主义》,社会科学文献出版社 1999 年版(该书第 4 章论及美国的对外宣传)。

② Merrill J C. *Global Journalism: A Survey of International Communication. 3rd ed.* New York: Longman, 1995, p.301.

③ S Head. *World Broadcasting Systems.* Belmont, CA: Wadsworth, 1985, p.139.

府将伊拉克武装起来这一事实;西方媒体大力渲染伊拉克对科威特的侵略,却有意忽略了伊拉克与科威特之间领土争端的历史背景;西方媒体将这场战争描绘为国际社会(包括伊斯兰世界)一致赞同对伊拉克实施的军事打击,却有意忽略了也门、摩洛哥、突尼斯等国仅同意实施经济制裁,而埃及的支持是美国政府通过减免其80亿美元的巨额债务换取的,叙利亚和俄罗斯的支持也是幕后交易的结果。此外,西方媒体还不遗余力地丑化萨达姆,将他与恐怖主义者等同起来。① 具体就美国媒体而言,一个反复强调的主题就是美国肩负着解放科威特的崇高使命,其英勇行动得到在联合国多国部队的大力支持;而与此同时,伊拉克是萨达姆统治下的一个拥有强大军事力量的穷凶极恶的国家,它野蛮侵占了科威特,这便更增添了美国作为"世界新秩序"维护者的正义形象。② 显然,通过对新闻媒体的有效操纵,美国政府为其针对伊拉克的外交与军事行动营造了有利的国内与国际舆论氛围。

3. 商业功能

西方学者对国家形象与国家商业活动的关系已进行了多年的研究。据统计,在过去35年的时间里,该领域的学术论文已发表了200多篇。③ 从学界到商界、政界,越来越多的有识之士认识到国家形象的好坏直接或间接地对一国的商业活动产生重大影响。该领域的知名学者贾非(Eugene D.Jaffe)和内本扎尔(Israel D.Nebenzahl)在他们合著的《国家形象与竞争优势》一书中指出:"每一个国家都有一个形象,或有利的或不利的形象,或正面的或负面的形象。有些国家被视为仁义、进步之邦,而另一些则被视为卑鄙、专断之国。有些国家以工程开发闻名,有些则以设计精巧著称。无论这些看法如何,它们都影响着投资者或消费者对一国之国家'品牌'的判断。而这些判断将部分

---

① Bosah Ebo.War as Popular Culture:The Gulf Conflict and the Technology of Illusionary Enter-tainment.*Journal of American Culture*, Vol. 18, No. 3. in News Media and Foreign Relations:A Multifaceted Perspective.

② Rebecca Carrier.*Global News and Domestic Needs:Reflections and Adaptations of World Infor-mation to Fit National Policies and Audience Need//News Media and Foreign Relations:A Multifaceted Perspective*, pp.181-182.

③ Eugene D Jaffe,Israel D Nebenzahl.*National Image and Competitive Advantage.Copenhagen*:Copenhagen Business School Press,2001,p.8.

决定该'品牌'的销路,或影响其出口,或左右外国投资者的选择。"①基于此,贾非和内本扎尔呼吁政府部门和企业界携手共创国家品牌,为本国的商业活动在国际上赢得竞争优势。

英国是较早意识到国家形象的商业功能的国家之一。英国的一家广告公司 BMP DDB 分别于 1994 年和 1997 年在 30 个国家对英国形象进行了深入调查。该调查要求被调查者从所提供的 40 个形容词中挑选 5 个最能表现和 5 个最不能表现英国特征的词。两次调查的结果令人惊讶地相似,英国被认为是一个骄傲、文明和冷漠的国家;它最不具备的特征是热情、急躁、进取和冒险。唯一的区别是 1994 年的"傲慢"让位于 1997 年的"聪明"。这一结果引起了英国朝野的重视。英国一家咨询公司的主管感慨道:"英国的这一传统形象以及我们在海外广为宣传的作为光荣的历史主题公园的英国形象,使现代企业不可能从其英国背景中获得促销资本。"基于这样的认识,英国企业界在政府的支持下于 1997 年发动了以"酷爽的不列颠"(Cool Britannia)为主题的英国形象国际宣传活动,旨在将英国刷新为一个"朝气蓬勃的""充满创造力的""现代化的"国家。此一行动尚在进行之中。②

事实上,西方学术界对国家形象的商业功能问题已有比较系统的理论构建。"光环"(halo)说认为,当消费者对某国生产的产品既不了解也无任何体验时,他将运用自己对该国形象的知识来判断该国产品的品质。也就是说,消费者对一个国家的人民、经济水平、政治与社会发展状况的认识将直接影响他对该国所生产的产品的购买决定。③

"总结"(summary)说认为,国家形象基于消费者对一国所生产的产品的体验以及因此而获得的对该国产品品质的认识。消费者对产品的体验可以是个人的直接行为,也可以是从别人或大众传媒了解的。不管怎样,消费者首先

---

① Eugene D Jaffe, Israel D Nebenzahl. *National Image and Competitive Advantage. Copenhagen*: Copenhagen Business School Press, 2001, p.8.

② Eugene D Jaffe, Israel D Nebenzahl. National Image and Competitive Advantage. Copenhagen: Copenhagen Business School Press, 2001, pp.125–127, p.42, p.43, p.46.

③ Eugene D Jaffe, Israel D Nebenzahl. National Image and Competitive Advantage. Copenhagen: Copenhagen Business School Press, 2001, pp.125–127, p.42, p.43, p.46.

对他所熟知的某国部分产品的特征加以总结,然后将这些特征运用到他不熟悉的该国所生产的其他产品上。通过这种方式,国家形象于是影响消费者对某一品牌的态度。①

贾非和内本扎尔对"光环"说和"总结"说两种理论进行了考证,发现它们各有局限性,从而提出了一个综合两种理论的动态模式。他们认为,在第一阶段,消费者对产品尚无"有意义的经验",这时国家形象就可以起到"光环"作用,它影响人们对一国产品普遍特征的信念,从而左右人们对某一品牌或产品的态度。在第二阶段,即购买行为之后,消费者的体验会改变他对产品品质的认识,从而改变他心目中的国家形象。在第三阶段,经过矫正后的国家形象再次形成消费者对产品品质的期待或信念。②

这方面的理论研究尚在不断深化之中。但无论是哪一种学说,都一致同意国家形象对消费者行为会产生或直接或间接的影响,不同理论的分歧仅在于对影响方式的认识上。

基于上述粗略的分析,我们不难看到,国家形象不仅是一个有待拓展的学术前沿课题,而且对全球化时代的国家政治、外交与商业活动具有重要现实意义。我国政府、工商界与学术界对这一课题的研究应给予高度重视。

(本文原载《国际论坛》2002 年第 3 期)

---

① Eugene D Jaffe,Israel D Nebenzahl.National Image and Competitive Advantage.Copenhagen:Copenhagen Business School Press,2001,pp.125-127,p.42,p.43,p.46.

② Eugene D Jaffe,Israel D Nebenzahl.National Image and Competitive Advantage.Copenhagen:Copenhagen Business School Press,2001,pp.125-127,p.42,p.43,p.46.

布 什 访 华

——新华社新华网与美联社新闻网的比较分析

从 2001 年 10 月亚太经合组织领导人非正式会议到今年 2 月 21 日,在短短 4 个月的时间内,美国总统布什两度来到中国;而且今年 2 月的访问恰逢尼克松总统"破冰之旅"30 周年。这"善意的巧合"使得布什的访华活动引起世界舆论的广泛关注。作为中美两国最重要的新闻发布机构乃至世界舆论的领导者,新华社和美联社对布什的访华都进行了特别报道。通过对它们的报道进行对比分析,我们一方面可以了解中美两大媒体对此次中美外交活动的不同评价,另一方面也可以从中发现这两大媒体各自的风格与特色。此类个案研究还将有助于我们进一步认识美国媒体对中国的报道的一般特征。

本文以新华社的新华网英文版和美联社的新闻网为研究对象。之所以选择新华网的英文版而撇开其中文版,是因为其英文版显然以国际社会为读者对象,与美联社的新闻网从内容到形式都具有更大的可比性。同时,本文将研究时段限定在 2 月 21—23 日之间。虽然 21—22 日为布什的实际访华期间,但由于美国时间比北京时间晚约 12 小时,因此有必要将研究时段延长一天。①

一、技术对比分析

对于布什的访华活动,新华社新华网进行了密集的跟踪报道。截至 2 月

---

① 文中分析所依据的材料均从新华社和美联社的新闻网下载,不另说明来源。兴趣的读者可向这两家网站档案库索取。

23 日晚 10 点,"美国总统布什访华"专题页面先后发布了 71 条直接消息,25 条背景消息,共 96 条;此外,新华网在主页的"中国焦点"栏目上还推出了 3 条深度报道,在主页的"世界"栏目另有一条关于布什回国的消息。所有关于布什访华活动的报道加起来,新华网共发布了正好 100 条各类新闻,篇幅多达 1854193 字节。与新华网浓墨重彩的报道恰成对照,美联社的新闻网先后只发布了 12 条相关报道,约为新华网新闻条数的十分之一;篇幅仅占 73148 字节,不足新华网报道字节的 4%。

从版面的安排来看,新华网在主页面的页眉特设了一个非常醒目的彩色横标"美国总统布什访华",由此可点击进入该专题页面;在主页的中上方另安排了一个配有插图的特写,题为"布什访华对中美关系意义重大";主页的左上角"中国焦点"的"政治"栏目全部为有关布什访华的深度报道标题所占据;此外,在主页下方"世界"版块的"美洲"栏目再次插入了布什访华的新闻标题。总体上看,除破例特设了一个布什访华专题页面以外,有关布什访华的栏目面积约占新华网主页面的三分之一,而且占据着最重要的位置。

相比之下,美联社的网页在版面安排上并未对布什访华给予特别的关注。美联社新闻网在版面结构上不同于新华网,它没有设计一个可链接各分栏目的总纲似的主页面,而是平行地排列着"要闻""美国""世界""商业""体育""健康""技术""艺术""天气""政治""奥运"11 个栏目,读者可通过任何一个栏目主页页眉上并列的这 11 个图标点击进入各栏目。从 21—23 日,"要闻"版仅发布了 2 条布什访华的新闻,占该版 3 天内新闻总条数的三十分之二。除此之外,"美国""世界""政治"等 3 个版面在大量的各类新闻的夹缝中,先后发布的有关布什访华的消息只有 10 条。美联社新闻网并未开设布什访华专题版,只是在打开有关布什访华的报道文章后,读者才可以从该页左上角找到一个很小的"总统最新消息"栏目,这里列出了当日布什访华报道的标题,读者可由此点击进入。

总体看来,无论从报道的数量,还是从版面的安排来看,新华网对布什访华都给予了空前的关注。相比之下,美联社新闻网对布什的中国之行虽不能说是轻描淡写,但肯定谈不上给予了足够的重视。

二、内容对比分析

1. 标题对比

标题是一篇新闻报道的重要组成部分,它往往决定了读者是否会注意和阅读这篇报道,并影响读者对该报道的态度。因此,无论是记者还是编辑,都非常重视标题的文字表述乃至字体、字号的设计。比较一下新华社新华网和美联社新闻网有关布什访华的报道标题,我们不难发现两家媒体对同一事件的看法实则大相径庭。

这里,笔者将借鉴"语义强度分析"①的研究方法,把标题按语义分为肯定、中立和否定三种类型。肯定的标题包含具有肯定意义的词汇,它从不同角度或直接或间接地肯定布什的访华或肯定中美关系。直接肯定的标题如《布什访华将促进中美关系》(新华网);间接肯定的标题如《布什:加强与中国对话有利于美国》(新华网)、《美资公司看好中国市场》(新华社)。中立的标题是完全事实性的陈述,它只是客观地叙述所发生的事件,其中不含明显的积极性暗示词汇。如《布什离开韩国前往中国》(新华网)、《布什参观中国长城》(美联社)。否定的标题包含具有消极意义的词汇,或直接或间接地表达对布什访华活动、中美关系乃至中国本身的不满、批评或反对。直接的否定如《布什亚洲之行后的不确定因素》(美联社);间接的否定如《布什在中国面对难题》(美联社)、《中国警察骚扰持不同政见者》(美联社)。值得指出的是,肯定与否定在语义上可以分出不同的等级,但这种分级往往因人而异,很难确定。因此,笔者在此仅拟把标题分为肯定、中立和否定等 3 个基本类别。

依据上述标准,在新华网的 100 个标题中,肯定标题有 48 个,占 48%,其余全部为中立标题。而在美联社新闻网的 12 个标题中,肯定、中立和否定的标题数分别为 1 个、5 个、6 个,否定标题达标题总数的 50%,而肯定标

---

① 王君超:《媒介批评——起源·标准·方法》,北京广播学院出版社 2001 年版,第 202—205 页。

题不足 10%。

具体从标题内容看,新华网的标题非常醒目地突出了五大主题:其一,布什在中国受到热烈欢迎。如《江举行宴会欢迎布什》《美国总统布什参加欢迎仪式》《江会见布什并共进午餐》《江与布什话别》,等等。其二,中美两国元首举行了"深入的""积极的""建设性的""卓有成效"的会谈,并达成"广泛的、重要的共识"。如《中美两国元首在许多重要问题上达成共识》《中美将加强在反恐斗争中的合作》《布什鼓励加强中美交流》《布什强调中美关系中的人员交往》《布什:加强与中国对话有利于美国》《布什:美国在台湾问题上的立场保持不变》《布什说中美拥有共同利益》《布什:美国欢迎更强大、和平、繁荣的中国》《布什:美国政府支持"一个中国"的政策》《布什称中美关系"成熟"》《布什称与江的会谈"坦诚、积极"》《胡锦涛:中美青年应加强交流》《胡锦涛:中美友好符合两国人民的愿望》《胡锦涛:中美拥有广泛的共同利益》,等等。其三,布什访华意义重大,将对中美关系产生"积极的""深远的"影响。如《江预言中美关系将加快步伐》《胡锦涛:两国元首的会谈将对中美关系产生深远影响》《推动中美关系向前发展的重要一步》《布什的访问将促进中美关系》《美国驻华大使:布什的访问是中美关系中的又一里程碑》,等等。其四,中美关系具有深厚基础。如《架起心灵对话的桥梁:中美文化交流 30 年》《中美经济合作中的巨大潜力与共同利益》《综述:科技合作为中美关系注入活力》,等等。其五,中国兴旺发达,已发生了翻天覆地的变化。如《布什称赞中国发生惊人变化》《江:中国公民享有宗教信仰自由》,等等。

与此恰成对照,美联社新闻网的标题除了就事论事地报道布什访华的消息外,一个最集中、最突出的主题就是中国是一个"严重践踏人权"的国家。如《中国压制宗教》《中国警察骚扰持不同政见者》《被拘留者的支持者们向布什求助》《布什亚洲之行后的不确定因素》,等等。美联社新闻网唯一的肯定标题是《布什赞扬中国在反恐问题上的立场》。美联社新闻网对布什访华活动的积极面的有意忽略令人惊讶。它矢口不提布什在记者招待会及在清华大学的演讲中对中国所取得的成就的高度肯定,也不提布什在多种场合多次表示应重视中美关系并愿意加强在各个领域的合作。当中国政府以及中国媒体努力淡化中美分歧、着力凸显双方的共识与合作前景的时候,美联社却无视中美之间的共同利益与两国领导人达成的共识,大肆渲染中美之间存在的分歧以及中国的所谓"人权问题"。这其中的反差不能不令人忧虑。

2. 插图对比

生动的插图是网络新闻相对于传统报纸新闻所具有的优势之一。无论是新华社新闻网还是美联社新闻网,它们都十分重视运用画龙点睛的插图来增强新闻的感染力。对比一下两家媒体所刊载的有关布什访华的插图,我们可以更直观地感受到它们对同一事件所持的截然相反的立场。

新华网采用了大量的彩色插图,共约 32 幅。其中反复出现的、最突出的一类图片就是两国领导人的亲切握手,包括江主席与布什握手的合影 6 幅(另有一幅关于江主席与布什并行检阅仪仗队的合影)、胡锦涛与布什握手的合影 1 幅、朱镕基与布什握手的合影 2 幅。此外,还有大量表现布什及其夫人与中国官员在一起的合影,如双方班子面对面会谈的合影 1 幅、布什在机场受到中国官员接待的场面 1 幅、布什在清华大学演讲时与清华大学校长的合影 1 幅、布什夫人与中国外交部陪同人员游览故宫的合影 2 幅等,另外还有布什夫妇在长城与中国少年儿童的合影 1 幅。第三类图片是专门表现布什和他的夫人的,如布什的半身特写镜头、布什与夫人在八达岭长城的合影、布什在清华大学演讲时的全身特写照、布什夫妇抵达中国机场及离京回国时在飞机上招手的情景,等等。

所有这些图片都着力烘托了一个主题,这就是中美合作。它们留给读者的深刻印象是,两国领导人亲密会晤,达成共识,揭开了中美友好合作新篇章。

美联社新闻网在其有关布什访华的不同新闻页面共插入了 14 幅图片。与新华网的插图相比,美联社新闻网的插图具有 3 个明显特征。首先,该新闻网没有安排任何关于布什与中国领导人亲切握手的图片。江泽民与布什同时出现的图片只有 2 幅。第一幅图片是欢迎仪式上演奏美国国歌时的一个镜头:布什左手贴胸,表情庄重,旁边是面带微笑的江泽民主席。第二幅图片是新闻发布会上的一个镜头:布什左手抬起,正在讲话;江主席站在另一边,中间隔着两国的国旗。还有一幅周恩来总理与尼克松总统共同进餐的旧照:周恩来正在夹菜,表情庄重;尼克松右手握着筷子放在口里,满脸疑惑地望着周恩来。这些图片给人的印象是中美两国元首之间没有任何真诚的对话、沟通,更谈不上携手合作的可能。

其次,美联社新闻网有意凸显了具有强烈负面暗示意义的 3 幅图片。第一幅图片表现的是身着绿色警服的民警排着长队阔步巡逻在大街上;该图片的说明文字是"军警在巡逻",插在《中国警察骚扰持不同政见者》一文中。第二幅图片插在《布什总统前往中国》一文中,画面表现的是一队身着绿色警服的民警面对一排白杨树一动不动地站着,表情严肃;图片下方的说明文字是"中国军警"。在同一页面还有一幅图片,表现的是布什身着军装,手持军用望远镜注视前方;图片下方的说明文字是"布什总统观望北朝鲜"。这 3 幅图片明显地暗示中国是一个在共产党严密控制下没有自由的专制国家。值得一提的还有,编辑有意将"民警"描述为"军警",有意将本来为确保布什人身安全而巡逻、站岗的警察与所谓"人权问题"联系在一起。

第三,美联社新闻网不用图片去反映北京大街小巷呈现的蒸蒸日上的现代化气象,而是选择了一些无关紧要的琐碎情景。如在一幅表现街头报摊的图片中,画面正前方是《上海译报》的头版大字标题《布什总统到北京》,报上有大幅布什照片,在画面的右后角是一个正在翻书的读者,显得畏缩、呆板;该图片下方的说明文字是"中国男孩与布什的头版头条"。另一幅插在《布什亚洲之行后的不确定因素》一文中的图片表现的是布什在清华大学演讲的实况转播画面:布什的半身图像占据了画面的一大半,在左边的角落里有 3 个公司职员站在一旁倾听;图片下方的说明文字是"工人们在观看布什演讲"。其实,这些图片也是寓意深长的。它们向美国及其他西方读者传递的信息很有可能是:中国是一个信息封闭的社会,很难有机会直接了解美国的民主政治;布什的到来给中国人带来了自由的福音。

唯一一幅正面表现布什访华活动的图片是布什夫妇在长城上与一群天真活泼的中国儿童的合影。

如上所述,新华社新华网和美联社新闻网对布什的访华活动做了大不相同乃至截然相反的报道。考虑到布什此次访华活动的高度公开性,也就是说新华社与美联社享有几乎完全平等的采访机会,这种差异就更加引人注目了。必须承认,作为中国官方的新闻机构,新华社在报道布什访华活动时的确努力与中国政府的立场保持一致,侧重正面报道中美关系,关注中美关系中友好合作的一面,而忽略或淡化双方的分歧。例如,布什在清华大学演讲结束后,有两名学生接连追问美国政府在台湾问题上的立场,布什在回答时表现得支支吾吾、躲躲闪闪,最后也并没有给出一个清楚的答复。对此,新华网只字未提。不过,新华网的报道在多处还是提到了中美双方依然存在一些分歧。

平心而论,美联社在报道布什访华活动时比较严重地偏离了美国新闻界自己长期炫耀的"客观性"原则。① 按韦斯特斯达尔(Westerstahl)的定义,客观性包括"合乎事实"(factualness)和"无偏见"(impartiality)。所谓"合乎事实",一方面是指报道的"完整性""准确性"以及"无误导或压制意图";另一方面是指"相关性",一般说来,对受众更有影响、更有用的消息具有更大的相关性。所谓"无偏见",包括两层意思:其一是"平衡",即在时间和空间上平等或成比例地对待相互冲突的解释或观点;其二是"中立",即在陈述时避免使用"情绪化的"语言。②

据此原则,美联社新闻网对布什访华的报道首先违背了客观性所要求的第一条标准,即"合乎事实",因为它所提供的信息是不"完整"的,或者说它有意"压制"了布什访华活动的积极面(如:对于亚太地区的和平与稳定、对于美国的反恐斗争、对于中美经济、贸易与文化交流,等等)以及中国社会的积极面(如:政治的日益开明、社会的稳定、经济的兴旺、人民生活水平的不断提高,等等),而这两点对于美联社的美国及西方受众来说是具有更重要意义的事实,或者说是具有更大"相关性"的事实。其次,美联社新闻网也违背了客观性所要求的第二条标准,即"无偏见",因为它在篇幅上并没有给不同的观点(如中国政府以及布什本人对中美关系的高度肯定)以同样程度或同样比例的重视,而是有意使用了大量"情绪化的"语言和图片。

---

① 中国学者对美国媒体的批评另请参阅李希光等:《"妖魔化"中国的背后》,中国社会科学出版社 1996 年版。本文的个案分析似乎可以在某种程度上支持李希光等学者对美国媒体的一般判断。

② Denis McQuail. *Mass Media and Communication Theory*. London:Sage Publications,1987,pp. 130-132.

　　当然,正如格布纳(Gerbner)所指出的:"从根本上说,不存在完全非意识形态的、非政治的、非党派的新闻采集与报道系统。"①但认识到美国媒体的此一特征,无论对美国受众还是对中国受众来说,似乎尤为重要。

(本文原载《国际新闻界》2002 年第 2 期)

---

　　①　G Gerbner. *Ideological Perspectives and Political Tendencies in News Reporting*, Journalism Quarterly 41, pp.495–506.

当代西方精神史①研究探析

1994 年 7 月 8—9 日,国际精神史学会(International Society for Intellectual History)在英国伦敦成立。来自书籍史、文学史、宗教史、政治思想史、艺术与音乐史、哲学史及科学史等领域的 32 位英、美及欧洲大陆的学者参加了成立大会,经讨论决定设立一个常务委员会来管理学会,由英国的布莱克韦尔(Constance Blackwell)教授进行协调,并由他负责编辑学会的会刊。国际精神史学会成立后很快便发展壮大起来,目前已拥有会员 400 多人。本文将主要

① "精神史"一词系笔者根据英文 intellectual history 自作主张的翻译。曾有人把它译作"心智史",笔者以为不是很好。第一,"心智史"一词在中文里让人读来莫名其妙,很难推测其真实含义。第二,"心智"一词在表面上对应了英文 intellect,但却与 intellectual history 这一整体概念的所指大相径庭;后者并非主张要对人类的心灵,或智力,或推理能力的历史进行研究。与其将这个词译成"心智史",还不如把它译成"知识史",因为对知识分子的活动及其成就的研究的确构成了所谓 intellectual history 的很重要的部分,而且 intellectual 作为名词就是知识分子的意思。但当代的 intellectual history 特别强调不仅要研究知识分子精英的追求,而且要研究芸芸众生的关注;不仅要研究书面的、理性的观念,而且要研究不可捉摸的想象,甚至梦幻。可见,"知识史"也不是一个很恰当的译法。我之所以将它译成"精神史",主要基于两点考虑:首先,在中文里,"精神"与"物质"相对,指与人的意识和思维活动相关的一切东西,可以很容易让人联想到与"物质文明"相对的"精神文明",而后者所涵盖的一切行为、活动、产品正是 intellectual history 所要研究的对象。其次,intellectual history 研究的根本目的,诚如凯利所指出的,是要促进"人的自我认识"(human self-understanding),即对人的精神世界的认识,这一层含义正可以通过"精神史"来传达。那么,"精神史"与年鉴学派的"精神状态史"(history of mentelites)是否太容易混淆了? 其实,它们本来是一家人,在研究对象和研究方法上多有重叠,只不过精神状态史注重考察一个社会群体的心理状态与社会其他层面的关系,而精神史则可探究更广阔的个体或群体精神世界的一切现象。此外,精神史与文化史(英文中对应的概念是 cultural history)也有密切关系。西方也有学者不加区分地使用这两个概念。一般说来,文化史在西方学术语境中是一个更宽泛的概念,与从事我们所谓文化史研究的学者往往并不用这个概念来描述自己的研究领域,而是更具体地说"观念史""艺术史""科技史",或者笼统地说"精神史",似乎显得更有学术味。

依据该会成立以来所出版的会刊以及由该会主办的一系列学术活动,来探讨当代西方精神史的研究对象、研究方法与研究动态,以期对我国的史学理论建设有所启迪。

一、精神史的研究对象

精神史(intellectual history)在西方史学界一直是一个含混不清、莫衷一是的概念。因此,为了避免不欢而散,国际精神史学会在成立之初便立下了戒律:本会无意主张精神史只有一种形式。[1] 虽然如此,从该会会刊上发表的论文来看,西方精神史学界对精神史的研究对象还是有比较一致的看法。

精神史所探讨的是跨学科领域的问题,它可视为历史学的一个分支,但其视野同时又超越了传统史学所关注的政治、经济、社会等研究领域。美国《观念史杂志》总编、精神史学会元老凯利(Donald R.Kelley)教授将精神史的主要研究对象归纳为"哲学、文学、语言、艺术、科学及其他学科",包括"哲学史(广义的)、文化史(狭义的),或更有争议的表述,如观念史、思想史、人文精神、意识形态;更为现代时髦的类似表述则有心态以及最近流行的文化记忆"。[2] 具体而言,精神史还可涵盖学术史、书籍史、图书馆史、心理史、宗教史、文学史、比较文学、美术史、音乐史、教育史、科学史、民俗史,就连史学史本身也被视为精神史的合法领地。上述有些领域如哲学、文学、艺术等本来各自拥有自己的学科传统,但精神史仍可从跨学科的角度,以其对人类精神生活的强烈关注而做出自己的贡献。

剑桥大学历史系的帕登(Anthony Pagden)提醒人们注意精神史的独特性。他写道:"新的精神史当务之急以及本学会无疑可以有所作为的方面就是确定精神史的身份,它既不等同于黑格尔及其后继者心目中的哲学史(尽

---

[1]　Constance Blackwell.Editor's Letter.International Society for Intellectual History.ed.*Intellectual News*,1996,No.1,p.5.

[2]　Donald R Kelley.Different Approaches to Intellectual History.*Intellectual News*.Autumn 1996,No.1,p.13.

管我相信它是我们最亲近的盟友),也不等同于英、美大学专业学科中的政治思想史。新的精神史自然也不能只是洛夫乔伊(Arthur Lovejoy)最初设想的复兴……"①其实,帕登在此不是要否定精神史与传统的哲学史、政治思想史、观念史等领域的关联性,他要强调的是精神史在这些传统的领域里另有所求。凯利为他一语道破:"精神史重视的不是公认的行为、社会、经济或政治方面的'原因',也不是这些东西的综合,而是人类文化的产品(the creations of human culture),是对此文化的人性化的阐释(human interpretations)。这就意味着……不仅要关注概念及理性的思辨,而且要关注其他层面的语言学意义……"②与此同时,精神史不仅应研究"伟人"的思想,而且应重视小人物的想法;不仅应探讨观念本身的内涵,而且应考察观念如何被书写、被阅读、被传播、被接受、被利用。英国学者斯帕达(Marina Frasca-Spada)十分生动地把她心目中的观念史描述为"人们手中的书的历史,即人们如何读书、谈书,也许还评书,从书中借鉴观察和感受事物的方法,甚至从书中撕去整页整页的文字"。③

西方精神史研究可溯源至两次世界大战前后美国学者洛夫乔伊大力倡导的观念史(history of ideas)研究。洛夫乔伊首创"单位观念"(unit-ideas)一说,提出观念可以从历史时空中分离出来,而无须考虑其时代背景与作者意图。为了推动对纯粹观念的研究,洛夫乔伊还创办了著名的《观念史杂志》(Journal of the History of Ideas);一时间,观念史研究在西方学术界大有异军突起之势。

然而,20世纪60—70年代,观念史研究渐渐被边缘化。史学界开始批判"观念史"研究的局限性,认为它只关注抽象的概念和少数精英的思想,满足于探讨一个思想家对另一个思想家的影响,忽略了观念的社会背景,忽略了大众的思想状态,因而难免流于浅薄。在此背景下,"知识分子史"(history of in-

---

① Anthony Pagden.The Rise and Decline of Intellectual History.*Intellectual News*,Autumn 1996, No.1,p.15.

② Kelley.What is Happening to the History of Ideas? *Intellectual News*,Autumn 1996,No.1,p. 47.

③ Marina Frasca-Spada. Notes on Intellectual History, History of Philosophy, and History of Ideas.*Intellectual News*,Autumn 1996,No.1,p.30.

tellectuals）、"心态史"（history of mentelites）以及"观念的社会史"（the social history of ideas）研究便应运而生。所有这些派别都重视社会大众的习俗与精神世界，重视渗透全社会的文化氛围以及文化的方方面面。这样，精神史的研究范围便从狭窄的观念史扩展到文化的各领域。

其实，当代西方精神史研究与 60—70 年代法国史学界费弗尔等人所倡导的精神状态史有密切关系。精神状态史学家认为，精神状态是构成历史现实的主要因素之一，历史学家应该重视研究意识形态、想象、神话、思想、概念、习惯、礼仪、信仰、梦幻、时尚等人们精神世界的东西，应该对物质世界、精神世界和想象世界予以同等的注意，只有这样才能写出表现人类生活全部层次的总体史。① 今日西方所谓精神史其实可视为精神状态史的自然延伸。

不仅如此，我们不难发现当代西方精神史研究与 60—70 年代美国和法国兴起的心理史学也有天然的联系。心理史学把精神分析理论引入历史研究，探讨心理因素如何影响个人和群体的生活。90 年代以来的精神史学家虽然不再迷恋弗洛伊德的精神分析学说，但他们对个人与群体精神现象的重视是一脉相承的。

有趣的是，当今的精神史学家们似乎不愿与当年的精神状态史学派和心理史学派混为一谈。在追溯精神史的前身时，他们更愿意视两次世界大战前后活跃于西方思想史研究领域的美国学者洛夫乔伊为鼻祖。

二、精神史的研究方法

作为历史学的一个分支，可以说史学的研究方法都适合精神史研究。但精神史因其研究对象的特殊性，也有其独特的研究方法。

首先，精神史重视跨学科的研究方法。凯利在《精神史的不同研究方法》一文中指出："精神史不可救药地属于跨学科的研究领域。"②精神史学家必然

---

① 张广智、张广勇：《现代西方史学》，复旦大学出版社 1996 年版，第 95—98 页。
② Donald R Kelley.Different Approaches to Intellectual History.*Intellectual News*,Autumn 1996, No.1,p.13.

要涉及经济学、社会学、政治学、人类学、哲学,特别是人文学科不同领域。对此,帕登回应道:"只有当古典派同现代派交谈,当科学史学家同音乐史学家交谈时,精神史学家才能真正有所作为。"①这一方面是因为学科之间本身具有关联性,当代的学科分野在近代和古代并不存在;另一方面,历史上的思想家和学者往往跨越多个学科领域,一个领域里的发现往往影响他们在另一个领域里的探索。不仅如此,精神史学家还应该超越自己的语言与文化局限,看到不同文化之间的相互影响。② 东西方文化之间的传播和互动值得重视;而在西方文化内部,跨越国界的文化传播就更频繁了。从文艺复兴到启蒙运动,各国思想界相互启发、借鉴,这是欧洲近代文化史的一个重要特征。正因为如此,精神史学会特别提倡要加强来自不同学科、不同文化背景的学者之间的交流。德国学者施奈德(Ulrich Hohannes Schneider)的观点可以用来恰当地概括西方精神史研究的跨学科、跨文化取向:"精神史领域的任何研究兴趣都起于某一学科视角,比如哲学视角;因而它必须克服这一视角,以便将它纳入精神史的更大的视野——无论这一视野多么模糊。无论如何,精神史决不应等同于任何一个学科的任何一种历史,甚至不等于哲学史。它必须同时是跨学科的、跨国界的、整体的和比较的。"③

其次,精神史基于对文本(text)的阐释。可以说,文本是精神史学家研究历史的根本途径。按照意大学者托塔洛罗(Edoardo Tortarolo)的定义,文本(文字的,或图像的)即历史上的人工制品,在时间的长河中创制,且先于或后于其他文本。同时,文本与历史问题相关,对于它的分析基于这样一个假设,即存在一个非文本的现实(non-textual reality),此一现实实为历史学家从现在向过去的投射。④

① Anthony Pagden.The Rise and Decline of Intellectual History.*Intellectual News*, Autumn 1996, No.1,p.15.

② John Christian Laursen. Intellectual History in Political Theory. *Intellectual News*, Autumn 1996,No.1,p.19.

③ Ulrich Hohannes Schneider. Intellectual History and the History of Philosophy. *Intellectual News*.Autumn 1996,No.1,p.28.

④ Edoardo Tortarolo.Intellectual History and Historiography.*Intellectual News*, Autumn 1996, No.1,p.18.

　　精神史学家所探讨的文本并非某种绝对客观的可以运用科学方法进行严密分析的物质对象。凯利引述美国实用主义哲学大师杜威的话指出："哲学最终诞生于其中的物质材料与科学无关，也与解释无关。它是比喻性的，象征着希望与恐惧，充满了想象与暗示，不可混同于心智所面对的客观世界中的事实。与其说它是科学，不如说它是诗歌与戏剧，与真理和谬误无关，与事实的合理性或荒谬性无关，正如诗歌与这些东西无缘一样。"①基于此，凯利认为精神史学家不可能获得某种超验的、纯粹的真理，他所做的只不过是从一个或几个视角来阐释文本。而阐释（interpretation）与解释（explanation）是有实质区别的。凯利赞同尼采对阐释与解释所作的区分："不存在什么原本的事件。实际情况是经由一个阐释的主体所选择和汇集的一组现象。是阐释，而不是解释。不存在所谓事实，一切都在变动中，不可掌握，不可捉摸；最为持久的是我们的观点。意义的提出在大多数情况下只不过是对旧的阐释——现已变得不可理解，其本身只不过是一个符号——所作的新的阐释。"②可见，解释致力于揭示事物的原本状态，而阐释却是要质疑把握事物原本状态的可能性，它所要强调的是阐释主体对外在对象的有选择的观察视角与创造性的重构。

　　那么，精神史学家在阐释文本时是否享有无限的自由呢？精神史的文本是否可以完全等同于诗歌文本呢？对此，凯利有所保留。他认为，适用于审美活动的"接受理论"不能不加限定地运用于历史文献的解读。而且，"作者的意图"（authorial intention）在诸如科学史或政治思想史中是一个不可避免的前提，至少是"一个必要的虚构"（a necessary fiction）。③ 凯利似乎是要在作者的原始意图和精神史学家的阐释意义之间求得某种平衡。他写道："对于精神史学家的目的来说，任何把原始作者与其后世分离或对立起来的努力都是徒劳无功的。"④

　　不过，凯利始终特别强调的是精神史研究从根本上说是一种阐释。他提

---

① Kelley.What is Happening to the History of Ideas.*Intellectual News*, Autumn 1996, No.1, p.46.

② Kelley.What is Happening to the History of Ideas.*Intellectual News*, Autumn 1996, No.1, p.46.

③ Kelley.What is Happening to the History of Ideas.*Intellectual News*, Autumn 1996, No.1, pp.47-49.

④ Kelley.What is Happening to the History of Ideas.*Intellectual News*, Autumn 1996, No.1, pp.47-49.

醒研究者,我们不能不面对无法深入"语言的背后"(behind the back of language)这一现实:我们不能不加批判地接受所谓不受语言或文化限制的"独立的对象"或"自主的作者"之类的假设;我们不能简单地将意义与作者意图等同起来,这不仅因为语言与修辞传统的威胁,而且因为精神史既关心文本的创作,也关心文本的阅读,或者说,既关心观念和文化的创作与传播,也关心对它们的接受与扭曲;而且,在追寻意义的时候,我们也无法摆脱性别与阶级利益以及政治倾向,所有这些都已嵌入语言之中,并且将语言与生活联系起来。①

当代西方精神史研究的第三条途径就是将文本与背景(context)结合起来。60年代,精神史曾经是众矢之的,被抨击为"内部主义"(internalism)、"唯智主义"(intellectualism),因为它只注意理论与学说,忽略了社会背景以及学者团体的社会功用与形式。它被指责为"精英主义",因为它只注意著名作家、著名作品、著名传统,但很少注意地方传统、大众文化以及对作品的接受与批评。它被攻击为"纯粹主义"(purism),因为它视作品的精神内容为某种独立于写作方式与说服类型之外的东西。② 就观念史而言,过去的精神史学者视观念为某种"心灵与心灵之间、山峰与山峰之间"自由交流的纯粹的东西。峡谷和丘陵无人问津,或用来从远处舒适地眺望;偏见可以为理性克服;"意义"总是被善意的受过人文教育的人士理解;"神话"正在消逝;在一个文明的社会,心理的以及意识形态的力量总是受到控制,或至少可以被安全地忽略。③

基于对过去精神史局限性的认识,今天的精神史学家一致强调背景的重要性。施奈德写道:"哲学家并不只是'持有'观点,并不只是理论家、体系的建构者或作者;相反,应该强调的是,他们都是必须放在他们所处的时代和地域的学术背景中加以理解的思想家。"④托塔洛罗也认为,精神史学家的首要兴趣应该是"文本与经验世界之间的关系"。英国剑桥大学的贾丁(Nicholas

---

① Kelley.What is Happening to the History of Ideas.*Intellectual News*, Autumn 1996, No.1, pp. 47-49.

② Nicholas Jardine. Intellectual History and Philosophy of Science. *Intellectual News*, Autumn 1996, No.1, pp.33-34.

③ Kelley.What is Happening to the History of Ideas.*Intellectual News*, Autumn 1996, No.1, p.42.

④ Ulrich Hohannes Schneider.*Intellectual History and the History of Philosophy*, p.28.

Jardine)教授呼吁研究者注意"困惑"(questions)与"问题"(problems),而不是学说与理论。他认为,精神史学家"应致力于揭开笼罩在过去人们所从事的探索研究上的面纱,并发掘那些过去曾真实存在过并被认为值得探究的种种问题"。只有将注意力集中在问题上,精神史学家才能"克服背景与内容以及'外部'(external)历史与'内部'(internal)历史之间的鸿沟"。①

三、当代西方精神史的研究动态

精神史研究正成为西方史学研究领域里引人注目的一个分支学科。国际精神史学会的成立无疑大大推动了这一趋势。该会首先于 1997 年 12 月与美国《观念史杂志》合作举办了"传统问题"国际研讨会,与会者探讨了传统的定义、传统与民族身份、传统与政治和社会的关系等方面的问题。1998 年 7 月,该会在德国柏林主办了第二次大型国际学术研讨会,来自西欧各国、北美、俄国与澳大利亚的 100 多位学者就"历史上的终结点"问题进行了系统而深入的讨论。2000 年 9 月,精神史学会又以"转折点"为题在美国芝加哥大学举办了大型国际学术研讨会,探讨了政治史、思想史、社会史、艺术史、宗教史、科学史等领域的"转折点"问题。2001 年 7 月,该会在剑桥大学组织了又一次国际学术研讨会,主题是"著名的学术争论",讨论的问题涉及自由与权威、争论与学术进步、学术争论的风格与解决方式,等等。精神史学会目前正在筹备于 2002 年 7 月在澳大利亚悉尼召开一次国际学术研讨会,主题是"现代溯源:1543—1789 年的欧洲思想"。

精神史学会上述学术活动有力地促进了精神史研究在西方各国的展开。以俄国为例,1998 年,俄国科学院的世界史所成立了一个专门的"精神史研究中心",并于 1999 年 12 月举办了"当代精神史"专题学术研讨会;同年,在莫斯科还举办了"多元文化主义与后苏联社会的转型"学术研讨会。相关的专

---

① Nicholas Jardine. Intellectual History and Philosophy of Science. *Intellectual News*, Autumn 1996, No.1, pp.33-34.

题研讨会在其他各国近年来也有很多,如 1999 年 7 月在爱尔兰共和国举行的"国际文艺复兴研讨会";在剑桥大学的达尔文学院,有一个跨学科的史学研究小组每两周聚会一次讨论有关科技史的问题;1998 年 5 月,罗马尼亚的几所大学与《观念史杂志》联合举办了"文化与现代罗马尼亚民族认同中的政治问题"专题研讨会;1999 年 4 月,美国的普渡大学(Purdue University)举办了一次别开生面的学术研讨会,主题是"歌德、混沌与复杂",探讨歌德思想对当代混沌理论的影响。与精神史研究相关的网上专题讨论更不胜枚举。

此外,精神史的研究成果正与日俱增。据意大利学者托塔洛罗的统计,在大英图书馆的"精神史"栏目下,最近 10 年出版的有关专著就达 100 多部。[1]精神史学会的会刊每期都介绍不少最新出版的精神史专著,如《亚当·斯密在他的时代与我们的时代:规划一个文雅的社会》[2]《西方精神传统的中世纪基础,400—1400》[3]《剑桥 17 世纪哲学史》[4]《世纪的转折:对它们的感知及其影响》[5],等等。精神史学会会刊的第 6—7 期上还刊登了这一领域的最新硕士、博士论文题目,如《意大利中部的裸体:1590—1600》《现代早期英语日记与自传》《培根哲学中技术的地位》《女性的邪恶与公共利益:法国启蒙运动中的妇女与商业》《女性主义与婚姻中的政治:1850—1920》《比利时和荷兰对实证主义的接受》,等等。此外,精神史学会的会员在各自所在的大学都开设了许多精神史方面的课程;同时,为加强精神史学术界的学术交流,精神史学会正发起编辑《国际精神史学家辞典》,兹不赘述。

总体看来,精神史有其相对独立的研究对象和研究方法,为我们认识人类文明史开辟了一个有意义的视野。它一方面提醒历史学家注意推动和创造人

---

① Edoardo Tortarolo.Intellectual History and Historiography.*Intellectual News*,Autumn 1996,No. 1,p.17.

② Jerry Z Muller.*Adam Smith in His Time and Ours*:*Designing the Decent Society*.New York:Free Press,1993.

③ Marcia L Colish.*Medieval Foundations of the Western Intellectual Tradition*,p.400–1400.New Haven and London:Yale University Press,1997.

④ Daniel Garber,Michael Ayers.ed.*The Cambridge History of 17th Century Philosophy*,2 vols. Cambridge:Cambridge University Press,1998.

⑤ Arndt Brendecke.*The Turning of Centuries*:*A History of Their Perception and Effect*.Frankfurt and Main and New York,1999.

类历史的精神力量,以便他们更全面地把握人类社会的丰富性;另一方面,它提倡对历史文本进行跨学科、跨文化的阐释,有利于充分发掘人类文化遗产的宝藏,从而推动人类文明的不断进步。基于此,我们有必要对当代西方精神史研究给予应有的重视。

(本文原载《史学理论研究》2002 年第 2 期)

析意大利文艺复兴时期的思想自由

一

作为思想运动的文艺复兴是从重视知识开始的,这与中世纪将信仰奉为唯一的、至高无上的人生目的恰成对照。被尊为"人文主义者之父"的彼特拉克在1362年给友人的一封信中写道:"无论是劝人为善的主张,还是生命苦短的哀叹,都不应使我们离开学问;因为在一颗善良的心灵里,它可以激发对美德的爱,驱除或至少缓解对死亡的恐惧。"①

彼特拉克尚不敢完全同宗教决裂,因此在信中他承认通往"幸福"的道路有两条:其一是"无知"的"虔诚"之路,它可能安全平坦,但却会助长懒惰;其二是"明智的虔诚"(the enlightened devoutness)之路。两条路虽然都能达到共同的目的,但前者缓慢、昏暗,后者欢快、明朗;前者为"低"路,后者为"高"路。这里,彼特拉克已决定性地将知识推向人生的前台。

稍后的人文义者彼得·保罗·维吉里奥(Peter Paul Vergerio,1370—1444年)开始更广义地界定"人文科学",并将它同教育联系起来,从而导致学校课程与学制的变革。在其论著《论人文科学》中,他对中世纪教育的内容与方法大加挞伐。在其给卡拉斯家族的鸟伯提勒斯的信中,维吉里奥明确提出父母对子女的三大职责:第一条是给孩子取一个"他们不必为之害羞"的好名字;

① Dennis Sherman. *Western Civilization*: *From the Renaissance to the Present*. McGraw-Hill, Inc. 1991, pp.6-7.

第二条是让孩子在一个"优秀的城市"里长大;第三条就是让他们"受到良好的知识熏陶"①。其实,第二条是为第三条服务的,也就是说,除名字以外,知识便是个人成长中最重要的条件。维吉里奥所谓的知识包括历史、道德哲学与雄辩术。他认为,判断力、辩术与忠诚乃是自由人格的根本特征。

意大利文艺复兴时期对知识的高度与普遍重视从房龙的生动描述中可见一斑:"意大利半岛上的每一个托马索、里卡多和恩里格,条顿大平原上的每一个托马西医行、里卡都斯教授和多米尼·海因里希,都急匆匆地印刷出自己的作品,所用的纸张最小也是十二开的,更甭说模仿希腊人写的动人的十四行诗的托马西诺和学着罗马祖先的佳篇文体写颂歌的里卡蒂诺了。还有不计其数的人热衷于收藏古代盔甲,几乎整整三个世纪兢兢业业地把刚刚从前辈的废墟里挖掘出来的东西分类、整理、制表、登记、存档和编纂,用无数对开纸印出集子,再配上美丽的铜版和精制的木刻。②"

这里我们更关心的不是人文主义者对知识如何重视,而是他们获取知识的方式以及知识的交流方式。一般认为,中世纪的经院哲学充满迷信和权威崇拜,中世纪的个人匍匐于上帝和教会脚下;文艺复兴时期则不同,人文主义者的个人是顶天立地的好汉。彼特拉克自己就曾写下"我不想变成上帝"的豪言壮语。

恩格斯对于这一时期人才辈出的巨人景象也曾热情讴歌:"这是一次人类从来没有经历过的最伟大、进步的变革,是一个需要巨人而且产生了巨人——在思维能力、热情和性格方面,在多才多艺和学识渊博方面的巨人的时代。"

但不应忘记,人文主义者首先是好古者、崇古者。15世纪的人文主义者们终日忙碌于发掘地下古董与搜索修道院里的残宗破卷。他们把西塞罗、塔西陀、卢克莱修以及其他拉丁作家的作品一篇篇拼集起来。1453年前后他们还通过君士坦丁堡的代理人收集古希腊手稿。事实上,到1500年时,今天我们所能见到的全部古希腊作品,差不多都已到达西方。为了保存、编纂和研究

① Dennis Sherman.*Western Civilization:From the Renaissance to the Present*.McGraw-Hill,Inc. 1991,pp.6-7.

② 房龙:《宽容》,连卫、薪翠微译,生活·读书·新知三联书店1985年版,第167页。

这些古典作品,人文主义者推动了现代图书馆的建立。柯西莫·德·美第奇在佛罗伦萨建起了三座图书馆,并专门雇佣了 45 名抄写员。今天世界上最重要的图书馆之一的梵蒂冈图书馆就是在这时建立的。①

当然,人文主义者对古希腊、罗马文化的推崇可能如一些论者所言,只是一种策略。因为他们所面对的敌人——教会统治及其播撒的迷信与愚昧——如此强大,如此无孔不入,他们不得不有所依托,不得不"托古改制"。但若以为当时的人文主义者们都是自觉地在为某种全新的理想而奋斗,那就高估他们了。

任何社会思想运动都不可能像诗人的灵感那样突如其来。文艺复兴是在中世纪的怀抱里一天天成长壮大的,人文主义者不是天外来客。由于文艺复兴时期的意大利并不重视科学(达·芬奇及另外少数几个人除外),这一时期依然充满迷信,如占星术便大行其道。因此,罗素对人文主义者的一个评价是基本可信的:"他们当中不少的人仍旧像中世纪哲学家一样崇敬权威,不过他们用古代人的威信替代教会的威信。这自然是向解放前进了一步,因为古代人彼此见解分歧,要决定信奉哪一家需要有个人判断。但是十五世纪的意大利人中间,恐怕没几个敢持有从古代,从教会教义都找不出根据的意见。②"

人文主义者同教会的妥协便是明证。上文曾提到彼特拉克给友人博卡西奥的一封信,信中彼特拉克意在强调求知的重要,但却将求知之路与无知之路并提,它们在"虔诚"的引导下都可以通向"幸福",只不过前者更便利而已。

达·芬奇一生崇信实验科学,是文艺复兴中多才多艺的"巨人"的典型代表。但在他去世前卧病在床的很长一段时间里,因感到死亡迫近,于是请人一遍又一遍地讲解《圣经》中的教义。③

其实,只要看一看这一时期的绘画与雕塑的题材与表现形式,便知道人文主义者宗教情结之深厚了,最宏伟的建筑是奉献给上帝的教堂,如由布拉曼、拉斐尔、帕鲁齐、小莎迦洛及米开朗琪罗等著名艺术家前赴后继地设计建造的圣彼得大教堂。最优秀的绘画与雕塑主要是描写宗教题材的,如达·芬奇的

---

① Robin W Winks.*A History of Civilization.Volume* 1.7*th ed.* Prentice Hall,1995,p.92.

② [英]罗素:《西方哲学史》下卷,商务印书馆 1982 年版,第 7—8 页。

③ Kelley Sowards.*Makers of the Western Tradition.Vol.*1.5*th ed.* St.Martin's Press,1991,p.183.

《最后的晚餐》、拉斐尔的《西斯廷圣母》、米开朗琪罗的《西斯廷天顶画》、提香的《哀悼基督》，等等。

固然我们可以说，文艺复兴时期的宗教画洋溢着浓厚的世俗气习，但它们并不是现实的世俗生活。我们甚至可以说，正是这种宗教情结使文艺复兴时期的艺术虽然世俗化，却不失崇高与庄严，成为后世不可企及的艺术典范。

由此看来，诚如西方当代文化史家马文·佩利（Marvin Perry）所肯定指出的，人文主义者们"既非不信教者，也非无神论者"。①

但人文主义者们又真实地感受到发自内心的冲动，他们不愿欺骗自己的感觉，又不愿或不敢向宗教宣战，他们便注定了要在矛盾中挣扎，他们的内心深处远不如我们今天想象的那样明朗。

柏雷也许是最早洞见到人文主义者的这种尴尬处境的现代历史学家之一。他认为，人文主义者"并不觉得自己转入一个新文明的时代"，他们"并不以敌意向着神学的权威及宗教的信条，只是发现了一种对于实际世界的好奇心，把自己的兴趣一起任他吸收去了"。这样，他们便必须同时面对两个世界——宗教与现实。柏雷认为，一般的思想家在当时"都是把这两方面分得清清楚楚：在表面仍然遵从宗教仪式，而在里面却不屈服真正的思想自由"②。人文主义者的这种两难处境对我们并不陌生。一种长期占据统治地位的观念体系，虽然已千疮百孔，甚至荒谬绝伦，但只要它尚未失去现实的制度支撑，它就会迫使人们采取阳奉阴违的态度，直到它寿终正寝。不过，从当时的情形看，人文主义者的这种自觉是否真如柏雷所说的那样一清二白，是颇值得怀疑的。但丁便不能说只是表面地遵从着宗教仪式而已，他的《神曲》中洋溢着对上帝和天堂的真诚的向往。米兰多拉在为人的尊严辩护时，是以上帝为前提的，人为上帝所造，因为上帝同意人们按自己的意愿自由地塑造自己，所以人们应不负众望，努力向上，进入上帝的神圣境界。③ 米兰多拉在这里所运用的还是中世纪的语言与逻辑。

因此，可以说，文艺复兴时期现实的个人以及人文主义者理想中的个人，

① Marvin Perry.*Western Civilization*.Vol.1,Houghton Mifflin Company,1990,p.208.

② ［英］柏雷：《思想自由史》，罗家伦译，岳麓书社 1988 年版，第 63 页。

③ Robin W Winks.*A History of Civilization*.Vol.1.7th ed. Prentice Hall,1995,p.293,p185.

都尚未臻于全面的、理性的、自由自觉的思想境界,他们的思想尚游移于古典文明传统与中世纪宗教传统之间,当然更多偏向前者。人文主义者所发现的个人更多是一个感性的、行动的个人,而不是一个理性的、思辨的个人,后一任务尚有待18世纪的启蒙运动完成。西方当代史家温克斯(Robin W.Winks)等人认为:"文艺复兴时期思想家与艺术家们从其中世纪先行者那里多有借重,而且他们常常同其先辈们一样虔信宗教,一样轻信、一样有等级意识、一样"封建"。但他们同时又是实利主义的、怀疑论的与个人主义的,其程度之深,在中世纪几闻所未闻。①"

这样将人文主义者看作一种矛盾组合,似更符合一个纷纭变幻的过渡时代的历史实情。

二

这样评价人文主义者,并不必否认他们所实践的前所未有的思想自由。洛伦佐·瓦拉以其严密的论证,毫不留情地揭露作为教皇世俗权力之依据的"君士坦丁的赠与"这一历史文件的欺骗性。他还以其渊博的学识批评了西塞罗的被认为是完美无瑕的作品,指责托马斯·阿奎那不懂希腊文,挑剔《圣经》译本中的错误。人们常指责马基雅维里政治哲学的虚伪与不道德,但从思想家的品质看,他却是一个忠于事实,不为时势左右的自由的思想家。罗素称他是以"思想上的诚实"表现"政治中的不诚实"②。达·芬奇曾被当时同行们指责为纯粹的经验主义者,他的回答是:"假如我的确不能像他们那样引经据典(可见这是当时的潮流——引者注),必须承认引用经验——他们导师的情人——更了不起,更有价值。"达·芬奇进而指出:"引用权威作论证的人并未使用理智,而是使用记忆。"③可以说,达·芬奇在这里预见到近代实验科学的根本价值。因此,一般地说,人文主义者虽然一方面折服于遥远的光辉灿

---

① Robin W Winks.*A History of Civilization.Vol*.1.*7th ed.* Prentice Hall,1995,p.293,p185.

② [英]罗素:《西方哲学史》下卷,商务印书馆1982年版,第18页。

③ Kelley Sowards. *Makers of the Western Tradition.Vol*.1.*5th ed.* St.Martin's Press,1991,p.184.

烂的古希腊——罗马文化,另一方面又与躺在身边的老态龙钟的中世纪宗教传统有着千丝万缕的联系,但他们在各自具体的领域中都能自由地探索、发现。其奥秘很可能就是当代意大利史家查波德(Federico Chabod)所揭示的,人文主义者们奉行"为艺术而艺术,为政治而政治……为科学而科学"的崭新的具有实用主义色彩的世俗化信条。①

不仅如此,由于当时意大利各城邦国家政局更迭频繁,各国处于相互竞争与敌对状态,教会控制又很松弛,人们不仅可以非常自由地思想,而且能够自由地表达。瓦拉在发表了著名的驳斥"君士坦丁的赠与"的论文后,并未受到惩罚,反而名声大振,被教皇委任去翻译希腊史家修昔底德的著作。② 由此足见当时学术交流之自由。这种自由甚至发展为无边无际、永无休止的争辩、讽刺与诽谤。一方面,当时一般的文化培养出一批"恶毒又无能的机智的嘲讽者",如靠阿谀奉承、挖苦讽刺为生的当时罗马最著名的讽刺家皮埃特罗·阿雷提诺。另一方面,文艺复兴又造就了一大批鲜明独特的政治家、教士、发明家和发现者以及文学家、诗人和艺术家,他们成为天然的嘲讽对象。此外,人文主义者之间也不乏相互攻击。这一切便使意大利"成为一所诽谤中伤的学校"。③ 当然,15世纪的艺术家之间也表现了真诚合作与友好竞争的一面。

基于上述,我们认为,意大利文艺复兴所发现的个人,已实现了基本的思想自由。这首先意味着没有人为的思想禁区,个人可以自由探讨人类生活的任何领域。当然,人文主义者尚未考虑上帝的存在问题,但那是认识能力本身的客观局限。其次这也意味着个人可以最大限度地利用自己的智识,去独立地观察、分析所研究的对象,而不是被动地或被迫地屈从于外在的约束与压力。最后,个人可以自由地发表自己的见解,思想的交流畅通无阻。以上三点构成了西方个人主义思想自由传统的基本要素,为后继的启蒙运动奠定了坚实的基础。而意大利文艺复兴所取得的辉煌的文化成就当然更应大大归功于此。

---

① Federico Chabod. *Machiavelli and the Renaissance*. trans. David Moore. New York: Harper & Row, 1971, p.184.

② Robin W Winks. *A History of Civilization*. Volume 1.7th ed. Prentice Hall, 1995, p.293.

③ [瑞士]雅各布·布克哈特:《意大利文艺复兴时期的文化》,何新译,商务印书馆1986年版,第125、157页。

但同时我们又必须承认,这种思想自由并不是天马行空的驰骋。人文主义者所思想的对象、方法,他们赖以创造的思想素材,以及他们思想的结论,都在很大程度上受到古典文化和中世纪传统的制约。在人文主义者身上,创新与守旧并存,尘世与天堂交汇。古典—中世—现实,"正"—"反"—"合",意大利文艺复兴时期的人文主义者们创造了文化史上"三位一体"的奇迹。

(本文原载《湖北大学学报(哲学社会科学版)》1997 年第 2 期)

到群众中寻找决策力

在群众路线教育实践活动中,"以百姓之心为己心"这句古训再次被引述,激发广泛共鸣。要使广大党员干部心里时刻装着群众,特别是在决策中贯彻群众路线,不仅需要加强政治学习来提高思想觉悟、加强自律,更应通过不断完善民主与法制,以刚性制度强化规约。

"政之所兴在顺民,政之所废在逆民",做决策必须顺应百姓之意。群众构成千差万别,民意在现实社会中往往复杂多态。只有把百姓之百意成功转化为百姓之共识,顺应民意才具有现实意义和可操作性。党的十八大报告把健全社会主义协商民主制度作为我国政治体制改革的重要内容,这是我们探索科学决策之道的重要遵循。

赢得百姓之心,关键要谋百姓之利。这次教育实践活动重点要求解决"四风"方面存在的突出问题,这需要标本兼治,不失时机地在制度层面构筑起确保为民谋利的程序与机制,有效协调日益多元的利益诉求,加快畅通不同群体公开表达诉求的渠道,搭建对话沟通与相互协商的平台,形成求同存异、增进团结的有效机制。

在一定意义上,群众路线本身也是中国特色社会主义民主的基本决策机制之一,它不只是一场短期"活动",更应成为各级政府决策时必须依循的刚性原则和固定程序。美国学者哈丁曾指出,群众路线与西方社会科学中的决策过程模式不谋而合,包括信息采集、议程设定、政策策划、政策确定、政策实施、政策评估等几个阶段,只是用语不同。未来学家奈斯比特也把中国特色的治理模式描述为"纵向民主",与西方的"横向民主"形成对照。他认为,根植于西方文化土壤的以多党竞争和个人自由为核心的"横向民主",自有其特色和优势,但急功近利、资源浪费与效率低下等弊端也显而易见。而改革开放以来逐步形成的中国式"纵向民主",因建立了政府决策与人民呼声间良性互动的独特机制,促成了经济与社会的快速发展。两种观点都堪称对中国政治改革路径的某种洞见,为理解群众路线教育实践活动提供了新视角。

我们对群众路线的基本表述为"一切为了群众,一切依靠群众,从群众中来,到群众中去",这揭示了我们与西方决策机制的一个重要差异,那就是"群众"应该始终存在于决策的每一个环节中,而且是一个循环往复、不断丰富的过程。

群众之中,存在着滋养正确决策的伟大力量。应该借教育实践活动的东风,改进各级政府的决策机制。政府决策的议题事先必须根据民意确定轻重缓急,决策之前必须在适当范围内征求民意和民智,决策过程必须依法接受公众或人民代表监督,决策必须充分考虑并平衡人民群众,特别是弱势群体的多元利益诉求,决策结果必须及时公布并接受质询,决策执行必须透明、公正、有效,执行结果必须公之于众并接受人民群众或人民代表的监督。而所有这些原则,唯有转换为可操作的具体法规或程序,才能成为约束干部行为的"金科玉律"。

(本文原载《人民日报》2013 年 10 月 18 日第 5 版)

从改良主义者到马克思主义者

——毛泽东早期思想的转变

一

毛泽东并非天生是一个马克思主义者,在接受马克思主义之前,他曾经是一个具有自由主义倾向的改良主义者。这一点不难从他创办的《湘江评论》的"创刊宣言"中看出:

"自文艺复兴,思想解放,'人类应如何生活?'成了一个绝大的问题。从这一问题加以研究,就得了'应该那样生活''不应该这样生活'的结论。一些学者倡之,大多民众和之,就成功或将要成功许多方面的改革。

"见于宗教方面,为'宗教改革',结果得了信教自由。见于文学方面,由贵族的文学,古典的文学,死形的文学,变为平民的文学,现代的文学,有生命的文学。见于政治方面,由独裁政治,变为代议政治。由有限制的选举,变为没限制的选举。见于社会方面,由少数阶级专制的黑暗社会,变为全体人民自由发展的光明社会。见于教育方面,为平民教育主义。见于经济方面,为劳获平均主义。见于思想方面,为实验主义。见于国际方面,为国际同盟。"[1]

可见,五四运动爆发后的一段时间里,毛泽东的政治理想是基于普选之上的西方代议制政治制度。在思想上,他十分推崇美国的自由主义政治哲学家

---

[1] 《毛泽东早期文稿》,湖南出版社 1995 年版,第 292—294 页。

杜威的"实验主义"和平民主义教育思想,相信它们代表了时代前进的方向。当然,在经济上,毛泽东向往"劳获平均主义",这已经暗示了他的社会主义倾向。

这一时期的毛泽东对改良主义政治哲学坚信不疑。在《湘江评论》创刊宣言中,他呼吁民众对抗宗教、文学、政治、社会、教育、经济、思想、国际等各个领域里的强权。他相信,这一切强权"都要借平民主义的高呼,将他打倒"。毛泽东写道:

"如何打倒的方法,则有二说,一急烈的,一温和的。两样方法,我们应有一番选择。(一)我们承认强权者都是人,都是我们的同类,滥用强权,是他们不自觉的误谬与不幸,是旧社会旧思想传染他们遗害他们。(二)用强权打倒强权,结果仍然得到强权。不但自相矛盾,并且毫无效力。欧洲的'同盟''协约'战争,我国的'南''北'战争,都是这一类。

"所以我们的见解,在学术方面,主张彻底研究。不受一切传统和迷信的束缚,要寻着什么是真理,在对人的方面,主张群众联合,向强权者为持续的'忠告运动'。实行'呼声革命'——面包的呼声,自由的呼声,平等的呼声——'无血革命'。不至张起大扰乱,行那没效果的'炸弹革命''有血革命'。"①

不难看出,这时的毛泽东明确反对阶级斗争或暴力革命。首先,他并不把社会成员分成剥削阶级和被剥削阶级,而是在自由主义的抽象的"人"的意义上平等对待统治阶级和被统治阶级。社会的种种问题,人民的种种疾苦,这些都与社会制度无关,而是滥用强权者本人的愚昧使然。因此,要建立一个自由、平等的新社会,并不需要发动一场翻天覆地的"有血革命",而应致力于善意的、耐心的"忠告运动"。暴力革命并不能真正解决问题,只能导致新的暴政,因此应该冷静地、客观地研究社会问题,寻找解决问题的正确途径,并通过有秩序地向统治者表达民意,促使其不断改革,从而推动社会进步。

---

① 《毛泽东早期文稿》,湖南出版社1995年版,第292—294页。

二

　　五四时期毛泽东的改良主义思想主要来自于杜威及其弟子胡适的自由主义政治学说(罗素的基尔特社会主义也是一个来源,本文不拟讨论)。1919 年 4 月至 1921 年 7 月期间,杜威曾在中国从事两年多的讲学,对五四时期的中国思想界产生了巨大影响。胡适在 1921 年 7 月 10 日出版的《东方杂志》上曾这样描述杜威当年的影响:"中国的地方他到过并且演讲过的,有奉天、直隶、山西、山东、江苏、江西、湖北、湖南、浙江、福建、广东十一省。他在北京的五种长期讲演录已经过第十版了,其余各种小讲演录——如山西的、南京的、北京学术讲演会的——几乎数也数不清楚了! 我们可以说,自从中国与西洋文化接触以来,没有一个外国学者在中国思想界的影响有杜威先生这样大的。"①

　　和许许多多五四热血青年一样,毛泽东也曾深受杜威思想的影响。1920 年夏,毛泽东曾联合新民学会会员创立文化书社。② 从《文化书社通告好学诸君》广告词中所列的"书之重要者"几乎可以断定,酷爱读书、渴求新知的毛泽东当然不会放过文化书社里总是供不应求的《杜威五大讲演》《实验主义》《杜威论现代教育的趋势》《杜威论美国民治的发展》等畅销书。③ 不仅如此,1920 年 10 月 26 日,杜威来长沙讲演,毛泽东应湖南《大公报》之约担任记录,亲身感受了这位自由主义、改良主义和平民教育主义大师的高论。④

　　我们知道,杜威政治思想和教育思想的核心正是自由主义的改良主义。在遍及中国的演讲中,杜威经常被问到的一个问题就是:中国如何实现社会变革并走上强国之路? 对此他总是不厌其烦地告诫五四青年们:"进步不是自发的,但进步也不是整体的,它是积累性的,这里前进一步,那里改进一点。它在个人应付具体情形的方式中一天一天地发生;它通过人的努力一步一步地

---

① 欧阳哲生:《胡适文集》(2),北京大学出版社 1998 年版,第 279、558 页。
② 《毛泽东早期文稿》,湖南出版社 1995 年版,第 498—499、541—542 页。
③ 《毛泽东早期文稿》,湖南出版社 1995 年版,第 498—499、541—542 页。
④ 李锐:《三十岁以前的毛泽东》,广东人民出版社 1994 年版,第 322 页。

前进,这里修补一下,那里调整一下,那里再替换一点。进步是零售的,不是批发的。它是一点一滴地完成的,不可能一蹴而就。"①杜威希望五四青年们在文化、教育、经济、政治等领域里脚踏实地地努力,走和平、渐进的改良主义道路。

杜威的改良主义思想直接构成了胡适(杜威在中国讲学期间,胡适是他的翻译和向导)的政治行动纲领。在发表于《新青年》(1919 年 12 月,第 7 卷第 1 号)上的《新思潮的意义》一文中,胡适准确地阐发了老师的教导:"文明不是笼统造成的,是一点一滴的造成的。进化不是一晚上笼统进化的,是一点一滴的进化的。现今的人爱谈'解放与改造',须知解放不是笼统解放,改造也不是笼统改造。解放是这个那个制度的解放,这种那种思想的解放,这个那个人的解放,是一点一滴的解放。改造是这个那个制度的改造,这种那种思想的改造,这个那个人的改造,是一点一滴的改造。

"再造文明的下手功夫,是这个那个问题的研究。再造文明的进行,是这个那个问题的解决。"②

五四前后,毛泽东是《新青年》的忠实读者。他曾坦言道:"我在师范学校学习的时候,就开始读这个杂志了。我非常钦佩胡适和陈独秀的文章。……一时成了我的楷模。"③因此,这一时期的毛泽东在思想上深受胡适的改良主义思想的影响,当是情理中的事。毛泽东这一时期所主张的"呼声革命"和"无血革命"与上述杜威和胡适的渐进主义社会改造策略是完全一致的。

杜威和胡适的改良主义思想的另一重要主张就是教育救国论,提倡通过普及教育来传播自由、平等和民主的价值理想,从而实现社会的根本改造。在此思想的影响下,毛泽东曾热情投入教育改革的实践。

1918 年秋至 1919 年春,青年毛泽东曾在北大图书馆做过管理员。这期间,他曾向胡适请教过"学术及人生观问题"。1919 年 12 月,为了驱逐湖南督

---

① Robert W Clopton.ed.John Dewey:*Lectures in China*(1919–1920).Honolulu:University Press of Hawaii,1973,p.62.

② 欧阳哲生:《胡适文集》(2),北京大学出版社 1998 年版,第 279、558 页。

③ 埃德加·斯诺:《西行漫记》,董乐山译,生活·读书·新知三联书店 1979 年版,第 125 页。

军张敬尧，毛泽东率领湖南驱张代表团赴京，在北京停留了3个多月。在这段时间里，他与胡适又有所接触。他后来同斯诺谈起此事："那时候我也遇见了胡适，我去拜访他，想争取他支持湖南学生的斗争。"在1920年3月14日给周世钊的信中，毛泽东谈及曾向胡适请教如何在中国实施杜威倡导的教育计划，胡适建议他回湖南创立一所自修大学。在致周世钊的信中，毛泽东写道："我想我们在长沙要创造一种新的生活，可以邀合同志，租一所房子，办一个自修大学。"在"自修大学"几个字后，毛泽东还特别注明"这一名字是胡适之先生造的"。毛泽东设想，这样一所自修大学（又名"新村"）应以新学校、新教育为中心，要求学生一边学习，一边工作，并将新家庭、新学校及附近的新社会连成一体。这一教育模式不难使人想起杜威在芝加哥大学试验过的"杜威学校"。不仅如此，和杜威一样，毛泽东此时对教育作为社会改造的根本手段也推崇备至，他写道："言世界改良进步者，皆知须自教育普及使人民咸有知识始。欲教育普及，又自兴办学校始。"①可以说，这一时期，毛泽东对教育改革充满热情和信心。1920年7月9日，他在致胡适的信中写道："适之先生：在沪上一信，达到了么？我前天返湘。湘自张（敬尧）去，气象一新，教育界颇有蓬勃之象。将来湖南有多点须借重先生，俟时机到，当详细奉商，暂不多赘。此颂教安。"②

　　五四时期，毛泽东对胡适的敬重之情在此一目了然。

　　此外，杜威和胡适的实验主义方法论对毛泽东产生了深远的影响。胡适曾从三个方面精辟地概括实验主义方法论（见《东方杂志》，1921年7月10日）："实验的方法至少注重三件事：（一）从具体的事实与境地下手；（二）一切学说理想，一切知识，都只是待证的假设，并非天经地义；（三）一切学说与理想都须用实行来试验过；实验是真理的唯一试金石。"③受这一思想的影响，更具体地说，受胡适"多研究些问题"主张的影响，1919年8月、9月间，毛泽东曾设想成立一个"问题研究会"，以研究现代人生诸问题。他将自己的想法

---

① 《毛泽东早期文稿》，湖南出版社1995年版，第452、494、396、401页。
② 《毛泽东早期文稿》，湖南出版社1995年版，第452、494、396、401页。
③ 欧阳哲生：《胡适文集》（2），北京大学出版社1998年版，第280页。

写成《问题研究会章程》，寄给邓中夏①征求意见。同年 10 月 23 日，邓中夏在《北京大学日刊》第 467 号上发表启示，全文刊登了这一章程。当时，胡适与李大钊之间围绕"问题与主义"正展开激烈的争论；毛泽东在这场争论中显然是倾向于胡适的，这一点从毛关于"问题研究会"的设想中可以求证。《章程》首先阐明了问题研究会的宗旨："凡事或理之为现代人生所必需，或不必需，而均尚未得适当之解决，致影响于现代人生之进步者，成为问题。同人今设一会，注重解决如斯之问题，先从研究入手，定名问题研究会。"②《章程》第二条接着列举了 17 个教育问题、17 个女子问题、15 个劳动问题、3 个华工问题、8个实业问题、7 个交通问题、9 个财政问题、5 个经济问题，此外还有 60 多个单列的国内国际政治、军事、科技、司法、文化等方面的问题，如军备限制、海洋自由、埃及骚乱、日本粮食、两院制一院制、普通选举、大总统权限、司法独立、联邦制应否施行、民族自决、经济自由、东西方文明会合、飞渡天山、白令英吉利直布罗陀三峡凿隧通车，等等。特别值得注意的是，《章程》中所列问题有许多正是胡适当时主张应加以研究的问题，如杜威教育学说如何实施问题、大总统权限问题、女子教育问题、加入国际联盟问题，等等。

就研究方法而言，问题研究会的《章程》第三条写道："问题之研究，须以学理为根据。因此各种问题研究之先，须为各种主义之研究。"③第五条另外规定："问题之研究，有须实地调查者，须实地调查之，如华工问题之类。无须实地调查者，则从书册、杂志、新闻纸三项着手研究，如孔子问题及三海峡凿隧通车问题之类。"④由此不难看出，毛泽东的确曾深受杜威与胡适的实验主义研究方法的影响，相信社会的进步有赖于一个一个地研究、解决具体的社会问题，重视深入现实去调查、分析并解决实际的问题。但比胡适高明的是，毛泽东认为研究"问题"与研究"主义"可以并行不悖，它们之间是相辅相成的关系。这一点似乎也有助于解释毛泽东何以战胜了擅长"主义"的陈独秀、博古等老资格的马克思主义专家，而最终自然成为中国革命的领袖。也许还可以

---

① 李捷、于俊道主编：《东方巨人毛泽东》，解放军出版社 1996 年版，第 170—176 页。

② 《毛泽东早期文稿》，湖南出版社 1995 年版，第 452、494、396、401 页。

③ 《毛泽东早期文稿》，湖南出版社 1995 年版，第 452、494、396、401 页。

④ 《毛泽东早期文稿》，湖南出版社 1995 年版，第 452、494、396、401 页。

说,从《湖南农民运动考察报告》到《实践论》,从中国共产党的成立到建国之初,毛泽东虽然强调马克思主义原理,但其实更重视研究和解决中国的实际问题,重视把马克思主义同中国革命的具体实践相结合,一句话,重视"实践是检验真理的唯一标准"。他的这一重视实践的倾向在很大程度上获益于杜威和胡适的实验主义方法论。

三

1919 年的冬天,为了驱逐军阀张敬尧出湖南,毛泽东率领一个请愿代表团第二次来到北京。据他自己回忆,这一次他读了许多关于俄国情况的书,其中,《共产党宣言》《阶级斗争》及《社会主义史》等三本书彻底地改变了他的信念。毛泽东说:"到了 1920 年夏天,在理论上,而且在某种程度的行动上,我已成为一个马克思主义者了,而且从此我也认为自己是一个马克思主义者了。"①1920 年 12 月 1 日,毛泽东在给蔡和森的信中明确指出了改良主义的教育救国方案行不通。根据他的分析,教育需要金钱、人力与机构,可是,在当时的世界,金钱完全控制在资本家的手中。掌管教育的人要么是资本家,要么是资本家的走狗。学校与出版机构这两个最重要的教育手段完全为资本家所控制。总之,当时世界的教育不过是资本家的教育;而且,资本家控制了议会、军队、警察、银行与工厂。他指出:"历史上凡是专制主义者,或帝国主义者,或军国主义者,非等到人家来推倒,决没有自己肯收场的。"因此,只有通过暴力革命,才能推翻剥削阶级的统治。毛泽东承认:"俄国式的革命,是无可如何的山穷水尽诸路皆走不通了的一个变计,并不是有更好的方法弃而不采,单要采这个恐怖的方法。"②最后,1921 年 1 月 1 日,毛泽东在湖南新民学会长沙会员大会上公开表明放弃改良主义立场:"现在国中对于社会问题的解决,显然有两派主张:一派主张改造,一派则主张改良。……至于方法,启民主用俄式,

---

① 埃德加·斯诺:《西行漫记》,董乐山译,生活·读书·新知三联书店 1979 年版,第130—131 页。

② 《毛泽东书信选集》,人民出版社 1983 年版,第 6 页。

我极赞成。因俄式系诸路皆走不通了新发明的一条路,只此方法较之别的改造方法所含可能的性质为多。"①

至此,毛泽东彻底告别了杜威和胡适的自由主义和改良主义,从思想和行动上完成了向马克思主义的过渡。1921 年 7 月,毛泽东赴上海参加了中国共产党第一次全国代表大会,正式开始了他为共产主义事业而奋斗的波澜壮阔的一生。

（本文原载《探索》2002 年第 2 期）

---

① 《毛泽东文集》第一卷,人民出版社 1993 年版,第 1 页。

美国研究

美国的美国研究

中国的美国学界了解美国的美国学界如何进行美国研究,其意义应该是不言而喻的。美国学术界如何界定美国研究? 美国研究作为一个学术领域在美国是如何发展起来的? 美国学者采用什么样的理论与方法进行美国研究? 美国研究作为一个专业在美国大学里处于何种地位,有何特点? 美国的美国研究对中国的美国研究有何借鉴意义? 这些中国的美国学界思考的问题正是本文的关注点。

一、美国研究的界定

根据美国的美国研究协会(American Studies Association)执行主任斯蒂芬斯的定义,美国研究是"旨在促进从宽广的人文意义上理解美国文化的过去与现在的一个独特的跨学科领域"。[①] 依此定义,美国研究的对象可以理解为美国文化的历史与现状,即"美国的历程"。这事实上是一个包罗万象的领域,不仅涵盖了传统的美国历史研究,而且包括对美国当代社会与文化现象的考察。

那么,美国学者从事美国研究的目的是什么? 用斯蒂芬斯的话说,就是"理解我们自己"。事实上,每一个国家都有理解自己的历史和传统的必要,

---

① John F Stephens, "American Studies in the United States: An Overview", *USIA. U. S. Society and Values*, 1996.

但美国作为一个独一无二的世界民族与文化大观园,似乎比任何国家都有更强烈的紧迫感要理解自己。斯蒂芬斯说:"为了使我们的民主社会得以运行,公民们必须能够在复杂的问题上达成共识。"①其实这与民主社会并无太大关系,美国特有的复杂的移民文化背景与民族关系及其相伴随的文化共识的欠缺天然地要求美国人对不同民族、种族群体的历史与文化差异保持敏感,并在差异中寻求统一国家赖以维系的文化共识。从这一角度不难理解为什么斯蒂芬斯认为,美国研究试图理解来自欧洲、亚洲、非洲、加勒比海、中东及拉美地区的移民,以及被征服的美洲土著民所构成的文化多样性及其相互间的碰撞与冲突,同时认识美国人也拥有一个更大的文化遗产——一套给美国生活提供意义的共享的信仰、行为与符号系统。说到底,美国研究不仅探讨美国文化内部的差异,而且,甚至更重要的是发现和促进共识,其根本目的是要给一个多元民族/种族、多元文化乃至多元性别的大国培养具有基本价值共识和文化认同的合格公民。

关于这一点,美国研究的开山鼻祖帕灵顿在其被公认为美国研究奠基之作的《美国思想的主流》一书中说得明白:"我试图描述在美国文化中某些被认为是美国传统所特有的根本性观念是如何产生和发展的——它们是怎样在这里诞生的,它们是怎样受到反对的,它们对决定我们特有的理想与制度的形式和范围起到了什么样的影响。"②后来的美国研究超越了对美国观念的剖析,但对美国理想与美国制度内涵的探究却始终是它的根本追求。

另一个理解美国的美国研究的重要问题是:作为一个学科,美国的美国研究有何独特性? 可以说,美国的美国研究选择了其开山鼻祖帕灵顿所开辟的"宽广的道路"(broad path),也就是不局限于传统的学科分界,而是从政治、经济、社会与文化等多维视野来考察美国,试图提供对美国经历的全方位的(更多是人文角度的)解释。这一特点在美国最重要的美国学研究组织——美国研究协会的会员构成上反映得十分明显。该协会的成员主要来自文学、

---

① John F Stephens, "American Studies in the United States: An Overview", *USIA. U. S. Society and Values*, 1996.

② Vernon Louis Parrington. Introduction//*Main Currents in American Thought*, Vol. 1: *The Colonial Mind*, p.1620-1800.University of Oklahoma Press, 1987.

史学和哲学领域,另有相当一部分来自人类学、政治学、社会学、经济学、宗教研究、艺术研究、传媒研究、女性学研究、民族/种族问题研究等几乎所有人文与社会科学领域。美国大学里的美国研究系或中心常常并不是传统意义上拥有独立的固定师资的一个教学科研单位,而更像是一个协调机构,其主要功能就是把全校的人文、社科人才与物资资源组合起来为美国研究与教学服务。可以说,跨学科研究与多学科交融构成了美国的美国研究的独特风景线。

二、美国研究的理论与方法及其演变

美国学术界的美国研究始于 20 世纪二三十年代,40 年代奠定基础,五六十年代迅猛发展,进入 21 世纪已牢牢确立其学术地位。经过半个多世纪的发展,美国研究形成了自己的学术传统,积累了一系列有效的理论与方法。[①]

美国研究学术史上的第一个流派一般追溯到所谓"神话与象征"派。该理论基于一个假设,这就是,在美国文化纷繁复杂的表象之下存在着某种根本的特质,即在美国文化史上反复出现的某些"神话"(myth)、"象征"(symbol)与"母题"(motif)。为了把握美国文化的精髓,该派学者主张深入解读历史上产生重大影响的经典著作。该流派曾推出一批有影响的研究成果,如刘易斯(R.W.B.Lewis)的《美国亚当》、史密斯(Henry Nash Smith)的《处女地》、利奥·马克斯(Leo Marx)的《花园里的机器》,等等。

受人类学和社会学的影响,美国的美国研究进入 70 年代经历了理论和方法上的大转型。首先,研究者不再把"文化"这一概念狭义地理解为某种"高雅"的东西,而是在人类学意义上把整个"生活方式"统统纳入"文化"这一大范畴之内。这样,美国研究的视野为之大大开阔,美国社会与文化史的方方面面成为美国研究学者的合法领地。其次,受现象学及其相关思潮的影响,美国的美国研究逐渐放弃了寻求对社会与文化现象进行纯粹科学、客观描述的努

---

① 本文参考了美国学者里德的叙述框架。Reed T V.*Theory and Method in American Studies:A Bibliographic Essay. American Studies International*,1992.

力,转而视研究者的主观阐释和自我反思为一切社会分析的固有特性。最后,符号学理论在这一时期被引进美国研究。符号学探究意义如何通过符号在一个更大的系统内得到传播和理解。美国学研究者们将这一基本方法用于阐释几乎任何一种文化作品,如时尚、建筑、食物、电视以及各种语言、图像和声音等艺术形式。近年来,人类学的影响又有回归之势,由此兴起了所谓阐释民族学(hermeneutic ethnography)、文本民族学(textual ethnography)和社会人类学(socio-anthropology)等三大流派。所有这些流派都不再追求经典人类学的纯粹客观描述,而是致力于富有启发性的阐释。

新马克思主义是美国研究领域另一具有重要影响的流派。该派学者抛弃了传统马克思主义的经济或阶级决定论,相信文化至少是一个具有半独立性的领域,值得深入研究。他们还认为,大多数经验主义的社会科学、历史学和文学分析都是在资本主义的范畴内打转,只有从跨学科的角度对整个政治—经济—文化系统进行批判,才能揭示社会与文化现象的本质。新马克思主义兴起于20世纪60年代末70年代初,主要代表人物当属所谓法兰克福学派的一批赫赫有名的学者:马尔库塞(Herbert Marcuse)、阿多诺(Theodor Adorno)、洛文塔尔(Leo Lowenthal)、霍克海默(Max Horkheimer)与哈贝马斯(Jurgen Habermas)。其他可归入新马克思主义旗下的思潮还有阿尔都塞(Louis Althusser)的结构马克思主义、威廉姆斯(Raymond Williams)的文化唯物主义(cultural materialism)、詹姆森(Fredric Jameson)和巴克汀(Mikhail Bakhtin)的符号马克思主义、马克思主义或唯物主义的女性主义、第三世界马克思主义,等等。

20世纪80年代,美国研究受到来自法国的后结构主义的强劲影响。美国学术界耳熟能详的后结构主义者包括:德里达(Jacques Derrida)、福柯(Michel Foucault)、拉康(Jacques Lacan)、克里丝蒂娃(Julia Kristeva)与巴特(Roland Barthes)。顾名思义,后结构主义是对结构主义的超越。如果说结构主义关注的是语言的逻辑,那么,后结构主义则是要颠覆这一习以为常的逻辑。自称为后结构主义者的学者彼此常常互不认同,但在否定二元对立论这一结构主义乃至整个西方形而上学的根本思维范式上表现出高度一致,最终都走向了某种形式的相对主义和视角主义(perspectivism,认为一切观察均取决于视角）。80 年代以来在美国研究领域与后结构主义彼此呼应的另一个不无争议的学者群就是所谓后现代派了。这一派的理论来源是法国的后现代主义者们：德勒兹（Gilles Deleuze）、瓜塔里（Felix Guattari）、利奥塔（Jean - Francois Lyotard）、鲍德里亚（Jean Baudrillard）。后现代派的一个基本共识就是反对由传统宗教、哲学、资本主义、性别等界定的"元叙述"（metanarratives）或普世故事与范式，转而寻求"地方的""亚文化的"的意识形态、神话与故事，认为没有一种话语可以评判和取代所有其他话语。在美国研究领域打出后现代主义旗帜的重要学者包括斯皮瓦克（Gatyatri Spivak）、巴特勒（Judith Butler）和哈拉维（Donna Haraway）。

90 年代的美国研究界兴起了对性别/性（gender/sexuality）及种族/民族（race/ethnicity）研究的热潮。其源头可追溯到 60 年代在美国风起云涌的民权运动、女权运动和反战运动。这些运动动摇了美国文化传统的根基，挑战了长期支配美国意识形态的美国"例外论"，打破了美国"主流文化"的一统天下。美国文化的"中心"与"边缘"的界限开始模糊了。过去被忽略或压制的问题如今成了学界审视的焦点，如同性恋问题、性怪癖问题、性角色问题、性别歧视问题、堕胎问题、种族歧视问题、与种族/民族相关的性别歧视问题、印第安文化的地位问题，等等。在这一方兴未艾的性别/性以及种族/民族研究的热潮中，美国历史的每一时期或每一方面似乎都在被改写。

在传统的美国史研究领域里诞生的最引人注目的流派当属"新社会史"研究和"新文化史"研究。新社会史研究把社会学、人类学和其他人文科学的方法引入美国史的研究，把定量分析与定性分析相结合，丰富了传统史学的研究方法。在研究对象上，新社会史从 20 世纪 60 年代末 70 年代初即开始倡导书写"从下向上看的历史"，致力于"恢复"或"创造"美国少数群体——女性、同性恋者、工人和其他被边缘化的人群——的历史。新社会史的重要史学家包括吉诺维斯（Eugene Genovese）、格特曼（Herbert Gutman）及女性主义史学家罗森堡（Carol Smith-Rosenberg）和司科特（Joan Scott）。与新社会史研究相关联的新文化史研究强调史学作品的文学特性，否定史学文本与文学文本之间的传统界限，试图把文学研究与文化研究的文本阐释方法与社会史的研究方法结合起来。不过，这一流派在理论上的影响远远大于其在史学实践上的贡献。其代表性的学者包括特拉亨伯格（Alan Trachtenberg）、萨斯曼（Warren Susman）、利尔斯（T. J. JacksonLears）、怀特（Hayden White）和拉卡普拉（Dominick LaCapra）。

20世纪80年代末90年代初，文化研究成为美国研究领域里的一个热点。文化研究旨在综合运用社会学、文学理论、影视研究和文化人类学的方法来考察工业社会的文化现象，试图揭示特定的文化现象与意识形态、种族、阶级与性别等之间的关系，进而对现实社会与政治现象提出批判。文化研究的对象主要是书面语言、电影、电视、图片等大众文化的"文本"，同时也包括人们的日常生活行为。文化研究的开拓者一般公认为是英国的伯明翰学派，包括霍尔（Stuart Hall）、威廉姆斯（Raymond Williams）、赫布戴吉（Dick Hebdige）以及麦克罗比（Angela McRobbie）等知名学者。在美国，文化研究的重镇包括加利福尼亚大学（Santa Cruz 分校）的意识史（history of consciousness）研究、斯坦福大学的现代思想研究和威斯康星大学（Milwaukee 分校）的20世纪文化研究。

90年代在文学研究领域兴起的新历史主义（new historicism）对美国研究也产生了影响。作为文学批评理论，新历史主义从根本上说是一种重视历史背景的文学批评方法。为了全面把握某一文学文本的意义，新历史主义批评家重视考察与该文学文本处于同一历史时期的其他文学文本、非文学文本（特别是原作者接触到的文本）乃至相关的政治与社会经济背景。该派学者还关注文学文本中的"权力斗争"，试图从字里行间捕捉有关权力掌控者如何支配边缘群体的信息。显然，新历史主义与马克思主义有密切的关系；不过，它试图超越后者的经济与阶级决定论。

最后值得一提的是所谓"后殖民研究"（post colonial studies）。后殖民研究兴起于70年代，以萨伊德的《东方主义》一书的出版为标志。它所关注的是前殖民统治者欧洲国家与独立后的前殖民地国家之间的相互关系，如殖民帝国的形成、殖民统治对后殖民社会的历史、经济、科学与文化的影响以及殖民地的文化产品、女性主义与后殖民主义、后殖民社会在当代经济与文化背景下的状况，等等。运用后殖民主义理论，一些美国研究领域的学者开始探讨美国的历史扩张、美国文化产品的全球传播以及美国帝国主义的内涵。加州大学伯克利分校的人文研究中心的部分师生近年来组织了一个十分活跃的"美国研究与后殖民主义理论读书会"。

三、美国研究专业在美国大学里的发展

美国的美国研究最早由一些大学历史系和英语系的学者发起,可追溯到20世纪二三十年代。这些学者不满于美国大学课程对欧洲历史与文化的偏爱,决心要探索"美国的独特经历"。1933年,耶鲁大学授予了第一个美国文明史方向的博士学位。40年代初,一批著名大学着手组建美国研究专业,开始讲授相关课程,这些大学主要包括乔治·华盛顿大学、宾夕法尼亚大学和哈佛大学。

50年代,美国研究专业在美国的大学里确立了正式地位,越来越多的系开设了美国研究课程。到1958年,全美国高校已经建立了100个美国研究专业。60年代的一系列社会运动为美国研究专业的发展注入了新的活力,一系列新的专业分支加入进来,如黑人问题研究、妇女研究、大众文化研究、民俗文化研究、物质文化研究,等等。美国研究专业的跨学科特性由此奠定。

今天,在全美国各类大学和学院里活跃着多达261个美国研究专业或系。①

美国大学里的美国研究专业大体可分为四个方向,包括艺术、社会科学、历史与文学。艺术方向的课程涉及建筑、舞蹈、电影、音乐和戏剧;社会科学方向的课程涉及人类学、地理学、政府研究、法律研究和社会学;历史方向的课程涉及不同时期和地区的历史,同时还按专题讨论诸如文化史、思想史和社会史;文学方向的课程涉及对经典和非经典作家的研究及不同历史时期的文本与背景之间的关系。

美国研究本科阶段的前两年一般安排一系列概论性的课程,有些为断代

---

① 这里所引数据来自 John F Stephens.American Studies in the United States:An Overview//USIA. U.S.Society and Values。

史课程如美国革命、内战与重建、20世纪60年代的美国，有些为专题课程如移民、家庭、美国现实主义，另有一些针对不同区域的课程如南方史、西部史、新英格兰史，等等。此外，还有一些课程向学生介绍美国研究的理论、方法和学术史。

在本科的后两年，学生通常要明确自己的兴趣，选择比较具体的专题领域，如大众文化、区域主义、种族与民族、性别角色、法律与社会、表演艺术，等等。学生还可以把美国研究的课程同相关学科的课程组合起来，如黑人问题研究、人类学、传播学、文学、地理学、历史学、政治学、心理学、宗教学、社会学、妇女研究，等等。本科高年级的课程通常采用专题讨论课的形式，通过阅读、独立研究与写作对某一领域进行比较深入的钻研。

硕士研究生阶段包括一个学年的课程学习，要求学生修完至少八门核心和选修课程（有些学校还要求学生到附近的博物馆或文化机构实习），并撰写原创性的毕业论文。从耶鲁大学的美国研究硕士课程目录中，我们可以窥见美国的美国研究的跨学科特性之一斑：美国学者（相当于名著选读）；全球化与文化研究；黑人文学经典反思；当代黑人诗人；20世纪早期美国种族构成探究；种族与记忆；加勒比海地区黑人移民知识分子；美国文学的交叉点（印第安人文学、黑奴文学、通俗文学、女性文学以及现代派文学的比较研究）；表演与身份；表演与跨国主义（探讨全球化与表演艺术之间的关系）；即兴创作分析（对种种即兴创作艺术进行跨学科的剖析）；美国史学史概论；宗教与美国史选读；黑人解放史研究；20世纪美国史研究；美国自传；20世纪美国史选读；19世纪美国史讨论；美国文化史研究方法与实践；史学研究中的物质文化；民主时代（1830—1860年）的美国艺术；美国物质文化概论；墨西哥裔美国人研究；性别与性研究；叙述与其他历史；市场文化：人类学与历史学方法；美国世纪：1941—1961年；美国早期历史研究；从新美国电影到全球好莱坞；现代美国医学文化研究；20世纪的生物学与社会；人造环境与地方政治；美国文化景观；背景中的拉尔夫·埃里森（黑人现代派作家）；性别、领地与空间；郊区文化研究；美国文学与世界宗教。①

---

① http://www.yale.edu/amstud/courselisting.html.

美国大学里的美国研究博士项目一般包括两年的课程学习与资格考试准备、至少一年的教学经历和五年左右(自通过资格考试日开始计算)的博士论文写作。博士生在导师的指导下根据自己的研究方向选课和读书,最终必须完成对美国研究领域具有重要贡献的博士论文。下面选取一些美国大学2003—2004学年通过答辩的美国研究博士论文题目,从中可以了解到一些美国的美国研究在博士生教育层次的研究动态:《有关生育技术的电影对种族与性的表现》《保守主义与美国消费者民主的逻辑,1938—1976》《谁的身体?谁的自我?——20世纪女性的身体与女性的社会行动》《美国人是怎样发明感恩节的:一个美国节日的文化史》《种族国家:种族主义、新社会达尔文主义与社会民主的死亡》《大萧条与中产阶级:专家、大学青年与商业意识形态,1929—1941》《亚裔美国人与变动的种族政治:一所公立精英中学肯定性行动计划的解体》《美国文化中的西部鬼城,1869—1950》《拒绝沉默:美国舞台上作为保护人的黑人妇女角色溯源》《回忆吉姆·克罗:作为史料的文学回忆录》《减肥时代的肥胖与国家》《建造现代摩天大楼:大萧条至冷战时期纽约建设的政治与权利》《谁读美国书?——英国大众读物在美国,1848—1858》《多元社会的民主危机:杜波伊斯的双重意识寻根》。①

纵观美国研究在美国半个多世纪的发展史,不难发现其作为一个学科和一个专业的最显著的特点,这就是跨学科性。这种跨学科性一方面表现在美国研究领域的美国学者不囿于传统的学科门户界限,积极借鉴或引进对自己有用的任何其他学科的理论与方法,创造性地开辟与相关学科的交叉研究新领域,使美国的美国研究始终保持勃勃生机。如果要问美国的美国研究有什么独特的研究方法,那就是跨学科的研究方法,无论是人类学的、社会学的、文学的、文化研究的、传播学的,还是新马克思主义的、新历史主义的、后结构主义的、后殖民主义的研究方法,只要用得着就拿来。如果要问美国的美国研究探讨什么专门的问题,那就是跨学科的问题,无论是思想史的问题、社会史的问题、文学史的问题、艺术史的问题、物质文化的问题、种族的问题、性别的问

① 1986—2004年美国各大学美国研究博士论文摘要网址:http://www.georgetown.edu/crossroads/dis/dissertations_alphabetic.html。

题、还是妇女的问题，统统从跨学科的角度去探讨，因为现实中的问题本来就是跨学科地存在着。

美国的美国研究的跨学科性还表现在其专业建制上的门户开放与兼容并蓄。美国各大学的美国研究专业都致力于充分发掘本校各相关学科的教师资源，采取嫁接与组合战略设计出富有本校特色的美国研究项目。在美国，没有一个美国研究专业拥有自己需要的全部师资和研究人员，也没有一个美国研究专业不鼓励和要求学生跨学科地选课。华盛顿州立大学的美国研究专业就是一个典型的例子，它这样介绍自己："本专业把美国作为一个多民族的、多种族的、多性别的、多元文化的、经由跨越国界的种种力量形成的社会进行跨学科的分析。我们的师资大多数来自比较民族研究(……)、历史学、文学和妇女研究。我们还有人类学、传播学、环境科学、艺术、政治学、社会学和教育学领域的师资。"显然，拥有来自不同学科的师资队伍组合在美国高等教育中被视为一种独特的优势。[1]

哈佛大学的美国文明史专业要求博士生掌握一个主修领域和两个辅修领域的知识。主修领域可以是美国史、美国文学、美国法律或美国音乐；辅修领域必须与主修领域区别开来，涉及某一个重要的时代或专题。如主修美国历史、计划在博士论文中研究 20 世纪 30 年代种族关系的学生可能需要选择美国抗议文学和美国黑人问题研究作为两个辅修专业；主修美国文学、对 19 世纪美国小说感兴趣的学生则可能有必要选择 19 世纪美国历史和 19 世纪美国音乐作为两个辅修领域。

中国的美国研究没有必要完全模仿美国的美国研究，因为我们有自己的历史和文化所决定的独特视角，有自己的国家利益所关注的独特选题，当然也有自己在语言和研究资料上的局限性。但在跨学科的研究方法与资源共享的专业建制这两点上，中国的美国研究应该可以从美国的美国研究中获得有益的借鉴。

（本文原载《美国研究》2006 年第 1 期）

---

[1]　http://libarts.wsu.edu/amerst/graduate/index.html.

实用主义与儒家思想的对话

——评《死者的民主》

从表面上看,把实用主义和儒家思想并置,这不仅是一个时间上的错误,而且是一个空间上的错误。实用主义是一个极其现代的哲学思潮,它一般被公认为美国文化的基本价值体系,虽然现实中的美国社会与哲学意义上的实用主义并不能一一对应。而儒家思想几乎与中华文明一样古老,它虽然已不再享有往昔的荣光,却早已化为中华民族的喜怒哀乐。然而,思想史上的事件常常具有戏剧性,最古老的常常能与最现代的共鸣,东方的常常能与西方的沟通。实用主义与儒家思想的对话当属这样一种典型的文化史景观。

从学术史上看,最早将实用主义与儒家思想并提的其实不是美国人,而是中国现代著名学者蔡元培。五四运动爆发不久,实用主义的集大成者、美国著名哲学家杜威应胡适的邀请来中国讲学。在北京大学为杜威举行的欢迎仪式上,当年力主"兼容并包"的北大校长蔡元培先生令人惊讶地称杜威为"第二个孔夫子"。[①] 蔡元培把杜威比作孔夫子,这自然是对杜威的莫大赞誉。至于他为何由杜威想到孔夫子,今天我们已无法考证,大概蔡先生认为杜威与孔子都是博大精深、诲人不倦的教育大师。

此后,中国大陆学术界似乎不再有人并提杜威与孔子或实用主义与儒家思想。建国后直到改革开放,无论是儒家思想还是实用主义都成了批判的对象。对于当时的中国学术界,如果说孔子和杜威、儒家思想和实用主义之间还

---

① Barry Keenan. The Dewey Experiment in China. Harvard University: *Council on East Asian Studies*, 1977.

有什么关系的话,那就是,它们都是十恶不赦的"毒草"。20 世纪 80 年代以来,大陆学术界开始比较客观地重新审视杜威与孔子以及实用主义与儒家思想,但对双方的比较研究似乎尚未有人问津。

首先对实用主义和儒家思想进行系统、深入的比较研究的学者当属美国汉学家霍尔(David L.Hall)和埃姆斯(Roger T.Ames)。1995 年以来,两位学者在这方面发表了一系列论文,并于 1999 年联袂出版了该领域的代表作《死者的民主:杜威、孔子与中国民主的希望》。① 该书有三条主要线索:一是对中国传统文化现代转型的探讨;二是对西方自由主义民主传统的批判;三是对实用主义和儒家思想——主要是杜威与孔子——的比较研究。这三条线索相互交织,共同支持一个主题,即实用主义和儒家思想的对话将不仅可以为在中国建设植根于其文化传统之上的民主,而且可以为拯救美国乃至整个西方世界陷于危机的自由主义民主,提供重要的思想资源。下面我们就看看霍尔和埃姆斯如何在实用主义和儒家思想之间建构起一座横贯中西的桥梁。

一

霍尔和埃姆斯对实用主义与儒家思想的比较研究基于他们对美国文化现状和中国文化现状的基本判断。根据霍尔和埃姆斯的观察,"影响美国社会的主要问题是认识不到作为民主之基础的道德观念的重要性。美国的问题就其根本是文化的问题"②。由于没有道德上的价值支持,美国民主日益沦为价值中立的程序。它保障的是一套权力框架,使每一个人能够选择自己的价值观念与目标。在原则上,美国政府既不提倡也不反对任何一种具体的生活方式,但对自由的这种理解使社会陷于一种道德真空状态,其结果,各种极端的、病态的思想与行为大行其道,如国民自卫队、基督教原教旨主义者、新纳粹分

---

① David L.Hall,Roger T.Ames.*The Democracy of the Dead*:*Dewey*,*Confucius*,*and the Hope for Democracy in China*.Chicago and Lasalle:Open Court,1999,p.156.

② David L.Hall,Roger T.Ames.*The Democracy of the Dead*:*Dewey*,*Confucius*,*and the Hope for Democracy in China*.Chicago and Lasalle:Open Court,1999,p.156.

子、白人优越论者,等等。社会成员之间的相互信任、合作与友好情谊日益稀薄。

霍尔和埃姆斯同意美国当代著名社会学家丹尼尔·贝尔(Daniel Bell)对美国社会的诊断。贝尔认为,美国社会的凝聚力过去基于对三种假设的认同,这就是:其一,个人的价值应实现最大化;其二,不断增加的财富将消解所有由于不平等而造成的社会紧张;其三,随着时间的推移,所有未来的问题都可以得到解决。① 遗憾的是,这种共识已不复存在。多元主义已使美国文化进一步分裂;财富的增加并没有提高所有人的生活水平;在很多方面,不平等现象超过了历史上任何时期;最后,技术的进步又带来了许多史无前例的复杂问题,而盲目的乐观并不能提供有效的答案。

一方面,针对美国社会和文化所面临的严峻危机,霍尔和埃姆斯提出了他们的对策,即回到实用主义,回到杜威,同时倾听东方哲人孔夫子的古老教诲。他们坚信,儒家思想与杜威的社群主义思想有异曲同工之妙,可以"为美国提供对民主最有价值的解释"。②

另一方面,霍尔和埃姆斯也十分关心中国的文化现状。他们注意到,中国文化的近代历史实质上是一个古老文明面对外来文化的强大冲击不断寻求出路、应对危机的曲折历程;贯穿这一过程的主题就是中国文化与西方文化的关系问题。鸦片战争以前,面对西方文化的挑战,中国文化尚能勉强应对。此后直到五四运动时期,西方文化在坚船利炮的支持下将中国文化置于生死存亡的危险境地。正是在这样的背景下,为了救亡图存,许多中国知识分子选择了"现代化"或者说是某种意义上的"西化"。然而,中国传统文化与西方文化的关系问题并没有得到彻底解决。在霍尔和埃姆斯看来,毛泽东等老一辈政治家当年选择马克思主义其实是为了"用西方的一种异端思想来同西方抗争"③,旨在避免西化对中国文化的侵蚀。新中国成立以后,中国比较成功地

---

① David L H,Roger T A.The Democracy of the Dead:Dewey,Confucius,and the Hope for Democracy in China.Chicago and Lasalle:*Open Court*,1999,p.180,p.97,p.84,p.88.

② David L H,Roger T A.The Democracy of the Dead:Dewey,Confucius,and the Hope for Democracy in China.Chicago and Lasalle:*Open Court*,1999,p.180,p.97,p.84,p.88.

③ David L H,Roger T A.The Democracy of the Dead:Dewey,Confucius,and the Hope for Democracy in China.Chicago and Lasalle:*Open Court*,1999,p.180,p.97,p.84,p.88.

抵御了"西化"的不利影响。但随着全球化加速推进,中国除了"适应"现代化似乎已别无选择。

面对今日全球化的挑战或者说是"西化"的又一轮挑战,中国文化界自 80 年代以来众说纷纭。据霍尔和埃姆斯的观察,当代中国思想界对于中西文化的关系大体上有五种主张。第一种主张来自保守派,认为今日中国依然可以自给自足,隔绝于西方文化之外。第二种主张来自一些年轻的反传统主义者。他们走向了另一个极端,认为中国文化传统百无一是,儒家文化是窒息个性的枷锁,因此必须彻底抛弃,完全西化。《河殇》与八九政治风波就是这一主张的极端表现。第三种主张综合创新或者说"对中国文化的创造性转化",要求将一切优秀的、先进的文化成果吸收过来,开创一种新的传统。第四种主张是"新儒家",早期的代表人物有梁漱溟、唐君毅、牟宗三、徐复观等人,而今天在西方学界最活跃的代表当属杜维明、汤一介等学者。新儒家们大体主张对传统实行"有选择的继承",对中国传统文化的维继与复兴持有高度的同情。最后一种主张比第四种主张略为激进一点,其代表人物是大陆学者李泽厚,其主张可以简单地概括为"西体中用"。

在这五种主张中,霍尔和埃姆斯认为"新儒学"和"西体中用"说较为可取。他们相信,这两种主张的某种综合不仅是大多数中国学者的向往,而且可以在此基础上促进中西文化的"相互适应"(mutual accommodation)。① 但是,霍尔和埃姆斯对这两种学派对中国文化传统的态度都并不完全满意,他们对以儒家思想为根基的中国文化传统持有更积极的肯定和信心,相信中国的现代化与民主建设应该而且能够立足于中国的文化传统。正是基于这种肯定与信心,他们明确主张,所谓"全球化"和"现代化"不应等同于"西化",而应是"西化"(westernization)与"东化"(easternization)的双向同时展开。② 其结果将不仅有利于中国文化自身的繁衍与复兴,而且可以匡救西方文化的自由主义弊端,并最终为在中国、美国乃至全球实现真正的民主做出独特贡献。

---

① David L H,Roger T A.The Democracy of the Dead:Dewey,Confucius,and the Hope for Democracy in China.Chicago and Lasalle:*Open Court*,1999,p.180,p.97,p.84,p.88.

② David L H,Roger T A.The Democracy of the Dead:Dewey,Confucius,and the Hope for Democracy in China.Chicago and Lasalle:*Open Court*,1999,p.89,p.145,p.151.

二

那么如何实现"西化"与"东化"的有效融合呢？霍尔和埃姆斯认为,这将取决于能否实现儒家思想与实用主义的积极"对话"。① 他们相信,这种对话不仅必要,而且可能。

首先,实用主义与儒家思想在各自的故乡有着相同的境遇。

实用主义虽然诞生于美国,而且在很大程度上体现了美国的民族特性,但在今天的美国学术界,实用主义还算不上显学,可以说,大多数美国学者都在追逐着欧陆哲学的时髦。一方面,从社会层面看,整个社会都在为追逐财富而疯狂地竞争,极端个人主义恶性膨胀,社区濒于瓦解。另一方面,在中国,20世纪的一系列政治、经济变化也使儒家思想处于微不足道的边缘地位。总而言之,用霍尔和埃姆斯的话来说,"权利自由主义(rights-based liberalism)、自由企业资本主义,再加上物质技术的无限蔓延,不仅威胁着儒家思想在亚洲发展中国家的生存,而且使哲学意义上的实用主义在美国面临危机"②。

令霍尔和埃姆斯感到欣慰的是,70 年代末以来,实用主义在美国学术界的地位日益上升。尤其是随着社群主义的兴起,实用主义俨然已成为后者对权力自由主义作战的盟友。与此同时,儒家思想也正经历着类似的复兴。在中国大陆,以儒家思想为代表的传统文化不仅已成为学术界研究的一个热点,而且得到提倡。此外,国际范围内新儒学在学术界的日趋活跃已是不争的事实。总之,在霍尔和埃姆斯看来,实用主义和儒家思想在各自的文化领域中都正在从边缘走向中心。

其次,实用主义与儒家思想具有共同的理想。

第一,实用主义和儒家思想都拒绝欧洲启蒙运动以来的种族中心主义和

---

① David L H,Roger T A.The Democracy of the Dead:Dewey,Confucius,and the Hope for Democracy in China.Chicago and Lasalle:*Open Court*,1999,p.89,p.145,p.151.

② David L H,Roger T A.The Democracy of the Dead:Dewey,Confucius,and the Hope for Democracy in China.Chicago and Lasalle:*Open Court*,1999,p.89,p.145,p.151.

普世主义(universalism)传统。他们反对现代西方人将盎格鲁—欧洲人所特有的关于人权、思维与行为方式的地区性观念以人类的名义强加于不同的文化;他们都支持不同"文化叙事"(cultural narrative)的独特性。①

第二,实用主义和儒家思想都主张参与社会。实用主义的集大成者杜威把经验定义为"参与和交流"(participation and communication),强调人是一种社会存在。无独有偶,孔子也强调"正名",以促进人际沟通;强调"礼",即人的社会关系与角色。说到底,两者都认为人的意义存在于人的社会关系之中,这与现代自由主义对"原子式个人"(atomic individual)的假设恰成对照。

第三,实用主义和儒家思想都重视"个人修养"(self-cultivation),特别是重视通过教育培养个人道德和性格。这一点是不言而喻的。

第四,实用主义和儒家思想都重视人们尤其是知识分子承担"谏"(remonstrance)的责任。儒家强调臣子以天下为己任,对君主进行劝谏,这可以转化为现代意义上公民对政府的建议与监督或专家咨询。与此同时,西方一直有中产阶级对政府施加影响的传统;当然,在实用主义看来,这种关心应该超越本阶级的利益局限。

第五,实用主义和儒家思想都重视传统。杜威视习惯、习俗与传统为经验储备。同样,孔子更是看重礼俗和传统,强调个人经验与历史、与群体的连续性。但无论杜威还是孔子都并不主张抱残守缺,他们都把传统视为创新的基础和前提,也就是说,双方都重视传统与创新的平衡。

第六,实用主义和儒家思想对民主有相通的理解。在杜威看来。一个民主的社群就是一个"交流的社群"(communicating community)。在这样的社群里,个人是由独特的社会关系和公认的社会角色构成的;这样的个人通过自己的角色与关系实现最大的满足;与此同时,一个民主的社群又通过种种形式的交流促进个人对影响他们生活方方面面的了解。② 这一意义上的实用主义民主与权力自由主义形成鲜明对照。首先,杜威完全抛弃了自由主义民主对孤

---

① David L H,Roger T A.The Democracy of the Dead:Dewey,Confucius,and the Hope for Democracy in China.Chicago and Lasalle:*Open Court*,1999,p.89,p.145,p.151.

② David L H,Roger T A.The Democracy of the Dead:Dewey,Confucius,and the Hope for Democracy in China.Chicago and Lasalle:*Open Court*,1999,p.132,p.160.

立的个人的假设,将个人置于社会关系与社会角色的意义网之中。其次,杜威反对自由主义对人权的先验假设,认为人权是个人所处的特定社会和文化所赋予的。再次,权力自由主义把民主同资本主义经济模式联系起来,而杜威却认为资本主义阻碍了民主的真正实现。此外,权力自由主义视政府为道德上中立的调节机构,杜威则强调政府对民主的积极促进作用。与此相关,为促进社会和谐,权力自由主义视法律制裁优先于道德劝说,而杜威的民主理论与此相反。

杜威的实用主义是民主的学说,这一点不难理解。但说孔子是民主派,恐怕就很难被学界接受了。一方面,美国学者亨廷顿(Samuel P. Huntington)在《第三次浪潮:20世纪晚期的民主化》一书中就认为:"儒家民主显然是一个自相矛盾的术语。"[1] 与这种流行的看法相反,霍尔和埃姆斯坚信,儒家思想中富含民主的资源。他们指出,儒家虽然推崇权威,但这是一种道德意义上和美学意义上的权威,而不是僵化的个人权威。孔子要求"正名"正是为了防止统治者对个人权威的滥用。另一方面,针对人们对儒家等级思想的指责,霍尔和埃姆斯指出,儒家思想和实用主义一样,都提倡一种"有等差的平等关系而不是抽象的平等关系"(hierarchical relationships of parity rather than relations of abstract equality)。[1] 孔子所设想的理想个人不是相互独立并追求数量化平等的自由主义个人,而是动态的、相互联系的、追求社群共同目标的、家庭成员般的个人。

基于上述理解,霍尔和埃姆斯相信实用主义和儒家思想完全可以联合起来,加强对话,从而促进世界民主的建设。

三

以上就是霍尔和埃姆斯所演绎的实用主义和儒家思想之间的对话,其中

---

[1] David L H, Roger T A. The Democracy of the Dead: Dewey, Confucius, and the Hope for Democracy in China. Chicago and Lasalle: *Open Court*, 1999, p.132, p.160.

不乏附会之词。如作者把儒家思想提到反"种族中心主义"和反"普世主义"的高度,这一点似乎更多是作者的想象,或者说更多是当代海外新儒家学者们的主张。儒学经典作家并未能达到如此高的境界,他们的"天下"观与今日全球化和多元文化时代人类应持的"天下"观尚有很大一段距离。再如,虽然孔子和杜威等实用主义者都重视传统和群体,但前者无疑有更多的"恋旧情结"和"服从"心理;而后者作为西方文化的一个分支,其对个性的张扬和对探索的追求显然更加明确。虽然如此,霍尔和埃姆斯独具慧眼地抓住了儒家思想与实用主义的一个根本契合点,这就是双方在肯定人的社会属性的基础上都追求一种有意义的、和谐的共同体生活,而且双方都高度重视通过道德、习俗和交流来建构良性互动的人际关系。

此外,霍尔和埃姆斯从实用主义和儒家思想的角度对权利自由主义民主的批判有助于加深我们对民主的理解。权利自由主义的理论前提是原子式的个人和普遍的自然权利,它将民主化约为:资本主义市场经济加代议制加法律保护下的拥有自然权利的"彼此分离的自我"(discrete individual)。正如霍尔和埃姆斯所抨击的,"关于彼此分离的个性这一假说有一个显而易见的缺陷,这就是它将个人的自由和特权置于对社会和环境的责任之上。如果发展到极端,它将导致'无耻的个人暴虐'(the tyranny of the shameless individual);这样的个人势必耗尽社会资源,而后者正是促进稳固的家庭、健康的社区和良好的教育的必要前提;这样的个人同时也不断地伤害着那些保护他的人们以及养育他的环境"①。

霍尔和埃姆斯对权利自由主义所持的立场显然可纳入当代美国方兴未艾的社群主义政治哲学的阵营。如桑德尔(M.Sandel)在《自由主义及正义的局限》(*Liberalism and the Limits of Justice*)一书中对新自由主义的自我观念的批评;如麦金泰尔(Alasdair MacIntyre)和华尔采(Michael Walzer)对新自由主义普世主义原则的批评;再如泰勒(Chales Taylor)对原子个人主义的批评,等等。②

---

① David L H, Roger T A.The Democracy of the Dead:Dewey,Confucius,and the Hope for Democracy in China.Chicago and Lasalle:*Open Court*,1999,p.203.

② 俞可平:《社群主义》,中国社会科学出版社 1998 年版。另请参阅 R Philip Brown. *Authentic Individualism*. Lanham:University Press of America,Inc.,1995。

霍尔和埃姆斯以及社群主义者对新自由主义者的此类指责并非只是哲学家所特有的愤世嫉俗。社会学家更精确的调查结果可以提供佐证。90年代初,美国学者帕特森(James Patterson)和金(Peter Kim)曾对美国的道德现状进行过一次据称是"最全面、最深入"的调查。其部分结论如下:

美国没有领袖,尤其是没有道德领袖。90年代的美国没有任何道德共识。[1]

美国人制定着自己的规则、自己的法律和自己的道德准则。84%的人敢于违背自己的宗教戒律;81%的人事实上违过法,理由是他们认为法律错了。大多数美国人不尊重法律,他们自己决定是非对错。[2]

美国的年轻人是一个"野蛮的、不可信赖的、不可靠的群体"。[3]

60%的美国人曾经是一次严重犯罪的受害者,其中58%的人先后两次受害。[4]

安全、温馨的社区生活已不复存在。一年之中,48%的家庭被盗过;35%的人被盗过汽车;27%的人参与过贩毒;23%的人遭遇过凶杀案;9%的人被强奸。与此同时,44%的人担心被盗;24%的人担心被强奸;34%的人担心汽车被盗;14%的人担心在住所附近被杀。[5]

近1/3的已婚美国人曾经或正在有婚外恋。1/4的已婚妇女欺骗丈夫,而欺骗妻子的美国丈夫更高达1/3。[6]

---

[1]　James Patterson,Peter Kim.*The Day America Told the Truth*.New York:Prentice Hall Press,1991,p.25,p.27,p.25,p.6,p.170,p.96.

[2]　James Patterson,Peter Kim.*The Day America Told the Truth*.New York:Prentice Hall Press,1991,p.25,p.27,p.25,p.6,p.170,p.96.

[3]　James Patterson,Peter Kim.*The Day America Told the Truth*.New York:Prentice Hall Press,1991,p.25,p.27,p.25,p.6,p.170,p.96.

[4]　James Patterson,Peter Kim.*The Day America Told the Truth*.New York:Prentice Hall Press,1991,p.25,p.27,p.25,p.6,p.170,p.96.

[5]　James Patterson,Peter Kim.*The Day America Told the Truth*.New York:Prentice Hall Press,1991,p.25,p.27,p.25,p.6,p.170,p.96.

[6]　James Patterson,Peter Kim.*The Day America Told the Truth*.New York:Prentice Hall Press,1991,p.25,p.27,p.25,p.6,p.170,p.96.

近半数的美国工人承认自己消极怠工。① 30%的美国工人认为,他们的老板至少涉及一种不道德的行径,如威胁员工、违背安全标准、歧视少数民族、歧视妇女或性骚扰、从事犯罪活动、生产威胁生命的产品,等等。②

马丁·路德·金所梦想的兄弟般的种族关系在今天更加遥远了;而对于大多数美国人来说,这一"美国梦"已演化为一场"噩梦"。③

……

美国所面临社会问题似乎正应验了 2500 多年前孔子的预言:"道之以政,齐之以刑,民免而无耻。"④简单地说,虽然我们必须承认,由启蒙运动开启的西方自由主义传统为西方文明近代以来在政治、经济、科技等领域的长足进步立下了汗马功劳,但其对原子个人主义的推崇、对法治的独尊以及对政府乃至社会道德中立的迷恋,显然已造成其始料未及的道德危机,而后者正动摇着自由主义民主大厦的基石。

那么,反过来,以道德和礼仪来治国是否真能如孔子所愿的那样造就出一个君子之邦呢?孔子相信:"道之以德,齐之以礼,有耻且格。"其实,儒家的这一"德治"理想早已被中国 2000 多年的实践证明是行不通的。五四时期的激进学人甚至将中国落后的原因通通算在孔夫子的身上,高呼"打倒孔家店!"这自然是激情多于理性的主张,但儒家所倡导的重义务轻权利、重德治轻法治的传统是不能辞其咎的。

可见,霍尔和埃姆斯所提出的对中国问题进行文化解决的主张犯了一个近乎"普世主义"的错误。必须肯定,他们将当代美国社会问题诊断为"文化"综合征有其合理性;他们提倡社群主义的"公益"应优先于权力个人主义对个人私利的无所顾忌地追求,提倡美国政府和学校应承担道德维系的责任,这些

---

① James Patterson,Peter Kim.*The Day America Told the Truth*.New York:Prentice Hall Press,1991,p.157,p.150,p.184.

② James Patterson,Peter Kim.*The Day America Told the Truth*.New York:Prentice Hall Press,1991,p.157,p.150,p.184.

③ James Patterson,Peter Kim.*The Day America Told the Truth*.New York:Prentice Hall Press,1991,p.157,p.150,p.184.

④ 《论语·为政篇》。

主张也与美国社会的现实问题迫切相关。但霍尔和埃姆斯因此推断当代中国的问题也可以通过对儒家道德和礼仪传统的弘扬而一劳永逸地解决,这显然是一个典型的"错误类比"。中国的问题可以说是全方位的,文化问题只是其中的一个层面。中国文化的创造性转换不在于用"法治"取代"德治"或者反过来用"德治"取代"法治",而在于"德""法"并用,构建一套法治与德治相得益彰的政治与社会体系。

不过,实用主义和儒家思想的对话至少可以提醒我们,民主应有比权利自由主义以及西方资本主义现状所能提供的更宽广的含义。正如杜威所指出的:"民主不只是一种特定的政治形式,一种治理政府的方式,一种通过普选及选举的官员来制定法律和管理政府行政的方法,民主的含义比这要宽广得多。当然,这些是题中应有之义。但它是更宽广、更深刻的东西……正如我们常说的,它是一种生活方式,既是社会的又是个人的,不过我们未必理解了其中的含义。"①就美国而言,今天的社群主义者所关心的正是杜威当年早就提醒了的那关于民主的"未必理解了的含义",这就是,民生必须同时体现在人们的"思想上"和"行为上"②,体现为一个"意义的联合体"③;在这样的联合共同体(community)内,个人自由与社会和谐并行不悖,人们相互理解,彼此关心,自由交流,平等合作,积极创造,共享丰富多彩、和平安宁而且充满意义的生活。此外,对于杜威来说,民主还应成为社会改造的手段。简言之,民主是一个必须由每一代人不断推进的过程,在这一过程中,自由的"探究"(inquiry)与"交流"(communication)既是民主必要的内涵,又是使民主进一步深化的手段。杜威指出:"一个显而易见的必要条件就是社会探究的自由以及传播其结论的自由。……当自由的社会探究与充分的、生动的交流艺术紧密结合起来,民主也就大功告成了。"④杜威对民主的上述描绘无疑具有强烈的理想主义色彩,但除非我们接受美国学者福山的"历史已经终结"的断言⑤,

① Dewey.Democracy and Educational Administration.*The Later Works*.Vol.11,pp.218-219.
② Dewey.Creative Democracy:The Task before Us.*The Later Works*.Vol.14,pp.225-226.
③ Dewey.The Public and Its Problems.*The Later Works*.Vol.2,p.331,p.339,p.350.
④ Dewey.The Public and Its Problems.*The Later Works*.Vol.2,p.331,p.339,p.350.
⑤ [美]弗兰西斯·福山:《历史的终结》,远方出版社1998年版。

否则我们就有必要倾听杜威以及包括霍尔和埃姆斯在内的西方社群主义者对今日资本主义民主现状的非议。①

总之,一个民主的社会应该是一个令人向往的共同体,一种实现了"个体自由"与"整体和谐"的美好的生活方式,②而不是一个有效率的"丛林"。在这个意义上,实用主义和儒家思想的对话值得倾听和参与。此外,霍尔与埃姆斯还认为,实用主义和儒家思想之间的对话有利于奠定中西文化平等交流的共同基础,从而促进中西之间"我们意识"(we-consciousness)的形成③,并最终推动全球化实现"西化"—"东化"双向互动的良性循环。这自然是我们乐意看到的前景。

(本文原载《美国研究》2001 年第 3 期)

---

① 有关杜威的民主思想参见拙著:《美国精神的象征——杜威社会思想研究》,上海人民出版社 2002 年版。

② 江畅:《江畅自选集》,华中理工大学出版社 1999 年版。

③ David L H, Roger T A. The Democracy of the Dead: Dewey, Confucius, and the Hope for Democracy in China. Chicago and Lasalle: *Open Court*, 1999, p.239.

杜威对美国资本主义出路的探索

约翰·杜威是世界著名的实用主义哲学家和教育家;与此同时,他也是其所处时代美国著名的政治与社会活动家。从"大萧条"到"新政",他曾积极参与或领导这一时期美国一系列重大的政治、社会与文化运动;更重要的是,作为一个严肃而深刻的哲人,他对自己亲眼目睹的苏联模式社会主义与美国资本主义进行了长期系统而深刻的比较研究,其中不乏真知灼见,对我们认识20世纪美国资本主义的发展以及苏联模式社会主义的失败富有深刻的启迪意义。本文试图依据史料和原著,系统考察杜威对美国资本主义出路的探索,剖析20—40年代美国社会转型时期思想界的困惑与动向,并在此基础上探讨20世纪美国资本主义得以延续、发展的文化根源。

一、改良资本主义

(一)"改良资本主义有可能延续下去"

19世纪末20世纪初,随着资本主义由自由竞争向垄断的过渡,资本主义内部的矛盾已日益尖锐。1929年世界范围内经济危机的总爆发,更使资本主义制度的种种弊端暴露出来。在美国,"大萧条"对资本主义的打击尤其沉重。危机初期,面对日益严重的失业、饥饿、社会冲突与混乱,胡佛政府显得束手无策。资本主义向何处去的问题从来没有像当时那样真正现实而紧迫地摆在人们面前。

对于经济危机所提出的"资本主义向何处去"的问题,当时美国知识界讨论着几种可能的趋势。第一种趋势是亨利·福特(Henry Ford)提出的"批量生产"。福特认为批量生产有四大优点:其一,降低价格,因而有利于消费者并扩大产品的使用范围;其二,提高工资,因而不仅可以鼓舞士气,而且可以使工人成为消费者,从而扩大产品市场;其三,缩减工作时间;其四,提高利润。这样,通过大批量生产,高工资,低物价,资本主义的问题就解决了。第二种趋势是卡弗(T.N.Carver)教授提出的"经济革命"。卡弗认为,美国正经历一场经济革命,它将消除劳工和资本家之间的差别。一方面,资本家将不再仅仅依靠资本的回报而生活,他们也必须从事这样那样的工作,成为劳动者;另一方面,工人们的积蓄在迅速增长,他们可以投资购买股票,而且劳工银行也在增加,这样劳工也可以成为资本家了,并可以分享对公司的控制权。第三种趋势是欧文·D.扬(Owen D.Young)提出的"所有权与经营管理的分离"。扬认为,当所有权和经营管理合一时,资本家必然唯利是图。但当前的趋势是,一方面,所有权被众多持股者分散;另一方面,管理越来越专业化,要求具有专门知识和技术的专家来承担。这个管理层拿的还是工资,但它关心的就不只是所有者的利益,而且还会重视产品质量、公司形象、工人福利与社会责任。此外还有人主张行业俱乐部、"社会化联合资本主义",等等。① 当然,苏联的道路也是激进左派津津乐道的。

在纷纭众说之中,这一时期杜威的立场基本上是倾向于改良的。首先,他断定"自由放任"的极端个人主义在今天的情形下已"不能再容忍"。② "以正义而不是利润为目的"的国家的"最高权威"必须加强。③ 透过错综复杂的现象,他指出:"那么,现在的问题就在于两者之间了,其一是改良资本主义(modified capitalism),在这里,体现于我们政治和教育制度中的民主原则将得到强化,而且自由、效率与正义将被尽可能纳入其中;其二是与之相对的更为

① John Dewey.Ethics//John Dewey:*The Later Works*,1925-1953.Vol.7.Carbondale and Edwardsville:Southern Illinois University Press,1981,pp.422-426,pp.477-478.

② John Dewey.Ethics//John Dewey:*The Later Works*,1925-1953.Vol.7.Carbondale and Edwardsville:Southern Illinois University Press,1981,pp.422-426,pp.477-478.

③ John Dewey.Ethics//John Dewey:*The Later Works*,1925-1953.Vol.7.Carbondale and Edwardsville:Southern Illinois University Press,1981,pp.422-426,pp.477-478.

激进的措施,如俄国和意大利正在试验的。"①

两者之中,杜威无疑宁愿选择前者。同时,他认为当前问题的两难处境还在于政治、宗教和教育生活领域里日益普及的平等原则与经济生活中的不平等原则之间的矛盾。

杜威进一步分析指出,走俄国或法西斯的道路是不现实的,因为美国人"不愿意服从一个唯一的主人的控制"。② 俄国唯一的主人是一个经济阶级,意大利唯一的主人是一个民族主义团体。在美国,经济系统的主人和政治系统的主人是分离的。经济领袖通过市场竞争挑选,政治领袖就看他们争取公众赞同的能力了。他还特别补充道:"当控制权这样分开而不是集中在一只手上时,公众利益可能要安全些。"③

杜威预言:"在最近的将来,改良资本主义有可能延续下去,这样推测可能是安全的。"④他的理由有四点。其一,无论西欧还是美国,少数人控制了大量的国民财富,并因此支配了与他们的财富而不是人数相当的权力。其二,在美国,农业虽然是收入最低的行业,但农场主大量投资土地,必然维护私有财产权,这正是现存制度的根本之一。其三,产业工人是最倾向于变革的。在欧洲,这个阶级一直倾向于社会主义,但反对暴力,主张运用合法手段。而美国劳联强烈反对社会主义。美国产业工人宁愿让资本家赚钱,他们则指望分享不断增加的收入份额,也不愿让他们自己或让国家接管全部经济,从而"冒把事情搞糟的风险"。最后,美国有一个庞大而自由的公共教育体制,为人们提供了某种程度上的平等机会。这也可能是美国经济社会主义无所作为的主要原因。⑤

当然,改良主义始终是杜威的一个坚定信念。他相信社会如同有机体一

① John Dewey.Ethics//John Dewey:*The Later Works*,*1925-1953*.Vol.7.Carbondale and Edwardsville:Southern Illinois University Press,1981,pp.422-426,pp.478-481.

② John Dewey.Ethics//John Dewey:*The Later Works*,*1925-1953*.Vol.7.Carbondale and Edwardsville:Southern Illinois University Press,1981,pp.422-426,pp.478-481.

③ John Dewey.Ethics//John Dewey:*The Later Works*,*1925-1953*.Vol.7.Carbondale and Edwardsville:Southern Illinois University Press,1981,pp.422-426,pp.478-481.

④ John Dewey.Ethics//John Dewey:*The Later Works*,*1925-1953*.Vol.7.Carbondale and Edwardsville:Southern Illinois University Press,1981,pp.422-426,pp.478-481.

⑤ John Dewey.Ethics//John Dewey:*The Later Works*,*1925-1953*.Vol.7.Carbondale and Edwardsville:Southern Illinois University Press,1981,pp.422-426,pp.478-481.

样处于不断"生长"的过程中,这"生长"既是目的,又是手段;相信每一种社会情形都是特殊的,存在于特定的时间、特定的地点和特定的历史文化背景中。无论这情形当前的好坏,它总是可以改善的。人们应该做的是鼓励用智慧来分析当前的具体障碍,探索有效的解决办法,并致力于一点一点、一步一步地改善现状。

既然现存的资本主义制度有可能延续下去,那么,对于杜威来说,"尤为重要的就是考虑怎样至少部分地医治它的最严重的肆虐、浪费与不公正"。

(二) 资本主义的工程师

杜威把当前资本主义存在的问题大略归纳为五类:(1)提高生产与降低浪费的问题;(2)就业保障问题;(3)改善工人尤其是妇女、儿童的工作条件问题;(4)提高消费者的智慧和鉴赏力以及消遣层次的问题;(5)公平分配的问题。他肯定美国政府采取的某些措施已经取得进展,如对工厂的立法,稳定金融的措施,征收所得税以及对公用设施的管理等。但他同时指出这些还很不够,并从这五个方面提出了自己的对策。

第一,提高生产与降低浪费。首先,提高生产主要是一个技术问题。如水利、蒸气与电力技术方面的改进将极大地提高生产效率。利润动机也是朝向这个目标的。但"技术问题"在这里应该是广义的,它应该包括"人的因素"。[①] 因为工人是否愿意合作来提高生产,这部分取决于他们能够从合作所创造的利润中分享多少。把人的因素纳入管理技术中考虑,就会促进更加公平的分配。可见,杜威很早就注意到了当代管理学理论中的一个根本问题。其次,防止浪费。从方法上看,这也是一个技术问题。电力照明、蒸气发电以及交通方式的改进,都大大节省了能源和资金,并有利于降低成本和物价,扩大市场。"但资本主义制度下的工程师并不总是自由的。是否容许他节省,取决于节省还是浪费的利润更大"[②]。对于自然资源,尤其如此。因此,政府

① John Dewey.Ethics//John Dewey:*The Later Works*,1925－1953.Vol.7.Carbondale and Edwardsville:Southern Illinois University Press,1981,pp.422－426,pp.478－481.

② John Dewey.Ethics//John Dewey:*The Later Works*,1925－1953.Vol.7.Carbondale and Edwardsville:Southern Illinois University Press,1981,p.482,pp.454－457,p.487.

必须插手干涉。

第二,就业保障。资本主义"工程师"另一个无可奈何的领域就是失业问题。杜威认为,"工程师"在这方面的无能与他的利润动机无直接关系,因为工商业的周期性萧条还是一个尚未完全解开的谜,这也是他无法控制的。每逢萧条,"美国计划"就是把问题推给慈善组织,推给无足够积蓄的失业者以及老、弱、病、残者本人,结果便导致这一时期社会状况的急遽恶化,如大量的犯罪、疾病与严重的道德败坏。杜威指出:"在科学家和工程师找到防止失业及其造成的浪费之前,唯一可行的补救办法就是社会保险或者由国家推行的某种形式的大规模的公共计划。"

第三,改善工作条件。在这方面,杜威承认已经有了很多改善,但还不够。他极力主张通过联邦和州的立法,来防止工厂使用童工。他认为,这一努力在美国刚刚起步,对进一步的改善应有信心。另外,他还主张实行某种形式的公共医疗保险,为低收入者提供足够的医疗服务。

第四,提高消费者的鉴赏力以及商品的层次。杜威认为,如果第一类问题主要是工程师的问题,第二、三类问题主要是政府的问题,那么,第四类问题主要是教育的问题。利润动机在汽车行业行之有效,在这里就行不通了。例如,城市住房建设在利润动机的驱使下,完全不考虑留给孩子们玩耍的空地和成年人消遣的空间。再如,劣质食品也是一个不可完全信赖利润动机的问题。而且,仅靠立法也不可能消除所有的坑蒙拐骗。这就需要教育,让生产者和消费者都接受教育。特别是在艺术、文学与娱乐领域,教育是提高层次的唯一途径。立法可以防止某些形式的商业性低级趣味,但无法保证人们有更健康的品位。

第五,公平分配。关于分配原则,杜威归纳出四种。其一,按实际劳动分配。杜威认为这在一个简单社会还行得通,在复杂的工业社会已无法实行。其二,自由竞争,不择手段。这正是资本主义社会的现状,杜威对由此造成的两极分化深恶痛绝。其三,平均分配。杜威认为这照顾了一种形式的平等,但没有考虑到人们的能力有差异,贡献有大小。其四,以"公共利益"和"共同财富"为根本准则。"它关心的是社会的美好状况是怎样的,什么样的生活标准是一个美好社会所必需的或者有利于实现美好社会。"这一原则坚持给每个人提供最起码的生活条件,不仅使他免于饥饿,而且有可能获得"现代文明的必需品和某些享受"。杜威所赞同的正是这第四种原则。他把美国的公共教育视为一个范例。①

可见,杜威并不主张平均分配,但也反对贫富过分不均。如果绝大多数人只能勉强维生,富人的消费又有限,那时产品也就没有市场了。在这个问题上,杜威赞同高工资高消费的政策。但他也认为高工资不是唯一的办法,社会还必须通过公共机构发展公共事业,如教育、图书馆、公园,等等。有人认为公共事业会限制人们的私人进取心和独立自主能力,杜威回答道:"另一方面,更大的可能是,向所有的人敞开大门,让他们接受教育,让他们了解生活中更美好的东西,这将利大于弊。"②社会到底应该给个人提供多大程度的帮助,这是美国学术界至今还争论不休的问题。

从上述五个方面的分析可以看出,危机初期,杜威虽然也严厉抨击资本主义的种种弊端,但他主要是以一个"工程师"或者说资本主义改革"总设计师"的眼光和身份来心平气和地发言的。他肯定美国资本主义将延续下去,他所要做的就是客观、冷静地观察它的病症,诊断它的病因。而且,从他所开出的药方来看,他可以称得上是一位高明的医生。美国资本主义如他所料的活下来了,而且通过"新政"在很大程度上按他所设想的方式克服了他所指出的这几种主要病症后,度过了危险期。

二、经济社会化

从美国社会特殊的传统与现状着眼,杜威相信"改良资本主义"是唯一可行的途径。但对于小打小敲的"改良",他又始终心存疑虑和不满。他并不满足于只是让资本主义活过来。

---

① John Dewey.Ethics//John Dewey: *The Later Works*, *1925－1953*. Vol. 7. Carbondale and Edwardsville: Southern Illinois University Press, 1981, p.482, pp.454－457, p.487.

② John Dewey.Ethics//John Dewey: *The Later Works*, *1925－1953*. Vol. 7. Carbondale and Edwardsville: Southern Illinois University Press, 1981, p.482, pp.454－457, p.487.

杜威对美国资本主义出路的探索

（一）寻求社会化的努力

1930年3月，即"大萧条"的第5个月，杜威发表《资本社会主义，还是公共社会主义?》一文。文中他分析了美国政治的发展趋势，实际上也就是提出了他当时关于经济危机的对策。概括起来有两点：第一，利用政府机构加强公众对于经济的干预和控制；第二，让政府与工、商业肩负起社会责任。他预言："我们将走向某种形式的社会主义，随便我们愿意把他称作什么，也无论在他实现了时被称作什么。经济决定论是事实而不只是理论。但一种是盲目的、混乱的、无计划的决定论，源于为牟利而经营的商业活动；另一种是有社会计划、有秩序的发展，两者之间是有区别的。这个区别与选择就在于是要一个公共社会主义，还是要一个资本社会主义。"①

在这里，问题的实质已经成为是要一个什么样的"社会主义"。他所希望的当然是"公共社会主义"。

杜威认为，"在人类生活中，经济组织的最终目的乃是确保人们有一个安全的环境，以实现个人能力有秩序的表达并满足人们在非经济领域的需要"。物质生产本身并不是目的。"求知、审美以及伴侣生活之价值的解放"②，或者说"创造在平等的基础上相互联合的自由人"，③这才是人类生活的最终目标。除此之外的一切都是手段。从前，由于生产力低下，人们不得不把大部分甚至全部精力用于从事单调乏味的物质生产。今天，科学技术的发展不仅使人类的生产力已经能够确保所有人的物质生活，而且使人们的双手和大脑从体力劳动中解放出来。这就为人们从事更高级的创造性活动创造了前所未有的条件。但是，到目前为止，现存的经济制度不是在努力缩小而是试图"加强和扩大"上述两种活动之间的分离。杜威认为这就是当时美国日益恶化的社会混

---

① John Dewey.Ethics//John Dewey:*The Later Works*, *1925-1953*.Vol.5.Carbondale and Edwardsville:Southern Illinois University Press,1981,p.95,p.598.

② John Dewey.Ethics//John Dewey:*The Later Works*, *1925-1953*.Vol.5.Carbondale and Edwardsville:Southern Illinois University Press,1981,p.95,p.598.

③ John Dewey.Liberalism and Social Action//John Dewey:*The Later Works*, *1925-1953*.Vol.11.Carbondale and Edwardsville:Southern Illinois University Press,1981,pp.62-63.

329

乱与矛盾的根源。走出困境的唯一途径就是"实现生产力的社会化",①或曰"管制物质与机械力量",或曰"经济力量的有组织的社会控制",或曰"提供物质安全与富裕的社会化经济"。② 他认为,早期自由主义提倡通过个人自由、独立的经济竞争来实现社会福祉,今天应该倒过来,这就是,通过经济社会化来确保个人物质安全从而实现个人自由发展之目的。③

那么,"社会化经济"到底是一种什么样的经济呢?

1933 年 3 月,杜威与尼布(Reinhold Niebuhr)就资本主义的前途问题展开论辩。尼布坚持认为,"资本主义正在灭亡""它应该灭亡"。④ 他批评杜威对资本主义存有天真的幻想。针对尼布的批评,杜威明确表示自己与尼布对美国社会的未来有着共同的设想:"我愿意看到政治被用于促成一个真正合作性的社会,在这样的社会里,工人通过社会本身的经济组织而不是通过任何强加的国家社会主义形式,尽可能直接地控制工业与金融;同时工作不仅为安全、娱乐与文化发展的机会提供保障,而且确保参与控制,从而直接促进人格的精神与道德实现。"⑤

显然,这个意义上的美国社会已经不是资本主义了,因为这里没有资本家,也没有财产占有,更没有资本主义的市场竞争。而同时,他又不愿接受"国家社会主义"这一称号,因为国家在这里似乎不再重要,工人们只是通过"社会本身的经济组织"进行一种合作性的自我管理。在这样一个社会里,没有压迫,没有剥削,只有个人的自由发展与和谐的道德生活。不管杜威承不承认,这已很接近马克思的"共产主义"了。杜威对未来社会的具体形式并不十分关心,他相信任何这样的预测都是危险的。他在反驳尼布时指出:"我认

---

① John Dewey. The Economic Basis of the New Society//John Dewey: *The Later Works*, *1925–1953*.Vol.13.Carbondale and Edwardsville:Southern Illinois University Press,1981,p.320.

② John Dewey.Liberalism and Social Action//John Dewey: *The Later Works*, *1925–1953*.Vol.11. Carbondale and Edwardsville:Southern Illinois University Press,1981,pp.62–63.

③ John Dewey.Liberalism and Social Action//John Dewey: *The Later Works*, *1925–1953*.Vol.11. Carbondale and Edwardsville:Southern Illinois University Press,1981,pp.62–63.

④ John Dewey.Liberalism and Social Action//John Dewey: *The Later Works*, *1925–1953*.Vol.11. Carbondale and Edwardsville:Southern Illinois University Press,1981,pp.62–63.

⑤ Reinhold Niebuhr.After Capitalism—What? //John Dewey: *The Later Works*,*1925–1953*.Vol. 9.Carbondale and Edwardsville:Southern Illinois University Press,1981,p.399.

为,任何一种观点,如果它更多的是关心'资本主义以后'的社会如何,而不是致力于发现在资本主义当前的危机中需要做什么以及怎样做,这种观点必然含混不清,尽管它声称必须坚持'现实主义'。"①杜威全部社会思想的重心显然是"需要做什么以及怎样做"。

6个月后,杜威在《常识》杂志上发表《迫在眉睫:一个新的激进党》,呼吁在现存的民主党和共和党之外组建一个真正代表民众利益的第三党,并提出了具体的经济社会化方案。他要求把国民经济的一切关键部门纳入社会化的范围,把土地、银行、生产和分配的一切权力夺过来交给人民,但人民将以什么样的具体组织形式来行使他们的"控制",杜威没有说明。他只在宣言的一处暗示他更愿意看到生产、交换与流通的"民众化"(popularization)而不是"国有化"(nationalization)。② 考虑到他一贯的主张,有一点是可以肯定的:这种"控制"不是由国家全权代表人民来执行。也就是说,他并不赞成"国营",但相信有必要对关系国计民生的经济部门实行"社会控制"。

杜威关于组建一个"坚强、团结而激进的新党"的计划并没有实现,但他为实现全面"社会化"经济所做的努力并没有停止。1934年,杜威在一次广播演说中提出了地租社会化的设想。他的方案基于两点认识:首先,土地乃一切生产资料和生活资料之本,对土地的社会化,就是对全部"生产本源"的社会化,对具有社会作用的机会的社会化。如果这种机会被剥夺,社会一方面将拥有"游手好闲者和寄生虫",另一方面将拥有大批听命于机会占有者的"处于农奴状态"的群众。其次,罗斯福的"新政"所涉及的都是些枝节,如清除贫民窟、房屋开发、失业救济,等等。这些措施有一定的作用,但由于根本的东西未变,结果"无一例外地因为机会的私人垄断而妥协,大打折扣,甚至无果而终"。③ 杜威反问道:"为什么不深入问题的根本,通过土地的社会化给失业者提供工作机会呢?"杜威预言:"更大规模的社会化

<hr />

① John Dewey.Unity and Progress//John Dewey:*The Later Works*,*1925–1953*.Vol.9.Carbondale and Edwardsville:Southern Illinois University Press,1981,p.72.

② John Dewey.Imperative Need:A New Radical Party//John Dewey:*The Later Works*,*1925–1953*.Vol.9.Carbondale and Edwardsville:Southern Illinois University Press,1981,p.73,p.78.

③ John Dewey.Imperative Need:A New Radical Party//John Dewey:*The Later Works*,*1925–1953*.Vol.9.Carbondale and Edwardsville:Southern Illinois University Press,1981,p.73,p.78.

计划势不可挡。"①

1935 年 3 月,杜威提出了一套通向社会化经济的更为大胆的方案,他要求修改美国的整个税收制度。我们知道,杜威主张经济社会化的根本目的是要实现财富和收入的公平分配。而正是在这一点上,杜威认为现行的税收制度却倒行逆施。他指出:"积累的利润为获取更大的利润而寻求投资,这是美国财富与收入集中的一个基本原因,也是造成生产与消费以及随之而来的失业之间失衡的一个主要原因。"②杜威认为这构成了对美国的"以几何基数增长的危险"。因此,他主张对高收入、财产、公债收入、公司利润与盈余以及土地所得等征收高额税,并在此基础上实施"充足的教育、娱乐、医疗与文化保障计划"。③ 杜威认为,在建立社会保障制度方面,美国应当向苏联学习。

(二) 对社会化的反思

30 年代后期发生的一系列国际事件极大地震动了杜威。墨索里尼及其法西斯党羽控制了意大利,希特勒的纳粹势力支配了德国。1935 年,墨索里尼入侵埃塞俄比亚;1936 年,墨索里尼和希特勒支持弗朗哥在西班牙建立独裁政府;1936 年至 1937 年初,斯大林审判托罗茨基;1937 年,德、意、日结成"轴心",日本进一步侵略中国;1938 年,希特勒吞并奥地利并随后吞并捷克。这一系列事件促使杜威进一步思考国家对个人有可能造成的严重威胁,他同时也开始反思前一段时期提出的激进的"社会化"主张。

1939 年,杜威出版了他在这一时期的重要著作《自由与文化》,从中我们可以看出他对经济问题的更深入的思考。杜威在书中提出了两个有关"社会化"的重要问题:其一,怎样实现社会化? 其二,社会化之后怎么办?

① John Dewey.Imperative Need:A New Radical Party//John Dewey:*The Later Works*,1925–1953.Vol.9.Carbondale and Edwardsville:Southern Illinois University Press,1981,p.73,p.78.

② John Dewey.Taxation as a Step to Socialization//John Dewey:*The Later Works*,1925–1953.Vol.11.Carbondale and Edwardsville:Southern Illinois University Press,1981,p.265.

③ John Dewey.Taxation as a Step to Socialization//John Dewey:*The Later Works*,1925–1953.Vol.11.Carbondale and Edwardsville:Southern Illinois University Press,1981,p.265.

先看第一个问题。对于当前经济的性质,当时美国知识界中的"左"派基本上一致认为,现代工业的"集体性"要求对工业本身的所有权和控制权也具有"集体性",也就是"社会化",最终导致取消来自于租金、利息和股息的私人收入。杜威也认为:"在美国和在其他国家一样,总的趋势是加强对私人工业和金融的公共控制,这是毋庸置疑的。"①但"这一变革能通过民主的方式实现吗"?② 在这个问题上,美国的社会主义者分成对立的两派,一派认为可以而且必须通过民主的方式实现;另一派认为当前资本主义制度的一切都必须抛弃,而且只有通过暴力才能实现。杜威自然是与民主派站在一起的,主张通过民主的、教育的方式实现"和平过渡"。"革命"派也有自己的理由,他们责问杜威:假如自由的探讨因最终危及统治阶级的利益而遭到压制时,怎么办? 例如,在一个专制国家,人民是否有必要在为时太晚之前诉诸武力来保卫自由讨论的权利? 如果是这样,"这种用于防御的武力是否与智慧的方法对立,或者它现在变成了实行这一方法的工具或前提"?③ 这些问题在《自由与文化》出版后日益尖锐地向杜威提了出来。而杜威的回答始终不能令反对者满意。因为对于杜威来说,不仅作为目的的民主,而且作为手段的民主,都已成为一种信念。他写道:"民主基于这样的信仰:即使每一个人的需要和目的或结果彼此各异,友好合作——这和在运动中一样,可能包括对立与竞争——的习惯本身就是人生的无价之宝。以武力和暴力作为解决手段的环境将产生而且必然产生冲突,把每一个这样的冲突尽可能置入讨论与智慧的环境中,这样做就是把那些与我们持不同——甚至极端不同——意见的人当做我们可以学习的对象,而且作为朋友。对于和平所持有的真正民主的信念就是相信分歧、争论、冲突有可能以合作的方式加以引导,从中双方通过给对方提供表达的机会而各有教益;而不是通过强制来战胜对方——通过嘲笑、侮辱、威胁等心理手段而实行的压制在使用暴力这一意义上并不亚于通过公开的监禁与集中营而实

---

① John Dewey.Freedom and Culture//John Dewey:*The Later Works*,*1925—1953*.Vol.13.Carbondale and Edwardsville:Southern Illinois University Press,1981,p.107,p.113.

② John Dewey.Freedom and Culture//John Dewey:*The Later Works*,*1925—1953*.Vol.13.Carbondale and Edwardsville:Southern Illinois University Press,1981,p.107,p.113.

③ Quoted in Dykhuizen.*The Life and Mind of John Dewey*,p.294.

行的压制。通过给不同意见提供表达机会而进行合作,其理由是基于这样的信念:不同意见的表达不仅是他人的权利,而且是丰富自己人生经验的手段,是民主的个人生活方式所固有的内涵。"①

正是基于对民主的这种坚定信念,杜威在其最激进的时候虽然对资本主义恨之入骨,也终于没有选择阶级斗争和暴力革命的道路。

杜威紧接着的一个问题是:"假设这一伟大的变革通过非此即彼的方式实现了,那又怎样?"②更具体的问题是:"在它实现后,且假设如此,生产以及商品和服务的分配是否只能通过一个集中的、有害于民主的权力来执行呢?"③在这个问题上,美国的社会主义者分为两派,一派主张"国家社会主义"或"政府社会主义",另一派主张"民主社会主义"。杜威自然是倾向于后者。事实上,杜威的思考比这两派的主张都更加深远。他同意斯宾塞(Herbert Spencer)的见解,认为经济问题太复杂,其内部诸要素之间的平衡与依存性太精微,以至于由公共权威机构执行的计划肯定会导致意想不到的甚至事与愿违的后果。他写道:"到目前为止,对工业的社会控制主要采取了在政府主持下由政府官员执行的管理或所有形式。无论是国家社会主义或布尔什维主义国家,还是民主国家,情况都是这样。无论理论还是实践经验都尚未证明国家社会主义将根本不同于国家资本主义。即便我们被迫永远放弃这样·种先前的信念,即政府行为必然敌视个人自治,我们远未驳倒这一历史证据,即拥有政治权力的官员将擅权专断。相信所谓从私人手中夺过工业的做法,这是天真的,除非有一天我们证明了这双被委以重任的新的私人的——或者个人的——手也受到控制,以致它们有理由一定为公众利益服务。我并不是说这个问题无法通过民主的方式解决,也不是说工业的'社会化'一定会导致管制,这正是自由放任式个人主义的信徒们所津津乐道的。我要说的是民主问题已呈现新的形式,而在这方面,有关当前运作的经济因素与民主的目的与方

---

① John Dewey. Creative Democracy – the Task before Us//John Dewey: *The Later Works*, 1925–1953.Vol.14.Carbondale and Edwardsville:Southern Illinois University Press,1981,p.228.

② John Dewey.Freedom and Culture//John Dewey:*The Later Works*,1925–1953.Vol.13.Carbondale and Edwardsville:Southern Illinois University Press,1981,p.107,p.113.

③ John Dewey.Freedom and Culture//John Dewey:*The Later Works*,1925–1953.Vol.13.Carbondale and Edwardsville:Southern Illinois University Press,1981,p.107,p.113.

法之间的关系,我们没有多少经验。"①

　　纵观20世纪世界范围内令人痛心的社会主义实践,杜威在这里所表现的谨慎与忧虑毋宁说是一种令人叹服的"先知先觉"。他看到,现在的问题不仅是经济"社会化"的问题,而且是人的"社会化"的问题;不仅是"新的社会格局"(a new social order)的问题,而且是"新人"的问题。他强调,文化的各个方面是相互联系、相互作用的,因此,社会的重建乃是整个文化的重建。他写道:"争取民主的斗争必须在文化的所有层面展开:政治的、经济的、国际的、教育的、科学的、艺术的、宗教的。"②

　　1939年是杜威社会思想的重要发展阶段。此前,他更多地信任和强调国家对经济与社会生活的计划与调控,以确保个人的全面发展;此后他则明确表示:"现在我要更多地强调个人乃是联合化生活之性质与运动的最终决定因素。"③他分析指出,资本和劳动的集中所带来的"经济集体主义"是我们这个时代的必然趋势,而"国家社会主义"和"国家资本主义"正是这一趋势的产物。此二者都声称代表了个人的利益,前者向他保证"安全",后者向他保证"创造性"。其实,二者都推崇某种形式的集体主义,都声称以"个人自由"为最终目标,但结果"个人实际上几乎没有什么地位和机会"。④

　　80岁高龄的杜威把"社会化"的希望寄托在具有社会功能的职业团体的"自愿联合"上。他认为,马克思主义者们具有同样的理想,但他们主张通过一个阶级即无产阶级夺取政权而最终实现个人的彻底解放,结果却导致了"又一个专制政体"(指苏联——引者注)。国家这个专政的工具并没有如马克思和列宁所预言的那样很快消失。法西斯主义者也声称要建立一个由自治团体组成的国家,结果却是"对任何正规的个人自愿联合组织的彻底镇压"。

---

　　① John Dewey.Freedom,and Culture//John Dewey:*The Later Works*,1925-1953.Vol.13.Carbondale and Edwardsville:Southern Illinois University Press,1981,p.114,p.186.

　　② John Dewey.Freedom,and Culture//John Dewey:*The Later Works*,1925-1953.Vol.13.Carbondale and Edwardsville:Southern Illinois University Press,1981,p.114,p.186.

　　③ John Dewey.I Believe//John Dewey:*The Later Works*,1925-1953.Vol.14.Carbondale and Edwardsville:Southern Illinois University Press,1981,p.91,p.93,p.95,p.97.

　　④ John Dewey.I Believe//John Dewey:*The Later Works*,1925-1953.Vol.14.Carbondale and Edwardsville:Southern Illinois University Press,1981,p.91,p.93,p.95,p.97.

这一时期的杜威不再寄厚望于国家和政治举措,他认为这两者都必须服从并服务于"个人的自愿行动"。① 他相信,"个人的自愿联合"(voluntary associations)是"走出当前社会死胡同的必由之路"。②

杜威的经济改革方案始终服务于他的伦理理想——"个人的解放"或"所有个人的有效自由与心智成长的机会"。③ 当初他主张对资本主义经济基础实行彻底社会化,主张国家大量介入国民经济生活,是因为他相信只有经济社会化才能实现所有人的"物质安全",④而只有在物质安全的基础上,个人才能全面地发展自己并自由地参与共同体的民主生活。现在,鉴于苏联和法西斯国家对个人自由的践踏,他虽然依然肯定经济社会化这一时代发展趋势,但坚决反对国家不受约束的介入,更明确地强调个人的自愿联合,他也是出于同样的动机。

无疑,"新政"以后的美国资本主义所走上的道路正是杜威所不愿看到的"国家资本主义"。不过,在一定意义上,今天的美国资本主义通过国家调控实现了对私有经济的某种程度的"社会控制"或"社会化"。这主要表现在,政府设立了各种委员会来调节行业间、私人企业间以及它们与消费者间的关系,如洲际商业委员会、联邦贸易委员会、证券交易委员会、联邦储备系统管理委员会、联邦动力委员会、联邦电讯委员会、民用航空委员会、消费品保障委员会,等等。此外,政府还通过税收政策来缩小收入差距,通过财政金融政策以及工资和价格控制来促进经济的协调和稳定发展,通过种种社会保障和福利措施来维持一定的社会公正,等等。现代股份制也可以视为某种意义上的"社会化"。

可以说,经济"社会化"乃是现代大工业生产、城市化与全球化时代的必

---

① John Dewey.I Believe//John Dewey:*The Later Works*,*1925–1953*.Vol.14.Carbondale and Edwardsville:Southern Illinois University Press,1981,p.91,p.93,p.95,p.97.

② John Dewey.I Believe//John Dewey:*The Later Works*,*1925–1953*.Vol.14.Carbondale and Edwardsville:Southern Illinois University Press,1981,p.91,p.93,p.95,p.97.

③ John Dewey.Liberalism and Social Action//John Dewey:*The Later Works*, *1925–1953*.Vol.11. Carbondale and Edwardsville:Southern Illinois University Press,1981,p.41.

④ John Dewey.Liberalism and Social Action//John Dewey:*The Later Works*, *1925–1953*.Vol.11. Carbondale and Edwardsville:Southern Illinois University Press,1981,p.41.

然趋势。至于这种社会化将具体采取怎样的形式,尚有待世界各国根据自己的具体实际去探索和创造。在这一漫长的过程中,杜威所主张的"自愿联合"和参与式管理的理想模式即便不能完全实现,至少可以作为检试社会化努力的一个有意义的参照。"私有化"也罢,"国有化"也罢,"市场"也罢,"计划"也罢,这些都只是手段。在现有条件下,如何逐步地、尽可能地提高人民大众(绝不只是少数大款)平等参与经济与政治生活的自主权,从而为每个人的社会贡献与全面发展创造日益有利的物质基础与制度保障,这才是我们推进社会改革的根本指针。仅有生产力的发展是不够的,仅有综合国力的增长是不够的,仅有少数人的富裕是不够的,即便再加上共同富裕也还是不够的。必须不断促进所有个人对社会生活的参与和分享程度以及他们全面发展的程度,只有这样,我们的改革才有可能实现真正的"制度创新"。

三、有计划的社会

杜威所试图回答的,是"资本主义"能否引进"计划"这个问题。

(一) 资本主义的包袱

1931 年,美国资本主义经济危机进一步恶化。面对日益严重的经济混乱,胡佛政府依然祈灵于"倔强的个人主义",希望危机能够自行消逝。此情此境,令杜威忧心如焚。

杜威认为,当前危机的根源乃在于人们拒绝把在自然科学领域里已经证明行之有效的方法——"合作性智慧"——用于解决社会问题。他十分羡慕地谈起苏联的情况:"在俄国,新闻报纸上充满了关于五年计划和十年计划的讨论。"[1]他认为,不能因为苏联是共产主义国家,因为苏联实行政治专制,就认为连他们所采用的"计划"这种管理社会的方法也一定与我们不相容。他

---

① John Dewey. Science and Society//John Dewey: *The Later Works, 1925 - 1953.* Vol. 6. Carbondale and Edwardsville: Southern Illinois University Press, 1981, p.61.

希望美国人暂时忘了苏联特定的政治背景,而注意到这里重要的是"运用协调的知识与技能来引导经济资源,实现社会的有序和稳定",①希望美国人"运用我们更加先进的知识与技术,对我们自己的需要、问题、邪恶与可能性进行科学的思考,从而对科学技术的应用所必然产生的社会后果实现某种程度的控制"。② 他认为,美国人依然深陷于那些"破旧不堪的传统的、老掉牙的口号和哗众取宠的辞令而不能自拔"。他恳切呼吁人们:"只有当我们停止鼓噪那些陈词滥调,不再把我们的观念局限于个人主义与社会主义、资本主义与共产主义的对立之中时,只有当我们认识到现在的问题是要混乱还是要秩序,是要运气还是要控制,是随意地还是有计划地使用科学技术,只有这时,我们才能真正开始智慧的思考。"③可见,杜威注重的是观念的应用所产生的实际效果,是能够具体地解决问题,推动社会日臻进步。这种务实的、开放的思维方式,在破旧立新的改革年代尤其重要。

1933 年 3 月,无力回天的胡佛把一个破烂不堪的美国交给了富兰克林·D.罗斯福。从胡佛的社会趋势研究委员会所发表的调查报告中,我们可以进一步了解当时美国普遍的社会心态:"对于我们自己的制度以外的其他制度,普遍的心态是既不理性,也不宽容。在政府结构方面尤其是涉及改变宪法时,普遍的心态是非试验性的。在商业与机械工程中,人们普遍欢迎自由的试验;涉及政府事务时,态度刚好相反,在这里传统的势力更大,提议变革视同背叛国家。"④

"……变革的阻力并非仅仅来自于人们对利益扩张或一种特殊的美国精神的关注,而主要来自于人们把当前的工业现状等同于对宪法所设计的现状的维持,而且害怕变革会危及现存的财产利益。同样的情形有助于解释除涉

---

① John Dewey. Science and Society//John Dewey: *The Later Works*, *1925 – 1953*. Vol. 6. Carbondale and Edwardsville:Southern Illinois University Press,1981,p.61.

② John Dewey. Science and Society//John Dewey: *The Later Works*, *1925 – 1953*. Vol. 6. Carbondale and Edwardsville:Southern Illinois University Press,1981,p.61.

③ John Dewey. Science and Society//John Dewey: *The Later Works*, *1925 – 1953*. Vol. 6. Carbondale and Edwardsville:Southern Illinois University Press,1981,p.61.

④ John Dewey. Science and Society//John Dewey: *The Later Works*, *1925 – 1953*, Vol. 6. Carbondale and Edwardsville:Southern Illinois University Press,1981,p.61.

及特殊利益的部门以外政府职能普遍瘫痪的现象,也有助于解释最坏的政府是最好的政府这一理论。"①

这就是杜威在 30 年代初所面对的严峻现实。这份报告只不过进一步证实了杜威对美国危机的一贯认识。杜威看到,随着美国从农业社会向工业社会、从经济领域的自由竞争向垄断与联合化的过渡,美国社会的传统平衡已经打破,现代工业与城市文明所迫切需要的是"协调"与"整合"。② 这也就意味着对政治、经济、社会与文化生活的全国性"计划",意味着美国人必须尽快抛弃"旧个人主义"对个人自由的盲目推崇和对政府行为的不信任。杜威认为,衡量一个社会进步程度的重要标准之一,就是看它是否有计划协调发展。依此判断,美国资本主义是一个无计划的、唯利是图的社会,而他所追求的则是一个有计划的、以人的发展为目的的社会。

(二)"计划社会"与"有计划的社会"

关于杜威的"计划"一词的含义,必须特别小心。1933 年,针对"右"派以苏联和意大利为例对他所提倡的"社会计划"的指责,杜威撰文指出:"俄国和意大利提供给我们的都是计划社会的模式。我们坚信社会需要计划,并且计划是走出混乱、无序和不安全的唯一出路。但是,一个计划社会和一个有计划的社会是有区别的,这就是专制与民主的区别,教条与操作智慧的区别,以及压制个性与最大限度地释放和利用个性之间的区别。"③

这样,他便区分了两种对"计划"的不同使用,一种是"计划社会"(planned society),一种是"有计划的社会"(planning society),而他所主张的是后者。1936 年,杜威在一次演说中重申了这一信念:"据我看,我国当前所面临的问题就是社会计划是否可能;以及如果可能,又怎样并为了什么目

---

① John Dewey. Science and Society//John Dewey: *The Later Works*, *1925 – 1953*. Vol. 9. Carbondale and Edwardsville:Southern Illinois University Press,1981,p.234,p.230.

② John Dewey. Science and Society//John Dewey: *The Later Works*, *1925 – 1953*. Vol. 9. Carbondale and Edwardsville:Southern Illinois University Press,1981,p.234,p.230.

③ John Dewey. The Underlying Philosophy of Education//John Dewey: *The Later Works*, *1925–1953*.Vol.8.Carbondale and Edwardsville:Southern Illinois University Press,1981,p.76.

的而实行。"①他认为,这个问题贯穿于所有关于个人主义与集体主义、自由与社会利益等问题的争论之中,并关系到国家政治、经济的方方面面。1939年,他又进一步指出了这两种社会的区别。在一个"计划社会"里,他写道:"其社会后果是通过大量的人身攻击直至杀人灭口和系统的党派政治灌输,彻底压制探讨、交流与自愿联合的自由。……由于要求推行由上面强加的固定的蓝本,因此为了确保服从,就必须依靠对人们身心的强迫。……试图对社会组织和联合形式进行计划而又不让智慧尽可能自由的表达,这便违背了社会计划的本意。"②

在一个"有计划的社会"里,他写道:"后者意味着智慧通过最广泛的合作性的协商(give-and-take)释放出来。……因为后者乃是行动的一种操作性方法,而不是一整套既定的最高'真理'。"③

不难看出,在苏联式的社会主义"计划"与美国式的资本主义"放任"之间,杜威想找到一个最佳点。他向往"安全""有序"与"稳定"的社会生活,因为只有这样的生活才能为政治民主与文化繁荣奠定坚实的物质基础;但他也追求"自由",因为没有自由,个性就会被戕杀,个人才智就无法发挥,社会也就失去了进步的动力。苏联式的"计划"在某种程度上提供了"保障""有序"与"稳定",但却牺牲了"自由";美国式的"放任"在某种程度上保证了"自由",但却牺牲了"保障""有序"与"稳定"。在他看来,"自由"与"保障"应该是一个有机的整体。苏联和美国的"实验",他都不满意,因为这两种社会最终都将走向民主的反面。于是,他提出一个"有计划的社会"。在这样一个社会中,国民生活是有计划的,但计划不是僵化的,不是一次性完成的,也不是从经典著作中照抄的现成的答案,更不是某一权威人士一时冲动而做出的;它是一个不断计划、不断调整的过程。一方面,计划的制定是通过民主的方式合作

① John Dewey.An Empirical Survey of Empiricism//John Dewey:*The Later Works*,*1925-1953*.Vol.11.Carbondale and Edwardsville:Southern Illinois University Press,1981,p.74.

② John Dewey. The Economic Basis of the New Society//John Dewey:*The Later Works*,*1925-1953*.Vol.11.Carbondale and Edwardsville:Southern Illinois University Press,1981,p.321.

③ John Dewey. The Economic Basis of the New Society//John Dewey:*The Later Works*,*1925-1953*.Vol.11.Carbondale and Edwardsville:Southern Illinois University Press,1981,p.321.

运用社会智慧的结果;另一方面,计划的施行将为民主生活提供更大的可能性,这也就是他所说的"有秩序的进步"。

对于杜威这位"想入非非的哲学家"①来说,实现"有计划的社会"同时也意味着对科学和技术的信赖与利用。他坚信,科学技术的突飞猛进已使人类首次有可能着眼于遥远的时间与空间来计划人类的活动。② 他呼吁人们充分利用现有的一切资源,把经济生活与道德生活同时纳入"大规模的计划",从而实现生活世界的"统一"。③

显然,美国资本主义后来的发展并没有完全实现杜威所期望的"公共社会主义",也与他的"有计划的社会"大相径庭。但是,美国政府后来施行的"新政""公平施政""伟大社会"等一系列大规模的政治经济改革,的确在一定程度上克服了杜威当年猛烈抨击的资本主义的混乱与不稳定。甚至他提出的一些具体改革方案也都全部或部分实现了。历史地看,杜威当年对计划与国家的强调,对形成"新政"所必需的价值导向与社会心理,起到了不容忽视的作用。

杜威主要是从伦理的角度以民主和正义为尺度来评判资本主义市场经济,强调"民主共同体"从每一个人的全面发展、平等参政与所有人的和谐友爱的高度对资本主义所进行的批判,今天仍然值得我们深思。

（本文原载《美国研究》1999 年第 4 期）

---

① John Dewey.The Democratic Faith and Education//John Dewey: *The Later Works*, 1925-1953.Vol.15.Carbondale and Edwardsville:Southern Illinois University Press,1981,p.254.

② John Dewey.Between Two Worlds//John Dewey: *The Later Works*,1925-1953.Vol.17.Carbondale and Edwardsville:Southern Illinois University Press,1981,p.452.

③ John Dewey.The Crisis in Human History//John Dewey: *The Later Works*,1925-1953.Vol.15.Carbondale and Edwardsville:Southern Illinois University Press,1981,p.223.

殊途同归:"启蒙"与"大觉醒"*

　　美国的启蒙运动和大觉醒运动(指第一次大觉醒,下同)通常被认为是18世纪美国革命前和革命期间最具深远意义的两大思想运动,对美国文化的形成均起到至为关键的作用。一方面,启蒙运动以理性为武器,深入到美国文化生活的全部领域,转换了人们看待历史、政府、法律、上帝、人类及其命运的思维方式,并为美国独立与政治构架奠定了理论基础。另一方面,大觉醒仿佛是一场"心理地震"①,"吸纳或排斥着每一个阶级和等级的人们,乡下人和城里人,年轻人和老年人,以及不同地区的人们",②"给人们的公共生活和人生态度打上了不可磨灭的烙印",并"将永远地改变美国社会"。③ 学术界对这两大思想运动的来源、过程及后果进行了大量的研究,或者把它们看作彼此独立的两大要素,分别作用于早期美国文化生活的不同领域;或者把它们看作相互对立、冲突的两种力量,彼此削弱、抵牾。因而此两大运动之间的内在联系若不是被忽略,就是未受到应有的重视。事实上,如果我们把两者同18世纪美国社会、文化的变迁客观地联系起来观察,我们就会发现正如 G.B.廷德尔(Tindall)和 D.E.史(Shi)所说的:"在某些方面,大觉醒与启蒙、虔诚与理性,

---

　　* 本文曾得到美国宗教学教授 William H.Jenning 博士和复旦大学历史系庄锡昌教授的指导。

① Sydney E Ahlstrom.*A Religious History of the American People*.New Haven and London:Yale University Press,1972,p.294,p.349.

② Sydney E Ahlstrom.*A Religious History of the American People*.New Haven and London:Yale University Press,1972,p.294,p.349.

③ Larry Madaras.*Taking Sides:Clashing Views on Controversial Issues in American History*, Vol. 1,5th ed.Connecticut:The Dushkin Publishing Group,Inc.,1993,p.111.

实乃殊途而同归。"①遗憾的是,作者对此仅点到为止。本文旨在对此问题进行深入研究,以期阐明这两大思想运动之间貌离神合、殊途同归的景观。

一、理性与虔诚②

理性与虔诚是激荡于18世纪西方文化母体内的两大思想潮流。到18世纪20年代,其影响已及于北美,这主要应归功于印刷品的广泛传播、横跨大西洋的学术团体以及像乔治·柏克利(George Berkeley)、西奥多·弗里林海森(Theodore Frelinhuysen)这样一些刚刚踏上新大陆的宣传鼓动家。进入30年代,理性与虔诚两大思潮在北美殖民地已成浩荡之势,前者得到北美著名启蒙思想者如约翰·亚当斯、本杰明·富兰克林、托马斯·杰斐逊等的热情讴歌,后者则受到大觉醒的倡导者如吉尔伯特·坦南特(Gilbert Tennent)、乔治·怀特菲尔德(George Whitefield)、乔纳森·爱德华兹(Jonathan Edwards)等的竭诚拥护。就这样,理性与虔诚,各自集结人马,开始了横扫新大陆的伟大征程。

为了理解美国版启蒙之内涵,有必要追寻其欧洲的渊源。16—17世纪的欧洲目睹了一系列划时代的科学大发现,其中对神学和哲学具有革命意义的就是哥白尼(1543年)、伽利略(1610年)和牛顿(1687年)在天体学领域所作出的一系列惊天动地的发现。其中,牛顿的《数学原理》将这一系列发现推向顶峰,其实质乃是要"运用理论、数学和实验,以理性的、规则的、可求证的方式对自然界作出解释"。③欧洲启蒙运动的哲人们深受牛顿所揭示的万有引力规律的影响,相信不仅存在着调节物理世界的自然规律,而且存在着管理人类社会的自然规律。他们不仅赞美牛顿所发现的控制宇宙的机械律,而且欢呼使这种发现成为可能的科学方法。他们认为,如果把科学的方法——依靠

① George B Tindall.*America:A Narrative History*,*Brief*.2nd ed.New York:W.W.Norton & Company,1989,p.71.

② Piety也有人译为"虔敬"。大觉醒运动强调的是忠实于内心和真诚地表现对上帝的强烈的爱,庄重正是它要反对的。因此,"虔诚"似更贴近piety在大觉醒运动中的意义。

③ Ahlstrom A.*Religious History of the American People*.Yale University Press,1972,p.351.

经验与对理智的批判性运用——转移到社会生活的领域,人类只需借助理性便可把握支配人类社会的自然规律。思想家们坚信,对那些建立在权威、无知或迷信之上的经不起理性检验的制度与传统,要么必须加以革新,要么推倒重来。洛克极力主张宗教宽容、经验为知识之源以及个人自由。主要受他的影响,启蒙思想家们形成了近代西方世界观的基本原则:对人类理性的自信;相信个人拥有不容政府侵犯的自然权利;依据理性的原则不断改进社会。

美国的开国元勋忠实地继承了欧洲启蒙哲人的原则。从严格的哲学意义上讲,美国启蒙运动的思想者们"并未发明任何新观念"。[①] 然而,他们却最热情、最成功地实践了欧洲启蒙思想家的理想;美国革命在某种意义上正是启蒙思想的光辉体现。正是借助于理性,开国元勋们理直气壮地为自己反抗英国统治辩护。毋庸置疑,由杰斐逊起草的《独立宣言》正是对启蒙精神的精彩阐发。杰斐逊的立论基于下述相互关联的判断:(1)"人人生而平等";(2)"造物主赋予他们若干不可让与的权利";(3)"其中包括生存权、自由权和追求幸福的权利";(4)"为了保障这些权利,人类才在他们中间建立政府,而政府的正当权力,则是经被统治者同意所授予的";(5)"任何形式的政府一旦对这些目标的实现起破坏作用时,人民便有权予以更换或废除,以建立一个新的政府"。那么,杰斐逊何以知道上述"真理"? 他何以如此坚信不疑? 杰斐逊的论证简单明了:因为它们"不言而喻"。

这里我们不难看到洛克对杰斐逊的直接影响。在洛克看来,存在着两类不同的原则:一为"天生的",一为"不言而喻的"。相应的,理性也分为两类:一为"直觉的",一为"推论的"。前者用于发现不言而喻的真理;后者用于求证。既然直觉是天赋理性的一种能力,那么,假如有某个"原则的独裁者"试图将人们直觉地判断为谬误的东西作为真理强加于人们头上,他们便有权行使这种能力。而且,任何人如果破坏了这种不言而喻的自然法则即理性的法则,他便表明了自己的"堕落",从而"宣布自己放弃人性的原则而成为邪恶的禽兽"。[②] 显然,杰斐逊借用了洛克的"直觉理性",熟练而有效地服务于自己

---

① Morton White.*The Philosophy of the American Revolution*.New York:Oxford University Press,1978,p.3.

② John Locke.*Second Treatise*.Section 10.

的目的。《独立宣言》的逻辑清楚明了:按照理性的原则,殖民地人民和任何其他人群一样,都拥有某些"不可让与的权利";既然这些权利受到了无视理性法则的英国统治者的残暴侵犯,他们就完全有理由起而造反,从而建立自己的政府。

此种推理方法为美国革命的其他先驱们一再使用。托马斯·潘恩在《常识》中直接求助于读者的理性为独立辩护:"在下述文字中,我不过提出一些显而易见的事实,浅显的道理,还有常识;对读者别无所望,唯请抛弃偏见和陈见,以自己的理性和情感为自己作出判断;……"①在潘恩看来,"设想本大陆依然能够服从于任何外来的权力,还不仅有悖于理性,而且有悖于事物的宇宙秩序以及先前时代的所有史例"。② 1776 年,当约翰·亚当斯应邀起草构建新政府的方案时,他只不过是把欧洲启蒙思想家关于理性政府的理想复述了一遍而已。随后诞生的美国宪法便深受启蒙政治思想的影响。

理性不仅被美国启蒙运动的思想者们用于摆脱英国殖民统治,建立民主共和国,而且被用于实现宗教自由。1779 年,杰斐逊向弗吉尼亚立法院提交了一份具有划时代意义的议案。该议案在 1786 年获得通过,它对宗教自由的保证成为《宪法》"第一条修正案"的前身。国会从此无权确立任何宗教或干涉宗教自由。事实上,如果我们看一看杰斐逊起草的这份《弗吉尼亚宗教自由法令》的论证逻辑,我们将再次深深感受到他对人类理性的信念和依靠。在该法令的第一部分,杰斐逊一共列举了 14 条"不言而喻的"真理来为宗教自由辩护。其中第一条指出:"人们的见解和信仰并不取决于他们自己的意志,而是不由自主地追随别人向他们的心灵所提供的证据。"因此,信仰实际上是一个与理性相关的问题。正因为如此,全能的上帝"并未选择通过威胁传播信仰","而是完全通过影响理性来提升信仰"。这样,在宗教领域,人类也完全有理由求助于理性来作出判断。杰斐逊坚信,"真理是伟大的,只要听其自然,它终将取得胜利";不仅如此,宗教自由乃人类天赋的权利。1786 年,当该议案最后获得通过时,杰斐逊对麦迪逊写道:"许多世纪以来,人类的心

---

① *The Annals of America*. Vol.2.Encyclopaedia Britannica, Inc., 1968, p.389, p.393.

② *The Annals of America*. Vol.2.Encyclopaedia Britannica, Inc., 1968, p.389, p.393.

灵一直沦为国王、牧师和贵族的奴隶,今日目睹理性的标准终于确立,实令人欣慰。"在言及美国革命的正义性时,他更添感慨:"吾辈尤感殊荣的是创立了第一个立法机关,它有勇气宣布:在形成自己的观点方面,人类的理性可以信赖。"①的确,在世界历史上,美国革命可以被认为是启蒙运动之理性理想的最引人入胜、最令人鼓舞的典范。

18世纪对美国文化的形成具有关键意义的另一声势浩大的思想运动就是大觉醒。理查德·霍夫施塔特认为,大觉醒堪称"第一次重要的跨殖民地的心灵与精神危机";②在此之前,北美殖民地历史上没有任何事件在规模和影响上可以与之匹敌。

18世纪,在北美殖民地的政治、经济、社会生活中所产生的一系列变化交汇在一起,终于导致了大觉醒的爆发。18世纪早期的北美殖民地基本上是新教文化一统天下。在新英格兰有清教徒或公理会教友;在纽约和南部有英国圣公会教徒;在沿大西洋中部及内陆地区则散布着路德教教友、长老会教徒、浸礼会教徒、贵格会教徒,等等。但是,实际情况是殖民地大多数居民根本不上教堂。原因很简单,许多地方根本无法找到牧师和教堂。一方面,商业加速发展,土地紧缺与机会并存,移民成分空前复杂,人口急剧增长;另一方面,第一代移民衷心崇奉的信念已失去活力,沦为教条;教士们为巩固宗教组织而进行的努力大多无果而终。令教士们更为失望的是民众中日益普遍的宗教冷漠,这部分应归咎于与日俱增的物质主义倾向,同时与启蒙所提倡的理性主义当然也不无关系。正如当时一位宗教人士所叹息的:"上帝的精神似乎在可怕地萎缩。"到18世纪30年代,受经过宗教改革的旧大陆虔诚主义的影响,北美殖民地的牧师们断定他们的宗教信仰正受到市俗力量的腐蚀。他们相信,通向拯救的唯一道路就是使人们在心灵深处获得一种皈依的体验。在此情形下,"当坦南特的闪电照彻天宇,当怀特菲尔德的惊雷震撼大地,一场暴风雨

---

① Roderick Nash.From These Beginnings:*A Biographical Approach to American History*, 4th ed. New York:Harper Collins Publishers,1991,p.131.

② Larry Madaras.*Taking Sides:Clashing Views on Controversial Issues in American History*,Vol.1, 5th ed.Connecticut:The Dushkin Publishing Group,Inc.,1993,p.111,p.116.

爆发了,而它——在许多人看来——将永远地改变美国社会"。①

新英格兰的大觉醒始于马萨诸塞的诺桑普顿。1734 年,一位名叫乔纳森·爱德华兹的年轻牧师在这里开始了宣讲"因信称义"的系列布道。他的演说不仅充满激情,而且论证严密,因而大获成功。这使他成为大觉醒的最重要的宗教思想家和实践家之一。他在给波士顿友人的信中这样描述他所在教区大觉醒情景:"本镇从未如此充满了爱,充满了欢乐,也从未如近来这般充满了沮丧……在这半年的时间里我看到了我生平从未见过的'热爱敌人'的基督精神如此发扬光大。"②此种焕然一新的宗教激情很快传到邻镇及新英格兰的其他地区。到1744 年,英格兰以及中部殖民地的大觉醒渐成强弩之末。但是在弗吉尼亚,虽然起初人们对大觉醒仅有微弱的感受,但随后掀起的宗教热情持久不衰;长老会的"新光"派在 50 年代影响日增,而福音派随着 60 年代浸礼会的兴起进一步发展壮大。

如果说理性是启蒙的催化剂,那么虔诚就是大觉醒的号角。早在 1721年,弗里林海森牧师就在他的布道中公开谴责对上帝的"亵渎"。他指出:"早先的虔诚表现为对神圣上帝的无限爱慕和谨慎。""可如今,我们离早期教会的纯洁已何啻千万里!唉,我们还在一天天越滑越远!"他严厉责问他的听众道:"亲爱的听众,你们曾坐到主的餐桌边,你们可知道未皈依者不得接近?那么你们是否小心翼翼地审问自己是否获得新生?"他要求听众牢记:"尽管在道德上和表面上服从宗教,如果依然不能得到再生,没有宗教的精神生活,你就不能得到接近神圣餐桌的保证。"至关重要的是"真正的忏悔,真诚的持有信仰,以及使人获得新生的皈依"。显然,在弗里林海森看来,虔诚乃通向皈依和信仰的唯一大道。③

大觉醒运动最活跃的领袖人物有怀特菲尔德、坦南特以及达文波特(James Daveport)等。事实上,怀特菲尔德的影响是如此之大,以致"不加赞美

---

① Larry Madaras.*Taking Sides:Clashing Views on Controversial Issues in American History*,Vol.1, 5th ed.Connecticut:The Dushkin Publishing Group,Inc.,1993,p.116,p.111.

② *The Annals of America*.Vol.2.Encyclopaedia Britannica,Inc.,1968,p.344.

③ *The Annals of America*.Vol.1.Encyclopaedia Britannica,Inc.,1968,p.346,p.435,p.437.

地提到他的名字将是危险的"。① 当然,他们的布道也遇到正统教士的冷嘲热讽。查尔斯·昌西(Charles Chauncy)可谓大觉醒运动最激烈的反对者。然而,1742 年他给一位苏格兰牧师的信却为后人留下了关于大觉醒运动实际情形的珍贵记述。布道通常在一个济济一堂的大厅举行;布道者在进行布道时,"声调狂放至极,动作暴烈至极,而语言之恐怖更是登峰造极",②直到所有的听众情不自禁地进入迷狂状态,禁不住呻吟、跺脚、尖叫乃至摸爬滚打起来。昌西认为,所有这些"过激行为与走火入魔""不过是一种激情的发作"。③ 的确,不论在何种意义上,大觉醒都算得上是一场情感或激情的运动。就连启蒙理性的榜样人物富兰克林也被这种布道感动得掏出身上最后一个铜板。在大觉醒的组织者看来,这种激情正是虔诚的表现,而虔诚将通向皈依。爱德华兹在《什么是真正的宗教?》一文中明确指出:"在很大程度上,真正的宗教应基于神圣的爱。"按照爱德华兹的理解,这种"爱"不只是情感、激情,甚或意愿;从本质上看,它使人摆脱中立或赞同,促使其倾心拥抱或排斥某种精神的、超自然的和神圣的东西,它"基于对上帝的理解,对上帝的爱,以及源于上帝的欢乐"。④换言之,真正的宗教即虔诚。但值得注意的是,爱德华兹曾就读于耶鲁大学,对洛克进行过大量研究。他发现读洛克的论文其乐无穷,简直"胜过最贪婪的守财奴从某个新发现的宝库抓起大把大把的金银财宝时所得到的欢乐"。⑤ 对爱德华兹来说,宗教与科学、虔诚与理性并不冲突,它们可以和谐相处。

大觉醒对虔诚的强调同启蒙运动对理性的强调一样,对美国革命和美国文化的形成做出了巨大贡献。首先,对虔诚的强调使个人在宗教事务中的选择决断内在化,这与启蒙所追求的自由不谋而合。17 世纪的北美殖民地是一个更重视公共生活的社会,人们很少想象自己要脱离所属的更大的集体——家庭、教会或城镇。然而,18 世纪的大觉醒运动异军突起,它通过与个人的直

① *The Annals of America*.Vol.1.Encyclopaedia Britannica,Inc.,1968,p.435,p.437,p.346.

② *The Annals of America*.Vol.1.Encyclopaedia Britannica,Inc.,1968,p.435,p.437,p.346.

③ *The Annals of America*.Vol.1.Encyclopaedia Britannica,Inc.,1968,p.439.

④ Ahlstrom A.*Religious History of the American People*.Yale University Press,1972,pp.309-310.

⑤ Barbara Mackinnon. *American Philosophy*.Albany:State University of New York Press,1985,p.5.

接交流,粉碎了人们习以为常的和谐和秩序。它鼓动其追随者为了上帝要自己做出抉择,一旦选择便应义无反顾,不必去考虑自己行为对大社会的影响。这就给人际关系中注入了一种崭新的机制。

坦南特在一次布道中高声呼唤:"所有耶稣的追随者,都站起来,为了上帝向一切反对者挑战:谁站在上帝一边? 谁?"①芬尼(Samuel Finley)的布道同样爱憎分明:"我视宗教事务中的一切中立者为敌人。去你的谨小慎微!要么追随上帝,要么滚蛋。凡是事实上不赞同我们的就是反对我们……"②就这样,教民们被鼓动去按自己的意志行事,尽管"你的邻居向你咆哮,向你抱怨"。③ 在此,我们看到了一种全新的充满敌意的个人主义精神,而这正是大觉醒的极端表现之一。1742 年在给一位苏格兰牧师的信中,大觉醒的一位强有力的反对者昌西对正在形成中的美国式个人主义的一个重要侧面作了生动描述:"无论何处,此运动的一个典型特征就是使人们变得神高气傲,不可一世;对邻居,对亲友,哪怕是最亲近的人,特别是对牧师,更是万般挑剔,毫无慈爱之心;呜呼,他们又何尝不是这般对待所有与他们不同,与他们思想、行为不符的人。"④昌西的抱怨并不算太言过其实。事实上,最激进的"新光"派甚至拒绝承认任何意义上的共同体,主张"每一个体特立独行的绝对必要性……似乎世上再无他人存在"。⑤

就这样,大觉醒催化了北美殖民地价值观念的变迁。尤其是对于普通民众,大觉醒的兴奋在人们的心灵深处埋下了自我价值和思想自由的种子。人们在宗教生活中意识到自我的新责任,并开始怀疑所有外在的教条和权威。正如美国当代著名宗教思想家阿尔斯特罗姆(Sydney E. Ahlstrom)所指出的:"大觉醒在其所到之处以同样的方式,很可能促使了各行各业的人们敢于对

---

① Larry Madaras. Taking Sides: *Clashing Views on Controversial Issues in American History*, Vol. 1,5th ed. Connecticut: The Dushkin Publishing Group, Inc., 1993, p.115.

② Larry Madaras. Taking Sides: *Clashing Views on Controversial Issues in American History*, Vol. 1,5th ed. Connecticut: The Dushkin Publishing Group, Inc., 1993, p.115.

③ Larry Madaras. Taking Sides: *Clashing Views on Controversial Issues in American History*, Vol. 1,5th ed. Connecticut: The Dushkin Publishing Group, Inc., 1993, p.115.

④ *The Annals of America*. Vol.1. Encyclopaedia Britannica, Inc., 1968, p.439.

⑤ Larry Madaras. Taking Sides: *Clashing Views on Controversial Issues in American History*, Vol. 1,5th ed. Connecticut: The Dushkin Publishing Group, Inc., 1993, pp.113-116.

抗,敢于批评那些自以为是的达官贵人,抗议对宗教自由的限制,并怀疑正统权威的既成真理。它还普遍强化了宗教改革传统——1776 年时 3/4 的美国人的宗教遗产——要求限制国王的意志和政府权力的专断。"①由此不难理解半个世纪后托克维尔在美国观察到的情形:"对于美国人来说,基督教的观念与自由的观念密不可分,几乎不可能使他们想象只有前者而无后者,或只有后者而无前者。"②这使托克维尔感慨不已:"在法国,我看到宗教的精神与自由的精神几乎总是背道而驰。而在美国,我发现它们亲密无间,并驾齐驱于同一片土地上。"③就这样,启蒙思想与大觉醒的精神携手并肩,共赴自由,向宗主国英国的政治与宗教权威发起了强有力的联合攻势。当时最有代表性的话语是弗里林海森的:"我宁愿死一千次,也不愿放弃宣讲真理。"④以及帕特里克·亨利的:"不自由,毋宁死!"此种对自由的强烈向往自然会导向对独立的追求以及独立后的社会改革运动。

与此同时,大觉醒运动通过强调虔诚——神圣的爱、个人判断以及直觉的领悟——,把个人主义精神提升到前所未有的高度。这在宗教领域里自然会导致"宗教分裂运动"——向传统教会权威的"精神专制"发起的公开反叛。在长老会"新光"派牧师布莱尔(Samuel Blair)看来,坚持"教会法庭拥有为所欲为的权威",这是"一项专制的、分裂教会的原则"。⑤ 坦南特进一步据理力争:"多数团体和少数团体一样会犯错,进而滥用权力。"如果多数团体将一些只不过是"偶然的结论"当作普遍的原则强加于人,真正的基督徒便别无选择,只有"服从上帝而不是俗人",只有"退出"。⑥ 一位新英格兰的教会分裂主义者甚至认为,上帝"在有关崇拜上帝的问题上赋予了每个人不可让与的

---

① Ahlstrom A.*Religious History of the American People*.Yale University Press,1972,p.350.

② Alexis de Tocqueville. *Democracy in America.ed.by J P Mayer*.New York:Harper Perennial,1988,p.293,p.295.

③ Alexis de Tocqueville. *Democracy in America.ed.by J P Mayer*.New York:Harper Perennial,1988,p.293,p.295.

④ *The Annals of America*.Vol.1. Encyclopaedia Britannica,Inc.,1968,p.345.

⑤ Larry Madaras.Taking Sides:*Clashing Views on Controversial Issues in American History*,Vol.1,5th ed.Connecticut:The Dushkin Publishing Group,Inc.,1993,pp.113-116.

⑥ Larry Madaras.Taking Sides:*Clashing Views on Controversial Issues in American History*,Vol.1,5th ed.Connecticut:The Dushkin Publishing Group,Inc.,1993,pp.113-116.

权利,使他有权按照上帝赋予他的理智作出自己的判断;他自己便有权向高高在上的统治者和宗教条规的合理性提出挑战"。① 这显然已预示了《独立宣言》的逻辑。大觉醒运动就这样最终促进了宗教多元化,使人们认识到所有的宗教派别具有同等的合法性;谁也无权独占真理;政教分离不仅必要,而且不可避免。其结果,分离的教会大量涌现,遍及各殖民地。正如阿尔斯托姆所指出的:"哪里有公理会教友,哪里就有可能出现具有宗教分裂主义倾向的人;哪里的现存教会坚持宽松的'半途'(halfway)入会标准,哪里就会出现伴随宗教复兴运动而兴起的脱教运动。"②此分裂趋势一旦推动,便一发而不可收拾。100年后,面对彼此颉颃的宗教派别纷争,美国学者沙夫(Philip Schaff)无限感慨:"就这样我们逐渐地拥有了一大群宗教派别,其数量已很难统计,而且年复一年还在继续增加。此一分裂进程何时可望终止,这已超出了人类的预测能力。"③

不仅如此,正如舒特莱夫(William Shurtleff)牧师在1745年即已注意到的,此种"分裂精神"并不仅局限于信仰复兴运动的支持者,也不只局限于宗教领域。这种精神在随后兴起的宗教与政治分裂中表现得淋漓尽致。当代美国学者博诺米(Patricia U.Bonomi)认为,在某种意义上,大觉醒运动所造成的制度的瓦解和教会的分裂为18世纪六七十年代出现的政治危机的解决提供了某种"实践模式",可视为后起的美国革命的一次"预演"。④

二、知识与拯救

启蒙运动与大觉醒运动的另一个分歧是知识与拯救。启蒙思想家们相信

---

① Larry Madaras.Taking Sides: *Clashing Views on Controversial Issues in American History*, Vol. 1,5th ed.Connecticut: The Dushkin Publishing Group,Inc.,1993,pp.113-116.

② Ahlstrom A. *Religious History of the American People*. Yale University Press, 1972, p. 291, p.512.

③ Ahlstrom A. *Religious History of the American People*. Yale University Press, 1972, p. 291, p.512.

④ Larry Madaras.*Taking Sides*: *Clashing Views on Controversial Issues in American History*,Vol.1, 5th ed.Connecticut: The Dushkin Publishing Group,Inc.,1993,p.112.

获取知识乃通向人类进步的唯一可靠途径,而大觉醒的倡导者们最关注的却是灵魂的拯救。无独有偶,两大运动出自不同的目的,结果却共同推进了北美殖民地教育的发展,为美国社会与文化的繁荣奠定了坚实的基础。

北美启蒙运动的鼻祖之一杰斐逊认为,教育是使专制社会转变为民主社会的关键。他相信,一个愚昧的民族不可能同时是自由的民族。他告诉友人,弗吉尼亚的法规中关于"向人民传播知识"的条款乃是其中最重要的部分。民主意味着大众统治,即民治。可是,如果人民不能了解情况,不能对自己的生活作出判断,别有用心的机会主义者就可能把他们引向专制独裁。杰斐逊注意到历史上许多无知的国民沦为奴隶的教训。他认为,弗吉尼亚社会不过是无知海洋里的几座开化的小岛,这种巨大的不平等为专制压迫提供了肥沃的土壤。

作为医治的药方,杰斐逊提出向每一位白人儿童提供三年免费教育。三年基础教育后是五年中等教育,这个阶段的学生均来自付得起学费的殷实家庭;与此同时,他另外规定向 70 名最优秀的贫困学生发放奖学金。一年后将从这些享受政府资助的学生中挑选出 20 名"才子";他们随后将学习 5 年时间,最后从中挑选出 10 名送往威廉与玛丽大学接受免费大学教育。杰斐逊这一极有远见的教育计划目的十分明确,根据他自己声明的,就是机会均等、人尽其才,促进个人的"自由与幸福"。这一计划后来逐步得到实施。本着同样的原则,杰斐逊于 1825 年创立了弗吉尼亚大学。

亚当斯是知识与教育的又一位忠实倡导者。在一篇题为《论教会法与封建法》的论文中,他有力地论证了知识对自由的重要性。他指出:"凡是人民普遍拥有一般知识和觉察能力的地方,专制统治和各种压迫就会相应地减弱和消失。"①因此,"如果人民没有普遍的知识,自由就不可能得到保存"。② 在亚当斯看来,"对于大众来说,维护最下层民众获取知识的途径比全国所有富人的财产加起来还要重要"。③ 不仅如此,获取知识实乃每个人"不可让与"

---

① Diane Ravitch.*The American Reader*.New York:Harper Collins Publishers,1990,pp.12-14.
② Diane Ravitch.*The American Reader*.New York:Harper Collins Publishers,1990,pp.12-14.
③ Diane Ravitch.*The American Reader*.New York:Harper Collins Publishers,1990,pp.12-14.

的天赋权利。因此,他坚定地呼吁:"让我们大胆地去读,去想,去说,去写。"①
"一句话,让知识的每一道闸门都打开,让知识的源泉奔流不息"。②

亚当斯坚决支持对青少年,尤其是下层阶级的孩子实行免费教育。他相
信:"为此目的而付出的代价再高,也不能认为是过分。"③亚当斯一直引为骄
傲的是他的故乡新英格兰的公共教育制度,在这里大学由政府出资兴办,小城
镇必须开办文法学校。

对知识的高度重视也促进了科学研究的繁荣。1743 年,富兰克林创立了
"美洲哲学社",其宗旨就是"为了促进实用知识在英国的美洲殖民地的发
展"。④ 1780 年,一群哈佛大学的毕业生创立了"美国艺术与科学院",其宗旨
是:"促进并鼓励对美国文物以及美国自然历史的了解;确定各种自然产物的
实际用途;促进并鼓励医学发现;数学研究;哲学探索与实验;天文、气象与地
理观察;农业、艺术、制造业及商业的改进。总而言之,发展一切艺术与科学,
只要它们有可能促进一个自由、独立与高尚民族的利益、荣誉、尊严与
幸福。"⑤

可见,启蒙运动对知识的信奉与倡导直接促进了北美殖民地及独立后美
国教育与科学的大发展。

如上文所述,大觉醒的爆发原因有多方面。其中一个很重要的原因就是
基督教的教会已无法满足因移民涌入与社会发展所造成的急剧增长的人口的
宗教服务需求。虽然北美殖民地在总体上受到清教文化的支配,而实际上不
同的清教派别合在一起仅占全部殖民地人口的1/3。神职人员的短缺是造成
这种状况的一个重要原因。弗吉尼亚是人口最多的一个殖民地,其人口在
1761 年已达 35 万,而当地的牧师只有 60 人。这样,大觉醒运动虽然试图从
改变传教方式和信仰方式入手来吸引更多的信徒,但是教会神职人员严重不

---

① Diane Ravitch.*The American Reader*.New York:Harper Collins Publishers,1990,pp.12-14.

② Diane Ravitch.*The American Reader*.New York:Harper Collins Publishers,1990,pp.12-14.

③ *The Annals of America*.Vol.2.Encyclopaedia Britannica,Inc.,1968,p.412.

④ Roderick Nash.*From These Beginnings:A Biographical Approach to American History*,4th ed.
New York:Harper Collins Publishers,1991,p.69.

⑤ Ahlstrom A.*Religious History of the American People*.Yale University Press,1972,p.541,
p.346.

足的问题依然存在。当时,各教派的领导人几乎同时注意到这一问题的严重性,而且都清醒地认识到举办教育对于复兴宗教的紧迫意义。

新泽西学院(即现在的普林斯顿大学)是在大觉醒运动推动下成立的最早的一所殖民地大学。1753年,大觉醒运动的两位健将坦南特和戴维斯(Samuel Davies)前往英国为该校募集发展基金。为了让英国人了解新泽西大学的办学原则和发展状况,他们出版了一份宣传手册。从他们所列举的发展殖民地教育的理由中,我们可以很清楚地了解到大觉醒运动的领导者们对教育的基本态度。该手册在阐述在新泽西举办大学教育的"直接动机"时这样写道:"近来在不同地区形成了大量的基督教社区,成千上万的居民们渴望着宗教组织的管理,然而他们却无从获得最基本的指导,痛苦得不到解脱;年复一年,无所是从的教徒们集体向教会提出迫切的申请;感人肺腑地述说他们的不幸境遇:被剥夺了起码的拯救途径,几乎是在异教的黑暗中求索着幸福,而他们周围的邻居们却沐浴着圣启的光辉;牧师职位极度地缺乏候选人,无法满足这些虔诚的基督徒的需要;新英格兰的大学所培养的学生数量连它自己教会的需要都很难满足……"①

显然,在大觉醒运动的倡导者们看来,发展教育的首要目的就是要为拯救更多的教民培养出更多胜任的牧师,从而巩固和加强基督教教会的地位。他们坚信,"信仰应成为一切教育的最终目的,使之达致完美之最高境界"。② 因此,在教学计划中,他们安排了固定的时间专门学习《圣经》和宗教仪式,以便"在学生中挫败邪恶,鼓励有道德的、男子汉的、理性的、基督徒的行为"。③ 尤其值得注意的是大觉醒运动的组织者们对教育的宗教功能的强调,并没有使他们无视教育的科学功能。他们一致同意科学与信仰乃教育的两大根本宗旨,前者是为了用知识塑造学生的心智,后者则是为了用基督教的伟大信念来净化学生的心灵。在这里,启蒙的理想与大觉醒的追求融为一体,凝成促进教育发展的强大动力。

结果,到1763年,北美殖民地的中学已十分普及。在早期开发出来的人

---

① *The Annals of America*. Vol.2.Encyclopaedia Britannica,Inc.,1968,pp.519-520.

② *The Annals of America*. Vol.2.Encyclopaedia Britannica,Inc.,1968,pp.519-520.

③ *The Annals of America*. Vol.2.Encyclopaedia Britannica,Inc.,1968,pp.519-520.

口集中地区,其识字率已处于世界领先地位;而新英格兰的教育制度"很可能优于世界任何其他地方"。① 独立前,北美殖民地已建起九所大学:

殖民地大学②

校名	殖民地	成立日	隶属教派
哈佛大学	马萨诸塞	1693	公理会
威廉与玛丽大学	弗吉尼亚	1693	圣公会
耶鲁大学	康涅狄克	1701	公理会
新泽西学院 (普林斯顿大学)	新泽西	1746	长老会
宾夕法尼亚大学	宾夕法尼亚	1749	市俗
国王学院 (哥伦比亚大学)	纽约	1754	圣公会
罗得岛大学 (布朗大学)	罗得岛	1764	浸礼会
皇后学院 (罗格斯大学)	新泽西	1766	德国改革派
达特默斯大学	新罕布什尔	1769	公理会

有趣的是,上述每所大学都受制于特定的教派,但它们的管理层和教师都由持不同信仰者组成,而且在录取学生时都不考虑信仰问题。每所学校的课程不仅有宗教,而且包括人文学科、自然科学与自然哲学。

由此可见,启蒙运动与大觉醒运动合力缔造了美利坚民族推崇知识、致力于发展科学与教育的优良传统,使之成为美国迅速腾飞并保持世界领先地位的根本动力。

如果把一个民族的文化看作一个有机体,那么其文化的基因当可从该民族诞生的源头去寻找。一方面,就美国文化而言,启蒙运动与大觉醒运动正值美国文化形成之日,前者树起理性的旗帜,后者点燃虔诚的火炬,双方合力向市俗的和宗教的专制权威猛烈开火,不仅直接为美国革命输送了强大的思想

---

① *The Annals of America*. Vol.2.Encyclopaedia Britannica,Inc.,1968,pp.519−520.

② Gary B Nash.*The American People*.New York:Harper Collins Publishers,Vol.1.2nd ed.,1990, p.125.

武器,而且使自由、独立与平等的观念深深扎根于美国民族的心灵,孕育出个人主义这一美国文化的根本精神。另一方面,启蒙运动追求用知识不断改善社会、人生,大觉醒运动则致力于信仰拯救个人心灵,从而达成社会、人生的道德完美,最终实现"山巅之城"的清教理想。其结果,两大运动都推动了教育的大发展,这不仅直接促进了美国的崛起,而且使科教立国成为赐福美国的悠久传统。可见,启蒙与大觉醒,看似殊途,实则同归。这一美国文化史上的绮丽景观,不能不令人叹为观止。

但是,也应该看到,启蒙运动与大觉醒运动极力主张"理性"与"虔诚",把个人置于判断、行动和意义的中心,这一方面彻底动摇了市俗与宗教权威的根基,为美国的独立与发展注入了强大的动力;另一方面也加剧了个人与社会的紧张,在其极端之时,甚至有可能使个人与社会完全对立起来。殖民时期的美洲,地广人稀;相对于莽莽洪荒,人力简直是一种稀有资源。建国初期乃至19世纪的前半叶,美国依然是一个可供人们自由迁徙、自力更生、充满机遇的农业社会:"那似乎是无边无际的空间和取之不尽的资源。"①在这样的地理、经济与社会环境中,个人与社会之间尚存在着广阔的回旋余地;个人与社会的分离乃至对立虽然已激化了种种社会的、政治的矛盾,但尚不足以构成对个人与社会的严重威胁。因此,"自由放任"式个人主义成为这一时期美国政治与社会生活中强劲的主旋律。梭罗(Thoreau)尚能够躲到美丽幽静的沃尔登湖畔去体验与世隔绝的隐居生活,还可以很浪漫地拒不向国家交纳人头税而宁愿过几天铁窗生活。由此我们不难理解为什么19世纪上半叶的超验主义哲学家爱默生依然能够那样无比自信地为"自立"的个人而奔走呼号:"人与人之间要如同主权国家那样相待"②;"最简单的人在他一心崇拜上帝之时也就成了上帝"③。从这里,我们可以清楚地听到启蒙运动和大觉醒运动对"理性"与"虔诚"的呼唤。

---

① [美]J·布卢姆等:《美国的历程》上册,杨国标、张儒林译,商务印书馆1995年版,第320页。

② Ralph Waldo Emerson. *The American Scholar*, *Select Ions from Ralph Waldo Emerson*. ed. Stephen E.Whicher.Boston:Houghton Mifflin Company,1960,p.79.

③ Ralph Waldo Emerson.*The Journals and Miscellaneous Notebooks*.Vol.4.ed.William H.Gilman et al.Cambridge:The Belknap Press of Harvard University Press,1960-1970,p.335.

其实,就在爱默生为"自立"的个人高唱赞歌的时候,美国个人主义的阴暗面已初露端倪。对此,19 世纪上半叶曾游历美国的法国著名学者托克维尔看得很清楚。他一方面热情赞美个人主义在美国所创造的政治、经济与社会奇迹,另一方面也敏锐指出:"个人主义起初只是阻塞公共美德的源泉,但久而久之,它也会破坏并毁灭所有其他的东西,并最终化为利己主义。"①这种个人主义将个人同社会剥离开来,使人不再感到与共同利益相关。托克维尔建议美国人要永远警惕这种个人主义文化退化为对自我的狂热的、过分的珍爱,从而导致个人将一切与自己联系起来,将自我置于世间一切之上。

托克维尔对美国个人主义的担忧伴随着内战后直到 20 世纪初美国社会的工业化、城市化以及资本主义由自由竞争向垄断的过渡而成为触目惊心的现实。理查德·霍夫施塔特生动地刻画了镀金时代所造就的百万富翁们的极度膨胀的个人主义:"他们剥削工人、榨取农民、贿赂国会议员、买通立法部门、刺探竞争对手、雇用武装保镖、炸毁资产,采用威胁、密谋和武力手段。"②这一时期的美国哲学家杜威不无痛心地指出:"我们传统的精神因素即机会平等、自由联合与相互交流,便因此而黯然失色、销声匿迹,它所宣称的个性并未得到发展;相反,整个个人主义理想误入歧途,去迎合金钱文化的一举一动。它已成为不平等与压迫的源泉与辩护。"③杜威认为"旧个人主义"已经堕落;要改造陷入困境的美国社会,构建一个民主、美满的"伟大共同体",就必须提倡一种重视个人与社会谐调互动的"新个人主义"。

80 年代的美国,新保守主义者虽然试图复归美国个人主义传统,但这一传统早已千疮百孔。美国著名社会学家罗伯特·贝拉等人指出,个人主义严重破坏了美国的"社会生态","似乎正在产生一种无论从个人角度还是从社会角度都不可行的生活方式"。④ 他们担心,"这种个人主义可能已成为不治

① Alexis de Tocqueville. *Democracy in America*. ed. J. P. Mayer. New York: Harper Perennial, 1988, p.507.

② [美]理查德·霍夫施塔特:《美国政治传统及其缔造者》,崔永禄等译,商务印书馆 1994 年版,第 162—163 页。

③ John Dewey. *Individualism Old and New*. New York: Minton, Balch & Company, 1930, p.187.

④ Robert N. Bellah et al. *Habits of the Heart: Individualism and Commitment in American Life*. Berkeley: University of California Press, 1985, p.144.

之症——它可能正在摧毁托克维尔曾视为对更具破坏性的种种潜在力量具有调节作用的社会保护层,它可能正在威胁着自由本身的生存"。[1] 贝拉开出的药方是"共和主义传统"加"圣经基督教传统"。其实,他有所不知,启蒙运动和大觉醒运动在美国文化传统形成之初,早已埋下了今日美国"原子核式个人主义"的种子。

看来,个人主义是一把"双刃剑",在它切断社会加于个人的专制与奴役的锁链的同时,也可能伤及社会和个人本身的筋骨。今日正处于社会转型和价值重构时期的中国对此不可不明察。

(本文原载《美国研究》1997 年第 4 期)

---

[1] Robert N. Bellah et al. *Preface//Habits of the Heart*: *Individualism and Commitment in American Life*.Berkeley:University of California Press,1985.

Intercultural Communication and Global Democracy: A Deweyan Perspective

Introduction

It is generally agreed that we live in an age of globalization. But when did it begin? Some historians might point at October 24, 1946, when the first grainy, black-and-white photos of our earth were taken from an altitude of 65 miles by a 35-millimeter motion picture camera riding on a V-2 missile launched from the New Mexico dessert. Clyde Holliday, the engineer who developed the camera, wrote in *National Geographic* in 1950, the V-2 photos showed for the first time "how our Earth would look to visitors from another planet coming in on a space ship." That was the first time human beings saw with their own eyes their habitats on separate continents as one globe. Other historians would trace further back to the late 19th century when the second industrialization coupled with Western imperialism incorporated all the countries of the globe into one world market system. But that first stage of modern globalization slowed down during the period from the start of the First World War until the third quarter of the twentieth century. According to the official observation of the United Nations, the advanced stage of globalization emerged during the fourth quarter of the twentieth century.① Another historical point of time

---

① Summary of the Annual Review of Developments in Globalization and Regional Integration in the Countries of the ESCWA Region by the United Nations Economic and Social Commission for Western Asia.

in the development of globalization might be August 6,1991,when British scientist Berners-Lee posted a short summary of the World Wide Web project on the alt.hypertext newsgroup,marking the debut of the Internet age.

Obviously it is futile to try to pin down a particular date as the beginning of globalization because it did not take place within one day or one year or even one decade.It was,according to Held,"a set of processes which shift the spatial form of human organization and activity to transcontinental or inter-regional patterns of activity,interaction and the exercise of power".① Viewed historically,globalization has undergone an accelerating evolution process over centuries on three dimensions:"(1) the extensiveness of networks and connections;(2) the intensity of flows and levels of activity within these networks;and (3)the impact of these phenomena on particular bounded communities".②

The first two dimensions indicate the growing interconnectedness of the peoples and their activities across national borders.Economically,a rising number of giant multinational corporations has led to the rapid expansion of international trade reaching unprecedented levels;at the same time,global financial flows have also grown tremendously,creating a more integrated financial system than has ever been known.Culturally,the inexorable spreading of English as the dominant language of the global society,the vigorous prosperity of international tourism,the rapid escalation of mass communication across national borders launched by the dramatic globalization of telecommunications and the booming success of international multimedia conglomerates have ushered in the birth of a global village,for good or bad.Environmentally,for the first time in world history,human beings spread in different zones of the globe have found themselves confronting a myriad of serious common

① Held David.The changing contours political community:Rethinking democracy in the context of globalization.//Barry Holden(Ed.) Global democracy:Key debates.London and New York:Routledge, 2000,p.19.

② Held David.The changing contours political community:Rethinking democracy in the context of globalization.//Barry Holden(Ed.) Global democracy:Key debates.London and New York:Routledge, 2000,p.19.

problems such as global warming, trans – boundary pollution, desertification, re-
source over – consumption, etc. Institutionally and legally, the behavior of nation –
states of the world is more and more constrained and regulated by various interna-
tional organizations and laws.①

The "stretching" and "deepening" of the interactions among nations and peoples
of the world have exerted far-reaching impact on the local communities and indi-
viduals around the globe. As McGrew commented:

    ···in the context of intense global and regional interconnectedness, the
very idea of political community as an exclusive territorially delimited unit is
at best unconvincing and at worst anachronistic. In a world in which global
warming connects the long-term fate of many Pacific islands to the actions of
tens of millions of private motorists across the globe, the conventional territori-
al conception of political community appears profoundly inadequate. Globaliza-
tion weaves together, in highly complex and abstract systems, the fate of
households, communities and peoples in distant regions of the globe.②

Faced with this growing tendency of global interconnectedness, theorists of glo-
balization have proposed various scenarios, among which five major ones are worthy
of examination here, namely benevolent imperialism, nationalism, multilateralism,
localism and global democracy. Benevolent imperialism advocates the use of power
for the United States to shape the world according to its values. Nationalism or real-
ism maintains that all states use their power in pursuit of their national interests,
that balance – of – power politics is not only a descriptive, but also a prescriptive
view of the world, that it is the duty of national government officials to defend na-
tional interests, and that accepting international constraints on the exercise of power

    ① Held David. The changing contours political community: Rethinking democracy in the context
of globalization//Barry Holden(Ed.) Global democracy: Key debates. London and New York: Routledge,
2000, pp.22-26.

    ② McGrew A G. Democracy beyond borders?: Globalization and the reconstruction of democratic
theory and practice//McGrew A G. The transformation of democracy?: Globalization and territorial de-
mocracy. Cambridge: Polity Press, 1997, p.237.

is not only undesirable, but also dangerous. Multilateralism, sometimes called liberal internationalism, subscribes to the existing international institutions within which nation states solve global problems and resolve conflicts among their respective national interests. Localism is strongly committed to the fulfillment of human rights throughout the world, yet insists that sustainable economic development and ambitious global objectives could be achieved through national or local decision making.①

The globalization scenario, which is the most idealistic (not necessarily utopian), most morally justified and worthy of our utmost devotion, is global democracy or cosmopolitan democracy.

Jacobs defines it as "the application of key concepts of liberal representative democracy to the global level of government, which would happen incrementally over several decades by developing institutional innovations already adopted by some international institutions".②

Archibugi defines it as "an ambitious project whose aim is to achieve a world order based on the rule of law and democracy".③ He accepts David Beetham's definition of democracy as "a mode of decision-making about collectively-binding rules and policies over which the people exercise control, and the most democratic arrangement to be that where all members of the collectivity enjoy effective equal rights to take part in such decision-making directly".④ He stresses the need of developing democracy within nations, among states and at the global level simultane-

---

① Jacobs Didier. *Global democracy: The struggle for political and civil rights in the 21st century.* Nashville: Vanderbilt University Press, 2007, pp.69-93.

② Jacobs Didier. *Global democracy: The struggle for political and civil rights in the 21st century.* Nashville: Vanderbilt University Press, 2007, p.94.

③ Archibugi D. Principles of cosmopolitan democracy//Archibugi D, David Held, Martin Köhler, Eds. *Re-imagining political community: Studies in cosmopolitan democracy.* Cambridge: Polity Press, 1998, p.198.

④ Archibugi D. Principles of cosmopolitan democracy//Archibugi D, David Held, Martin Köhler, Eds. *Re-imagining political community: Studies in cosmopolitan democracy.* Cambridge: Polity Press, 1998, p.199, p.216.

ously.①

For Held, global democracy or cosmopolitan democracy is "a double – sided process" involving "not just the deepening of democracy within a national community, but also the extension of democratic processes across territorial borders".② He writes, "In a world where transnational actors and forces cut across the boundaries of national communities in diverse ways, and where powerful states make decisions not just for their peoples but for others as well, the questions of who should be accountable to whom, and on what basis, do not easily resolve themselves".③ Therefore, in order for democracy to function in a world of "overlapping communities of fate"④ new institutions and mechanisms of accountability need to be established.

For Falk, global democracy, just like domestic democracy, means "the accountability of those with the power of decision, participation by those who are subject to governance structures, transparency of governance operations, adherence to established procedures and rules with means for redress in the event of perceived deviance, and the advocacy of non–violence as a core value with respect to security and development policy".⑤

The above normative prescriptions have set beautiful goals for global democra-

---

① Archibugi D.Principles of cosmopolitan democracy//Archibugi D, David Held, Martin Köhler, Eds.*Re – imagining political community: Studies in cosmopolitan democracy.* Cambridge: Polity Press, 1998, p.199, p.216.

② Held David.The changing contours political community: Rethinking democracy in the context of globalization.//Barry Holden, Ed.*Global democracy:* Key debates.London and New York: Routledge, 2000, p.30.

③ Held David. Democracy and globalization.//Archibugi D, David Held, Martin Köhler, Eds. *Re–imagining political community: Studies in cosmopolitan democracy.* Cambridge: Polity Press, 1998, p. 22, p.26.

④ Held David. Democracy and globalization.//Archibugi D, David Held, Martin Köhler, Eds. *Re–imagining political community: Studies in cosmopolitan democracy.* Cambridge: Polity Press, 1998, p. 22, p.26.

⑤ Falk Richard.The United Nations and cosmopolitan democracy: Bad dream, Utopian fantasy, political project.//Archibugi D, David Held, Martin Köhler, Eds. *Re – imagining political community: Studies in cosmopolitan democracy.* Cambridge: Polity Press, 1998, p.328.

cy; the remaining question is: how can we get there from here? Theorists have offered various road maps for democratizing globalization, for example, encouraging nation-states to extend internal democracy, reforming the United Nations, creating a global parliament, establishing an effective, accountable, international army, developing an interconnected global legal system, strengthening the European Union and other regional organizations, fostering the growth of civilsociety, etc.① These solutions almost exclusively concentrate on applying democratic principles in transforming existing institutions or creating new mechanisms, ignoring the possibility that all these positive changes could never happen unless something more fundamental is ready, that is, "the creation of a global perspective and values in the depths of people's hearts and minds".② In the same light, Held mentions in passing the following two "general conditions" among five as essential for the establishment of global democracy:

(1) Recognition by growing numbers of peoples of increasing interconnectedness of political communities in diverse domains including the social, cultural, economic and environmental;

(2) Development of an understanding of overlapping "collective fortunes" which require collective democratic solutions—locally, nationally, regionally and globally.③

The major concern of this paper is: How can we bring about this shared "recognition" and "understanding" among citizens of the world? My answer from a Deweyan perspective, to put it briefly, is: intercultural communication.

---

① See Held's and Archibugi's detailed proposals in Archibugi D, David Held, Martin Köhler, Eds. *Re-imagining political community : Studies in cosmopolitan democracy.* Cambridge : Polity Press, 1998, No.25, pp.219-222.

② Sakamoto Yoshikazu. The global context of democratization. Alternatives : Social transformation and humane governance, 1991, No.16, p.122.

③ Held David. Democracy and globalization.//Archibugi D, David Held, Martin Köhler, Eds. *Re-imagining political community : Studies in cosmopolitan democracy.* Cambridge : Polity Press, 1998, p. 22, p.26.

Why intercultural communication then? Because if we do not choose intercultural communication, we have only two other worse options, imposing or drifting. With the former, we can imagine a superpower that wields its overwhelming influence, economic, cultural and military, to impose on the citizens of the world, for hidden national interests, its provincial values often in the name of promoting universal values of democracy, human rights, peace and free trade. This imposing way of globalizing democracy goes against democratic principles and is doomed to fail democracy in the end. With the latter option of drifting, human beings submit to determinism, believing that without any human efforts to give direction and guidance, globalization will work its way out of chaos one day for the miraculous realization of global democracy. This drifting way of laissez-faire globalization has already proved ineffective and dangerous economically, environmentally and politically.

The last resort seems to beintercultural communication.

Understanding intercultural communication as the exchange of information between individuals and groups of different cultural backgrounds, theorists of this field are currently preoccupied, justifiably, with mapping the patterns of cultural similarities and differences, revealing the effects of cultural factors on the process of intercultural communication, sorting the components of intercultural communication competence, and seeking the formulas to remove misunderstandings and breakdowns in intercultural communication. By contrast, American philosopher John Dewey takes a moral approach to define communication as individually distinctive members of a community sharing experiences, participating in joint activities, cooperating in free social inquiry and the distribution of its conclusions, transforming habits, and ultimately making life rich and varied in meanings. This Deweyan moralist perspective can be applied to situate intercultural communication studies in the context of a globalizing world where global democracy, though far from playing any noticeable role in regulating international relations at present, should ultimately rule if humankind is to have a future and continue to thrive. Unlike the leading theorists of global democracy who define it as mostly a decision-making mechanism among nation-states of the world, this paper stresses, from a Deweyan perspective, the construction of a global public in a democratic global community as the foundation or precondition of global democracy. And this is where intercultural communication, understood not only as practical means to satisfy immediate individual, organizational and national needs in intercultural contexts, but also as consummate ends or an intercultural democratic way of life, could make its unique contribution.

What follows is a redefinition from a Deweyan perspective of intercultural communication in the context of a globalizing world where democracy is pursued as an ultimate good.

(1) *Intercultural Communication Is a Transactional Process of Knowing Involving Individuals and Groups of Different Cultural Backgrounds*

Epistemologically, intercultural communication can be understood as a distinctive method of knowing that requires the cooperation among individuals and groups of different cultural backgrounds. Stressing the "transactional" nature of communication, Dewey writes, "The transactional is in fact that point of view which systematically proceeds upon the ground that knowing is cooperative and as such is integral with communication".① Put in an intercultural context, this statement means that the involved parties of intercultural communication should respect each other as unique and equal partners undertaking a common cause of inquiry into problems concerning their common interests. It also means valuing the unique contribution each party might make to the process of inquiry. And for that reason, intercultural communication that is transactional requires the involved parties to be ready to

---

① Dewey John. Preface.//Jo Ann Boydston, Ed. *The later works of John Dewey*, 1925–1953. Vol. 16. Carbondale, IL: Southern Illinois University Press, 2008, pp.4–5.

"give and take"in the reciprocal exchanging of information and views.

In addition,the transactional nature of communication prescribes the coopera-tive knowing as an open-ended process.Dewey argues,

> By its own processes it is allied with the postulational.It demands that statements be made as descriptions of events in terms of durations in time and areas in space.It excludes assertions of fixity and attempts to impose them.It installs openness and flexibility in the very process of knowing.It treats knowl-edge as itself inquiry—as a goal within inquiry,not as a terminus outside or beyond inquiry.①

Following this principle of"openness"and"flexibility"would help rid intercul-tural communication of ethnocentrism,absolutism and fundamentalism that often re-duce intercultural communication into intercultural confrontation and antagonism. When intercultural communication becomes transactional,global problems of any kind blocking the way of global democracy can be investigated cooperatively and experimentally by individuals and groups of different cultural backgrounds so that rich resources of the world's myriad of cultures are pooled together and exploited to the fullest extent and various possible solutions are tried experimentally and condi-tions are ameliorated gradually.

(2) Intercultural Communication Transforms the Harden-ed Habits of Individuals and Groups of Different Cultural Backgrounds,Ultimately Generating One Dynamic Heteroge-neous World Culture

As individuals learn to adapt to their environment,they form habits.The habits

---

① Dewey John.Preface.//Jo Ann Boydston,Ed. *The later works of John Dewey*,1925-1953.Vol. 16.Carbondale,IL:Southern Illinois University Press,2008,pp.4-5.

thus formed may set a limit on their further learning, preconditioning what to learn as well as how to learn. This, however, happens only when individuals are isolated from communicating with one another, resulting in "a non-communicating habit".① According to Dewey, "Communication not only increases the number and variety of habits, but tends to link them subtly together, and eventually to subject habit-forming in a particular case to the habit of recognizing that new modes of association will exact a new use of it. Thus habit is formed in view of possible future changes and does not harden so readily".②

It is the same case with culture. When cultures are isolated and prevented from communicating with one another, they tend to ossify. By contrast, intercultural communication creates opportunities for various cultures to interact with and learn from each other, expanding the horizons of individual cultures and introducing novel cultural resources for cultural reconstruction and innovation. The increasing frequency of individual cultures interacting with each other accelerated by globalization will gradually lead to one cohesive world culture that is at the same time heterogeneous and dynamic.

(3) *Intercultural Communication Contributes to the Forming of a Global Democratic Community Where Sharing and Participation Are Made Possible for Individuals and Groups of Different Cultural Backgrounds*

Throughout his life from late 19th century to the middle of the 20th century, Dewey was never satisfied with the existing American democracy model consisting

---

① Dewey John. Nature, life and body-mind.//Jo Ann Boydston, Ed. *The later works of John Dewey*, 1925-1953. Vol.1. Carbondale, IL: Southern Illinois University Press, 2008, pp.214-215.

② Dewey John. Nature, life and body-mind.//Jo Ann Boydston, Ed. *The later works of John Dewey*, 1925-1953. Vol.1. Carbondale, IL: Southern Illinois University Press, 2008, pp.214-215.

of two major parties competing against each other. He argues,

> [D]emocracy is much broader than a special political form····. It is··· a
> way of life, social and individual. The keynote of democracy as a way of life
> may be expressed··· as the necessity for the participation of every mature hu-
> man being in formation of the values that regulate the living of men together:
> which is necessary from the standpoint of both the general social welfare and
> the full development of human beings as individuals.①

Tobe more particular, Dewey upholds two criteria to measure democracy:

> The two elements in our criterion both point to democracy. The first signi-
> fies not only more numerous and more varied points of shared common inter-
> est, but greater reliance upon the recognition of mutual interests as a factor in
> social control. The second means not only freer interaction between social
> groups···but change in social habit—its continuous readjustment through meet-
> ing the new situations produced by varied intercourse. And these two traits are
> precisely what characterize the democratically constituted society.②

For Dewey, the most secure foundation of democracy is a democratic commu-
nity in which social inquiry is cooperatively conducted, its conclusions freely dis-
tributed, and social institutions flexibly readjusted accordingly.

But how to bring about such a democratic community? Dewey writes, "Com-
munication can alone create a great community. Our Babel is not one of tongues but
of the signs and symbols without which shared experience is impossible".③ For one
thing, communication enables individuals to share experiences and recognize com-
mon interests; for another, as Dewey put it, "Communication, sharing, joint partici-
pation are the only actual ways of universalizing the moral law and end".④ Through

---

①   Dewey John. *Problems of man*. New York: Philosophical Library, 1946, p.57.

②   Dewey John. *Democracy and education*. New York: Macmillan, 1916, p.101.

③   Dewey John. The eclipse of the public.//Jo Ann Boydston, Ed. *The later works of John Dewey*,
1925–1953. Vol.2. Carbondale, IL: Southern Illinois University Press, 2008, p.324.

④   Dewey John. Reconstruction in philosophy//Jo Ann Boydston, Ed. *The middle works of John
Dewey*, 1899–1924. Vol.12. Carbondale, IL: Southern Illinois University Press, 2008, p.197.

communication, Dewey believes, a self-conscious public is formed that would devote itself to the constant amelioration of the democratic community.

This is also true of global democracy. As some theorists point out, cosmopolitan citizens with a shared set of global values and due recognition of common global interests have to be present so that global democracy could function. The most effective way of creating such cosmopolitan identities lies in, most probably, the creation and expansion of a global public sphere or a global civil society where free communication among the global public or world citizens across cultures is guaranteed. As Dewey writes, "[Democracy] will have its consummation when free social inquiry is indissolubly wedded to the art of full and moving communication".[1] The growing numbers of well-organized international conferences are good examples of such communicating communities. Other examples include nongovernmental organizations or civil society groups organized for some global public purpose. To accelerate this trend, intercultural communication research and education in the universities worldwide plays an especially significant role in inculcating in the minds and hearts of future world citizens a human identity, "multiple citizenships"[2] and a core set of cosmopolitan norms, laying a solid foundation for global democracy.

(4) *Intercultural Communication Is Both the Means and Ends of Global Democracy*

If global democracy can be understood as a democratic community in which individuals and groups of various cultural backgrounds share interests, cooperate to

---

① Dewey John. Search for the great community//Jo Ann Boydston, Ed. *The later works of John Dewey*, 1925–1953. Vol.2. Carbondale, IL: Southern Illinois University Press, 2008, p.350.

② Held David. The changing contours political community: Rethinking democracy in the context of globalization//Barry Holden, Ed. *Global democracy: Key debates*. London and New York: Routledge, 2000, p.30.

solve the problems facing them, and enrich the meanings of each other's life, then intercultural communication and its "congenial objects" are objects "ultimately worthy of awe, admiration, and loyal appreciation".① Dewey writes, "They are worthy as means, because they are the only means that make life rich and varied in meanings. They are worthy as ends, because in such ends man is lifted from his immediate isolation and shares in a communion of meanings".② In this sense, global democracy and democratic intercultural communication are interchangeable terms.

As such, global democracy is not to be achieved within a short period of time through undemocratic means that claim to be immediately effective. Dewey maintains, "[D]emocratic ends demand democratic methods for their realization. ⋯ [D]emocracy can be served only by the slow day by day adoption and contagious diffusion in every phase of our common life of methods that are identical with the ends to be reached⋯."③ Global democracy is, therefore, an open-ended process in which intercultural communication is operated democratically on a daily basis.

(5) *Intercultural Communication through Mass Media Is Liable to Manipulation and Malfunction at the Expense of the Public Sphere*

In the early years of mass production, Dewey was far-sighted to detect the potential negative impact of mass media. According to his observation, media technologies produced by modern science had multiplied the means of modifying the dispositions of the mass of the population, which, in conjunction with economic centrali-

① Dewey John. Nature, communication and meaning//Jo Ann Boydston, Ed. *The later works of John Dewey*, 1925-1953. Vol.1. Carbondale, IL: Southern Illinois University Press, 2008, p.159.

② Dewey John. Nature, communication and meaning//Jo Ann Boydston, Ed. *The later works of John Dewey*, 1925-1953. Vol.1. Carbondale, IL: Southern Illinois University Press, 2008, p.159.

③ Dewey John. Democracy and America// Jo Ann Boydston, Ed. *The later works of John Dewey*, 1925-1953. Vol.13. Carbondale, IL: Southern Illinois University Press, 2008, p.187.

zation, had enabled mass opinion to be mass-produced like physical goods.① He further points out, "Aside from the fact that the press may distract with trivialities or be an agent of a faction, or be an instrument of inculcating ideas in support of the hidden interest of a group or class (all in the name of public interest), the wide-world present scene is such that individuals are overwhelmed and emotionally confused by publicized reverberation of isolated events".② With the evolution of mass communication expanding into every corner of the globe today, all these problems of media manipulation and malfunction that Dewey was concerned about have worsened rather than disappeared. In the globalization context, international mass media have more often than not hindered the constructive communication between different cultures.

To offset the negative effects of mass communication, Dewey advocates a return to face-to-face communication. He writes, "Vital and thorough attachments are bred only in the intimacy of an intercourse which is of necessity restricted in range…."③ He believes that "[d] emocracy must begin at home, and its home is the neighborly community".④ Unfortunately, Dewey did not live to see the birth of various kinds of new media that have the potential to increase the opportunity of "face-to-face" communication in the "virtual neighborhood." It remains a question how we can use mass media, old and new, intelligently to better promote intercultural communication and global democracy.

In conclusion, this paper has attempted to formulate a Deweyan normative version of intercultural communication conducive to the growth of global democracy.

———————————

① Dewey John.Culture and human nature//Jo Ann Boydston, Ed.*The later works of John Dewey*, 1925-1953.Vol.13.Carbondale, IL:Southern Illinois University Press,2008,pp.91-92.

② Dewey John.Culture and human nature//Jo Ann Boydston, Ed.*The later works of John Dewey*, 1925-1953.Vol.13.Carbondale, IL:Southern Illinois University Press,2008,pp.91-92.

③ Dewey, John.(1925-1927c).The problem of method.//Jo Ann Boydston, Ed.*The later works of John Dewey*,1925-1953. Vol.2.Carbondale, IL:Southern Illinois University Press,2008,pp.367-368.

④ Dewey, John.(1925-1927c).The problem of method.//Jo Ann Boydston, Ed.*The later works of John Dewey*,1925-1953. Vol.2.Carbondale, IL:Southern Illinois University Press,2008,pp.367-368.

Skeptics of global democracy might simply deride it as utopian, but I share Marchetti's not entirely unfounded optimism:

> [G]lobal democracy is no more unrealistic today than national democracy was 200 years ago, or women's enfranchisement fifty years ago, or blacks voting in the US south just a few decades ago, or the end of the apartheid system in South Africa even more recently, if we assume the correct normative perspective.①

(本文原载 *Intercultural Communication Studies* 2011 年第 1 期)

---

① Marchetti Raffaele. *Global democracy: For and against.* London and New York: Routledge, 2008, p.174.

Globalizing Democracy: A Deweyan Critique of Bush's Second-Term National Security Strategy

Today democracy is regarded as an ultimate good for all nations. At the same time, democracy is equated with the typical Western model of liberal democracy. Hence for the good of the world community, "democracy," that is, the Western paradigm of governance, should be globalized, or imposed by force if necessary, on any "undemocratic" nation whose form of government differs from the existing Western model. From a Deweyan perspective, I would argue that democracy as a universal ideal of human civilization is not a closed, fixed or uniform political system of any existing type applicable to all nations, but "a way of living," the nature and implications of which are to be cooperatively constructed and constantly ameliorated by the peoples of all nations according to their particular conditions, needs and wishes as defined by their particular historical, economic, cultural and political contexts. Furthermore, democratic ends should be achieved through democratic means. In other words, globalizing democracy must go hand in hand with democratizing globalization, a process to which all nations can contribute and from which all nations can benefit.

One year after the September 11 event, U.S. President George W. Bush wrote in the "Introduction" to his first term *National Security Strategy*: "[T]he United States will use this moment of opportunity to extend the benefits of freedom across the globe. We will actively work to bring the hope of democracy, development, free mar-

kets, and free trade to every corner of the world."① In March 2006, the White House released Bush's second term *National Security Strategy*, in which he proclaimed, "To protect our Nation and honor our values, the United States seeks to extend freedom across the globe by leading an international effort to end tyranny and to promote effective democracy."② The message on both occasions is the exactly the same: the United States is obliged to globalize democracy.

What does democracy mean to the Bush administration? The 2006*National Security Strategy* stipulates that effective democracies:

1. Honor and uphold basic human rights, including freedom of religion, conscience, speech, assembly, association, and press;

2. Are responsive to their citizens, submitting to the will of the people, especially when people vote to change their government;

3. Exercise effective sovereignty and maintain order within their own borders, protect independent and impartial systems of justice, punish crime, embrace the rule of law, and resist corruption; and

4. Limit the reach of government, protecting the institutions of civil society, including the family, religious communities, voluntary associations, private property, independent business, and a market economy.③

How does the Bush administration plan to extend this democracy around the globe? Here are the measures:

1. Champion aspirations for human dignity;

2. Strengthen alliances to defeat global terrorism and work to prevent attacks against us and our friends;

---

① Bush George W. Introduction.//White House. *The National Security Strategy of the United States of America*.Sept.2002.[2007-06-06] http://whitehouse.gov/nsc/nss/2006/nss2006.pdf.

② Bush George W. Introduction.//White House. *The National Security Strategy of the United States of America*. Mar.2006.[2007-06-06] http://www.whitehouse.gov/nsc/nss/2006/nss2006.pdf.

③ Bush George W.Champion Aspirations for Human Dignity//White House. *The National Security Strategy of the United States of America*. Mar.2006. [2017-06-06] http://www.whitehouse.gov/nsc/nss/2006/nss2006.pdf.

3. Work with others to defuse regional conflicts;

4. Prevent our enemies from threatening us, our allies, and our friends with weapons of mass destruction(WMD);

5. Ignite a new era of global economic growth through free markets and free trade;

6. Expand the circle of development by opening societies and building the infrastructure of democracy;

7. Develop agendas for cooperative action with other main centers of global power;

8. Transform America's national security institutions to meet the challenges and opportunities of the 21st century; and

9. Engage the opportunities and confront the challenges of globalization.[1]

This approximately 20,000-word declaration of American national security strategy can be ranked among the most circumspectly designed and most beautifully worded diplomatic documents in the world. As the White House puts it, "Our national security strategy is idealistic about goals, and realistic about means." The purpose of this paper, however, is to demonstrate that, from a Deweyan perspective, such a strategy to globalize democracy may not be as "idealistic" and "realistic" as the Bush administration wishes it to be. I will first put the Bushean version of democracy in the global context to see whether it is really "nonnegotiable," as the Bushean strategists put it. Then I will discuss to what extent the Bush administration is justified in exporting American democracy to every corner of the world.

---

① Bush George W.Overview of America's National Security Strategy.//White House.*The National Security Strategy of the United States of America*.Mar.2006.[2017-06-06] http://www.whitehouse.gov/nsc/nss/2006/nss2006.pdf.

The Bushean Democracy

At the turn of the twentieth century, John Dewey witnessed the accelerated pace of the modern world becoming more and more closely connected. Well aware of the implications of the "expansive era" in which he lived, Dewey commented:

> Every expansive era in the history of mankind has coincided with the op-
> eration of factors which have tended to eliminate distance between peoples and
> classes previously hemmed off from one another.⋯Travels, economic and com-
> mercial tendencies, have at present gone far to break down external barriers; to
> bring peoples and classes into closer and more perceptible connection with one
> another. It remains for the most part to secure the intellectual and emotional
> significance of this physical annihilation of space. ①

The First World War brought in an opportunity for Dewey to reflect on "the in-
tellectual and emotional significance of this physical annihilation of space" and to
envision the possibility of reconstructing international relations in an ever-shrink-
ing world according to his democratic principles. He enthusiastically endorsed the
U.S. entry into the war, believing that the Wilson administration could ultimately
turn the imperialist war of the Old World into a once-and-for-all effort to democ-
ratize the relations among the world's nation states. To his great disappointment, the
First World War ended in the traditional infighting over the spoils of the war among
the victorious imperialist states. This experience might have discouraged Dewey from
philosophizing further about the possibility of introducing democracy into world gov-
ernance or about how the American democratic experience could be applied to the
global community. Dewey died in 1952 before the Cold War had fully unfolded; he

---

①   Dewey, *The Middle Works*, 1899-1924, Vol.9//Jo Ann Boydston Ed. *The Collected Works of John Dewey*, 1882-1953. Carbondale and Edwardsville: Southern Illinois University Press, 1969-1991, p.92.

never imagined a day when the United States would emerge as the only world superpower with the military capability strong enough to topple any foreign government and to"extend"its democracy worldwide. My question is : how would Dewey respond to the Bushean strategy of bringing democracy to the"uncivilized"foreign lands?

It would be reasonable to start with Dewey's definition of experience. For Dewey as well as for other pragmatists , our transactions with the natural environment and with human society are necessarily individual , personal and unique , which necessarily results in the qualitative uniqueness of our perceptions of the world. As Dewey writes , "[A] concrete and determinate experience , varying , when it varies , in specific real elements , and agreeing , when it agrees , in specific real elements , so that we have a contrast , not between a Reality , and various approximations to , or phenomenal representations of Reality , but between different reals of experience." ① Dewey's radical empiricism leads to his conclusion that values , meanings , and truths are plural. No theory or doctrine is absolutely true , permanently valid , or universally applicable such that it can be exempted from further observation and modification. The process of knowing is open−ended ; truths arise from practice , and they must be constantly tested to be discarded , fixed , or improved in ever new situations at different times and in different locations.

It is in the same light that Santayana attacks the search for transcendent truth. He writes :

No system would have ever been framed if people had been simply interested in knowing what is true , whatever it may be. What produces systems is the interest in maintaining against all comers that some favourite or inherited idea of ours is sufficient or right. A system may contain an account of many things which , in detail , are true enough ; but as a system , covering infinite possibilities that neither our experience nor our logic can prejudge , it must be a

①　Dewey , *The Middle Works* , 1899−1924 , Vol.3.// Jo Ann Boydston *Ed. The Collected Works of John Dewey* , 1882−1953. Carbondale and Edwardsville : Southern Illinois University Press , 1969−1991 , p.158.

work of imagination and a piece of human soliloquy. It may be expressive of human experience, it may be poetical; but how should anyone who really coveted truth suppose that it was true?①

Now the problem with George W.Bush is that he claims to have in possession the only right model of democracy that fits all nations.In his vocabulary, democracy equals freedom—political freedom, economic freedom, and religious freedom—and the love for freedom is universal.As is written in the*National Security Strategy*, "We believe the desire for freedom lives in every human heart and the imperative of human dignity transcends all nations and cultures."② What the Bushean strategists fail to see is that there is an enormous array of understandings even among Americans on the meaning of the concept of freedom or liberty.Put in the global contexts of various nations at different development stages and with different cultural traditions, such an abstract concept becomes even more controversial.For example, the American model of free, commercialized press, if transplanted on the soil of developing countries, would do more harm than good to the construction of democracy and overall social development in those countries.As is well-known, the media in developing countries shoulder the onerous responsibility of helping the government propagate development agendas, interpret reform policies, maneuver national resources, educate the public about the rule of law, or even increase the literacy rate among the rural population. Commercializing the media would seriously weaken the government's authority in maintaining the stable social environment necessary for implementing reform policies, a price no developing country could afford.

Economic liberty is another case in point.Market economy has become a universal good today, but in formerly socialist countries questions about when, how,

---

① Santayana George. *The Genteel Tradition in American Philosophy.*//Winds of Doctrine. New York: Charles Scribner's Sons, 1913, pp.198–199.

② Bush George W.Champion Aspirations for Human Dignity//White House.*The National Security Strategy of the United States of America.* Mar.2006. [2017–06–06] http://www. whitehouse. gov/ nsc/nss/2006/nss2006.pdf.

and to what extent governments should privatize their economies have become increasingly complicated; such questions are much more resistant to easy solutions than economists in full-fledged market economies tend to imagine. Privatizing former state-run enterprises is not only an economic issue but also a political and moral issue that has to do with social justice and social stability. Besides, in an age of economic globalization dominated by such leviathan transnational corporations as City Group, General Electric, Microsoft, Wal-Mart and IBM that could buy whole developing countries, "[g]lobal economics operate in an anarchic realm without significant regulation and without the humanizing civic institutions that within national societies rescue it from raw social Darwinism." [1] Simply copying the American model of economic democracy is likely to result in economic bankruptcy for those small developing countries.

For democracy to survive and prosper in any country, it has to prove, above all, that it can effectively solve the problems troubling indigenous people and bring them what it promises—peace, liberty, prosperity and happiness. Since different nations face different problems, democracy, which claims to be the best way to solve all kinds of problems, has to adapt to the specific conditions of different nations, so that it can come up with localized forms of institutions and organizations that can most effectively address the local problems.

Of course, democracy is more than an effective way of solving problems; it is also "a way of living"—a meaningful way of living. As such, it has to do with customs, morals, values, aesthetics——with every dimension of what we call culture. In this sense, for democracy to survive and prosper in any country, it has to integrate with the indigenous culture and become a part of a people's "habits of action." As a result, like it or not, democracy is predetermined to be plural. This pluralist understanding of democracy is in complete agreement with Dewey's historicist and cultur-

---

① Barber Benjamin. Globalizing Democracy. *The American Prospect Magazine*. 2000, No. 9, pp. 16-19.[2007-06-06] http://www.globalpolicy.org/globaliz/cultural/0207bb.htm.

alist view of democracy. As Larry A. Hickman rightly points out:

> Dewey's novel view of ideas as tools had important consequences for Dewey's vision of democratic life. It led him to conclude···that democracy cannot be exported. Economic and other conditions favorable to the growth of democracy can be fostered, but as a form of associated living democracy is always unique to its cultural context. Democracy is not a specific form or system of government, but a way of living. If it is to flourish, it must grow out of the concrete practices of boys and girls, men and women, as they go about their daily affairs.①

If diversity is the fundamental feature of human civilizations, it is also the fundamental feature of democracy. Western liberal democracy, with its focus on periodic, multi-party, competitive elections to representative institutions and the various citizen rights linked to those kinds of processes, is, as Jan Aart Scholte points out, "one particular cultural and historical model of democracy." The problem with the Bush and his strategists is that they equate American liberal democracy with democracy itself. This reductionist worldview would not only make the world homogeneous but also deprive democracy of its rich resources. I would agree with Jan Aart Scholte that "the shape of global democracy would need to be subject to far more intercultural negotiation and adjustment than it has been to date."②

The Bushean Strategy of Globalizing Democracy

For Dewey, democracy means much more than consumer choice in the marketplace or a periodic vote in an election. He sets two basic criteria to test whether a

---

① Larry A. Hickman, Democracy, Education, and Value Creation.//John Dewey: *Half-Century Memorial Seminar and Lecture Series.* Cambridge, MA: Boston Research Center for the 21st Century, 2002, p.103.

② Soron Dennis. Democratizing Globalization, Globalizing Democracy: *An Interview with Jan Aart Scholte.*[2006-08-08] http://aurora.icaap.org/2004Interviews/Scholte.html.

specific form of life amounts to real democracy.Dewey writes:

> The two points selected by which to measure the worth of a form of social life are the extent in which the interests of a group are shared by all its members,and the fullness and freedom with which it interacts with other groups.An undesirable society,in other words,is one which internally and externally sets up barriers to free intercourse and communication of experience.①

For Dewey,democracy within a nation state is a national community founded on the basis of common interests and even"common faith."Not only that,but individuals and different groups within this community are free to communicate with each other.Why is free communication so important? Dewey argues:

> A democracy is more than a form of government;it is primarily a mode of associated living,of conjoint communicated experience.The extension in space of the number of individuals who participate in an interest so that each has to refer his own action to that of others,and to consider the action of others to give point and direction to his own,is equivalent to the breaking down of those barriers of class,race,and national territory which kept men from perceiving the full import of their activity.These more numerous and more varied points of contact denote a greater diversity of stimuli to which an individual has to respond;they consequently put a premium on variation in his action.They secure a liberation of powers which remain suppressed as long as the incitations to action are partial,as they must be in a group which in its exclusiveness shuts out many interests.②

In other words,free communication liberates the latent potential of all participating individuals through cooperative inquiry,mutually enriching each

---

① Dewey,*The Middle Works*,1899-1924,Vol.9.//Jo Ann Boydston Ed.*The Collected Works of John Dewey*,1882-1953.Carbondale and Edwardsville:Southern Illinois University Press,1969-1991,p.105,p.93.

② Dewey,The Middle Works,1899-1924,Vol.9.//Jo Ann Boydston Ed.*The Collected Works of John Dewey*,1882-1953.Carbondale and Edwardsville:Southern Illinois University Press,1969-1991,p.105,p.93.

individual and collectively empowering the community. Meanwhile, this "asso-ciated living" is valuable in itself, for individuals enjoy a sense of sharing, of belonging and of self-fulfillment.

On the contrary, isolation or setting up barriers to free communication harms all parties involved in any form of social life. Dewey writes:

> The isolation and exclusiveness of a gang or clique brings its antisocial spirit into relief. But this same spirit is found wherever one group has interests "of its own" which shut it out from full interaction with other groups, so that its prevailing purpose is the protection of what it has got, instead of reorganization and progress through wider relationships. It marks nations in their isolation from one another; families which seclude their domestic concerns as if they had no connection with a larger life; schools when separated from the interest of home and community; the divisions of rich and poor; learned and unlearned. The essential point is that isolation makes for rigidity and formal institutionali-zing of life, for static and selfish ideals within the group. That savage tribes re-gard aliens and enemies as synonymous is not accidental. It springs from the fact that they have identified their experience with rigid adherence to their past customs. On such a basis it is wholly logical to fear intercourse with oth-ers, for such contact might dissolve custom. It would certainly occasion recon-struction. It is a commonplace that an alert and expanding mental life depends upon an enlarging range of contact with the physical environment. But the principle applies even more significantly to the field where we are apt to ig-nore it—the sphere of social contacts. ①

Without free communication, individuals or groups or whole nations are shut in their self-made dungeons of static ideals, selfish interests, worn-out customs or self-destroying antagonism.

---

① Dewey, The Middle Works, 1899–1924, Vol.9.//Jo Ann Boydston Ed. *The Collected Works of John Dewey*, 1882–1953. Carbondale and Edwardsville: Southern Illinois University Press, 1969–1991, p.92.

It should be admitted that the United States has remained a dynamic and creative nation largely because it has been able to sustain a basically democratic political structure and cultural milieu that is conducive, to a larger or lesser degree depending on circumstances, to free communication between individuals and groups. Then one cannot help wondering, as George Monbiot, author and columnist for the London *Guardian* did: "[I]f we think that democracy is the best way to run a nation-state, or the least worst way to run a nation-state, why should it not also be the best way to run the world?"①

To our disappointment, U.S. President Bush is more interested in globalizing democracy rather than democratizing globalization. The "two pillars" he prescribes for the American national security strategy are:

1. "promoting freedom, justice, and human dignity-working to end tyranny, to promote effective democracies, and to extend prosperity through free and fair trade and wise development policies;" and

2. "confronting the challenges of our time by leading a growing community of democracies."

For Bush, democracy is a finished product, and it is made in America, or at most in the Western advanced world. All the world needs to do about democracy is for America to "promote" or export this product. There is no need for Bush to ask world consumers whether they are interested in the product, whether the product can solve their problems, whether the product should be tailored in one way or another to better meet their specific needs, or whether local consumers should be invited to jointly process the product. Simply put, there is no need for free communication between America and the undemocratic nations of the globe. Why so? "We have a responsibility to promote human freedom,"Bush argues.②

---

① Monbiot George. Interview by Amy Goodman. [2004 - 04 - 30] http://www.democracynow.org/article.pl? sid=04/04/30/1441243.

② Bush George W. The Way Ahead//White House. *The National Security Strategy of the United States of America*. Mar. 2006. [2017-06-06] http://www.whitehouse.gov/nsc/nss/2006/nss2006.pdf.

At the same time, Bush might have noticed the sharp contraction between free-dom—the fundamental principle of democracy—and his unilateral way of promoting democracy. He admits, for the only time throughout the long document of the *National Security Strategy* that "freedom cannot be imposed; it must be chosen." [1] It is tremendously ironical that both Bush and his strategists cannot see any contradiction between the slogan of free choice and the use of the sticks-and-carrots strategy to "extend" democracy to foreign lands.

Bush's unilateralist strategy of globalizing democracy may ultimately harm the American interests that he claims to defend. From a Deweyan perspective, free communication between the United States and other nations will ultimately benefit both sides. As an advanced country, the United States may indeed have more experiences with democracy to share with the developing countries. Meanwhile it is possible for the United States to discover indigenous ways of thinking, living and problem-solving in the broad developing world that might enrich American democracy. Besides, treating other nations as equals and respecting their people and culture would help increase the "soft power" of the United States, which has been dramatically declining since the U.S. invasion of Iraq.

Bush may have something to learn from Dewey's experience with China. The early 1920s saw China in a chaotic state. With warlords fighting against each other, no central authority effecting any national governance, and her sovereignty being e-roded by Japan and other imperialist powers, China was struggling to survive the disruption of her territory. But at the same time, democratic forces were also growing. Intellectually, the May Fourth Movement in 1919 had spread the idea of democracy to urban areas of the country. Politically, Sun Yat Sen, the democratic forerunner of Chinese revolution, was formally inaugurated in Guangdong in 1920 as president of all China, challenging the northern Peking government. Dewey witnessed

---

[1] Bush George W. Introduction//White House. *The National Security Strategy of the United States of America*. Mar. 2006. [2007-06-06] http://www.whitehouse.gov/nsc/nss/2006/nss2006.pdf.

and personally experienced the dramatic social, cultural and political transformations taking place in China during these two tumultuous years. In an article published in the *New Republic*, Dewey made some very direct comments on the construction of democracy in a foreign context:

The evils and troubles of China are real enough, and there is no blinking the fact that they are largely of her own making, due to corruption, inefficiency and absence of popular education. But no one who knows the common people doubts that they will win through if they are given time. And in the concrete this means that they be left politically alone to work out their own destiny…. But the hope of the world's peace, as well as of China's freedom, lies in adhering to a policy of Hands Off. Give China a chance. Give her time. The danger lies in being in a hurry, in impatience, possibly in the desire of America to show that we are a power in international affairs and that we too have positive foreign policy. And a benevolent policy of supporting China from without, instead of promoting her aspirations from within, may in the end do China about as much harm as a policy conceived in malevolence. [1]

More than anything else, Dewey counsels patience:

China is used to taking time to deal with her problems; she can neither understand nor profit by impatient methods of the western world which are profoundly alien to her genius. Moreover a civilization which is on a continental scale, which is so old that the rest of us are parvenus in comparison, which is thick and closely woven, cannot be hurried in its development without disaster. Transformation from within is its sole way out, and we can best help China by trying to see to it that she gets the time she needs in order to effect this transformation, whether or not we like the particular form it assumes at any particu-

---

[1] Dewey, The Middle Works, 1899–1924, Vol.13.//Jo Ann Boydston Ed. *The Collected Works of John Dewey*, 1882–1953. Carbondale and Edwardsville: Southern Illinois University Press, 1969–1991, p.155, p.171.

lar time.①

Today,Dewwey's hands-off approach to the construction of democracy in developing countries might remain a wise policy for the Bush administration that wishes to"bring the hope of democracy"to the corners of the world.

(本文原载 *Democracy as Culture:Deweyan Pragmatism in a Globalizing World*.Albany:State University of New York Press,2008.)

---

① Dewey,The Middle Works,1899-1924,Vol.13.//Jo Ann Boydston Ed.*The Collected Works of John Dewey*,1882-1953.Carbondale and Edwardsville:Southern Illinois University Press,1969-1991, p.155,p.171.

The Trans-Pacific Experience of
John Dewey

With the rapid progress of globalization and emergence of the United States as the only superpower since the end of the Cold War, American culture has become more and more an international phenomenon, penetrating traditional cultures around the globe. This growing influence of American culture on indigenous cultures is everywhere denounced as the Americanization of world cultures. In this context, American culture is equated with Hollywood movies, Disneyland theme parks, Rock n' Roll music, McDonald's fast food, as well as the democratic rhetoric of American politicians. The bulk of existing scholarship by non−US Americanists is devoted to dissecting the nature and impact of this "American cultural imperialism." What is often ignored in this debate, however, is the fact that American culture has been reduced to American pop culture, and usually the vulgar part of it.

To do justice to American culture, international Americanists are well advised to make a distinction between the pop culture and "high" culture of America. Due attention should be paid to the nature and value of this "high" dimension of American culture. This paper examines the reception and impact of the work of John Dewey, one of the greatest American philosophers, in Japan and China over the past one hundred years or so. It can be regarded as a case study of American high culture from a trans−Pacific perspective in an attempt to shed some new light on the criticism of American culture.

DEWEY IN JAPAN

Long before John Dewey set foot on the soil of Japan, his philosophy had been introduced to Japanese academic circles. As early as 1888, a Japanese journal published one of Dewey's essays on psychology. In 1900, Dewey's early work *Outlines of a Critical Theory of Ethics* was translated into Japanese. Then, in 1901 and 1918 respectively, two of Dewey's most important works on education, *School and Society* and *Democracy and Education*, were introduced to Japanese readers. The introduction of Dewey's educational philosophy to Japan gave rise to the establishment of about a dozen experimental elementary schools modeled on Dewey's experimental school at the University of Chicago. All these schools made efforts to put into practice Dewey's educational principles of learning by doing and education as growth.

Dewey's visit to Japan from February 9 to April 28 in 1919 came at the right moment. First of all, the publication of his works in Japan had helped to spread his democratic ideas among the educated public and had won him a group of followers. More importantly, Japan at that time was undergoing the democratization movement known as Taisho Democracy. Just as Dewey and his wife Alice observed, "All Japan is talking democracy now···." [1] Naturally when Dewey, the American philosopher of democracy, arrived to preach his experimental liberalism and democratic educational creed in the name of reconstructing philosophy at the University of Tokyo and a number of other schools, he was everywhere warmly received. In a letter to his daughter, Dewey wrote, "[P]eople were so kind that they created in us the illusion of being somebody, and gave us the combined enjoyments of home and being in a

---

[1] Evelyn Dewey. ed. *Letters from China and Japan.* New York: E. P. Dutton & Co., 1920, p. 38, p. 18, p. 31.

strange and semi-magic country...."① He was deeply impressed by the friendly treatment they received from the Japanese people and exclaimed to his daughter, "Politeness is so universal here that when we get back we shall either be so civil that you won't know us, or else we shall be so irritated that nobody is sufficiently civil that you won't know us either."②

As a pragmatic philosopher, Dewey was not carried too far away by the seemingly endless excitement, with ceremonies and parties coming one after another. He noticed that "[l]iberalism is in the air,③ but at the same time, he was aware of "a race between fulfillment of the aspirations of the military clans who still hold the reins, and the growth of genuinely democratic forces which will forever terminate those aspirations."④Looking into the future of Japanese liberalism, Dewey predicted:

> The cause of liberalism in Japan has taken a mighty forward leap—so mighty as to be almost unbelievable. The causes which produced it can sustain it. If they do sustain it, there will be little backward reaction. If they do not continue in force to sustain it, they will betray it. To speak more plainly, the release of liberal forces that had been slowly forming beneath the lid was due to the belief that democracy really stood for the supremacy of fairness, humanity, and good feeling, and that consequently in a democratic world a nation like Japan, ambitious but weak in many respects in which her competitors are strong, could afford to enter upon the paths of liberalism. The real test has not yet come. But if the nominally democratic world should go back on the professions so profusely uttered during war days, the shock will be enormous, and

① Evelyn Dewey.ed.*Letters from China and Japan*.New York:E.P.Dutton & Co., 1920, p.38, p.18, p.31.

② Evelyn Dewey.ed.*Letters from China and Japan*.New York:E.P.Dutton & Co., 1920, p.38, p.18, p.31.

③ John Dewey, *China, Japan and the U.S.A.*New York:Republic Publishing Co., 1921, p.3, p.6.

④ John Dewey, *China, Japan and the U.S.A.*New York:Republic Publishing Co., 1921, p.3, p.6.

bureaucracy and militarism might come back. One cannot believe that such a thing is to happen. But every manifestation of national greed, every cynical attack upon the basic ideas of the League of Nations, every repudiation of international idealism, every thoughtless word of race prejudice, every exhibition of dislike and unjustified suspicion directed at Japan is a gratuitous offering in support of the now waning cause of autocratic bureaucracy in Japan. Liberalism here has plenty of difficulties still to overcome. ①

Dewey's astonishing foresightedness was to be borne out in the Japanese history of the 1920s and 1930s. Not long after Dewey left Japan, liberalism gave way to militarism and the emperor—cult, which ultimately drew the whole nation onto the path of imperialism.

The short—lived democratization movement between the two world wars in Japan prompts Dewey scholars to conclude that Dewey's pragmatism and progressive philosophy of education failed to take deep root in the soil of Japanese culture. ② This claim, however, cannot be fully justified.

First, interest in Dewey's philosophy did not recede after Dewey left Japan. This could be seen in the increase rather than decrease in the number of translations of his works, including almost all his major works, such as *Reconstruction in Philosophy*, *School of Tomorrow*, *Quest for Certainty*, *How We Think*, *School and Society*, *The Need for a Recovery of Philosophy*, *Human Nature and Conduct*, *Experience and Education*, and *Ethics*. Altogether twenty—one of Dewey's works have been translated into Japanese. There has also been a growing interest in Dewey studies since the 1920s. Fifty—eight books on Dewey have been published, and the number of articles on Dewey has reached as many as 254. ③

---

① John Dewey. *Essays on China, Japan, and the War* 1918-1919. Carbondale, Ill.: Southern Illinois University Press, 1982, pp.154-155.

② Naoko Saito. *Education for Global Understanding: Learning from Dewey's Visit to Japan*. Teachers College, Columbia University. Teachers College Record, 2003, Vol.105, No.9, pp.1758-1773.

③ Shan Zhong—hui. Dewey's Educational Thought in Japan. *Foreign Education Research*, 2002, No.8.

Second, Dewey's educational philosophy played a significant role in Japanese educational reforms after World War II. It is true that Dewey's name was more or less forgotten during the Second World War. However, the late 1940s and early 1950s saw a dramatic revival of interest in Dewey studies, called a "Dewey Boom" by Japanese scholars. It is believed that Dewey's educational philosophy laid the theoretical foundation for post-war educational reforms, and in return these reforms contributed to the propagation of his philosophy. According to R. S. Anderson, an American educator who was involved in Japanese educational reforms, Dewey's liberal educational philosophy gained large numbers of adherents among both American and Japanese educators during the American Occupation period.[1] That might explain why the Japanese Fundamental Law of Education is seen by many as an embodiment of the progressive educational ideals initiated by Dewey. Dewey's popularity could also be seen in the fact that the John Dewey Society of Japan founded in the late 1950s succeeded in attracting 137 members representing almost every university in Japan in the early 1960s.

Up until today, Dewey's pragmatism has continued to inspire a new generation of Dewey scholars in Japan to inquire into new problems of the age of globalization. For example, in an article entitled "Education for Global Understanding: Learning from Dewey's Visit to Japan," Naoko Sato argues:

The Deweyan wisdom of living in a middle way can be exercised not only in the history class or the social science class, as an extension of citizenship education, but also in moral education in the broadest sense. In a world of tragic confrontations between different cultures and religions, Dewey offers a way of living with the tragic beyond the absolute distinction between good and evil. He suggests a way of education for global understanding that can enable us to overcome conflicts not by revenge or retaliation in the name of

---

[1]　Shan Zhong-hui. Dewey's Educational Thought in Japan. *Foreign Education Research*, 2002, No. 8.

combating evil, but by a pragmatic search for the better. This approach does not see itself in terms of a realization of totalized good but rather encourages patient dialogue as the most practical, intelligent means to live with different others.①

DEWEY IN CHINA

After a three-month sojourn in Japan, John Dewey left for China. On May 30, 1919, he arrived in Shanghai, to find to his great surprise that over a thousand of the leading educators in central China were expecting to hear his opening address three days later. Throughout the following two years and two months that Dewey spent in China, his speeches were attended by thousands of fervent young admirers, his lectures were carried by numerous journals and articles, and at least five book editions collecting different series of lectures were published. During this period of time, he addressed Chinese audiences in seventy-eight different lecture forums, including several series of between fifteen and twenty lectures. He left footprints in thirteen provinces spreading from the north to the south of China. In describing some of the fervor surrounding Dewey's visit, an article that appeared in the New York *Chinese Students' Monthly* only a month before he left China says:

> Mr. Dewey's career in China is one of singular success. From the time of his arrival to the present, continual ovation follows his footprints. Bankers and editors frequent his residences; teachers and students flock to his classrooms. Clubs compete to entertain him, to hear him speak; newspapers vie with each other in translating his latest utterances. His speeches and lectures are eagerly read; his biography has been elaborately written. The serious-minded comment

---

① Naoko Saito. *Education for Global Understanding : Learning from Dewey's Visit to Japan.*

on his philosophy; the lighthearted remember his name.①

This description is no exaggeration. The question is: Why was this Yankee professor so highly esteemed and fervently followed in China in the 1920s?

I would attribute Dewey's singular success in large part to the social and intellectual context within China before the May Fourth Movement. The internal situation of China then was well summarized by Lin Yu-sheng in one sentence: "After celebrating the collapse of the Ch'ing empire, Chinese intellectuals soon came to realize that the founding of the republic, instead of making China a modern nation-state, was merely the culmination of the process of the disintegration of the traditional sociopolitical and cultural-moral orders."②

This overall national crisis resulted in an alliance of the new intellectuals from 1917 to 1919 with Beijing University as the activity base. United around *New Youth* magazine and *New Tide* magazine, New Culture intellectuals such as Ch'en Tu-hsiu, Ch'ien Hsuan-tung, Hu Shih, Li Ta-chao, Kao I-han, Fu Ssu-nien, Luo Chia-lun and many others launched a concerted attack on "old literature" and "old ethics," encouraging at the same time "new thoughts" and vernacular literature. The basic principle of the new intellectual leaders was best summarized by Ch'en Tu-hsiu in an article published in January 1919 in *New Youth*, which was a response to the attacks from conservative intellectuals:

All these charges are conceded. But we plead not guilty. We have committed alleged crimes only because we supported the two gentlemen, Mr. Democracy and Mr. Science. In order to advocate Mr. Democracy, we are obliged to oppose Confucianism, the codes of rituals, chastity of women, traditional ethics, and old-fashioned politics; in order to advocate Mr. Science, we have to

---

① T.H.K. Confucius and John Dewey: The Bankruptcy of the East and the West. *Chinese Students Monthly*, 1921, Vol.16, No.8, p.539; and quoted in Keenan. The Dewey Experiment in China. Harvard University: Council on East Asian Studies, 1977, p.34.

② Liu Yu-sheng. *The Crisis of Chinese Consciousness*. Madison: University of Wisconsin Press, 1979, p.11.

oppose traditional arts and traditional religion; and in order to advocate both Mr. Democracy and Mr. Science, we are compelled to oppose the cult of the "national quintessence" and ancient literature. [1]

This attempt to "save China" and "re-create civilization" by introducing and establishing in China new learning, new values, new thoughts, new modes of life, new literature, new education and new spirits, or briefly in Ch'en Tu-hsiu's words, "Mr. Democracy" and "Mr. Science," was the social atmosphere already in existence before Dewey arrived in China. And this cultural orientation was a stand shared by different groups of new intellectuals, not just the liberals such as Hu shih. Dewey himself and his disciple Hu noticed this phenomenon. In his article "New Culture in China," Dewey obviously agreed with Hu's summary of the stages of foreign influence in China. According to Hu, the first stage was characterized by the realization of the importance of western powers' new military devices. In the second stage, the weakness of China was attributed to her outgrown form of government, and so the construction of a republic became the aim. The third period is that of reliance upon technical improvements. In the fourth period, the period around the May Fourth Incident in 1919, in which Dewey was caught up, a new formula evolved: China could not be changed without a social transformation of ideas. [2] This sketch by Hu is basically in accordance with the real historical process as proved by historians' studies.

Many Dewey scholars such as Barry Keenan, Maurice Meisner, and Robert B. Westbrook tend to believe that Dewey, in his articles as well as his lectures in China, was either preaching his "irrelevant" cultural reform program or just "aiding" his liberal disciples in spreading their wishful liberal ideas, or else "had heard echoes

---

[1] Ch'en Tu-hsiu. Our Answer to the Charges against the Magazine. *New Youth*, 1919, Vol. 6, No. 1, pp. 10-11.

[2] Dewey. *New Culture in China*. The Middle Works. Carbondale, IL: SIU Press, 1983, p. 13, pp. 108-110.

of his own voice in China."① They tend to link Dewey with Hu Shih and in turn Hu Shih with the trend of cultural reformism. Then, they regard cultural reformism as the hopeless search of a liberal minority, failing to see the prevalence of this attitude before the May Fourth Incident. To be more exact, it was neither Dewey nor Hu Shih who had initiated the New Culture Movement or the New Thought Tide or even the cultural reconstruction approach that is often ascribed to Chinese liberals. As Chow Tsetsung writes, "This approach was neither planned nor directed by any one person. Rather, it represented a common meeting ground for a number of people with divergent ideas." Lin Yu-sheng further traces this "cultural-intellectualistic approach" to "a deep-seated traditional Chinese cultural predisposition, in the form of a monistic and intellectualistic mode of thinking,"② which is quite convincing. That is to say, Dewey arrived in China just in time to convey his culturally-based reform program as well as his democratic ideas and scientific methodology to an already largely receptive audience. He was warmly welcomed and highly esteemed because what he preached was just what the new intellectuals had been more or less propagating and were still striving to strengthen. As Dewey observed, "The Chinese liberals do not feel very optimistic about the immediate outcome. They have mostly given up the idea that the country can be reformed by political means. They are sceptical about the possibility of reforming even politics until a new generation comes on the scene. They are now putting their faith in education and in social changes which will take some years to consummate themselves visibly."③ In a sense, Dewey helped the new intellectuals to express themselves more systematically and more clearly in the early twenties. On his arrival, he was at once recognized

---

① See Maurice Meisner. *Li Ta-Chao and the Origins of Chinese Marxism*. Cambridge: Harvard University Press, 1967, p.10; Robert B Westbrook. *John Dewey and American Democracy*. New York: Cornell University Press, 1991, p.250; and Keenan. *The Dewey Experiment in China*. p.51, p.158.

② See Chow Tse-tsung. *The May Fourth Movement*. Cambridge: Harvard University Press, 1960, p.58; Lin Yu-sheng. *The Crisis of Chinese Consciousness*. Madison: University of Wisconsin Press, 1979, p.28.

③ John Dewey. *China, Japan and the U.S.A.*, p.31.

and accepted as a powerful ally by the new intellectuals.

It was soon after the May Fourth Incident in 1919 that the alliance among different groups of new intellectuals began to disintegrate. Dewey had arrived in China at a time when the cultural reformist movement had begun to decline. Just one month after he began his lectures at Beijing University, Hu Shih and Li Ta-chao started the famous debate over "problems" and "isms," which reflected the conflict within the new intellectual circle. Sympathizing with Hu's stand, Dewey tried on different occasions to persuade his audiences to adhere to the way of a "step-by-step" cultural reconstruction. This effort by Dewey and his followers to hold fast to the cultural reformism of the first period of the May Fourth Movement, however, turned out to be futile. The Chinese liberals failed to realize that China then was faced at the same time with two serious problems. One was the "survival" and "unity" of the nation; the other was modernization. They were concerned with the latter while taking the former almost for granted. But the problem of national survival and unity on which the problem of modernization depended so much for its effective solution was actually more urgent. It was because of this fatal failure that the liberals' reform program, or in other words, the cultural-intellectualistic approach of the earlier period, gradually lost its appeal and was finally replaced by the Marxist-Leninist revolutionary solution.

In terms of Dewey's influence in China in the 1920s, Dewey scholars have focused on his relationship with Hu Shih and the Chinese liberal movement. Since liberalism was short-lived in China, the Deweyan experiment in China was, of course, a total failure. As Meisner writes: "As applied to China, Dewey's program was neither conservative nor radical but largely irrelevant." Talking about the educational reform carried out by Dewey's followers, Keenan writes: "Deweyan experimentalism, as a way of thinking, as a way of acting politically, and as a component of democratic education, offered no strategy his followers could use to affect political power." Based on Meisner's and Keenan's comments, Westbrook concludes: "Dewey was not the man to talk politics with the Chinese in the early twenties."①

Compared with the above writers, Michael Eldridge takes a more balanced view. He holds that the charge of Deweyan strategic shortcomings with regard to China is not accurate, pointing out that Dewey recognized the need for both a new culture and a new politics and their interdependence in China. He is also keen to note the significance of the transformation of the Chinese vernacular into the standard written language.② It is true that although Dewey more often stressed the importance of gradual progress and foundational cultural reconstruction, he did realize the complexities of China's situation. He wrote: "China was trying to crowd into a half century literary, religious, economic, scientific and political revolutions which it had taken the western world centuries to accomplish." He saw the need in China for a stable, centralized, domestic government, a unified and nationwide currency, a unified and comprehensive transportation and communication system, and a national consciousness to supplement local loyalties with strong nationalist feelings and sentiment. He saw the danger of extreme cultural radicalism among the new intellectuals, describing it in terms of embracing the view that "the more extreme and complete the change, the better." He even envisaged the possibility of China taking the Bolshevist road in a letter to Albert C. Barnes: "It is conceivable that military misrule, oppression and corruption will, if they continue till they directly touch the peasants, produce a chaos of rebellion that adherents of the existing order will certainly label Bolshevism." This was exactly what happened later in China. Commenting on the New Culture Movement, he pointed out that what was required in China was "a new culture, in which what is best in western thought is to be freely adopted—but adopted to Chinese conditions, employed as an instrumentality in building

---

① See Meisner. *Li Ta-Chao and the Origins of Chinese Marxism*. Cambridge: Harvard University Press, 1967, pp.107-108; Keenan. The Dewey Experiment in China, p.161; West-brook. *John Dewey and American Democracy*, p.251; Dewey. *New Culture in China*, p.114.

② Michael Eldridge. *Manuscript*, pp.154-155.

a rejuvenated Chinese culture."① Obviously, Dewey did not expect his liberal dis-
ciples simply to put their lecture notes into practice in China. Seen from a historical
perspective, this last comment is especially insightful.

Dewey's influence in China in the early twenties went beyond the sphere of
Chinese liberalism and education reform. His experimental methodology greatly
influenced not only the liberals but also the leftists. As Hu admitted, his thought was
mainly influenced by two people, Huxley and Dewey. Huxley taught him how to
doubt and to believe in nothing without sufficient evidence. Dewey taught him how
to think and to consider the immediate problems in need of verification, and to take
into account the effect of thoughts. These two people made him understand the char-
acter and function of scientific method. For Hu, pragmatism was "only a methodolo-
gy"—a way to think about life, not what to think of it.② Through Hu's active pro-
motion and Dewey's own lectures and the translations of his works, pragmatic meth-
odology—concentration on real "problems" in life and searching for solutions
through critical analysis based on facts—became a shared "instrument" for both the
liberals and the leftists.

In the famous debate over "problems" and "isms" between Hu Shih and Li
Ta-chao, the real disagreement was not over whether "problems" or "isms" should
be studied, but what should be considered as China's real problems. In Hu's
mind, the problems were the working conditions of Peking's rickshaw coolies, the
customs and prejudices that perpetuated the social abuse of women, standards and
systems of public health, elementary and secondary school textbooks and curricu-
la, and scholarly issues having to do with the interpretation of China's historical
and literary inheritance. In Li's mind, China's real problem was the fact that China
was not a well-organized and vital society, but a disorganized and moribund soci-

---

① Dewey. Is China a Nation? MW13:77; Chinese National Sentiment. MW11; Letter to Albert C.
Barnes. 1920-09-12, 1920-10-16. Dewey Papers.

② Hu Shih. An Introduction to My Own Thought. quoted in Grinder. *Intellectuals and the State in
Modern China*. New York: Free Press, 1981, p.275.

ety, its faculties already impaired.① Therefore, although Li shared Hu's argument that China's real problems should become the focus of study and no "ism" should be accepted and practiced in total, they parted in their conclusion as to the route China should take. In other words, they shared the pragmatic methodology, but came to different conclusions because they studied different problems. This is a point many scholars of the May Fourth Movement and Chinese liberalism have failed to see.

A more typical example would be the influence of pragmatism on Mao Tse-tung. Mao began to learn about Dewey and his pragmatism while he was working as a librarian's assistant in Beijing University from August 1918 to the spring of 1919. He attended Hu Shih's courses and had private talks with Hu asking for Hu's advice on whether he should go abroad or do "on-site investigation and research" in China—Hu suggested the latter—and also on how to carry out Dewey's educational program. Hu suggested the creation of a "Self-Study University" in Mao's home province. Mao accepted both suggestions. Mao must also have read many of the translations of Dewey's works, since Dewey's books such as *Five Major Lectures*, *Trends in Modern Education*, *On the Development of Democracy in America*, *Pragmatic Ethics*, and *Pragmatism* frequently appeared on "important books" lists and on the list of books sold by the Cultural Book Society, of which Mao was one of the founders. Among the bestsellers of the Society were the newspapers and magazines that often carried Dewey's lectures. In a letter to a friend of June 7, 1920, Mao said he was reading "three great contemporary philosophers," namely Dewey, Russell and Bergson. Also, in "Manifesto on the Founding of the Xiang River Review" published in July 14, 1919, Mao listed pragmatism as the most progressive thought. He wrote: "In the area of thought, we have moved for-

---

① Hu Shih. To yen-chiu hsieh wen-t'I, shao t'ao hsieh chu-i. [Study More Problems, and Talk Less about Isms]. Mei-chou p'ing-lun, 1919(31); Li Ta-chao. Tsai-lun wen-t'I yu chu-i. [Another Discussion of Problems and Isms]. Mei-chou p'ing-lun, 1919(35).

ward to pragmatism····."①

From 1918 to 1919, Mao's acceptance of pragmatism was wholesale. Between the "extreme" and the "moderate" ways of social progress, he chose the latter. He wrote: "Thus it is our position that as regards scholarship, we must uphold thorough study··· we must seek the truth····. Thus we will not provoke widespread chaos, nor pursue that ineffectual 'revolution of bombs,' or 'revolution of blood.' " Later he wrote again, explaining the aim of his newspaper *Xiang River Review*: "This paper is concerned purely with academic theories and with social criticism. We do not meddle at all in practical politics." Following Dewey's and Hu Shih's educational program of social reconstruction, Mao together with his friends established the Xiangtan Society for the Promotion of Education in 1920. In "Declaration of the Xiangtan Society for the Promotion of Education," he wrote: "Education is an instrument for promoting the progress of society; an educator is a person who utilizes this instrument····. Dr. Dewey of America has come to the East. His new theory of education is well worth studying." For Mao and his comrades at this time, Dewey and Russell meant "the hopeful and bright side of things" instead of "the hopeless, dark and evil side of things."②

It was after the end of 1920 that Mao gradually leaned toward Marxism-Leninism and revolutionary activities. In a letter of December 1, 1920, Mao formally declared Dewey's "method of education" as "not feasible." According to his detailed analysis, education required "money," "people" and "institutions." But:

① Mao Tse-tung. Letter to Zhou Shi-zhao (March 14, 1920) // Stuart R, Schram. ed. *Mao's Road to Power: Revolutionary Writings* 1912 – 1949, Vol. 1. Armond, N. Y.: An East Gate Book, 1994, pp. 505-506; First Business Report of the Cultural Book Society // ibid., p.585; Business Report of the Cultural Book Society. (no.2) // ibid., Vol.2, pp.54-55; Letter to Li Jin-xi // ibid., Vol.1, p.519; Manifesto on the Founding of the Xiang River Review // ibid., p.318.

② Mao. Manifesto on the Founding of the Xiang River Review // ibid., p.319; Explanations by the Xiang River Review // ibid., p. 377; Declaration of the Xiangtan Society or the Promotion of Education // ibid., p.536; Report on the Affairs of the New People's Study Society (no.2) // ibid., Vol.2, p.85.

In today's world, money is entirely in the hands of the capitalists; those in charge of education are all either capitalists or slaves of capitalists. The schools and the press, the two most important instruments of education, are all under the exclusive control of the capitalists. In short, education in today's world is capitalist education.①

According to Mao, the capitalists controlled parliaments, governments, armies, police, banks and factories. "That is why," he wrote, "I believe that the method of education is not feasible. A Russian style revolution, it seems to me, is a last resort when all other means have been exhausted." He further argued from a historical standpoint that "human life is nothing but the expansion of men's desires." "Intelligence can direct impulse effectively only within certain boundaries. Once beyond those boundaries, impulse will prevail over the intellect, advance boldly, and not be stopped until confronted with forces greater than itself." Therefore, to stop the bourgeoisie's desires, the only effective way was to appeal to the greater force of the proletariat that Mao believed "is actually several times more numerous than the bourgeoisie." It is interesting to notice that Mao's criticism of the Deweyan experiment is strikingly similar to the charges often made against Dewey by his American critics.

However, although Mao finally gave up the Deweyan formula of education as a way to social progress, he did not give up the pragmatic methodology he learned from Hu Shih and Dewey. In 1919, soon after Mao returned to Hunan province from Beijing, he established the Problem Study Society. Article I of the Statutes of the Problem Study Society stipulated: "All things and all principles, whether essential or nonessential to contemporary human life, that have not yet been solved and yet influence the progress of contemporary human life, are problems. Together we today found this society, emphasizing that the solution to such problems as these starts first with study, and name it the Problem Study Society." Article VI stipulated:

---

① Mao. Report on the Affairs of the New People's Study Society (no.2)//ibid., Vol.2, pp.8-10.

"The emphasis will be on the study of problems related to contemporary human life, but we shall also take note of those for which projections about the future can be made.Problems of the past that have no relevance to the present or future will not be examined." In terms of study method, Article III stipulated: "The study of problems should be solidly founded on academic principles.Before studying the various problems, we should therefore study various ' isms.' " Obviously, Mao was much influenced by Hu Shih at this time; but unlike Hu, he did not see any conflict between problems and "isms." In particular, the Statutes listed seventeen educational problems including "[t]he problem of how to implement [John] Dewey's educational doctrine, " seventeen women's problems, fifteen labor problems, eight industrial problems, seven transportation problems, nine public financial problems, five economic problems, and more than sixty other international and general human problems.①

It was this problem-centered pragmatic way of thinking that distinguished Mao from other new intellectuals in the May Fourth Movement period.Soon after the May Fourth Incident, he was the first one who set out to study real social problems systematically.As for Hu Shi himself, who most vigorously preached the " scientific method" and the study of real problems, the scholarly study of the history of Chinese thought and literature remained the focus of his interest.In a large sense, Hu was the man who was not practical or pragmatic in the face of China's critical situation from the teens to the twenties.

Mao was also the first one among his Marxist comrades who went deep into the social and political realities of China instead of just talking "isms" in order to find the revolutionary way suitable for China's situation.In 1926, Mao did a very factual study in an article entitled "Analysis of the classes in Chinese Society" in order to combat two deviations within the Communist Party. One, represented by Ch ' en

---

① Mao.*Statutes of the Problem Study Society*//Stuart R.Schram, ed.Mao's Road to Power: Revolutionary Writings 1912-1949, vol.1.Armond, N.Y.: An East Gate Book, 1994, pp.407-413.

Tu-hsiu, advocated cooperation with Kuomingtang; the other, represented by Chang Kuo-tao, advocated a labor movement. A year later Mao made a firsthand investigation of the peasant movement in five counties of Hunan province. With this long investigative report and the above analysis based on China's situation, Mao established his basic theory of peasant revolution, which distinguished his revolutionary ideas from those of the more dogmatic Marxists, and through which he gradually won the support of his comrades and finally established his theoretical and political authority within the communist Party.[①]

The pragmatic methodology that influenced Mao in his early years remained an important element of his thought for a long period of time. In 1937, on the eve of the Anti-Japanese War, he wrote one of his most important philosophical works entitled "On Practice—On the Relation between Knowledge and Practice, between Knowing and Doing," which was mainly intended to criticize the dogmatic Marxists within the Communist Party. First, Mao argued that "[a]ll genuine knowledge originates in direct experience." He wrote: "If you want knowledge, you must take part in the practice of changing reality." Second, the purpose of gaining knowledge lay in "applying the knowledge of these laws actively to change the world." In Mao's words: "Knowledge begins with practice, and theoretical knowledge is acquired through practice and must then return to practice." Third, the movement of human knowledge was never ending. He wrote: "Every process, whether in the realm of nature or of society, progresses and develops by reason of its internal contradiction and struggle, and the movement of human knowledge should also progress and develop along with it.: Fourth, "man's social practice alone is the criterion of the truth of his knowledge of the external world. What actually happens is that man's knowledge is verified only when he achieves the anticipated result in the process of social practice." Finally, Mao pointed out: "Our conclusion is the concrete, historical unity of

<hr />

① Mao. *Analysis of the Classes in the Chinese Society*//Selected Works of Mao Tse-tung. Peking: Foreign Language Press, 1967, pp. 13 – 22; Report on an Investigation of the Peasant Movement in Hunan//ibid., p.23.

the subjective and the objective, of theory and practice, of knowing and doing, and we are opposed to all erroneous ideologies, whether ' Left ' or ' Right, ' which depart from concrete history." ① Obviously, these ideas concerning knowledge and experience, knowing and doing, regardless of their mixture with dialectical materialism and the theme of class struggle, are surprisingly consistent with or close to Dewey's pragmatic methodology. Although it can never be said that Mao was a pragmatist, it can be said that what he emphasized from Marxism and Leninism in this article revealed the influence of pragmatic methodology on his thought in his early years. It can also be said that one major characteristic of early Maoism is its "practicalism," if not pragmatism.

With China plunged into the whirlpools of the Anti – Japanese War and the Civil War from the 1930s to the 1940s, Dewey's name was somewhat forgotten. The founding of the People's Republic of China in 1949, however, brought in another opportunity for Dewey to become wellknown again, this time not as a "fad," but as a target of attack.

From 1951–1952, there appeared a barrage of articles and a few booklength critiques of Dewey and pragmatism. From 1955–1956, Dewey's disciple Hu Shih was targeted and criticized together with Dewey and pragmatism. This wave of critique was under Mao's direction. In December 1954, Mao said: "Essays criticizing Hu Shih's thought must be written in a vernacular and popular manner and should propagate Marxism in a direct way. Every one of Hu Shih's essays had a political purpose. We too should have targets in mind when we write." ② As a result, Dewey's educational philosophy became "poisonous," "reactionary," and "subjective – idealistic;" Dewey himself became a "great fraud and deceiver in the modern history of education." ③

---

①   Mao. *On Practice*//ibid., p.300, p.304, p.306, p.296, p.308.

②   Mao. *The Writings of Mao Zedong* 1949–1976. Vol.1. ed. Michael Y M Kao. New York: M. E. Sharpe, 1986, p.508.

③   Quoted by Hu Shih in John Dewey in China//*Philosophy and Culture: East and West*, ed. *Charles A Moore*: Honolulu: University of Howaii Press, 1962, p.767. The quotation is from Wenbui Pao (Shanghai), February 28, 1955.

In 1963, there was another systematic critique of all aspects of pragmatism, and Dewey's epistemology and pedagogy in particular. Dewey's fame in China thus fell to its nadir.

Several reasons can be pointed out as to why Dewey was reduced to a target of attack in these three decades. First, as early as 1937, Dewey led the American Preliminary Commission of Inquiry to Mexico to hear and study the charges against Leon Trotsky made by the Moscow Trials under the control of Stalin. In opposition to Moscow's charges, the Dewey Commission, after careful study of the evidence, declared that the Moscow Trials were frame-ups and that Trotsky and his son were innocent. This event suddenly turned Dewey from a "friend" to an "enemy" of the Soviet Union. Dewey was condemned as "one of the most fiendish reactionary thinkers in the imperialist age." His instrumentalism was castigated as an "instrument" to "serve the big capitalists and the most reactionary imperialist bourgeoisie."① The attitude of the Soviet Union toward Dewey was soon adopted by the Chinese Communist Party.

Second, during the period from the fifties to the seventies, Extreme Leftism ruled China and all academic activities were politicized. As Liu Fang-tong, a witness of that generation, recalled in 1997: "In the midfifties, dominated by the Leftist political ideological line, a large-scale movement was launched in order to criticize pragmatism. This wave of critique mainly aimed to serve certain political purposes; as a result, most critics divorced themselves from Dewey's pragmatism itself⋯. Henceforth, the Leftist political criterion dominated the academic criticism of Dewey and other western Philosophers, resulting in oversimplified negation taking the place of objective and concrete analysis. As a result, the real image of Dewey and other western scholars as well as their theories was often twisted⋯."②

---

① Kang Meiliwei'er. *Meiguode Shiyongzhuyi* [*American Pragmatism*], Trans. Guo Lijun. Shanghai: Shanghai People's Press, 1958, p.76, p.149.

② Liu Fang-tong, Daixu. Chongxin Rensi he Pinjia Duwei [Preface: Re-understanding and Re-evaluating Dewey]//*Xinjiu Gerenzhuyi: Du-wei Wenxuan* [*Individualism Old and New: Selected Writings of Dewey*]. trans. Sun Youzhong, et al. Shanghai: Shanghai Academy of Social Sciences Press, 1997, p.4.

Finally, since Soviet-style Marxism, Leninism and Extreme Leftism dominated China's intellectual circles in these years, it is not surprising that Dewey was severely attacked. In other words, part of the criticism of Dewey was not merely due to misunderstanding. For instance, Dewey strongly opposed "class struggle" and "revolution" as well as dialectical materialism, all of which were kernels of the political ideology of the Communist world including China in the Cold War years.

The period of reform and opening up of China from the eighties to the present has coincided with a revival of interest in and a reevaluation of Dewey. Almost every year a scholarly work on Dewey is published, and articles discussing Dewey's educational or social philosophy or aesthetics frequently appear in academic journals. Two years ago a center for Dewey studies was established in Fudan University. in the same year an international conference on Dewey and pragmatism was held in Shanghai. Finally, although all of Dewey's major works have already been translated into Chinese, an academic press has made an ambitious plan to publish a Chinese version of the thirty-seven volumes of the *Complete Works of Dewey*.

Among the numerous works published in recent years, Liu Fang-tong's article entitled "Re-understanding and Re-evaluating Dewey" can be regarded as a summary of this trend. Liu's article focuses on three aspects in which Dewey was misunderstood. First, Dewey was usually regarded as a subjective idealist opposing materialism, therefore unscientific. Liu writes: "Actually, the fundamental feature of Dewey's philosophy lies in its opposition against...dualism, stressing that the world that man confronts, lives in and regards as the object of cognition, is the world in man's view (experience) that has been acted upon and reconstructed (humanized) instead of the world per se that exists outside of man." It was often assumed that Dewey denied the objective existence of the world. Liu argues that what Dewey stresses is the interdependence and interaction between man and the world, subject and object, instead of the independence of the physical world or the spiritual world. Therefore, "life" and "practice" are the basic concepts of Dewey's philosophy.

Second, Dewey was usually criticized as an apologist of the bourgeoisie; therefore, his advocacy of democracy and freedom was considered hypocritical. Liu argues that what Dewey tries to defend is "the democracy and freedom of the majority," although his theory is still "within the boundary of the bourgeois ideology of democracy and freedom." Obviously, according to Liu, there could be two different democracies. Dewey himself would not agree, of course.

Third, Dewey's theory of truth was often attacked as subjectivistic and egoistic, and his ethics as preaching selfish individualism. Liu argues that Dewey's stress on the efficacy of truth has nothing to do with the private profit that truth produces; rather it means that the truth of ideas lies in whether they can produce the anticipated result and stand the test of practice. Thus Liu's article actually announced Dewey's thorough rehabilitation after he was wronged in China for more than three decades. Liu concludes: "Therefore, in a certain sense, we are back to the starting line similar to that of the May Fourth Movement after going around a large circle."[1]

Of course, China's situation is different today, and certainly more favorable for social experimentation. "Intelligence," "cooperation," "communication," "social reconstruction," "associated living," "step-by-step progress," "democracy as a way of living"—these Deweyan reformist formulas have become more relevant today than in the early decades of the twentieth century. And this, I suppose, is the reason for the revival of interest in Dewey in today's China. To a large extent, China has become pragmatic, though not in a strictly Deweyan sense. When Deng Xiaoping, China's Chief Architect of Reform, stressed again the Maoist motto "seeking truth from facts," he actually declared an official reconciliation between Chinese Marxism and Deweyan pragmatism.

---

[1] Liu Fang-tong. Daixu: Chongxin Rensi he Pinjia Duwei [Preface: Re-understanding and Re-evaluating Dewey] // Xinjiu Gerenzhuyi: Du-wei Wenxuan [Individualism Old and New: Selected Writings of Dewey]. trans. Sun Youzhong, et al. Shanghai: Shanghai Academy of Social Sciences Press, 1997, p.4.

CONCLUSION

The trans-Pacific experience of John Dewey reminds international American studies scholars of the hidden facet of American "high" culture that is often undervalued. While we have good reason to fight the cheap American pop culture that is flooding the globe, usually at the expense of destroying the traditions of indigenous cultures, we should not ignore the good things American culture can offer to world civilizations.

Americans should view the dramatic experience of Dewey in Japan and China as a dialogue rather than a clash between civilizations, a slow but steady way of bringing the best of American democracy to the rest of the world. By avoiding the irresponsible use of force, Americans can make a greater contribution to the peace of the world and the progress of human civilizations.

(本文原载 *The Japanese Journal of American Studies* 2007 年第 18 期)

后　记

　　本文集得以如期出版，我要特别感谢王定华书记的鼓励和支持，使我下定决心在新冠疫情肆虐的严峻背景下，完成了这项本以为无法完成的工作。

　　我还要特别感谢我的年轻同事祝文杰先生。我因为行政事务缠身无法抽身做大量的文献整理和编辑校对工作，完全依靠文杰的帮助来挑选论文，编撰成册。在此我要对他的专业水平表示高度赞赏，向他的奉献精神致以诚挚谢意。

　　校友办的刘博然处长全程提供了宝贵帮助，在此深表谢意。

孙有中

2020 年 6 月 26 日于北外

统　　筹:张振明　孙兴民
责任编辑:孙兴民
封面设计:徐　晖
版式设计:王　婷
责任校对:吕　飞

图书在版编目(CIP)数据

外语教学与跨文化研究/孙有中 著. —北京:人民出版社,2021.11
(新时代北外文库/王定华,杨丹主编)
ISBN 978-7-01-023802-9

Ⅰ.①外⋯　Ⅱ.①孙⋯　Ⅲ.①外语教学-教学研究　Ⅳ.①H09

中国版本图书馆 CIP 数据核字(2021)第 198879 号

外语教学与跨文化研究

WAIYU JIAOXUE YU KUA WENHUA YANJIU

孙有中　著

人民出版社 出版发行
(100706 北京市东城区隆福寺街 99 号)

北京新华印刷有限公司印刷　新华书店经销

2021 年 11 月第 1 版　2021 年 11 月北京第 1 次印刷
开本:710 毫米×1000 毫米 1/16　印张:26.5　插页:1 页
字数:408 千字

ISBN 978-7-01-023802-9　定价:112.00 元

邮购地址 100706　北京市东城区隆福寺街 99 号
人民东方图书销售中心　电话 (010)65250042　65289539